中华当代学术著作辑要

乱世潜流

民族主义与民国政治

（修订版）

罗 志 田 著

U0114000

商务印书馆
The Commercial Press

图书在版编目(CIP)数据

乱世潜流:民族主义与民国政治/罗志田著.—修订版.—北京:商务印书馆,2023
(中华当代学术著作辑要)
ISBN 978-7-100-22265-5

Ⅰ.①乱…　Ⅱ.①罗…　Ⅲ.①民族主义—研究—中国—近代　Ⅳ.①D092.5

中国国家版本馆 CIP 数据核字(2023)第 069911 号

中华当代学术著作辑要
乱世潜流:民族主义与民国政治
(修订版)
罗志田　著

商　务　印　书　馆　出　版
(北京王府井大街36号　邮政编码100710)
商　务　印　书　馆　发　行
北京市十月印刷有限公司印刷
ISBN　978-7-100-22265-5

2023 年 12 月第 1 版　　　开本 710×1000　1/16
2023 年 12 月北京第 1 次印刷　　印张 30¾
定价:139.00 元

中华当代学术著作辑要

出 版 说 明

学术升降，代有沉浮。中华学术，继近现代大量吸纳西学、涤荡本土体系以来，至上世纪八十年代，因重开国门，迎来了学术发展的又一个高峰期。在中西文化的相互激荡之下，中华大地集中迸发出学术创新、思想创新、文化创新的强大力量，产生了一大批卓有影响的学术成果。这些出自新一代学人的著作，充分体现了当代学术精神，不仅与中国近现代学术成就先后辉映，也成为激荡未来社会发展的文化力量。

为展现改革开放以来中国学术所取得的标志性成就，我馆组织出版"中华当代学术著作辑要"，旨在系统整理当代学人的学术成果，展现当代中国学术的演进与突破，更立足于向世界展示中华学人立足本土、独立思考的思想结晶与学术智慧，使其不仅并立于世界学术之林，更成为滋养中国乃至人类文明的宝贵资源。

"中华当代学术著作辑要"主要收录改革开放以来中国大陆学者、兼及港澳台地区和海外华人学者的原创名著，涵盖语言、文学、历史、哲学、政治、经济、法律、社会学和文艺理论等众多学科。丛书选目遵循优中选精的原则，所收须为立意高远、见解独到，在相关学科领域具有重要影响的专著或论文集；须经历时间的积淀，具有定评，且侧重于首次出版十年以上的著作；须在当时具有广泛的学术影响，并至今仍富于生命力。

自 1897 年始创起，本馆以"昌明教育、开启民智"为己任，近年又确立了"服务教育，引领学术，担当文化，激动潮流"的出版宗旨，继上

世纪八十年代以来系统出版"汉译世界学术名著丛书"后,近期又有
"中华现代学术名著丛书"等大型学术经典丛书陆续推出,"中华当代
学术著作辑要"为又一重要接续,冀彼此间相互辉映,促成域外经典、
中华现代与当代经典的聚首,全景式展示世界学术发展的整体脉络。
尤其寄望于这套丛书的出版,不仅仅服务于当下学术,更成为引领未来
学术的基础,并让经典激发思想,激荡社会,推动文明滚滚向前。

商务印书馆编辑部

2016 年 1 月

目　　录

下编　动荡时期的内与外

自　　序

　　近代百余年间，中国多呈乱象，似乎没有什么思想观念能够一以贯之。各种思想呈现出一种"你方唱罢我登场"的流动局面，可谓名副其实的"思潮"——潮过即落。但若仔细剖析各类思潮，仍能看出背后有一条潜流贯穿其间，虽时隐时显，却不绝如缕。这条乱世中的潜流，便是民族主义。

　　潜流者，看似虚而不实，却也虚实兼具，有傅斯年所谓"无形而有质，常流而若不见"的意味。[①] 就像"大海上层的波花，无论他平如镜子时，或者高涛巨浪时，都有下层的深海在流动"，而"上面的风云又造成这些色相"。[②] 水面的色相只是表象，而表象背后的动力不必是单一的，下层深处的流水和上面的风云，皆不能忽视。却也可以"即事见风，即实求虚"，以见之于行事的方式来落实刘咸炘提倡的"史有子意"。[③] 我们如果将晚清以来各种激进与保守、改良与革命的思潮仔细分析，都可发现其所蕴含的民族主义关怀，故都可视为民族主义的不同表现形式。

　　本书侧重的时段是民国建立后的十多年，不论社会经济还是政治

---

　　① 这是傅斯年讨论汉人血统融合之长期进程时所说，参见其《中国民族革命史》，台北"中研院"史语所傅斯年档案。

　　② 傅斯年：《中国古代文学史讲义·叙语》（1928 年），《傅斯年全集》，第 1 册，台北联经出版公司 1980 年版，第 14 页。

　　③ 刘咸炘：《治史绪论》，《推十书》，第 3 册，成都古籍书店 1996 年影印版，第 2388 页。

军事以及思想学术，既有很多延续，也有相当大的转变。在所谓北洋军阀①统治时期，全国政局显得紊乱，被认为类似五代。于是出现与五代相近的时代要求，即向往统一，是北伐成功的一个基本要因。成立不过十多年的民国，实际再次改朝换代，带来比辛亥鼎革更大的变化。民族主义在其间的能动形态，有颇具特色的表现。而其对政治的影响，也相当显著。

一

从广义的文化视角考察民国政治与民族主义相关的历史现象，或能增进对这一动荡时代的认识。本书所收各文，都多少触及近代中国民族主义的一些面相，又都与民国政治相关，故定名为"民族主义与民国政治"。从篇目看，全书略呈"由虚入实"的意味，前面几篇探讨的更多是相对广义的政治行为，后来就逐渐进入比较狭义的政治史，侧重政局、军事与外交。

自清季中国新史学提倡"民史"以来，以"君史"为表征的政治史至少在意识层面曾被拒斥。梁启超在1922年提出，当时中学国史教科书及教授法的主要缺点，是其内容"全属政治史性质"，而将"社会及文化事项"视为附庸。其实，不仅"政治史不能赅历史之全部"，根本是"旧式的政治史专注重朝代兴亡及战争，并政治趋势之变迁亦不能说明"。他明确提出"以文化史代政治史"的建议，拟将全部中国史纵断为六部，即年代、地理、民族、政治、社会、经济及文化。其中后两部

---

① 军阀是当年的人已在使用的贬义词，含义相当复杂，且不限于北洋一系。当权的军人一旦被视为异类，便可能马上成为"军阀"。如曾在辛亥革命时期起义的陈炯明，后因反对孙中山即被国民党人称为军阀。又如杨希闵、沈鸿英都是参加过辛亥革命的将领，还曾受孙中山指令讨伐陈炯明，也因转换立场而被国民党人称为军阀。若与"北洋军阀"相比，便有些不伦不类。以下更多是从众而使用军阀一词。

的篇幅占全书之半,而政治仅占约六分之一。①

这里的"文化"本身兼有广狭两义,狭义的文化即作为六部类之一但又占据较多篇幅的文化史;而还有一种广义的文化是包括政治的。后者是一些时人的共识,胡适在大约同时也提出一种"专史式的"整理国故设想,主张"国学的使命是要使大家懂得中国的过去的文化史,国学的方法是要用历史的眼光来整理一切过去文化的历史,国学的目的是要做成中国文化史"。他进而将系统的"中国文化史"具体分为十种专史,其中就包括经济史、政治史和国际交通史。②

在已经缩微的政治部分里,梁启超主张"对于一时君相之功业及罪恶,皆从略";而"专纪政制变迁之各大节目,令学生于二千年政象,得抽象的概念"。这虽是针对中学生的有意省略,且有明显的道德考虑(即淡化传统政治中"机诈黑暗"的成分),然矫枉过正的倾向性仍太强。试想一部中国政治史竟全无"君相之功业及罪恶",的确也只剩一些"抽象的概念"了,恐怕难以达到梁氏希望使学生产生兴趣之目的。③

不过梁启超另为政治史留了一些余地,在他所分的六部之中,"现行教科书中所述朝代兴亡事项"全被纳入"年代之部"。由于"一姓之篡夺兴仆,以今世史眼观之,殆可谓全无关系",故这一部分"所占篇幅不及全部二十分之一"。其意虽贬损,也算为"政治史"开一后门。而在其设计的占六分之一的"民族之部"里,"专记述中华民族之成立及扩大,其异族之侵入及同化,实即本族扩大之一阶段也,故应稍为详叙;而彼我交涉之迹,亦即形成政治史中一重要部分"。民族间的人我

---

① 参见梁启超:《中学国史教本改造案并目录》(1922年),《饮冰室合集·文集之三十八》,中华书局1989年版,第26—27页。

② 参见胡适:《〈国学季刊〉发刊宣言》(1922年11月),《胡适全集》,第2册,安徽教育出版社2003年版,第13—14页。

③ 本段与下段,见梁启超:《中学国史教本改造案并目录》,《饮冰室合集·文集之三十八》,第27页。

关系以及中外"彼我交涉之迹",确为不论哪种意义的政治史和文化史中一项特别重要的内容,其所占比重也反映出民初史学所受西方治史那"四裔"倾向的影响。[①]

把上述内容加起来,政治史在整体史学中所占的比重也低于四分之一,的确是面目一新的通史。这样一种排斥实际政治的"民史"取向,颇与后现代兴盛时的西方相类,可以说是走在世界前面了。惟昔年中国新史学的"民史"是说得多做得少,在相当长的时期里,包括近代史在内的中国史仍以政治史(逐渐延伸到经济史)见长。只是到了近二十年间,关于政治、经济、外交等方面的史学论著开始减少,而以思想、社会和学术为主的专门史逐渐兴起。这里既有学者的自觉努力(即有意弥补过去所忽略者),也受到海外学术发展的影响,可能还隐伏着传统的某种再现。[②]

在政治史几乎成为史学"普通话"的年代,各专门史在保全各自的"方言"层面多少带点"草间苟活"的意味。今日政治史雄风不再,即使研究政治的也往往掺和一些其他专门史的"方言"风味,常把政治放在文化与社会的大框架中进行论证分析。窃以为这是一个好现象,盖任何"新"领域的探索都可能使学者对一些滑向边缘的既存领域产生新的认识。部分因为葛兰西(Antonio Gramsci)的影响,权力意识已有力而深入地被引入各专门史之中(在性别、族群等新兴专门史中尤其明显),这些专史所提供的新权势关系很可能改变我们对"政治"的观念,从而导致政治史这一过去积累丰厚的领域再次"复兴"。

---

① 章太炎 1924 年指出当时史学的五项弊端之中,就有一项是"审边塞而遗内治",说详罗志田:《史料的尽量扩充与不看二十四史——民国新史学的一个诡论现象》,《历史研究》2000 年第 4 期。

② 思想史和社会史近年在西方一度呈衰落之势(关于社会史可参见周锡瑞:《把社会、经济、政治放回二十世纪中国史》,《中国学术》第 1 辑,2000 年春),而学术史似从未成为西方史学的重要门类,故学术史在中国兴起的动因恐怕更多要从内部寻找,且不排除其体现着对民国代清以后经学被摈弃的某种反动,虽然未必是有意识的。

其实近年政治、外交等专史的淡出多少也因为一些学人的边界和门户意识太强，非此即彼，不免存在西人所说倒洗澡水连同小孩一起倒掉的倾向，而忽略了文化、社会、思想、学术等与政治之间那千丝万缕的关联。尤其中国士人重视政治的传统在近代不仅没有减弱，甚至有所增强——处理从头发到脚的身体，便一直未曾离开政治的关注，常呈现出泛政治化的倾向；就连"读经"和讲授"国学"这类看似"迂远"之事，也每一"出现"就受到广泛的社会关注，引起许多争辩，往往牵连到国家民族的发展走向等重大问题。可知近代中国能"脱离政治"的课题其实不多，若没有坚实的政治史基础，治其他专史也很难深入。

而梁启超和胡适当年"以文化史代政治史"的设想虽未免有些矫枉过正，却也提示了一种从文化视角考察、认识和分析政治的取向。盖边界明晰的学科认同原非治史的先决条件，不论史学各子学科在多大程度上具有存在"合理性"，各科的"边界"多是人为造成并被人为强化的。史学本是一个非常开放的学科，治史取径尤其应当趋向多元；最好还是不必画地为牢，株守各专史的藩篱。《淮南子·氾论训》所说的"东面而望，不见西墙；南面而视，不睹北方；唯无所向者，则无所不通"一语，最能揭示思路和视角"定于一"的弊端，也最能喻解开放视野可能带来的收获。

低音和高音、潜流与显流，本是互缘共生的。前些年风靡一时的新文化史研究，既解放了各种各样被遮蔽的潜流，却也可能使一些潜流在放大中走向了失真。民国早期文化与政治的关联互动程度，中央与地方、内政与外交的多重纠缠，远比我们以前所认知的要复杂得多。本书的三个部分虽各有侧重，其实互为背景，共同描绘一种刘咸炘所说的"风"①，为近代的个人、群体、结构和事件建构一个民族主义的背景音，

---

① 参见王汎森：《"风"——一种被忽略的史学观念》，《执拗的低音：一些历史思考方式的反思》，生活·读书·新知三联书店 2014 年版，第 169—209 页。

俾可对云谲波诡的民国政治有更深层次的理解和认识。

政治史的一度淡出当然和更大的时代变化有关,而变动的时代又为政治史的再起提供了可能。近年又经历了一波热议的民族主义,有着深切而未必著明的能动性(dynamics);其盈虚消息,隐显不一,表现形式也五光十色。本书所涉及的帝国主义在中国和民族主义的现实影响等主题,如今仍依稀可见。2022年及以后的读者,对"民族主义与民国政治"或许有特别的期待。他们以今日所见所闻所传闻去理解民国,多半会有与前不同的"经世致用"效果。这就远不止于政治史的复兴,更也可能是不同凡响的政治史复兴。

二

民初中国权势结构的一个特征,即外国在华存在(foreign presence in China)那或隐或显的控制力量,在中国政治中起着重要而直接的作用。民族主义在中国政治中的能动表现,入侵的帝国主义既是因也是缘。外国在华存在的地位因而相当特别,语境和文本兼具——既是政治斗争的大环境,也是政治行为的参与者。故本书的引论考察自西潮入侵以来的中外格局,特别是不平等条约体系形成后对中外关系和中国政治的影响与制约。①

怎样认识帝国主义对近代中国的侵略,是曾经论述较多而一度淡出,近又有些复兴的议题。过去的研究明显侧重于实施侵略一方,而相

---

①　由日本传入的"军阀"一词在中国的出现,特别是其在20世纪20年代的流行,始终与"帝国主义"联系在一起,最能体现中外的相互政治纠缠有多么紧密。不同军阀是特定帝国主义国家之"走狗"的认知并不仅仅存在于反军阀的国民党人和共产党人的言说之中,而普遍见诸当时的舆论。但若落实到具体的军阀,则其与列强的关系恐怕是现实与迷思参半。参见 Arthur Waldron, "The Warlord: Twentieth-Century Chinese Understandings of Violence, Militarism, and Imperialism", *The American Historical Review*, 96: 4(Oct. 1991), p. 1080。

对忽视侵略行为实施的场域以及侵略在当地的推行（通常述及被侵略地区的仅是一些特定的"反帝"活动）。实际上，正是中国的当地条件，制约了帝国主义侵略的方式和特性。

外来侵略者通过条约体系内化为中国权势结构的一部分，又依"例外法则"在中国形成一套与西方基本价值时相冲突的思维和行为方式，故这些西方代表在中国表述着"西方"，却又不完全等同于"西方"。列强既要中国实行改革以维持西方标准的"正常"秩序，其自身又是与西方标准相异的中国秩序之构建者和维护者，扮演着改革推动者和既存秩序维护者的双重角色。从文化视角考察帝国主义侵略所及区域的内部因素，兼及其与外部因素的关联互动，是认识和理解近代中国政治的基础，也可以增进对中外关系的理解。

本书的主体内容是从"二十一条"到北伐，而前面一组文章探讨一些个人和群体如何在乱世潜流中趁波逐浪，彰显民族主义本身，以及国家与人民、内政与外事等基本要素在民族主义影响下的不同表现形式。一方面，即使狭义的政治活动，也生成和进行于更宽广的社会之中；另一方面，随着权力意识被引入各专门史之中，这些更广义的政治活动和权势关系也在改变我们对"政治"的认知。

第二组是比较典型的政治史文章，侧重北伐时代的军政格局。中外过去都比较注重研究历史发展中取胜的一方，而忽视失败的一方。北洋军阀既然被国民党军所击败，自然不易受到重视。[①] 然而北方统

---

① 这一倾向不仅存在于中国，西方亦然。在费正清和费维恺主编的《剑桥中华民国史》（中国社会科学出版社 1994 年中译本）两卷共 26 章中，北洋军阀统治时期占两章；在法国学者谢诺等撰写的民国史（Jean Chesneaux, Francoise Le Barbier, and Marie-Claire Bergère, *China from the 1911 Revolution to Liberation*, trans. by Paul Auster, Lydia Davis and Anne Destenay, New York: Pantheon Books, 1977）中，北洋时期为全书 12 章中的一章；在以研究军阀时代著称的美国学者谢里登（James E. Sheridan）写的另一本民国史（*China in Disintegration: The Republican Era in Chinese History, 1912—1949*, New York: The Free Press, 1975）中，北洋时期为全书 8 章中的一章，比例稍高。

治的十余年间，中国社会经济、政治军事及思想学术都有相当大的转变，实不能存而不论。即使仅想要了解国民党何以能取胜，也必须对失败的一方作深入的考察。军事力量明显更弱的国民党军能战胜北洋军，很大程度上是因为北洋体系先已濒于崩溃。

本书与北伐相关的各文都努力将北洋一方纳入讨论的范围，以尝试重建一个相对更全面的动态历史画面。其中《五代式的民国》以杨荫杭对北伐前数年政治格局的即时观察为基础，仅是一篇札记，却由本书最早版本的自序衍申而成，有些特别的渊源。[①] 杨先生那时虽是报人，但他对时局的认识不仅深刻，且能见其大，对理解带些偶然的北伐何以能迅速成功，有很大的帮助。

20 世纪 20 年代初的中国政治出现了一个近代前所未有的新现象，即中央政府渐失驾驭力，而南北大小军阀已实际形成占地而治的割据局面。在长期分裂后，向往统一成为当时社会各阶层和多数政治流派都能认同的时代愿望。在一定程度上，第二次直奉战争可以视为北洋军阀内部最后一次武力统一的尝试，而其后的"善后会议"及大约同时各种召开"国民会议"的要求则是南北双方及全国各政治力量最后一次和平统一的努力。两次作为的失败不仅造成北洋体系的崩散，而且导致北洋政府统治合道性（political legitimacy）的丧失，遂为此后的北伐预留了"有道伐无道"的先机。

过去说到中国民族主义，多想到因外侮而起的救国观念及卫国运动。在民国之前，若不计同盟会等反满的民族主义，这大体是不错的，但民族主义从来就还有国家建构（nation-building）的一面。近代中国民族主义的反抗与建设两面，实相辅相成而不可分割。从五四的"外

---

①　本书最初的结集与出版得到茅海建兄的一再推动，先是他推荐给上海三联书店的陈达凯先生，签约后陈先生调至远东出版社，书稿也随之转到新社（对茅、陈两位的持续厚意，甚为感佩）。后又收回重编，改由上海古籍出版社于 2001 年出版。1998 年撰写的"自序"曾由《开放时代》（2000 年 5 月号）刊发，《五代式的民国》即由其中部分内容发展而成。

抗强权、内除国贼"到北伐时的"打倒列强除军阀",口号的传承最能体现反抗与建设两个面相的并存。若不将两方面结合起来考察,就难以真正了解近代中国知识人为"强国"而激烈反传统甚至追求"西化"的民族主义心态①,也不可能真正认识民族主义在近代中国政治中的作用。

或因近代中国的确表现出破坏多而建设少,中外关于近代中国民族主义的既存研究,也率多注意其针对外侮的反抗一面,而较少论及其建设的一面。自北洋时中国处于实际的分裂局面后,民族主义那国家建构一面的主要反映就是国家的统一。多数北洋军人当时已无统一全国的奢望,个别有意愿的军人如吴佩孚又已无此实力,唯一真有统一的愿望且有相当实力的政治军事力量的就是国民党(当时包括与之联合的共产党)。故国民革命的一个主要感召力并不像以前许多人认为的那样在其抵御外侮的反帝一面,而恰在其强调统一,并以军事胜利证明其具有统一的能力。要从国家建构这一层面去考察国民革命在全国的吸引力,方能较全面地认识民族主义在北伐中的作用。

在实际运行中,北伐前两三年间南北军政格局的演化非常曲折复杂,北洋体系之新陈代谢造成的权势更迭相当快速激烈,从地缘分布的视角可以看到北洋体系中边缘挑战中心的态势。第二次直奉战争因冯玉祥倒戈促成直系垮台,吴佩孚稍后复出,却挽救不了直系的崩解;段祺瑞虽出山,皖系也未能再起;北洋系统中原较边缘的西北各军和阎锡山的晋军应运而出,一度颇能影响国是,而后起的奉系和新兴的国民军成为大主角。北伐结束后还能长期存在的北方军事力量正是北洋系统内非正统的东北军、西北军和晋军三部分,故后来的北方军事格局其实先已奠定。

同时,南方的局势也发生较大变化。在广东,1925 年 3 月孙中山

---

① 参见本书《近代中国民族主义的特殊表现形式:以胡适的世界主义与反传统思想为个案》。

弃世意味着国民党革命事业一个时代的结束。广州政权在不长的时期里进行了带根本性的权力重组，确立了以孙中山的少壮幕僚和家属为核心的派系在党和政府中的领导地位，开启了蒋介石时代。过去对这段时间权势竞争的研究多侧重国共之争和国民党左右派之争，其实当时广东各类"土客矛盾"相当严重，从英、俄两国到众多"客军"，饱含冲突对立的外国和外省新老因素聚集于广东一隅并相互缠斗，复与原处竞争中的各类新旧本土成分竞争，地方意识和国际冲突的奇特结合使广州政局的纠葛至为错综复杂。

在李宗仁、黄绍竑、白崇禧成功控制广西之时，唐生智也武装盘踞湘南。两省军事整合的一个共同倾向，即以保定军校毕业生为主而层级相对偏低的新兴少壮军人取代偏"旧"的既存上层势力。面目一新的广西进而与刚获统一的广东实行两广结合，复与湘南一起联合在三民主义旗帜之下，形成一个国民政府治下的数省势力范围，提示出武力统一全国的可能性，对久乱思安定的中国社会颇具吸引力。适逢北洋政府表现出明显的"失道"现象，反衬出国民革命的合道性，遂为北伐的取胜打下基础。

三

内政与外交的互联互动，是民初政治的一大时代特征。当时民族主义与民国政治的多层面互动关系，纵横交错，盘根错节。各方的矛盾显然更多是实际利益的冲突，但权势争夺的表述却往往回避实质性内容，而诉诸民族主义等更为高远的政治理念。这既是当时政治运作的一个特色，也提示出外国在华存在的实质影响，致使中国问题的解决不能不与外国因素相关联。

关于外国势力主动介入中国政治，学界已有较多讨论（也还多有可以深入探讨之处）；而对已成为中国权势结构既定组成部分的外国在华存在无意中或无形中渗入中国政治运作的程度、中国各政治力量如何主动寻求外援（包括精神与物质两面）及其怎样在实际政治中有意识地运用民族主义因素等面相，过去的认识似仍嫌不足。

那时稍大的国内问题，都必须考虑外国在华存在的影响。北伐前后南北政权都曾因不同的考虑议及不以北京为首都，但因外国在华势力已成中国权势结构之一部，就使这一历史上屡有之事遇到新的困难。北京政府终因顾虑列强干预而放弃此想，然而国民党新政权却不顾外交问题而定都南京，在遭到各国相当时期的抵制后终获认可。可知外国在华存在所具有的无形威慑力，有时超过其有形的实际力量，可能造成中国政治力量的自我禁抑。

对于外国在华"存在"在中国政治中所能起的作用，时人也有认识。不少中国政治力量有意寻求外国势力的支持，有时甚至故意营造已经获得外国支持的政治形象。[1] 不过，由于列强对中国内政的正式介入常附加交换条件，并非正面形象，各政治力量又往往隐藏其与外国势力的实际联系。换言之，在物质上甚至心理上，外援可以增强某一政治集团的势力；但在民族主义日益兴盛的语境下，此集团也可能为此付出"失道"的巨大代价。

民族主义这一潜流，此时渐趋显著。各政治力量也多少认识到，对民族主义加以政治运用，在实际政治中确能起到作用。余英时师指出，百年来中国一个最大的动力就是民族主义，"一个政治力量是成功还是失败，就看它对民族情绪的利用到家不到家。如果能够得到民族主义的支持，某一种政治力量就会成功，相反的就会失败"。[2]

---

[1]　1928年济南事件后，国民党即曾制造已获美国支持的形象以抗衡日本。参见本书《济南事件与中美关系的转折》。

[2]　余英时：《中国近代思想史上的激进与保守》，《钱穆与中国文化》，上海远东出版社1994年版，第203页。

　　有意识地在实际政治竞争中运用民族主义这一政治手法,至少在北洋军阀统治时期已现端倪。盖内政与外交既已打成一片而不可分,攘外与安内就成为一事之两面,有时攘外也可以帮助国内的政争。北方稍早即已知道攻击他党为"卖国"可对异己方面造成损害,并经常采用这一手法;到北伐时更常以"反赤"(特别侧重与"赤俄"这一外国的关联)为其军事行动正名,说明政治性运用民族主义在北洋军阀统治时期已渐从无意识进到意识层面。由此角度颇能看出民国各政治力量的得失,也可反证民族主义在中国政治中的作用。

　　但御外型的民族主义在实际政治中的作用又是有限度的,联俄的南方将"反赤"的北方打得落花流水,即是一个明证。北伐后期济南事件时日军公然武力干涉,北方呼吁中国人不打中国人,应南北息争而一致对外(当然不排除此时居于弱势的北方想利用这一契机言和的实际算计,但北方在南军与日军冲突时主动后撤,而未利用此形势乘机打击南军,确是事实);而南方则一面对日妥协,一面"绕道北伐",实即不打日本军而打中国人。从今日美国所讲究的"政治正确"观点看,这一次当然是北方"正确"而南方"不正确",但这并未妨碍南方"绕道北伐"的实际成功。① 这就提示出民族主义那建构一面的影响了。

　　而民族主义之国家建构一面对北伐成功的作用,同样有其限度。这类"主义"在历史发展中的作用本受其所在的时空语境限制,因而对历史现象的诠释力也都是相对的。② 北伐时国民革命军以统一全国的

─────────────

　　① 参见本书《济南事件与中美关系的转折》。

　　② Cf. Arthur Waldron, "The Theories of Nationalism and Historical Explanation", *World Politics*, 37(April 1985), pp. 416—433. 一个明显的例子是国民党与青年党,一个讲民族主义,一个讲国家主义,双方虽有些学理上的具体歧异,但从其西文来源看实际上应是同一个主义。它们在北伐前后却一度互为仇敌,都欲置对方于死地而后快。这种诡论性的现象实非仅用民族主义所能诠释,也说明民族主义与近代中国各主要政治力量兴衰的关系,是一个迄今仍未得到深入研究的课题。

目标号召天下，并大做反帝文章，其成功的确颇得民族主义之助；但正如本书所证明的，其在南方战场很大程度上正依靠南北地方意识而能以弱胜强。[①]

地方意识与统一观念的关系是曲折而复杂的，两者常常相互冲突，有时也可相辅相成。一般而言，在外患深重时，统一观念多压倒地方意识。而当外患不十分急迫时，地方意识的力量是极大的。本不相容的两种观念有时无意中可能产生特殊的合力，北伐即是一个明显的例证。

近代中国有一特殊的国情，即庚子义和团事变使很多士人感到朝廷在救亡图存方面不可依靠，于是产生出通过地方自立这一看似"分裂性"的举措来完成全国救亡的曲折思路。这样一种特别的民族主义思路一直在传承，在20世纪20年代初"联省自治"观念一度风行时，孙中山、章太炎、胡适等具体政治主张相当不同的人，却都大体赞同以地方自治求全国统一的曲线路径。[②]

不过，许多反对联省自治的人也从自治的主张中看出了国家进一步分裂的可能性，即自治不过是割据之别名而已。那时西人提出对中国南北两政府皆不承认的主张，使一些人认识到中国的联省自治正有可能发展成类似巴尔干的情形，即由"自治"走向"独立"。从中外国际竞争的视角看，联省自治恐怕对中国一方不利，而列强或乐见之。正因其与国家的统一那不可分割的关联，即使像联省自治这样充满地方意识的主张，也与外国在华存在纠结在一起。

同样的认识框架也有利于认识当年的中外关系。自1921—1922年"华盛顿会议"后，内争与外力在中国就一直纠结互动。1927年秋，尚未被美国承认的南京国民政府外交部部长伍朝枢派遣政务司长李锦纶

---

① 说详本书《地方意识与全国统一：南北新旧与北伐成功的再诠释》。

② 关于联省自治，参见胡春惠：《民初的地方主义与联省自治》，台北正中书局1983年版；李达嘉：《民国初年的联省自治运动》，台北弘文馆1986年版。

作为政府代表使美。李氏在"非正式"的名义下与美国国务院官员频繁会谈,实际开启了国民政府与美国政府在华盛顿的官方接触。他试图组成一个南北联合的中国代表团,与美国谈判条约修订。这一努力虽然为时不长且最终也未获成功,但仍揭示出当年中国政治、外交和中美关系一些微妙的面相。

参与此事的核心人物是伍朝枢、李锦纶和韦悫,把他们结合在一起的不是共同的意识形态,更多毋宁是外国读书的共同经历和同为广东人的地方认同。其中伍朝枢是国民党右派而韦悫是左派(他1925年已秘密加入中共),出生在外国的李锦纶基本是个温和的技术型官僚,政治上或属中派,但与左右两派的关系都不错。他和广东籍的中共要人苏兆征保持着联系,后来在中共策划广州暴动时,正是他向韦悫转达了苏氏要他返回广州的信息。共产党员韦悫在国民党"清党"中已成为整肃的对象,却在"清党"主要发起者之一的蔡元培帮助下出逃美国,更在那里代表国民政府和美国人洽谈。

在中美关系史和民国政治史都基本不怎么提及的这一小小事例中,不同人物的相关经历说明,意识形态和政治派别之分在当年未必高于一切,有时地方认同会弥合政治派别的分歧,有时同事之谊也能超越意识形态的对立。至少,在涉及对外交往时,内部的政治纷争可能暂时退让,使大家能够"一致对外"。而在此前和此后的中美谈判之中,文化层面的考量有时也超过实际的国家利益,成为双方争执的要点。

在近代中外关系中,美国长期是相对次要的配角。过去比较偏重列强"协以谋我"的一面,但列强中也存在竞争。正是在北伐前和北伐进行时,美国开始主张在华独立行动,并对南北双方采取更灵活的政策。而1928年的济南事件更是中国现代史上一个重大转折点。在事件之前,北京政权在外交上力图向美国倾斜,而国民党先是一面倒向苏联,继则全力与日本维持一种稳定的工作关系(working relationship)。

在此事件后，由于日本的侵略意图日益明显，国民党在外交上转而寻求与美国建立密切的关系以制衡。可以说中国南北政权都是在日本威胁加剧的背景下认识到中美关系的重要性，而美国对"中美特殊关系"的政策性倾斜和承诺虽到十多年后才逐渐变得明显，却也在此时开始成形。

在不平等条约已成历史的今日，中美关系与当年自不可同日而语。回顾曾经出现的"中美特殊关系"，却也别有一番滋味在心头。民族主义永远是能动的，它在实际政治中可能起到什么样的作用，后人或可深入反思。

修订说明并致谢

本书又一次再版，出版社青眼的后面是读者的厚爱，特致谢忱！这次是修订版，增添了好几篇文章，多是北伐前后的政治外交，以及作为这一版引论的《帝国主义在中国：条约体系的文化认知》（各文均来自不会再版的《从新文化运动到北伐》一书）；也删去了两篇文章，一是原作为引论的《清季改科考的社会影响》，一是《"五四"前后思想运动与政治运动的关系》，两文皆偏重社会、文化与政治的互动。相对而言，修订版更侧重于常规意义的政治史，也更贴近"民族主义与民国政治"这一主题。

下面一段话已多次出现在拙作的序言之中，虽也有人误解，仍愿重复一遍：

本书倘幸有所得，都建立在继承、借鉴和发展既存研究的基础之上。由于现行图书发行方式使穷尽已刊研究成果成为一件非常困难之事，对相关题目的既存论著，个人虽已尽力搜求，难保不无阙漏。同时，因论著多而参阅时间不一，有时看了别人的文章著作，实受影响而自以为是己出者，恐亦难免。故在向既存研究的作者致谢之同时，我愿意申明：凡属观点相近相同，而别处有论著先提及者，其"专利"自属发表在前者，均请视为个人学术规范不严，利用他人成果而未及注明，请读者和同人见谅。

尽管本书所收各文尚不成熟，恐怕会有辱师教，但我仍愿意在此衷心感谢成都地质学院子弟小学、成都五中、四川大学、新墨西哥大学、普林斯顿大学各位传道授业解惑的老师以及这些年来我所私淑的各位老师。他们在我修业问学的各个阶段中都曾给我以热诚的关怀和第一流的教诲，在我毕业之后继续为我师表，诲我不倦，这或许是我比一些同辈学人更为幸运之处吧！拙文若幸有所获，悉来自各师的教导。当然，所有谬误之处，皆由我个人负责。

我比一些同辈学人较为幸运的，或者还因为学术交游稍广。今日图书资料既相当丰富也较易获得，但在本书写作时却是重大的难题。我所在的成都市在近代中国的资料方面尤不见长（早年主持图书馆的老先生基本不视中国近代史为合格的学问，所以成都的古史材料尚大致足用，而近代史则非常差），那些年尚能勉强维持，多赖海内外各地众多朋友代为搜集、购置、复印和赠送各种资料。当年索要资料的范围近则中国大陆与台湾地区，远及欧美，老中青朋友都受此累，有些还是未曾谋面者。他们的姓名以前也曾列出，今似不便一一列举，谨向所有指点者敬致谢忱！

2022 年 7 月 18 日于川大江安花园

引论　帝国主义在中国：
条约体系的文化认知

　　董必武在 1961 年提出，应该"去找一下'帝国主义'这个名词什么时候出现于中国论坛？那些用'帝国主义'这个名词的人，对帝国主义的认识，是否和我党的了解相同呢"？ 他的结论是倾向于否定的。[①]这一多年前提出的睿见，可惜未曾得到学界的关注。实际上，近代中国人对"帝国主义"认知的进程相当复杂，[②]待发之覆尚多，是个非常需要推进的重要课题。

　　进而言之，帝国主义对近代中国的侵略这一曾经论述较多的议题，近年也已相对淡出了。但这个议题却绝非像有些人想象的那样已经功德圆满，盖"帝国主义侵略"不仅是一个现象或状态，它更是一个充满变异的动态过程。具体到近代中国，"帝国主义侵略"不仅涉及负面还是正面"评价"的问题，甚至也不仅仅是其带来了什么、造成了什么及引发了什么的问题，与此进程相关的丰富史事，特别是那些动机和结果时相违背的面相，我们迄今了解仍然不足，还须进一步深入认识。

　　回顾起来，至少在中国大陆，研究帝国主义侵华史的传统强项在

---

　　① 参见董必武：《中国共产党"一大"的主要问题》（1961 年），《"一大"前后：中国共产党第一次代表大会前后资料选编》（二），中国社会科学院现代史研究室、中国革命博物馆党史研究室编，人民出版社 1980 年版，第 363—364 页。

　　② 例如，在清末的一段时间里，不少国人曾视帝国主义为民族主义的"最高阶段"，怀有一种既憎恨又向往的态度。本文所说的"帝国主义"，大致指谓民国以后在中国形成的概念。

经济层面，而文化层面相对薄弱。① 且过去的研究明显侧重于实施侵略一方，而相对忽视侵略行为实施的场域以及侵略在当地的实施（通常述及被侵略地区的是特定的"反帝"活动）。然而，不论是人类学意义上的"地方性知识"取向还是区域研究领域的"在中国发现历史"取向，② 都提示着应当更注意被侵略区域的当地因素。同时，任何侵略至少是两个或更多落实在特定地域上的文化、政治、经济体系之间的冲突，在重视这些体系所在空间因素的基础上，还要从时间视角去认识其多元互动的过程本身。

本文主要立足于帝国主义侵略所及的中国当地条件，更多从文化视角考察不平等条约体系的形成及其发生作用的进程，特别侧重北伐前十年外力与内争在中国这一场域的纠结互动及其发展演化，简析这段时间中外格局的变与不变，大致形成一个中外关系的认识框架。

我想说明的是，这一认识框架并非固定的，而是发展中的，即其本身可能随时间以及特定场景的更易而波动。我所做的，不是像许多社会科学那样先确立一项相对抽象的"理论"，然后以"事实"来验证（test）这一理论。本文更为注重历时性因素，既借助认识框架以考察不同时期的具体史事，也注意具体史事对认识框架的作用，即在史事影响下认识框架自身的确立、修改或发展。简言之，具体史事和认识框架始

---

① 参见王亚南：《中国半封建半殖民地经济形态研究》，人民出版社 1957 年版；许涤新、吴承明主编：《中国资本主义发展史》，第 1—3 卷，人民出版社 1985—1993 年版；汪敬虞：《十九世纪西方资本主义对中国的经济侵略》，人民出版社 1983 年版；胡绳：《帝国主义与中国政治》，人民出版社 1996 年第 7 版。在西方，文化冲突和文化误解一直是解释近代中外关系的一个重要取向，特别反映在牵涉传教的题目上。由于这一取向通常隐含了西方文化优越的预设，已遭到越来越多的西方学者的反对。但从文化视角诠释中外关系这一取向基本未在中国生根，不论是从前的"资本主义和封建主义冲突说"还是新近得到提倡的"现代化取向"（隐喻着传统与现代的对立），都更侧重经济和政治因素。

② 参见 Clifford Geertz, *Local Knowledge: Further Essays in Interpretive Anthropology*, New York: Basic Books, 1983；〔美〕柯文（Paul Cohen）：《在中国发现历史——中国中心观在美国的兴起》，林同奇译，中华书局 1989 年版。

终处于互动之中。

一、帝国主义间接控制：条约体系的文化解读

近代西潮东侵，中国士大夫多以为遭遇了"三千年未有之大变局"。这一迄今仍常被引用的名言当然不甚符合史实，却反映出一种强烈的危机感，即不少中国士人逐渐认识到，入侵的西人并不十分想亡中国，却立意要亡中国人的"天下"。[①] 用今日的话说，西方入侵者的主要目的，不是变中国为殖民地，而是要在文化上征服中国，改变中国人的思想习惯，以全面控制中国。[②]

从根本上言，帝国主义侵略国与被侵略国之间最关键的实质问题是对被侵略地区的全面控制。只要能达到实际的控制，是否直接掠夺领土是次要的。帝国主义的基本特征是侵略，但具体的侵略方式则千差万别。尤其像中国这样的大国，幅员辽阔、人口众多、文化悠久、中国朝野对外国入侵的持续有效抵制，[③] 再加上入侵的帝国主义列强之间相互竞争造成的均势，这些因素迫使列强逐渐认识到全面的领土掠夺既不合算也不可能。故其退而采取一种不那么直接的侵略方式，即

---

①　顾炎武说："有亡国有亡天下。亡国与亡天下奚辨？曰：易姓改号，谓之亡国；仁义充塞，而至于率兽食人，人将相食，谓之亡天下。"（《日知录·正始》）

②　清季士人对此有清晰的认识和表述，他们认识到，此前也有异族入侵，然皆在较大程度上接受华夏文化，即昔人所谓"窃学"；但近代入侵的西人则不仅无意"窃学"，根本有"灭学"之图，欲尽可能打压或铲除中国文化。参见罗志田：《国家与学术：清季民初关于"国学"的思想论争》，生活·读书·新知三联书店 2003 年版，第 59—69 页。

③　幅员辽阔、人口众多、文化悠久一类表述已渐成套话，但在这里的意义非常实际具体，正是这些要素构成了近代中国朝野抵抗外部入侵的有效性。一般多见中国在近代中外竞争中屡战屡败，或忽视了中国朝野持续抵制外部入侵的效力。正像宋朝虽被蒙元所灭却是世界范围内抵御蒙古入侵时间最长者一样，从世界范围看，美洲、非洲以及亚洲的印度等都大致具有和中国一样的地大物博特点，却未能免于沦为殖民地的处境，足以反证出中国虽屡败而不亡，且失地不甚广，主权基本保持，已是相当有效的抵抗。从这一视角看，中国文化和政治体制在抵抗侵略中的作用和效能，还可进一步深入探索。

以条约体系巩固其非正式的间接控制，[①] 同时寄希望于文化渗透，[②] 以为长久的经济利益铺路。

近代中外条约基本是武力威胁的结果，故所谓"间接控制"并未改变其帝国主义性质。而条约的不平等不仅体现在具体的条文上，而且首先就体现在其主要反映战胜者的意志这一基本精神上。早期的帝国主义研究较多侧重实施侵略的一方，但恐怕更多是被侵略所在地的现实条件，而未必是侵略者的主观意愿，制约甚或决定了帝国主义的侵略方式和特性。如鲁宾逊所说："有多少被侵略的地方，就有多少种歧异不同的帝国主义。"[③]

从入侵者视角看，在中国实施"间接控制"是依据实际情形最可行也是效益最高的取径。在被侵略方面，中国除一些割地和少量租界外，领土基本得以保持完整；不平等条约固然侵犯了部分中国主权，但基本的主权仍在中国人手中。若返回当时人的认知，我们今日注重的"主

---

① 这里的讨论受到"非正式帝国主义"理论的影响，这一理论由约翰·A.加拉格尔和罗纳德·鲁宾逊（John A. Gallagher & Ronald Robinson）在1953年提出，参见其合作的论文"The Imperialism of Free Trade, 1815—1914", *The Economic History Review*, VI: 1 (Feb. 1953), pp. 1—15. 关于这一理论的争论，参见William R. Louis, ed., *Imperialism: The Robinson and Gallagher Controversy*, New York: New Viewpoints, 1976。后来这一理论又有所发展，见Robinson, "The Eccentric Idea of Imperialism, with or without Empire", in Wolfgang J. Mommsen and Jurgen Osterhammel, eds., *Imperialism and After: Continuities and Discontinuities*, London: Allen and Unwin, 1986, pp. 267—289. 不过这一理论主要着眼于经济层面，很少涉及文化。

② 萨义德（Edward W. Said）从一个特定的视角指出了文化因素对帝国主义扩张以至构成帝国主义概念那不可缺少的作用。参见其 *Culture and Imperialism*, New York: Knopf, 1993（本书有中译本《文化与帝国主义》，李琨译，生活·读书·新知三联书店2003年版），particularly pp. 267—268.

③ 参见Ronald Robinson, "The Eccentric Idea of Imperialism, with or without Empire", in Wolfgang J. Mommsen and Jurgen Osterhammel, eds., *Imperialism and After: Continuities and Discontinuities*, p. 273; 并参见其 "NonEuropean Foundations of European Imperialism: Sketch for a Theory of Collaboration", in R. Owen and B. Sutcliffe, eds., *Studies in the Theory of Imperialism*, London: Longman, 1972, pp. 117—140. 大卫·菲尔德豪斯（David Fieldhouse）从另一取向强调帝国主义行为实际发生作用地区的重要性，参见其 *Economics and Empire 1830—1914*, London: Weidenfield & Nicolson, 1973.

权"和"领土完整"这类近代传入的西方观念，对晚清中国人似不十分要紧；他们更看重的，恐怕是基本的纲常礼教和政治体制这一"国体"仍依其旧。[①] 这个重要因素的意义是多重的：

帝国主义侵略所至，总要争夺被侵略国的文化控制权，一般是以贬低、打压甚至清洗等方式破除本土文化。在中国，因为没有直接的领土占据，不存在像殖民地那样的直接政治统治，西方也就不能像在殖民地那样直接地破除中国的本土文化，只能采取间接的渗透方式来获取文化控制；这就更需要不仅在物质上，且更多在文化上表现其优越性，以建立文化权势。故对文化控制的竞争既是手段也是目的，西人对此是有备而来，并有着特别针对中国纲常礼教的持续努力。[②]

另一方面，恰因上述因素的影响，中国士人对西方文化的仇视和抵制通常较殖民地人为轻。国体的持续和领土主权的基本完整，应该是士人确信中学可以为体的根本基础。由于不存在殖民地政府的直接压迫和文化清洗，中国士人在面对西方压力时显然有更大的回旋余地，更多的选择自由，同时也更能去主动接受和采纳外来的思想资源。故中

---

① 由于"主权"和"领土完整"等西方观念不过新近才传入，近代中国人对其重要性的认识有个过程。时人更看重的，恰是今日中外研究皆不那么重视的纲常礼教和国家（政治）体制的维持。晚清政治文献中一个频繁出现却难以精确译成西文的"国体"一词，就很能反映甚至代表中方的主要思虑。今日不少以中文为思想和表述工具者，也甚感难以界定"国体"一词，恐怕即因为这些人的思维和想象能力（或其使用的概念工具）已部分被"西化"了。所以，不仅要"在中国发现历史"，更要移位到具体时段里"在中国之人"的所思所虑所为进行提问，以"发现"不论中国人还是外国人"在中国的历史"，才可能有所谓"了解之同情"。参见罗志田：《发现在中国的历史——关于中国近代史研究的一点反思》，《北京大学学报》（哲学社会科学版）2004 年第 5 期。

② 从晚清到今日，试图淡化西方入侵之帝国主义性质者每强调西人来华意在"通商"，若以之与掠夺领土并论，这大致不甚差；但叶德辉已指出："通商之士，一其心以营利，不能分其力以传教。"西人对后者的注重揭示出其目的不仅在于"通商"，而是远更广泛（叶德辉：《郋园书札·西医论》，长沙中国古书刊印社 1935 年《郋园全书》版，第 44 页）。并参见 John Fitzgerald, *Awakening China: Politics, Culture, and Class in the Nationalist Revolution*, Stanford Calif.: Stanford University Press, 1996, pp. 109—111.

国士人学习西方的愿望和实际行动都远比殖民地人要主动得多。[①] 更由于中国士人未能充分认识到对文化控制的竞争既是手段也是目的，轻视了文化竞争的严重性，有些人为了一个美好的未来而日渐主动地破除自身的传统，实际成为西方打压中国文化的工具而不自觉。

再者，正是通过条约体系所建构的间接控制，外国在华存在（the foreign presence in China）既体现着一种外在的压迫，其本身又已内化为中国权势结构的直接组成部分。这一点越来越为中国人所认识到，清政府史无前例地援引义和团这一民间异端力量来对抗外国势力，部分即因其感到列强对中国内政的干预过分深入。[②] 稍后一份四川办学纲要注意到：中外"交通既久，几于无事不与外人为缘"。[③] 当孙中山在美国获悉辛亥革命的消息时，这位革命家不是疾速返国，而是转往英国以寻求可能抑制日本的帮助。詹森（Marius B. Jansen）师曾敏锐地指出，这表明在中国领袖人物的认知中，外国在中国政治中的作用具有压倒性的重要意义。[④]

若从文化视角看条约体系，鸦片战争后中外条约的订立，毋宁是开创了一种中外交涉的"方式"：简言之，即炮舰出条约，而条约代表胜

---

① 近代中国与一般殖民地还有一大不同，殖民地的反帝运动往往是留学生领导，很多时候运动的领导中心正在所谓宗主国之内，与帝国主义本身有着千丝万缕的直接间接联系；而中国的反帝运动除早期与日本有着较密切的关联、一度中心也在日本（但同时更反中国政权）外，大部分时候是相对"独立"的（其思想资源主要是西方的，但运动本身与西方的联系则少）；在20世纪20年代虽与苏俄有非常直接的联系，但当时苏俄的地位相对特殊：它在中国仍然维持着某些沙俄的帝国主义利益（例如中东路），然其意识形态方面与一般帝国主义国家又有着巨大的差别。

② 关于清政府支持民间异端力量，参见罗志田：《异端的正统化：庚子义和团事件表现出的历史转折》，《裂变中的传承：20世纪前期的中国文化与学术》，中华书局2003年版，第1—32页。

③ 《四川奏定致用学堂办法纲要》，《北洋学报》，丙午（1906）年第20册，学界纪要第1页。

④ 〔美〕詹森：《国际环境》，〔美〕罗兹曼主编：《中国的现代化》，国家社会科学基金"比较现代化"课题组译，江苏人民出版社1988年版，第297页。

者的意志；所能谈判的，只是反映胜者意志的程度而已。这才是最深层的也是最根本的不平等之处。早年中外谈判中道光帝觉得最不能忍受的，正是这种不平等的方式。[①] 此后的中外之争，在很大程度上是维护、修改以至取消这一方式的长期斗争。然而，不平等的中外交往方式既然由战争确立，实际上意味着条约的修订或废除多半需要诉诸武力或以武力为后盾。后来列强扩张权益的历次修约或订立新约是如此，中国方面亦然。

对清廷而言，每次条约修订，基本是外国利益的增强和中国权益的进一步损失，故其甚少主动提出修约。不过，费正清认为，这主要反映出所有的中外条约并未从根本上打破中国的政教体制，所以清廷既不看重条约，也不认为有必要修约。[②] 与此形成鲜明对比的是，民国朝野皆不断提出修约以回收主权。这表明中国人已逐渐接受西方思维，注重国家的主权和领土完整远胜于往昔的"国体"；在具体做法上，一方面承认条约这一形式的重要性，也试图以西方外交的常规方式来进行修改。

但条约体系确立的中外交往方式，即使以西方常规价值观念看也不平等，故中国在谈判桌上的成功极其有限。[③] 到中国战场上已在使用飞机的北伐之时，北方首次以废除的方式终结中国与比利时的条约，

---

　　① 参见茅海建：《天朝的崩溃——鸦片战争再研究》，生活·读书·新知三联书店1995年版。

　　② 参见 John K. Fairbank, "The Early Treaty System in the Chinese World Order", in idem ed., *The Chinese World Order: Traditional China's Foreign Relations*, Cambridge, Mass.: Harvard University Press, 1968, pp. 257—275。晚清中国官民当然也有过修约的想法，或以修约为抵御西方进一步要求的权宜之计，然基本未成为一项有意识的国策。

　　③ 王韬早就指出，治外法权"不行于欧洲，而独行于土耳其、日本与我中国"。他认为这是有"忠君爱国之忱"的"我国官民在所必争"，且"必屡争而不一争"，盖"国家之权系于是也"。具体的争法，则"不必以甲兵，不必以威力，惟在折冲于坛坫之间，雍容于敦槃之会而已。事之成否不必计也，而要在执西律以与之反复辩论，所谓以其矛陷其盾也"。王韬：《弢园文录外编·除额外权利》，上海书店出版社2002年横排本，第73—74页。不过王氏未曾理解到条约的不平等也体现在缔结和修改的方式上，很多时候"执西律以与之反复辩论"未必有效。

南方的国民革命军更以武力为基础收回了部分租界。或许这就是鸦片战争的历史意义之一：它不仅开启了一个时代，也设定了结束这一时代的方式。

从更深层次言，条约缔结方式和维护方式的不平等，确立了西方在东亚外交的双重标准，即在与中国人打交道时，西人可以不按西方自身的价值标准行事。章太炎就注意到，西方这些"始创自由平等于己国之人，即实施最不自由平等于他国之人"。[①] 只有在坚持欧洲文化优越观的基础上，才可以对"劣等"民族实施不同的准则而不觉违背了自己的价值观念。这是典型的帝国主义心态。[②] 如柯亭（Philip D. Curtin）所指出的，对非西方地区采取例外法则（exceptionalism）是"帝国主义意识形态差不多所有分支的共相"。[③]

张之洞在庚子后对这种帝国主义已有所认识，他看出各国皆"视中华为另一种讨人嫌之异物，不以同类相待；必欲作践之制缚之剥削之，使不得自立为一国而后已"。[④] 即中国不仅被视为异类（the other），还是不能苟同的异类（a disapproving other）。在个人方面，这类心态和行为在中国租界中表现得最为明显，或可说已形成一种"租界行为"或"租界意识"。游历过欧西又久居上海这一租界集中地的王韬深有感触

①　章太炎：《五无论》，《民报》第 16 号（1907 年 9 月），第 7 页。

②　A. E. Campbell, "The Paradox of Imperialism: The American Case", in Mommsen and Osterhammel, eds., *Imperialism and After*, pp. 33—40, particularly pp. 35—36. 陈垣已见及此：《资治通鉴》卷二八六载后汉天福十二年契丹军克相州后，"悉杀城中男子，驱其妇女而北。胡人掷婴孩于空中，举刃接之以为乐"。陈先生以为，此"非必其生性残忍也。蔑视之甚，故以非人道待之"（陈垣：《通鉴胡注表微·夷夏篇第十六》，科学出版社 1958 年版，第 326 页）。盖战争之残酷固易导致敌视而影响人的行为，然以杀婴为乐过分，那些胡人只有不视汉人为"人"，始可出此"非人"之举。

③　Philip D. Curtin, "Introduction: Imperialism as Intellectual History", in idem, ed., *Imperialism*, New York: Harper & Row, 1971, p. xiii.

④　张之洞指出，这也因为中国人在"各国"眼中的形象是"昏陋懒弱，诈滑无用；而又顽固虚骄，狂妄自大，华己夷人，嫉视各国，如醉如梦"。参见张之洞：《致西安鹿尚书》，光绪二十七年二月初五日，《张文襄公全集》，第 4 册，中国书店 1990 年影印本，第 12 页。

地说:"西人在其国中,无不谦恭和蔼,诚实谨愿,循循然奉公守法;及一至中土,即翻然改其所为,竟有前后如出两人者。其周旋晋接也,无不傲慢侈肆;其颐指气使之慨,殊令人不可向迩。"①

当然,中国人也并非尽皆关注入侵者那不平等待人的一面,许多人也看到或更看重外来者带入的新思想资源。在文化而非领土征服成为帝国主义者实际推行的取向时,真正文化控制通常都是在本土人士的主动配合下实现的(尽管配合者自己往往并未意识到他们所起的作用,甚或出于相反的动机)。严复便曾注意到所谓"内地西人"对"租界之西法"的主动配合,他说,清季维新督抚如袁世凯、岑春煊等推行的改革,虽"其所行自谓西法",其实"非西国西法也,乃支那租界之西法。租界西人相聚为法,以束缚华人。袁、岑辈则为内地西人,而以西人之待华人者待其民"。②

此"租界之西法"的特征一是"束缚华人",一是"非西国西法";故这些"租界行为"表现出的"租界意识",不仅对中国一方有所谓"东方主义"式的偏见,③其对西方基本价值观念也未必全面体认,实际已形成一套与西方基本价值时相冲突的思维和行为方式。④这些人虽是西方在中国实际存在的代表,表述着"西方"却又不完全等同于"西方";⑤若以

————————

　　① 王韬:《弢园文录外编·传教下》,第54页。

　　② 严复:《与熊季廉书》(1903年1月31日),《〈严复集〉补编》,孙应祥、皮后锋编,福建人民出版社2004年版,第237页。并参见Michael H. Hunt, "Resistance and Collaboration in the American Empire, 1898—1903: An Overview", *Pacific Historical Review*, 48 (1979), pp. 467—471.

　　③ 关于"东方主义",参见Edward W. Said, *Orientalism*, New York: Vintage Books, 1979.

　　④ 参见Nikki Keddie, "Western Rule versus Western Values: Suggestions for a Comparative Study of Asian Intellectual History", *Diogenes*, XXVI (1959), pp. 71—96。

　　⑤ 反之,近代来华西人所接触的中国人所表现的或者也非纯正之"中国",至少在传述中国上层文化方面不够正宗。柳诒徵指出,西人来华所接洽之华人,"或呫毕腐儒,或无赖名士,或鄙俗商贾,或不学教徒",经由这些人"传译"的中国学术,"最易失真";但西人却认这些言说"为华人自信之真义",恐难免"差之毫厘谬以千里"。柳诒徵:《中国文化西被之商榷》(1924年),《柳诒徵史学论文续集》,柳曾符、柳定生选编,上海古籍出版社1991年版,第225页。

"租界意识"的产生地域看，指导这些西方代表行为的准则甚至可以说是"非西方"的。[①]

王韬尝解读"租界行为"说："彼以为驾驭中国之人，惟势力可行耳，否则不吾畏也。"[②] 这的确是近代在华外国人一条共享的"常识"，类似"武力是中国人唯一能理解的术语"这样的表述不断重复出现。据米勒（Stuart C. Miller）的研究，许多传教士不仅赞同这一观念，且他们自己在此观念的形成上也起了重要的作用。[③] 主张学西方的郑观应承认传教士到中国意在"传教济人"，但以"救世之婆心"而造成大量教案，更常借条约和炮舰之"势力"以压官民，则"大失其传教劝善之本心"，也未必合于"上帝之心"。[④]

传教士之所以能不顾基督教反暴力的基本准则而在中国认同于炮

---

① "租界行为"的持续性非常明显，到 20 世纪 20 年代，曾留学日本、美国而久居上海的杨荫杭观察到：西人"凡曾受教育者，皆讲求礼仪，言动无所苟"。但其"一旦移居东方，则视人如豕。偶不如意，即拳足交下。其意若曰：'此乃苦力国也。殴一苦力，与殴一人类不同。'于是积习成性，居中国益久，离人道益远。此不特未受教育者为然，即在本国曾受教育者，亦如入鲍鱼之肆，久而不觉其臭。有西人为余言：凡久客东方者，归时多不为国人所欢迎；以其性情暴戾，异于常人也"（文载《申报》，1923 年 5 月 8 日，收入杨荫杭：《老圃遗文辑》，长江文艺出版社 1993 年版，第 742 页）。可知租界意识和租界行为确类一"染缸"，久居便被同化；这一同化对西方而言则为异化，故异于西方之"常人"。不过，正如萨义德反复指出的，作为"他人"的殖民地之存在既区别于宗主国的"自我"，却也是构建宗主国"自我"认同的要素（参见 Edward W. Said, *Culture and Imperialism*, passim）。由此视角考察租界意识和行为的异化于西方常规，可更深入地认识帝国主义的复杂一面。

② 王韬：《弢园文录外编・传教下》，第 54 页。

③ 参见 *Chinese Repository*, III: 9 (Jan. 1835), p. 413; VI: 10 (Feb. 1836), p. 446; IX: 1 (May 1840), p. 2; Stuart C. Miller, "Ends and Means: Missionary Justification of Force in Nineteenth Century China", in John K. Fairbank ed., *The Missionary Enterprise in China and America*, Cambridge, Mass.: Harvard University Press, 1974, pp. 249—282.

④ 他说，依基督教本义，即使教士因卫道而受辱，也当"如耶稣所云'披左颊，转右颊向之可也'。苟能含忍包容，人心自服，又何必力为较量"？但列强对传教事业恰是"合举国之权力以庇之"，结果是"庇之愈甚，而冀传教之广播愈难。何则？传教先贵乎化导，化导在身心，不在乎势力也"。参见郑观应：《传教》（先后两篇），《郑观应集》上册，夏东元编，上海人民出版社 1982 年版，第 405—412 页。

舰政策,部分因为传教的最终目的正是精神征服,更主要还是其有西方文化优越观的支持,故能公开支持使用武力而不觉于心不安。传教士在意识层面未必都认同帝国主义,不少人来华传教确出于善意,但当中国士人对此好意冷淡甚而抵制时,传教士的文化优越感使其不能接受这样的态度。有传教士以为,中国人视西方为夷狄的做法是公开违背了"爱你的邻居如你本人"这条戒律,西方有义务"说服"中国人走到更加"符合其权利和义务"的方向上来。如果说服不生效,就必须强制。[①] 似乎中国人"犯规"在先,西方人也就可以不按其自身"规矩"对待中国人。[②]

一旦基督教爱邻如己的准则成为动武的基础,传教士也就走到其教义的对立面了,可知他们有意无意间也分享着帝国主义意识形态的例外法则。另一方面,在后来不少中外冲突中,传教士和构成租界主要成分的商界又常常有着不同的主张;正因部分西人特别是其文化先锋传教士不完全认同于炮舰政策和不平等条约体系,西方对中国的文化侵略远比政治、军事和经济的侵略更成功,其成功的程度基本上与其疏离于炮舰和条约的程度成正比。

在某种程度上可以说,西方对中国采取了一种"凡可能说服时皆说服,不得已则强制"的方略。[③] 这当然只是一种日后的理想型诠释模式,并不一定意味着一个整体"西方"事先就预定有这样清楚的谋略。不同国家不同的人可能根据不同的时势采取不同的对策。很多时候,强制和说服只是偶然地互补,而非事前预谋。

---

① *Chinese Repository*, Ⅲ: 8 (Dec. 1834), p. 363.

② 关于传教士方面更详细的讨论,参见罗志田:《传教士与近代中西文化竞争》,《历史研究》1996 年第 6 期。

③ 这一概括在观念和句式上都受到著名的 Gallagher-Robinson formulation 的影响,他们曾提出 "informal control if possible, formal rule if necessary" 一说,参见 Gallagher and Robinson, "The Imperialism of Free Trade, 1815—1914", *The Economic History Review*, Ⅵ: 1 (Feb. 1953), p. 13。

实际上，在华列强之间也有相当激烈的竞争，既为包括经济利益在内的势力范围，也为含义宽泛的文化"影响"。正是在更深层次的文化层面，潜伏着列强间分裂的隐忧。盖欧洲列强才真正分享着我们通常所说的"西方文明"，不但日本常被排斥在外，就连俄国甚至美国有时也带有不够正统的意味。当罗素（Bertrand Russell）告诉胡适专制比民主更适合于俄国和中国这样的农业国时，胡适便感觉到这对其自身的自由主义信仰有些不够"忠恕"。① 实行于英国的制度可能真不一定适合于俄中两国，但罗素的主张仍隐约可见"例外法则"这一帝国主义意识形态的影子。②

几年后，进步主义思想家比尔德（Charles A. Beard）将"东方"视为英、法、俄、美四个"西方帝国"纵横捭阖的场域。③ 这位著名的帝国主义批判者将社会主义的苏联纳入批判对象，却未包括正挑衅甚或颠覆东方既存政治格局的日本；他所批判的实际是一个作为侵略者的白种西方，而另一边则是作为受害者的黄种东方。日本在日俄战争击败沙俄之后便希望自己成为世界强国俱乐部中的一员，④ 但东西文化差异及其伴随的歧视一直妨碍日本被西方强国真正接受，这样一种连批判对象都不计入的"不平等"待遇或许出于善意，却触及也揭示了日本长期对西方的不满之所在。

---

① 参见《胡适日记全编》，第 4 册，1926 年 10 月 17 日，曹伯言整理，安徽教育出版社 2001 年版，第 394 页。

② 罗素稍早曾赞扬胡适那本英文的《先秦名学史》在西方汉学界起着典范转移作用，并说胡适具有像美国教授一样的良好英文表述能力，这恐怕也是褒中略带贬义，多少体现出看不起美国人的传统英国心态。参见罗素为胡适书写的书评，载 *The Nation* (Sept. 23, 1923)，胡适 1923 年 11 月 4 日的日记中剪贴有全文。

③ Charles A. Beard, "Introduction", in idem, ed., *Whither Mankind: A Panorama of Modern Civilization*, New York: Longmans, Green, 1929, p. 5.

④ 这样一种不平的情绪长期存在于日本是其不断发动战争的一个潜在但不可轻视的因素，参见 Marius B. Jansen, *Japan and Its World: Two Centuries of Change*, Princeton: Princeton University Press, 1980（此书有中译本：《日本及其世界：二百年的转变》，柳立言译，香港商务印书馆 1987 年版）。

在处于中国这一文化悠久的异国时，列强或更容易感到上述潜在的文化隐忧；作为共同的外来者（outsiders），[①] 它们似较在别处更强调团队精神和相互依赖性。[②] 这就进一步促成了东亚（时人多遵欧洲习惯称为"远东"）在国际政治中那特殊的"例外"之处：在欧洲处于敌对关系的国家在亚洲却可以联合贷款给中国，这一现象被入江昭（Akira Iriye）称为"世界政治中远东的隔绝"。[③] 换言之，由于列强和中国这一似乎更明显的"区分"，在欧洲的敌对关系到了亚洲即因此而暂时化解。这还只是出于谋利的主动一面，当条约体系面临中国挑战之时，列强为捍卫这一体系更容易联合在一起。

二、华盛顿会议后中国内争与外力的纠结互动

列强间一个传统的看法是：中国应先实施内政特别是法律改革，维持（西方标准的）"正常"社会秩序，然后才谈得上考虑条约的修订。[④] 然而，正如前文所引"三千年未有的大变局"所揭示的，入侵的帝国主

---

① 关于列强作为"外来者"的一面，参见 Rhoads Murphey, *The Outsiders: The Western Experience in India and China*, Ann Arbor: University of Michigan Press, 1977。不过，西方以及日本卷入中国的程度，特别是其通过条约体系直接成为中国权势结构的一部分，及其在中国经济和文化方面留下的更带永久性的印记，都提示出这些外来者已部分内化成"近代中国"一个不可或缺的成分了，其明显表征之一就是当时中国反帝者所秉持的思想资源基本是西来的。说详罗志田：《西潮与近代中国思想演变再思》，《近代史研究》1995 年第 3 期。

② 孙中山就特别强调在华帝国主义的"共性"，他认为近代中国的实际地位是低于一般殖民地的"次殖民地"，即"凡是和中国有条约的国家，都是中国的主人"，而中国也就成为"各国的殖民地"。孙中山：《三民主义》，《孙中山全集》，第 9 卷，中华书局 1986 年版，第 201 页。

③ Akira Iriye, *After Imperialism: The Search for a New Order in the Far East, 1921—1931*, Cambridge, Mass.: Harvard University Press, 1965, p. 88.

④ 这一思维也被正式纳入中外条约之中，较早的表述见于 1902 年订立的《中英续议通商行船条约》，其第 12 款指出：中国愿意"整顿本国律例，以期与各西国律例改同一律"；而英国则"一俟查悉中国律例情形及其审断办法及一切相关事宜皆臻妥善"，即允放弃治外法权（黄月波等编：《中外条约汇编》，商务印书馆 1935 年版，第 30 页）。

义本身就是中国秩序紊乱的主要造因之一。① 更关键的是，任何大规模的政治、法律和社会改革，必然意味着对既存权势结构的挑战，当外国在华势力已成为中国权势结构的直接组成部分时，复因其依"例外法则"在中国实行双重标准，列强自身也是按西方标准不那么"正常"的中国政治法律秩序的构建者和维护者。在中国实行大规模的全面改革，必然要涉及列强的帝国主义利益。此时列强是继续扮演改革推动者的角色？还是转换为既存秩序维护者的角色？

进而言之，当列强要求中国实行内部改革时，其依据的"国际准则"源自常规的"西方"；而外国在华存在本身行为的指导原则，又往往是类似租借意识等非常规的"西方"意识形态。帝国主义的非正式模式支撑了东亚国际秩序的"例外"或"特殊"，而隐伏于其间的观念和利益的既存冲突也造成了列强身份的困窘和错位；后者复使不同国家在特定具体场合可以采取未必一致的政策，预示了列强间合作的难以维持。

第一次世界大战见证了国际政治秩序的大转变，列强势力因战局而改变，巴黎和会提供了一个按势力消长来重新划分各国世界地位的机会。第一个共产党领导的国家苏联的出现，对世界资本主义体制构成有力的挑战；新俄国虽未参加巴黎和会，却存在于多数与会者的头脑中。当列宁对全世界劳动者描绘共产主义的美好未来时，威尔逊针锋相对地提出了著名的"十四点计划"。两人都提倡民族自决思想这样一种国际秩序的新观念，在不同程度上都反对既存的帝国主义国际秩序，故有学者认为这意味着帝国主义时代的结束。②

---

① 连一向"温和"的胡适在"五卅事件"后也说，列强对中国的排外运动"发生最大的恐怖。我试问这恐怖哪里来的？ 完全由于他们基于不平等的条约，享有特殊的权利而来"。因此，不平等条约就是"一切冲突的祸根"。参见胡适：《对于沪汉事件的感想》（1925年6月），《胡适全集》，第21册，安徽教育出版社2003年版，第347页。

② 入江昭就认为，华盛顿会议后，以美、英、日三国合作为基础，列强试图在东亚建立一种不那么具有帝国主义性质的国际新秩序，参见 Akira Iriye, *After Imperialism: The Search for a New Order in the Far East, 1921—1931*。

国际秩序的新观念由威尔逊和列宁来提出，体现出西方范围内正统衰落、边缘兴起的态势，即原处边缘的美国和俄国向原居中央的西欧挑战。[①] 从以西方为中心的"世界"范围言，至少在思想上，说帝国主义时代走向终结大致是不错的。但中国的情形有其特殊之处：正因为以条约体系为表征的帝国主义体制以非正式的间接控制为主，其帝国主义性质相对更隐蔽；更由于西方在中国推行例外法则，西方通行的处事方式并未全用于中国，在华帝国主义一直有其特异之处，故帝国主义在欧洲的"结束"，并未迅速触及中国。

相反，尽管中国在巴黎和会上没什么进一步的具体损失，至少在认知的层面，对中国人来说，和会结果提示的是帝国主义更明显的"存在"。在中国人心目中，帝国主义不仅未曾"结束"，实有加剧之势。威尔逊和列宁提出的国际秩序新观念对被侵略各国之人皆有很大的吸引力，但双方也存在对追随者的争夺问题，关键在于谁能真正实行民族自决的思想，或至少推动其实行。[②] 对中国受众而言，威尔逊正是在这里开始输给列宁。这一转折影响中国思想甚大，[③] 与本文相关的直接后果是苏俄的反帝主张特别容易为中国人接受。

为解决巴黎和会关于东亚的遗留问题，1921—1922 年间在美国

[①]　当时多数中国人对西方内部这一变化不甚注意，但张奚若看出了战胜者之间的差别，他说："读《新青年》等报，见谓公理战胜强权，以后世界将永远太平，令人叹其看事太不 critical。德、奥之败，谓败于 Bolsheviki 之公理或威尔逊之公理则可，谓败于英、法、日、意之公理则不可；以英、法、日、意之公理与德、奥之公理无大别也。"参见张奚若致胡适，1919 年 3 月 16 日，《胡适来往书信选》，上册，中华书局 1979 年版，第 31—32 页。

[②]　参见 N. Gordon Levin, *Woodrow Wilson and World Politics*, New York: Oxford University Press, 1968. 美、俄两种民族自主的观念在中国都甚得人心，不过威尔逊的民族自决主要讲的是欧洲（理论上当然可放之四海，惟其真正的关怀是欧洲），而列宁的民族自决却更多讲到了亚洲。威尔逊能在巴黎和会放弃支持中国，部分也与其实际关怀所在相关。当时的中国人或未必已在这个层面理解和认识威尔逊的民族自决论，但明确感到他不能实行自己的诺言。

[③]　说详罗志田：《权势转移：近代中国的思想、社会与学术》，湖北人民出版社 1999 年版，第 70—75 页。

华盛顿召开了国际会议。美国长期提倡的门户开放，包括尊重中国的完整，被正式写入会议达成的系列文件，在法律上成为列强认可的原则；文件也正式否定了在华"势力范围"这种帝国主义行径（但不追溯既往），在法理上使列强不得增强既存势力范围，也不得谋求新势力范围；中国收回了山东的主权并可以赎回胶济铁路的所有权，取消了外国邮政电信，关税虽未自主，但可有提升，列强并同意考察中国司法状况以决定是否取消治外法权。①

　　这样的收获在近代中外条约史上可说是前所未有，在一定程度上对积弱的中国有所保护。以中国当时的国情，取得这样的结果亦属来之不易。但中国在会上将各条约的不平等处尽行提出修改，却大部分未能实现。这就体现出华盛顿会议的一个根本问题，即列强基本上没有把中国作为东亚国际政治的一个正面因素来考虑，因而也就低估了民国代清以来中国内部革命性政治变动的重要性。

　　民初的中国局势确实继承了清季混乱多变的特征，其变化的突然和急剧并不比前稍减。华盛顿会议一如既往地坚持了中国应先实施内部改革然后才考虑条约修订这一基本见解，其唯一的新意是要求列强予中国以安宁（即不以威胁方式扩充帝国主义权益），以便其实施内政改革。②

---

① 参见顾维钧：《顾维钧回忆录》，第 1 册，中华书局 1983 年版，第 224—234 页；叶遐庵（恭绰）述，俞诚之笔录：《太平洋会议前后中国外交内幕及其与梁士诒之关系》，自印本，香港，1970 年版，第 179—277 页；Roger Dingmen, *Power in the Pacific: The Origins of Naval Arms Limitation, 1914—1922*, Chicago: University of Chicago Press, 1976; Thomas Buckley, *The United States and the Washington Conference, 1921—1922*, Knoxville: University of Tennessee Press, 1970; Noel H. Pugach, "American Friendship For China and the Shantung Question at the Washington Conference", *The Journal of American History*, LXIV (June 1977), pp. 67—86。

② Dorothy Borg, *American Policy and the Chinese Revolution, 1925—1928*, New York: Macmillan, 1947, p. 12.

　　对列强而言，华盛顿会议的一个重要目的是修复因第一次世界大战而改变的东亚国际关系。过去西方的研究对华盛顿会议形成的列强在华合作的取向强调稍过，实则所谓"华盛顿条约体系"的合作取向一开始就颇有缺陷，到 1925 年"五卅运动"后的关税、法权会议期间已基本消失殆尽。应该说，20 世纪 20 年代以中国为场景的列强国际关系是典型的既竞争又合作的状态，而合作更多是在防卫和限制的一面，即每逢中国方面向条约体系挑战时，列强便易合作；[1] 实际上，不少次列强的"合作"原本旨在遏制列强之一采取"过分"的行动以扩大某一国的势力。[2]

　　同时，"华盛顿条约体系"并未充分体认到外国在华势力构成本身的激变：德国和苏联未曾参与华盛顿会议，这两个大国在整个 20 世纪 20 年代推行着基本独立的中国政策，对"条约体系"形成了有力挑战。[3] 第一次世界大战中，德国与中国间的所有不平等条约已被废除。中德两国在 1921 年 5 月以新条约的形式确定了德国放弃原有的条约权利，而中国则予德国以最惠国待遇，使其仍享有他国所具有的利益。没有了治外法权保护，德国人在中国的安全不仅不比他国人差，且成功地恢复了不少在"一战"期间失去的经济利益；复因放弃条约权利而获

----

　　[1]　中国方面的挑战包括官方的和民间的、中央的和地方的以及有意的和无意的，如 1923—1924 年的广州"关余事件"对列强而言乃是地方政府的作为，而 1923 年的"临城事件"则明显不具备挑战条约体系的主观意识，列强处理这两次事件皆颇能合作。

　　[2]　与前引入江昭的看法不同，蒲嘉锡（Noel H. Pugach）和孔华润（Warren I. Cohen）等认为华盛顿会议后列强间的合作仍比较有限，且更多体现在相互限制的一面，参见 Noel H. Pugach, "Anglo-American Aircraft Competition and the China Arms Embargo, 1919—1921", *Diplomatic History*, II (Fall 1978), pp. 351—371; Roberta A. Dayer, *Bankers and Diplomats: The Anglo-American Relationship*, Totowa, N. J.: Frank Cass, 1981; Warren I. Cohen, *The Chinese Connection: Roger S. Greene, Thomas W. Lamont, George E. Sokolsky and American East Asian Relations*, New York: Columbia university Press, 1978, pp. 51—70, 97—119。

　　[3]　参见 Akira Iriye, *After Imperialism: The Search for a New Order in the Far East, 1921—1931*, pp. 20—21; Warren I. Cohen, *America's Response to China: An Interpretative History of Sino-American Relations*, New York: John Wiley, 2nd ed., 1980, pp. 105—107。

得中国人的好感，为其后来与国民党建立密切关系打下了基础。①

战后出现的第一个社会主义国家苏联一开始就表示愿意废除沙皇俄国与中国缔结的不平等条约，其意识形态和具体作为都使苏俄对条约体系的挑战更明显也更具冲击性。1924 年 5 月中苏两国签订《中俄解决悬案大纲协定》等系列文件，正式恢复了外交关系。苏联对领事裁判权的放弃和承认与中国订立关税条约时采用平等互让的原则，大大强化了中国与其他列强谈判的立场。此前的中德条约多少是战争的遗产，而中苏条约基本是通过平等的谈判所缔结，是鸦片战争以来中国与他国签订的条约中对中国最有利的一次，可以说开启了近代中外关系史上新的一页。②

这样，一向被激进者视为北洋"太上政府"的外交使团中首次出现一个共产党国家的代表。苏联向中国派驻大使级驻华代表更凸显出这一象征性变化的实际意义：此前各国所派使节皆为公使级，按照外交惯例，在华使节中层级最高者应为外交使团的当然领袖，这就意味着苏联大使将成为驻华外交使团的代表。结果，所谓"东交民巷太上政府"很难再集体行使其惯性权势，③ 以不平等条约为基础的外国在华势力已

---

①　关于中德谈判及德国恢复其在华经济利益，参见 William C. Kirby, *Germany and Republican China*, Stanford: Stanford University Press, 1984, pp. 23—28; Robert T. Pollard, *China's Foreign Relations, 1917—1931*, New York: Macmillan, 1933, pp. 100—104; Akira Iriye, *After Imperialism: The Search for a New Order in the Far East, 1921—1931*, pp. 12—13.

②　不过，当年中苏条约的谈判却是在一种非常特殊的政治氛围下进行的，苏俄代表加拉罕曾提出以"中国人民"为外交对象这一违背国际外交谈判常规的口号，却相当符合当时中国各界民众要求参与外交的心理，在不同程度上实际得到从激进到保守的各类中国人士的应和，使本来处境艰难的北洋政府不得不在谈判中让步。参见何艳艳：《"国民外交"背景下的年中苏建交谈判（1923—1924）》，《近代史研究》2005 年第 4 期。

③　例如，"五卅事件"后的中外交涉中，英、日、法、美、意、比形成一个临时性的"六国集团"共同行动，最能说明原有"外交团"的常规集体行为基本不复存在。关于这个问题的相关研究有吴孟雪：《加拉罕使华和旧外交团的解体——北京政府后期的一场外交角逐》，《近代史研究》1993 年第 2 期；黄文德：《北京外交团领衔制度之变迁——兼论加拉罕使华案的影响》，《近代中国》第 147 期（2002 年）；唐启华：《中俄协议与北京外交团的没落》，《兴大历史学报》第 14 期（2003 年）。

不复为一个整体，中外关系的格局出现了革命性的转变，奠定了此后南北两政府修订中外不平等条约的基础。

中国与德、苏的新条约意味着已经运作多年的在华"条约体系"出现了巨大的缺漏，[①] 同时也反映出中外关系可调适的余地甚大。德国人在中国的经历说明外国人无须治外法权的保护而生活得很好，经济上也能获利。[②] 凭借其建立的平等新关系，苏联可以在中国公开倡导和支持反帝运动，[③] 然其通过中苏条约以及此后的奉俄条约实际保留了几乎所有的具体利益。后者提示出中国方面的修约要求可以是有限的和非常灵活的：中国朝野寻求的是主权，有时甚至可以是象征性的主权，而在具体利益上则可以做出较大的让步。[④]

在一定程度上，既然多数列强（日本除外）渐已放弃直接掠夺中国领土的取向，中国获得至少象征性的主权而列强基本维持其实际利益，大致符合以间接控制为主的在华帝国主义秩序。但一向被认为最重实利的主要帝国主义列强似乎迟迟不能认识到中国修约要求的灵活性，恰揭示出中外交涉方面的文化意义有多么深厚。

---

① 这一体系的缺陷也包括对华武器禁运的突破，国民党正利用了这一缺陷，先后从俄、德两国获得主要的军事援助。

② 实际上，治外法权对外国人的保护远没有一般认为的那样有效，北伐时期的经历更说明这一条款对外国人的生命财产连象征性保护能力都不具备：整个北伐战争期间，唯一在中国活动频繁而又没有人员伤亡的主要列强就是在"一战"后失去了治外法权的德国。

③ 当然，列强也会利用意识形态来认识和处理苏俄在华行为，参见 Martin Mun-Loong Loh, "American Officials in China, 1923—1927: Their Use of Bolshevism to Explain the Rise of the Kuomintang and Chinese Anti-foreignism", Ph. D. dissertation, University of Washington, 1984.

④ 华盛顿会议关于山东问题的解决已开先例，即日本在政治上从山东退出，但涉及实质性利益的日本势力仍留在山东（中国以为期 15 年的国库券向日本赎回胶济铁路，在未清偿期间用日本人为车务长、中日各一人为会计长）。但华盛顿会议上中国的让步是在列强压力下做出，而中苏条约中的让步却是在内部"国民外交"压力下做出，更能说明中国外交的灵活性。

　　列强对领土掠夺的放弃使外交谈判的重要性大增，涉及具体利益时，任何列强都不会轻易放弃对其有利的条约权利。然所谓"有利"，包括实际有利和以为有利（imaginary advantages），[①] 20 世纪上半叶中外交涉的大量史实证明，即使是那些早就对外国在华利益不起实际保护作用的条款，列强也不轻言放弃。由于许多条约"利益"已是想象多于实际，中外修约谈判中双方所争的常常不是具体利益的得失，而更多是中外交往应奉行怎样一种"方式"。说到底，这是一种文化竞争。那时的中外谈判常常因一些今日看来极细小的问题而搁置，就因为对谈判双方来说，这些细小问题都有着深远得多的文化含义。

　　文化因素的影响虽深远却不甚明晰，各国外交更直接受到本国政治体制的约束。在西欧和美国，政治体制比较稳定，但以代议制为基础的民主政治对外交有着明显的限制，内部的不同意见强烈影响着外交政策的制定和实施，许多时候外交策略的思考其实是在因应国内的党派政治需要。而 20 世纪 20 年代的俄国、日本和中国都多少面临着旧政治体制已去而新政治体制尚未充分确立的状况。[②] 本来任一大国的内部政治激变都会影响到其所在地区的国际秩序，在东亚，不仅中国和日本都处于不同程度的政治大变动之中，横跨欧亚的苏俄也尚未结束其内部政治秩序的调整，这就大大增强了这一区域国际关系的不稳定因素。

---

　　① 　杜亚泉即曾指出：事物之"为利为害，虽仍不离乎事实，而常有多少之思考想象存于其间"。见杜亚泉：《论思想战》（1915 年），《杜亚泉文选》，田建业等编，华东师大出版社 1993 年版，第 165 页。本条材料承刘宪阁先生提示。

　　② 　关于日本，参见 Jansen, *Japan and Its World*; Jean-Pierre Lehmann, *The Roots of Modern Japan*, London: Macmillan, 1982；关于俄国，参见 Hans Rogger, *Russia in the Age of Modernization and Revolution, 1881—1917*, New York: Longman, 1983; Roberta T. Manning, *The Crisis of the Old Order in Russia: Gentry and Government*, Princeton: Princeton University Press, 1982; Adam B. Ulam, *The Bolsheviks: The Intellectual and Political History of the Triumph of Communism in Russia*, New York: Macmillan, 1965。

政治体制的稳定与否直接影响到社会的动荡程度，动荡的社会反过来又为形成中的政治秩序增添了变数。在这样的社会里，新思想的产生更少限制，其发展有着更广阔的空间，但不同思想观念的竞争也往往更加激烈。更重要的是，非常规和超常规的主张和行为很容易出现，而相关职能机构按常规制定决策和推行其策略反不时被忽视甚至颠覆。

中国的乱象又特别明显，政治和社会的"革命性"（主要指既存规范的失效）超过日、俄两国，甚至不时缺乏一个名副其实的有效中央政府。当时中国各军政力量基本重在内争，其首要目标是扩充自身势力甚至统一全国，与历代中原逐鹿并无大的差别。但是，这一包括军事手段在内的政治竞争是在与历代大不相同的背景下进行的，最根本的不同之处即在于外国在华势力已成为中国权势结构的直接组成部分。故即使是纯粹内部的"改朝换代"，任何对既存权势结构的挑战都要涉及帝国主义列强的利益，实际也构成对条约体系的冲击，致使中国内争和外力的纠结和互动远甚于他国。[1]

这样复杂的局势困扰着中国思想界，杜亚泉在1918年已虑及外国势力可能不容中国平静地改革，他在讨论中国新旧势力之争时说，"武人官僚，倚仗旧势力，以斫伐国家生命，惟恐其勿尽"；同时可能"将有外来之势力，加于吾国之上，以绝吾国之生命；不能更有机会，容待吾国发生新势力，以营代偿作用"。[2] 今日一般视为"保守"的杜氏在"五四"学生运动前已观察到"武人官僚""旧势力"和"外来势力"的

---

① 严复在讨论欧战期间中国内乱日显，而北京政府"号令不出国门"的政局时说，"此局若在古昔，经数十百年竞争之后，自有长雄起而为群伦所归命"；但当时局面的不同在于"今世一切牵涉外交，则他日变幻百出"，实难逆料。且此类局面在"中外历史之中，亦无成例"，增强了时局不可知的一面。参见严复：《与熊纯如书》（1917年5月26日），《严复集》，第3册，王栻主编，中华书局1986年版，第668—669页。

② 杜亚泉：《中国之新生命》（1918年），《杜亚泉文选》，第324页。

关联及相互支持的一面，从一个侧面揭示出当年中国思想界的确趋向激进。

这也说明，一些中国读书人对那时内争和外力的纠结已有较清晰的认知。陈独秀在未成马克思主义者时已注意到因交通发达而出现的"全球化"趋势："举凡一国之经济政治状态有所变更，其影响率被于世界，不啻牵一发而动全身也。立国于今之世，其兴废存亡，视其国之内政者半，影响于国外者恒亦半焉。"[①] 当时的"全球化"程度与今日相比所差甚远，很可能是外国在华势力深入中国权势结构的现象让陈独秀在一百多年前就思考到"一国之经济政治状态"变更与"世界"的关联。

当中共于 1922 年发出以反帝为主旨的"二大"宣言时，[②] 胡适撰文回应说，民国以来列强对中国的态度有明显改变，列强在清末还想征服统治中国，但日本势力在远东的一再扩充和中国民族的一步步自觉使远东局面大变，不仅"现在中国已没有很大的国际侵略的危险"，而且"外国投资者的希望中国和平与统一，实在不下于中国人民"。故中国人可以不必担心列强的侵略，且"同心协力的把自己的国家弄上政治的轨道上去"。若国内政局纷乱，列强自然也不会放弃其权益。一句话，内部"政治的改造是抵抗帝国侵略主义的先决问题"。[③]

胡适的主张相当接近华盛顿会议的精神，但他忽略了一个非常重要的基本因素，即外国在华势力已成中国权势结构的一部分；即使是纯粹内部的"把自己的国家弄上政治的轨道"的努力，只要含有对既存权势结构挑战之意，就不可避免地要涉及帝国主义列强的利益。他自己稍后就发现，连谈"全国会议、息兵、宪法"这类具体的"问题"，都"势

①　陈独秀：《敬告青年》，《青年杂志》第 1 卷第 1 号（1915 年 9 月 15 日），第 4 页（文页）。

②　参见《中国共产党第二次全国代表大会宣言》（1922 年 7 月），《中共党史教学参考资料》（1），人民出版社 1979 年重排本，第 3—16 页。

③　胡适：《国际的中国》，《胡适文存二集》卷三，亚东图书馆 1931 年第 8 版，第 128a—128i 页。

必引起外人的误解"，[①] 可见"外人"在中国涉足极深，已全面"介入"中国权力结构之中。故有人明确指出："内政与外交，在我国今日实已打成一片，不可复分。"[②]

中共方面随即由张国焘发表长文对胡适进行系统反驳，张氏也注意到帝国主义的侵略方式已由 19 世纪的武力为主转变为经济为主，后者"既省钱，又省力，还不易引起重大的反感"；但他认为经济侵略比武力侵略更危险，因为列强对中国市场的竞争已造成一种"相互竞争的侵略"。且帝国主义是军阀政治的后台，故"帝国主义是中国人民的第一个敌人，是势不两立的敌人，为了解除中国人民的痛苦，为了中国的独立和自由，非急速打倒他不可"。若不"打倒英美日等国的对华侵略主义，不足以改造国内政治"。[③]

不论先反帝还是先实施内政改革，双方的共同点是承认帝国主义侵略方式有所变更，而中国的内政与外国在华存在也有着密不可分的关联。双方的分歧更有相当的代表性，体现出中国社会或思想界对"外国在华存在"那双重身份的困惑：胡适等人或者更多看到其作为改革推动者的一面，而从杜亚泉到中共这些人则明显将其视为中国既存秩序的维护者。[④]

---

① 胡适：《与一涵等四位的信》，《胡适文存二集》，卷三，第 143 页。

② 平：《内乱与外患》，原载《市声周刊》第 4 卷第 2 期（1926 年 1 月 3 日），转载于章伯锋主编：《北洋军阀》，第 5 卷，武汉出版社 1990 年版，第 300 页。

③ 国焘：《中国已脱离了国际侵略的危险么？》，《向导》第 6 期（1922 年 10 月 18 日），人民出版社 1954 年影印向导报社汇刊本，第 45—50 页。更详细的讨论参见罗志田：《北伐前数年胡适与中共的关系》，《近代史研究》2003 年第 4 期。

④ 这是近代中外交往一个带根本性的问题：西方给中国带来许多可借鉴的新思想资源，但其既然以入侵方式进入中国，就在很大程度上阻碍了中国士人接受这些思想资源。同时，外来者的双重角色也使得在中国的"西方"不能不"分裂"（参见罗志田：《西潮与近代中国思想演变再思》，《近代史研究》1995 年第 3 期；《西方的分裂：国际风云与五四前后中国思想的演变》，《中国社会科学》1999 年第 3 期）。日本在这中间的地位相对特别：在西方思想资源进入中国的过程中日本扮演了重要的角色，其自身也可以说是新思想资源的提供者；然而在处于社会、政治秩序大调整中的日本国内，主张采取直接领土掠夺政策的一派始终活跃于政界和军界，故日本对以间接控制为表征的在华帝国主义秩序也存在挑战的一面。

　　要求中国先改革内政然后考虑条约修订的"华盛顿会议精神"反映出列强仍更多看到中国的乱象，却未能仔细观察和认真考虑与此相伴随的中国社会和政治的疾速变化，[①] 特别是中国民族主义那御外和内部整合并存的两面性（许多知识精英及其民众追随者既要求国内政治体制的改革，也愈来愈强烈地希望中国完全掌握自己的主权）。[②] 中国政府或任何中国政治力量必须先给人以"得道"的形象，然后才能致力于"把自己的国家弄上政治的轨道"并整合离散中的社会秩序。修订不平等条约以恢复中国主权恰是"得道"的最佳方式之一，也渐成必需的步骤。[③]

　　这样，华盛顿会议上中国虽颇有所获，但已不能满足高涨的民族主义情绪；特别是那些收获因法国以金法郎案迟迟不批准《九国公约》而名至实未归，使中国方面的外交成就感日益淡薄，对列强的不满却与日俱增。[④] 正是帝国主义列强的不协调不合作阻碍了华盛顿会议精神的

---

　　① 部分可能因为其自身仍处革命后社会、政治秩序的大调整之中，苏俄显然更能领会中国内部激变那突破常规一面的革命性意义，其提出以人民为外交对象的主张非常具有想象力，与那些试图维护既定秩序的西方列强相比，体现出相当充分的"思想解放"。

　　② 关于近代中国民族主义的两面性，参见罗志田：《近代中国民族主义的史学反思》，《二十世纪的中国思想与学术掠影》，广东教育出版社 2001 年版，第 104—128 页。考虑到中国当时的实际，本文所说的"民众"和"大众"通常不出城镇的范围，即使在城镇中也更多指的是多少识字且对"国是"保持兴趣的一部分，其实际数量可能不甚大。

　　③ 在政治运动中有意识地运用民族主义已成为当时中国政治活动的一个倾向，美国驻华使馆中文秘书裴克（Willys R. Peck）稍后观察到，"在政治中引起民众关注的最简易、最保险和最有效的方式"就是排外，所有的中国政治派别都以此策略来"确保民众的支持"。Memo of conversation between Peck and Wellesley, Dec. 9, 1926, U. S. Department of State, Records of the Department of State Relating to Political Relations between China and Other States, 1910—1929, National Archives Microfilm Publications, No. 341, 893. 00/7981.

　　④ 加拉罕在 1924 年就提醒中国：华盛顿会议关于审查治外法权和增加关税等权利，"以法国之反对"，迄今未能实行（加拉罕致王正廷，1924 年 3 月 19 日，薛衔天等编：《中苏国家关系史资料汇编（1917—1924 年）》，中国社会科学出版社 1993 年版，第 256 页）。美国驻华公使马慕瑞（John V. A. MacMurray）在 1925 年也已注意到法国迟迟不批准《九国公约》对列强利益和中外关系的损害（MacMurray to Hughes, Nov. 17, 1925, John V. A. MacMurray Papers, Seeley G. Mudd Library, Princeton University）。

落实,并进一步打击了巴黎和会后已大为削弱的中国"自由主义派"在国内政治上的发言权,此派言论的缺乏说服力当然也就使中外关系方面更为激进的主张得以扩大影响。[1]

北伐前夕的中外关系既然处于如此变幻莫测的混乱格局之中,列强间的合作实难以维持,任何外国也很难有多么具体的政策,尤其不可能有预先制定的长远政策。各国只有根据局势的演变及其所面临的新问题,不断调整原有的政策原则。正如帝国主义侵略所及区域限定着帝国主义侵略的方式一样,中国局势在很大程度上制约着这一地区国际关系的走向;[2] 同时,入侵的帝国主义既是中国秩序紊乱的造因之一,又是中国既存权势的一部分,这样一种内外因素的特殊结合使中国问题不时呈现"国际化"意味,[3] 两者的关联互动在相当一段时间里仍在继续发展。

(原刊《中国社会科学》2004 年第 5 期)

---

[1] 前述"保守"的杜亚泉与激进的中共观点相近,就极具启发性。一般不视为激进的张君劢就说,巴黎和会后,"我心中大为不平,觉得协商国政治家之所谓正义人道者,皆不过欺人之词;因而想及所谓国际法者,实等于国际之非法"。由于对其所研究的国际法失望,他不久即放弃修习国际政治。参见张君劢:《学术方法上之管见》,《改造》第 4 卷第 5 号(1922 年 1 月),第 1 页(文页)。张氏自己后来在中苏谈判期间就要求加拉罕本着外交公开的宗旨,将其对中国政府所提出之条件公示于中国国民,国民必能秉公道正义以赞助加拉罕(《晨报》1923 年 9 月 11 日,第 6 版)。再后来留学欧洲专习国际法的周鲠生提倡流氓式的"革命外交"(参见周鲠生:《革命的外交》,收入其同名论文集,上海太平洋书店 1928 年版,第 1—11 页),其潜在造因大概也源于此。

[2] 故当时主要列强的具体对华政策与中国局势颇相类似,也以多变为特征。这方面一些初步的讨论参见本书《北伐前期美国政府对中国国民革命的认知与对策》。

[3] 有时外国的卷入可以到达相当局部的区域,北伐前夕广东的"土客矛盾"即曾因俄、英势力的卷入而国际化,地方因素和国际因素的纠葛使广州政局异常错综复杂,而其解决似也不能不与外国在粤存在相关。参见本书《国际竞争与地方意识:中山舰事件前后广东政局的新陈代谢》。

上编　乱世中的个人和群体

近代中国民族主义的特殊表现形式：
以胡适的世界主义与反传统思想为个案

一般的看法，胡适之是主张"多研究些问题，少谈些主义"的；而胡适一生，又恰恰对民族主义始终有那么几分保留，常常被人认为是"西化派"。把这样一个人物诠释为民族主义者，似乎颇有些厚诬逝者的意味。的确，胡适接受了西方的现代自由主义，并终其生为在中国实现自由主义政治而努力；他在留学期间形成并影响其一生的世界大同主义，以及他在新文化运动时期及其后的反传统主张和行为，更早为世所共知；凡此种种，皆指向一个非民族主义的方向。

不过，对一个历史人物，最主要的是考察其毕生一以贯之的志业与思想。胡适选择的志业就是要为中国再造文明（包括物质文明与精神文明）。他的基本思想是希望对内实行半自由主义半社会主义的新型计划政治以解决社会民生这一基本问题；复因内政的改良而使列强能同意修订不平等条约，进而解决对外的问题，使中国达到能与欧美国家平等的地位；最后通过"物质上的满意使人生观改变一新"，实现为中国再造文明、变中国为一个面目一新的现代民族国家的大目标。毫无疑问，贯穿在胡适志业和思想里面的，就是对祖国深挚的爱，是一种典型的民族主义的关怀。①

胡适究竟是一位对民族主义颇有保留的世界主义者（或倾向西化

---

① 说详罗志田：《再造文明之梦——胡适传》，四川人民出版社 1995 年版。

的自由主义者），还是一位具有深切民族主义关怀的人物？这两种胡适形象的明显差距，提示了这位一生讲话写文章都有意要清楚浅显、最希望为人理解的思想家其实并不那么容易理解。其中一个重要原因，即如周明之先生所说，胡适"在不同的场合，对不同的听众，说不同的话"。① 与晚年的胡适过从甚多的唐德刚先生以为，胡适说话"有高度技巧"，在此范围内，他又是"有啥说啥"。② 既然如此，对胡适所说的话就不能全从字面看，而必须仔细分析，才可以从其"高度技巧"之中，求得其"有啥说啥"的真意。

　　历史表述与历史事实之间的关系，本无限曲折。很可能后来各人所知所见，都不过是胡适这一整体的某个面相。进而言之，对于生长在清季民初的士人来说，世界主义和民族主义是否有我们今天认知的那样对立呢？要弄清这个问题，最好的方法勿如在史实重建的基础上对胡适的世界主义及其反传统思想这两种看来最具非民族主义特性的观念进行认真考察和再分析。

　　中外学术界对胡适的世界主义，一向未予足够的重视。目前所见，仅周明之先生论述较详。周先生已注意到胡适的世界主义与民族主义的关联，但他看到的更多是其对立的一面。③ 这部分是因为胡适本人的表达就有些"言不尽意"。本文拟回向原典，从胡适内容丰富的留学日记中钩深索隐，"在其不尽意的言中，来求得其所代表之意，乃及其言外不尽之意"；④ 希望能重建其世界主义思想发生发展的内在理路，论证其思想的出发点和归宿实际都是民族主义的，最终是要在理论上论证中国应有与欧美国家平等的地位；并从实践的层面考察世界主义

① 周明之：《胡适与中国现代知识分子的选择》，雷颐译，四川人民出版社1991年版，第3页。
② 唐德刚：《胡适杂忆》，华文出版社1992年版，第42页。
③ 参见周明之：《胡适与中国现代知识分子的选择》，第六章。
④ 钱穆：《中国思想史》，香港新亚书院1962年版，第33页。

者胡适在因应国家危难时表露出的或隐或显的民族主义真情。同样，本文试图循胡适反传统观念产生发展的内在理路，重建其由原本主张爱国应当知传统到认为救亡不得不反传统这一激烈变化的心路过程，特别强调胡适的传教士身份认同及其伴随的宗教性使命感在这个激变中的重要作用。最后，本文也简单分析何以一般人心目中的胡适形象与民族主义之间总有距离的一些原因。

一、针对"双重标准"的世界主义

余英时先生提出，胡适在美国留学的七年"是他一生思想和志业的定型时期"。[①] 而他在留学期间形成的有系统有特色的思想，则不能不首推他的世界大同主义。胡适在那时给他的大同主义或世界主义所下的英译名词有两意并存，一为Cosmopolitanism（今译世界主义），一为Internationalism（今译国际主义），而两者意义本是不同的。可知胡适在一开始时概念并不十分肯定，后来才逐步发展确立。他在晚年口述其自传时，就特别注意把他所谓的"世界主义"与"国际主义"区分开，以后者来发挥他稍后发展出的"新和平主义"。[②] 国际主义在词义上当然没有世界主义那么超越，其胸怀更小但却更注重各自之国。这正是胡适的世界主义一开始就有的特点，其实也是自然的发展。要深入了解胡适的世界大同主义思想，最好是从其发展进程来考察。

胡适在上海读书的少年时代和在美国留学的前几年，民族主义情绪一直较强。早在1907年，胡适在上海看轮舟快驰往来，"时见国旗飘

---

① 余英时：《中国近代思想史上的胡适》，胡颂平编：《胡适之先生年谱长编初稿》，第1册，台北联经出版公司1990年修订版，第63—74页。

② 参见胡适：《藏晖室札记》（以下简作胡适日记加年月日），1914年11月4日，上海亚东图书馆1939年版；唐德刚译注：《胡适口述自传》（以下简作《口述自传》），华东师范大学出版社1993年版，第55页。

举,但不见,黄龙耳"。^①其忧国家之将亡的心情,与当年胡林翼在长江上看见外国轮船飞驶时如出一辙。但胡适的民族主义观念却比胡林翼的要更丰富。他在上海澄衷学堂时写的一篇题为"物竞天择,适者生存"的作文中,已表达出从兵、学、财多角度全面竞争的民族主义思想。他说:"国魂丧尽兵魂空,兵不能竞也;政治、学术西来是仿,学不能竞也;国债垒垒,人为债主,而我为借债者,财不能竞也。以劣败之地位资格,处天演潮流之中,既不足以赤血黑铁与他族角逐,又不能折冲樽俎战胜庙堂,如是而欲他族不以不平等相待,不渐溃以底于灭亡,亦难矣。呜呼! 吾国民其有闻而投袂奋兴者乎?"^②

文章反映的时代气息,应予特别的注意。胡适自己后来说:"读《天演论》,做'物竞天择'的文章,都可以代表那个时代的风气。"而当时人读《天演论》,侧重的恰"只是那'优胜劣败'的公式在国际政治上的意义。在中国屡次战败之后,在庚子辛丑大耻辱之后,这个'优胜劣败,适者生存'的公式确是一种当头棒喝,给了无数人一种绝大的刺激。几年之中,这种思想像野火一样,燃烧着许多少年人的心和血"。这里所谓"国际政治上的意义",就是民族竞争的思想。胡适后来酒醉后骂租界的巡捕是"外国奴才",他自己说那时主要靠"下意识"在起作用,正是他民族主义意识的表露。^③

胡适自己就是那些在民族危机下"投袂奋兴"的人中的一个,他后来基本接受辛亥革命前读书人的流行观念,认为民族竞争最终是落实在"学战"之上。在此基础上,他一直持一种文化的国耻观,忧国之将亡而思解救之道,特别关注文化碰撞与移入的问题。只有充分理解胡适这种少年读书时已具有的强烈的民族主义情感,才能领会他那世界

---

①　胡明编注:《胡适诗存》,人民文学出版社1989年版,第11页。

②　转引自耿云志:《胡适年谱》,四川人民出版社1989年版,第12页。

③　胡适:《四十自述》,上海书店影印亚东图书馆1939年版,第100、167—171页。

大同主义的真意。

　　胡适自称，他的世界大同主义是"经十余次演说而来，始成一有统系的主义"。1912 年 10 月，胡适在读希腊史时，"忽念及罗马所以衰亡，亦以统一过久，人有天下思想而无国家观念，与吾国十年前同一病也"。罗马不少先哲"倡世界大同主义，虽其说未可厚非，然其影响所及，乃至见灭于戎狄，可念也"。可知此时他尚存晚清人的观念，对世界主义从整体上不十分欣赏。到 1913 年初，胡适曾就他的"世界观念"作演说，以为西方古代的世界主义者"不特知有世界而不知有国家，甚至深恶国家之说，其所期望在于为世界之人（a citizen of the world），而不认为某国之人。今人所持之世界主义则大异于是。今日稍有知识之人，莫不知爱其国"。故胡适此时给他的世界主义下的定义是："世界主义者，爱国主义而柔之以人道主义者也。"①

　　可知胡适的"现代世界主义"观念是以爱国主义为基础的，他仍不欣赏西方古代那种只知世界不知国家的世界主义。他特别认为丁尼生的诗"彼爱其祖国最挚者，乃真世界公民也"与他的见解暗合。这个观点胡适后来讲得不算多，实际一直保持。1917 年时他还专门摘录威尔逊的话，威氏说欧战已使美国人不得不变成"世界公民"（此已与古希腊人之义不同），但并不因此减少其美国特色。只要把威氏话中的美国换成中国，就是胡适自己的意思了。②

　　1914 年春夏之交，已结束本科学业的胡适因同学有的毕业归国，颇引起一些乡愁。他自己既想归国，又想继续多学知识，甚感矛盾。后来去留虽决，终因"归思时萦怀绪"，心情不免烦躁动荡，思想也发生了较大的转变：以前他常为中国各种风俗制度等辩护，此后则开始较多看到西方的好处和中国的不如人处；以前他论事还多出于中国的传统观

---

① 胡适日记，1914 年 11 月 4 日、1912 年 10 月 25 日、1913 年 4 月（原无日）。

② 胡适日记，1913 年 4 月（原无日），1917 年 2 月 23 日。

念,此后则渐偏向西方的思路。[①]

与此同时,胡适的世界主义思想也有发展。那年5月,康奈尔大学学生对"吾国,是耶非耶,终吾国"(My country, right or wrong, my country.)这个观念进行讨论,胡适以为此意为"但论国界,不论是非",写信给登载此言的该城报纸批驳之。胡适指出,这实际是一种双重道德标准,即在国内实行一种标准,在国际又实行另一种标准。他认为这是一种"极端之国家主义"。此信得到康大前校长夫人的赞许(其实可能是客气话)。胡适大概很受鼓励。两个月后,他又将此作为"狭义爱国心之代表"纳入他关于"大同"的演说。这一次就先后遇到两个人告诉他,其实他的理解是片面的。胡适演说刚完,就有某夫人对他说,那句话不一定理解成"吾国所行即有非是,吾亦以为是";而更多是"无论吾国所为是耶非耶,吾终不忍不爱之"的意思。次日,也听了胡适演说的一位英文教授告诉他,那句话的意思的确可有多解,但其本意是"父母之邦,虽有不义,不忍终弃"。胡适表示同意此二人的看法。[②]

其实胡适心里并未全通。他以为,"是非之心,人皆有之,然是非之心能胜爱国之心否",是另一问题。胡适引孔子的"父为子隐,子为父隐"的话,指出人皆有私心。"吾亦未尝无私,吾所谓'执笔报国'之说,何尝不时时为宗国讳也。"他"每读史至鸦片之役,英法之役之类,恒谓中国直也;至庚子之役,则吾终不谓拳匪直也"。胡适的意思,他对中国是有所隐有所不隐;但其举例皆用中外关系史事,提示了他颇为含蓄的言外之意:他的"双重标准"其实是针对西方说的。他在第一篇文章里就说,道德标准不应对国人是一种,对他国之人或化外之人(outlandish people)又是一种。那英文的"化外之人",正是白人称殖民

---

① 这个变化牵涉较宽,只能另文探讨。参见胡适日记,1914年6月1—12、20日,8月10日。

② 胡适日记,1914年5月15日、7月26日。

地人的术语。这也就是章太炎指责"始创自由平等于己国之人,即实施最不自由平等于他国之人"的意思。只有明白了这一点,才能理解胡适明知他理解字义有偏差,终不能完全心服的深意。[①]

后来胡适见《纽约晚邮报》社论,说:"世界者,乃世界人之世界,不当由欧美两洲人独私有之。亚洲诸国为世界一部分,不宜歧视之。"他因自己"久持此意",马上给报纸写封信去表示支持。他读威尔逊在参议院演说,以为"陈义甚高",实因其在强调民族自决。威氏说:"任何国家都不应寻求将自己的政策加诸别的国家或民族之上。每个民族,不论大小强弱,都应让其不受妨碍,不受威胁,不怀恐惧地自由决定其自己的政策和自己的发展道路。"威尔逊也曾说:"若吾人以国中所不敢行之事施诸他国,则吾亦不屑对吾美之国旗。"这正是胡适所希望的西方的态度。在国家与是非这个问题上,胡适觉得最理想的境地,仍是威尔逊所说的"人能自省其尝效忠祖国而又未尝卖其良心者,死有余乐矣"。他记录的卡莱尔与他"平日所持相契合"的一段话,也是说的一种可以最爱自己祖国,但对他国也持公正爱心,同时又不伤害个人所信奉之哲学。像以往一样,胡适想要实现的还是鱼与熊掌兼得。[②]

而且,正如许多 20 世纪中国读书人一样,胡适在根本上仍向往着传统的士那种相对的超越心态。这种观念表现在当地一位支持胡适的报纸投书人所引用的孔子的话:"大臣者,以道事君,不可则止。"[③] 对传统的中国士人来说,为保卫祖国而死,所谓"执干戈以卫社稷"而死君事(《左传·哀公十一年》),是大得赞许的。而其高明处,则不仅仅是捍卫了国家利益,还有一个在此之上的"取义成仁"的个人道德完形。清

---

① 胡适日记,1914 年 5 月 15 日、7 月 26 日;章太炎:《五无论》,《民报》第 16 号(1907 年 9 月),第 7 页(文页)。

② 胡适日记,1915 年 11 月 25 日,1917 年 1 月 22 日,1914 年 7 月 12 日、8 月 9 日。

③ 胡适日记,1914 年 8 月 10 日。

季以至民初中国读书人虽因不断的国耻和思想的西化而服膺西方近代
民族主义,但最终还是暗存一种"道高于国"的观念,总向往一种在民
族主义之上的"大同"境界。胡适也与他们一样,事急则诉诸民族主
义,事态稍缓,便又徘徊于各种接近"大同"的主义之间。故近代中国
人在说民族主义时,未尝须臾忘记在此之上的大同;而中国人在说世界
主义或类似主义时,其实也都在表达民族主义的关怀。

1914年10月,胡适对他后来颇为推崇的和平主义者安吉尔(Norman
Angell)的学说还并不以为然,他认为其以生计之说来弭兵,是搞错了
方向。因为欧人是为"国家"而战,不是为金钱而战。他说:"今之大
患,在于一种狭义的国家主义,以为我之国须陵驾他人之国,我之种
须陵驾他人之种。"为此目的,不惜灭人之国与种。胡适重申,这仍是
因为对国内国际实行双重标准。欧人在国内虽有种种道义准则,却
以为"国与国之间强权即公理耳,所谓'国际大法'四字,即弱肉强食
是也"。①

两个月后,胡适在论证中国的国防问题时,进一步明确指出:今日
世界之大患是强权主义,也就是以所谓"天演公理"为思想基础的弱肉
强食的禽兽之道。三年前进化论者胡适初来美国时,听说美国那时有
教师因"倡言'天演论'致被辞退",感到大不可解,慨叹为"怪事"!
这是他开始了解中国尊奉的"西学"似乎在西方本身地位并不那么高。
如今已对西学有更深把握的胡适认识到,达尔文的"优胜劣败"之天
演学说本身"已含一最危险之分子"。重要的是,他现在知道西人也主
张"天择"之上还应该有"人择";养老济弱,就是以人之仁来救天地的
不仁。②

在那年早些时候写的《非留学篇》中,胡适还认为中国旧文明不适

---

① 胡适日记,1914年10月26日,以下几段也参见此日日记。
② 本段及下段参见胡适日记,1914年12月12日、1911年3月14日。

于今日之时代和世界，其中之一即"人方倡生存竞争优胜劣败之理，我乃以揖让不争之说当之"。[①]今思想既然扭转，他就专以此说来纠正优胜劣败之西说。他再读中国古代的老子、墨子，就发现其以争斗或不争不斗来区别人禽（其实儒家亦然）是很有价值的思想资源，可以用来构建他的大同主义。这样，对胡适来说，西方的"人择"说就起到了为中国传统思想正名的作用。他在下意识中实已暗示先秦中国思想较近代的欧洲还更"进化"，但这一观念似乎始终未能到达有意识的层面。胡适敏锐地认识到日本对中国的霸道行为就是以"西方强权主义"为思想武器的。所以，只有国际道德"进化"到重"不争"的"人择"程度，中国才能有和平。[②]

　　胡适以为，英国人提出的"我之自由，以他人之自由为界"就是以"人择"限制"天择"的学说。这就提示我们，胡适服膺现代自由主义也是以民族平等为基准的；而且他广读19世纪中叶以来的英国自由主义经典似乎就是为了从理论上构建他的大同学说。他从斯宾塞、穆勒（J. S. Mill）、格林（T. H. Green，胡译"葛令"）、边沁等人（胡适统称为英国伦理派）的著作中一一读出了"自由以勿侵他人之自由为界"的意思，而贯之以他提出的"一致"观念。胡适以为，个人伦理应首重一致，即言与行一致、今与昔一致、对人与对己一致。这最后一点，尤宜实行于国际关系。"己所不欲，勿施于人。所不欲施诸同国同种之人者，亦勿施诸异国异种之人也。"所以，当他说大同主义的根本是一种"世

---

　　① 《非留学篇》原刊于1914年的《留美学生季报》第3期，收入周质平编：《胡适早年文存》，台北远流出版公司1995年版，第352—371页。以下凡引此篇，不再注出。

　　② 有意思的是，山西太原县一位儒生型乡绅（清代举人刘大鹏）在1942年时也从类似的角度来分析帝国主义。他认为，伦理是"维持天下万世之大纲"，自古"伦理明则天下治，否则天下乱"。20世纪40年代日本军队在中国"行其暴虐之政"，正是因为全世界都不讲究伦理，"惟是行求利之法"。参见刘大鹏：《退想斋日记》，1892年2月13日、1942年8月19日，乔志强标注，山西人民出版社1990年版。

界的国家主义"时,生于弱国的胡适实际是以世界主义来反强权,特别是反抗种族和国家压迫,也就是他自己所说的"以人道之名为不平之鸣"。①

　　这进一步揭示了胡适的世界大同主义中的民族主义成分。胡适就"人群之推广"指出:"自一家而至一族一乡,自一乡而至一邑一国。"这正是西人论民族主义起源最常说的话。但胡适意不止此。他说:"今人至于国而止,不知国之外更有人类,更有世界,稍进一步,即跻大同之域。"所以,"爱国是大好事,惟当知国家之上更有一大目的在,更有一更大之团体在"。也就是斯密斯(Goldwin Smith)所谓"万国之上犹有人类在"。重要的是人类不仅仅是一团体,而且是一目的,道德理想主义的色彩在这里特别明显(康德和格林均同)。这样,胡适就把中国的"道高于国"的传统观念与现代自由主义的准则结合起来而构成了他的以"世界的国家主义"为核心的大同学说。

　　但胡适在意识的层面对民族主义颇有保留是无疑的。这又怎样解释呢? 或可说,胡适之所以不能在意识的层面完全接受民族主义,是因为他觉得民族主义在理论上有讲不通的地方。1917 年 3 月,报载王闿运去世。胡适想起十年前读过其《湘绮楼笺启》,那里面说:八国联军入北京而不能灭我,更谈不上瓜分中国。而且,中国人"去无道而就有道,有何不可"? 当时"读之甚愤,以为此老不知爱国,乃作无耻语如此"。今"思想亦已变更",觉得王所说,"惟不合今世纪之国家主义耳",其实正合中国"古代贤哲相传旧旨",故不应以后出之外国学说责中国旧学家。②

―――――

　　① 胡适日记,1914 年 10 月 19 日。值得注意的是,严复也从穆勒的《论自由》中读出了"群"和"己"之权界,再往下推一步就是群与群之权界了。近世中国人因自身国力孱弱,读西人书的确别有心得。

　　② 本段及以下三段参见胡适日记,1917 年 3 月 7 日。

这也引起胡适对民族主义进行系统的反思，他以"去无道而就有道"之观念论证民族主义说，"国家主义（民族的国家主义）但有一个可立之根据"，即"一民族之自治，终可胜于他民族之治之"。中国人推翻清政府，即因满人实已不能治汉族。但若所得不过袁世凯，不见得比清政府好，则"不以其为同种而姑容之"。若在袁与威尔逊之间选择，"则人必择威尔逊，其以威尔逊为异族而择袁世凯者，必中民族主义之毒之愚人也"。

但胡适大约也觉得这样主动选择外国人治中国到底有点不太妥当，旋又自解说，要点还在"终"字上，"今虽未必然，终久必然也"。可是他发现这实是"遁辞"，于理无法再论。转以威尔逊所说的"政府之权力生于被统治者之承认"来论证民族主义，仍发现承认也须有标准，是以种族为标准还是以政治之良否为标准，皆回到前面的两个论据上，所以"终不能决也"。这是胡适"展缓判断"思想方式的典型表现。

实际上胡适正是在为他在意识的层面不能服膺民族主义化解。民族主义的各种"前提"既然都不成立，民族主义本身也就"不能单独成立"，当然可以不尊奉。所以，胡适可以理直气壮地说："今之狭义的国家主义者，往往高谈爱国，而不知国之何以当爱；高谈民族主义，而不知民族主义究作何解。"胡适一生对爱国心、国家主义、民族主义等观念表示保留时，无不加上"狭义的"这个定语。这恰反证出胡适所讲的世界主义不过就是胸怀开放的"广义"民族主义。

概言之，胡适不讲民族主义是因为中国国力弱，如果讲民族主义便为强国张目；他讲世界主义恰是要抑制欧西国家的弱肉强食主义。同样，后来孙中山专讲民族主义、不讲世界主义也是因为中国弱，以为如果讲世界主义便为强国所用。两人的出发点是一样的，关怀也是同样的。区别在于孙看见民族主义在中国可能的聚合力，而胡看见民族主义在西方已出现的破坏力。从根本上，孙中山同样受中国传统的大同学说影响，他也不反对世界主义，只不过认为世界主义是下一阶段的事。而胡适主张世界主义，是想越过民族主义而直接达到独立自主和国与国平等，其要想"毕其功于一役"的心态又与孙中山同。

然而，如果从传播上言，胡适的信息就并未能完全传达到听众（包括孙中山）那里，不但绝大部分同时代人都不了解胡适不接受民族主义的真意，就是后来的研究者也很少注意及此。这在写文章专以明白浅显出之，希望读者"跟着他走"的胡适来说，不能不说是一个小小的悲哀。而且，由于胡适长期在口头上坚持对民族主义保持距离，渐渐地有时也真的以为自己是站在民族主义的对立面，更要找出民族主义的不足来维持自己心态的平衡。"三人成虎"的功用并不见得只适用于听众，许多时候其实也适用于立说者自己。

很明显，胡适的"世界的国家主义"是想要寻求一种鱼与熊掌兼得的境界。但这样的境界在实践的层面有时便难做到，且颇易引起误会。再加上胡适幼秉父亲关于做人要"率其性"的教导，从小又由母亲着意培养出"异于群儿"的特定身份认同，他一向自命"狂狷"，标榜特立独行，有意无意间总爱"立异以为高"，[①] 就更容易为人所误解了。胡适其实知道爱国与爱主义有时会矛盾。他的德国朋友墨茨，因持和平主义，欧战起后不愿从军，就远避他国。胡适说他"非不爱国也，其爱国之心不如其爱主义之心之切也，其爱德国也，不如其爱人道之笃也"。但胡适也指出这正体现了墨茨只能是一个"理想家"。[②] 在实践的层面，如果不能鱼与熊掌兼得之时，胡适自己究竟爱哪样更甚，用他的话说，要等到国家危难时才知道。

---

① 说详罗志田：《再造文明之梦——胡适传》，第39—51页。
② 胡适日记，1914年12月6日。

二、祖国：你如何爱他？

胡适在 1916 年 9 月作的白话诗《他》中说："你心里爱他，莫说不爱他。要看你爱他，且等人害他。倘有人害他，你如何对他？倘有人爱他，更如何待他？"日记中说是因东方消息不佳而作此自调，并加注说，"或问忧国何须自解，更何须自调。答曰：因我自命为'世界公民'，不持狭义的国家主义，尤不屑为感情的'爱国者'故"。① 可知其虽自命为世界公民，大致也像当年自命为新人物一样，并不能完全认同理想上的世界主义。同时，也可知胡适强调理智的爱国，并发誓祖国有难时将体现其爱；但他要异于群儿，虽爱国而有时故意做得像不爱。

在胡适看来，这里面还有一些细微的区别：一个是心与行动的区别，心可甚爱，行动则不必一定参与。一个是参与是否能改变局势的区别，如果不能，则如他的好友许怡荪眼中高卧南阳的诸葛亮，"诚知爱莫能助，不如存养待时而动"。所谓待时而动，就是参与能改变局势的时候，就要动。后来抗日战争起，胡适觉得他能起作用，也就参与了。不过，他自己也一直有要以不朽来报国献世之心，故每引歌德凡遇政治大事震动心目，就全心全意致力于一种决不关系此事的学问以收束其心的例子自安其心。②

在理想的层面，胡适或者真希望世界一家。他曾对本城一牧师说，"今日世界物质上已成一家"，并举航海、无线电等为例；而世界"终不能致'大同'之治者，徒以精神上未能统一耳，徒以狭义之国家主义及种族成见为之畛域耳"。③ 世界若真能一家，胡适就可脱离不高明的中

① 胡适日记，1916 年 9 月 6 日。
② 许怡荪的话引自胡适日记，1914 年 12 月 9 日。
③ 胡适日记，1914 年 11 月 17 日。

国人之身份认同而成世界公民,当然也就不受"种族成见"的影响了。但一"家"与世界公民并非同一概念。一家也好,大同之治也好,这些词语的使用说明胡适自己所持仍是中国观念。而且,世界一家当然好,但现在实际尚未一家。胡适虽然以歌德自居,以安其心,还要能自圆其说。且眼下的危机也不能不顾,所以每不得不再进而自解。这一点在因第一次世界大战而起的中日危机上,表现得最充分。

早在1914年8月初胡适写的一篇分析第一次世界大战的文章中,他就预感到战争可能波及中国。那时他已经据比利时抵抗而失败的例子,判断"吾国即宣告中立,而无兵力,何足以守之"!十天后,日本参战以得青岛之势已明,胡适还希望日本得青岛后"或以归中国而索偿金焉"。这个想法,"人皆以为梦想"。但胡适自有所本,原来他认为:"他日世界之争,当在黄白两种。黄种今日惟日本能自立耳。然日人孤立,安能持久? 中国者,日之屏蔽也。"所以,胡适觉得日本会为中国得青岛。黄白种争本清季革命党人的口头禅,足见中国公学那段经历暗中仍在影响胡适。不过,胡适对国际政治的理想化和"乐观",也的确超乎常人,难怪他的同学都笑他"痴妄"。[①]

胡适此时还没有想到假如日本的行为证明他确实"痴妄",中国应何以处之。他在那年夏天与女友韦莲司讨论过这个问题,韦女士主张取不争主义,胡适则持两端,觉国防也不可缓。到11月的一次演讲中,仍主一面讲国际道义一面准备国防。但在同月韦女士将去纽约时,两人又谈及不争问题。韦女士重申不争胜过争,并以比利时为例明确指出,中国不抵抗日本侵略,损失虽大,若抵抗,则损失必"更大千百倍"。这时胡适已显然有同感。[②]但日本的威胁是明显的,争与不争,都要有个解决之道。

---

① 胡适日记,1914年8月5、16—17日。
② 胡适日记,1914年11月13日、1915年1月18日。

到 12 月，胡适终于决定接受韦莲司的观点，并"决心投身世界和平诸团体"。他因而从根本上考虑和论证中国的国防问题。胡适问道："今人皆知国防不可缓，然何谓国防乎？"在他看来，即使中国的海陆军与日本并驾甚至超过日本，都不能解决问题，因为日本有盟国，盟国还有与国。中国之想以增军备救亡者，"其心未尝不可嘉"，但行不通。即使日本和欧洲国家二十年不发展，中国之军力也不可能在此期间达到与之为敌的地步。所以，"根本之计，在于增进世界各国之人道主义"。以目前言，中国所能做的就是以个人和国家的名义，"斥西方强权主义之非人道，非耶教之道"；同时"极力提倡和平之说，与美国合力鼓吹国际道德"。如果国际道德"进化"到重"不争"的"人择"程度，中国也就有了和平。[①]

但是，不论胡适的这些观念在理论层面有多么正确，在实践的层面，他的解决之道确实也有太多未知数：日本肯停下其行动来听中国讲人道和公理吗？美国愿意并能够与中国"合力鼓吹国际道德"吗？后来的史实证明胡适方案中这主要的两点都是空想。

胡适认为远东局势的最后解决一定要建立在中日的相互理解与合作之上，但相互理解与合作绝非一方以武力征服另一方所能产生。[②]他在 20 世纪 30 年代重申此观点时，进一步指出日本要征服中国不能靠武力，而必须征服中国人的心。结果引起舆论大哗，为各方人士所痛诟。其实胡适心灵深处，仍有黄白种争的思想；他在 30 年代写文章时心里想的，应该也就是中日的相互理解与合作而已。但他的日记那时还未出版，一般人也没有读到他早年写的东西，在日本侵略正急之时，当然不会想到胡适言外的深意了。关键在于，虽然相当多的日本人也公开主张或心中暗存黄白种争的思想，他们却并无中日合作的念头，反

---

① 本段及下段参见胡适日记，1914 年 12 月 12 日，1915 年 1 月 18、27 日。

② 胡适致《展望》杂志的信，收在胡适日记，1915 年 3 月 1 日。

而以黄白种争的观念来为其征服中国正名：中国既然已败弱，日本就必须负起这一斗争中黄种方面的绝对领导责任。胡适与日本人的出发点不无共同之处，但他的方案的确只能是空想。

胡适对美国更是寄予厚望。他一向不喜欢拿破仑把中国比作睡狮，而主张不如比作等待爱情之吻的睡美人，并希望美国能充当那吻美人的角色。[①] 但是，美国在处理国际关系之时，首先要考虑其实际的利益及其能力的范围。当与其利益一致时，美国是可能愿意与中国"合力鼓吹国际道德"的。但即便如此，美国是否能够做到其所欲为，还要视各种因素的影响而定。"一战"时对美国——特别是威尔逊政府——寄予厚望的中国人当然不只胡适，威尔逊也确曾努力想要实现其提倡的民族自决的原则；但他的"新原则"终于斗不过欧洲的帝国主义"旧政治"，胡适和许多与他思想相近的人，也就不得不失望了。

而且，如果这些理想化的目的不能实现，中国当下应该这样对付日本的侵略呢？这一实际而具体的问题，胡适并未回答。其实，胡适心中有一说不出口的答案。他知道他所说都是所谓"七年之病，求三年之艾"，而且是"独一无二之起死圣药"。如果有人认为这太"迂远"，则"惟有坐视其死耳"。换言之，中国眼下若与日本战，则只有死。正因为这样，他才专门讲大同、人道与和平："吾岂好为迂远之谈哉？吾不得已也。"中国不能打，胡适要学歌德，不得已而言长远之计，一半也是聊以自解罢了。胡适既然认为中国无力抵抗日本，而世界又已成强权世界，对于弱者来说，除此又有何术？他心里明白，"所谓拔本探原之计，岂得已哉！岂得已哉"！[②]

在这一年左右的时间里，胡适的思想已大变了好几次。从为祖国辩护到看见中国社会体制的大病，再从认为中国的不争思想不适合时

---

① 胡适日记，1915 年 1 月 4 日。

② 胡适日记，1915 年 1 月 18 日、2 月 14 日。

代和世界到专以此思想来矫正西人竞争之说，其变化的幅度之大及其迅速和频繁，都已可令人叹为观止。不过，胡适这些变化中，也蕴含着不变，那就是他对国家民族命运的深切关怀。仔细观察，每次变化的后面，都可见那一层"不得已"的爱国心。所变者，不过是其表述、诠释以及拟想中的解决之道罢了。

从中日"二十一条"交涉起，胡适认为，中国之事，"病根深矣"。许多留美同学"不肯深思远虑，平日一无所预备。及外患之来，始惊扰无措；或发急电，或作长函，或痛哭而陈词，或慷慨而自杀；徒乱心绪，何补实际？"反失了"大国国民风度"。在同学会集会专论此事那天，他因事不能参加，先留一条子请会长代读。上面说："吾辈远去祖国，爱莫能助，纷扰无益于实际，徒乱求学之心。电函交驰，何裨国难？不如以镇静处之。"结果，"会中人皆嗤之以鼻"。他的好朋友任鸿隽也说："胡适之的不争主义又来了！"这"又来了"数字，暗示了胡适的不争主义一向不十分得人心，此时当然更加不受欢迎。他继而在《留美学生月报》上发表一篇公开信，呼吁采取他所称的"理智爱国"（patriotic sanity）的正确途径，并重申："吾辈远去祖国，当以镇静处之，以尽学子求学之责。切勿为报章之喧嚣所纷扰，致离弃吾辈之重要使命。吾辈当庄严、镇静、勿被扰、不动摇、安于学业。吾辈尤应自我预备，若祖国能渡此大难——对此余深信不疑——乃推动其全面之进步；即或不能，亦可使祖国起死回生。"①

实际上，胡适恐怕是有意不"逐诸少年之后"，以体现其特立独行之处。胡适的后天修养使他颇能折中，天性做人却不喜调和。他以为："调和者，苟且迁就之谓也。"张奚若曾对他说："凡人之情，自趋于迁就折中一方面。有非常之人出，而后敢独立直行，无所低徊瞻顾。如此，

---

① 胡适日记，1915 年 3 月 3、1 日、5 月 25 日。

犹恐不能胜人性迁就苟且之趋势。若吾辈自命狂狷者亦随波逐流,则天下事安可为耶?"胡适以为:"此言甚痛,为吾所欲言而不能言。"[1]因为他自己也是"自命狂狷者"中的一个。

胡适幼秉父训,既要"作圣",又有"率性"的一面。后者更因他从小由母亲着意培养出的与众不同之处而增强。他下意识中一直非常欣赏自己少时的"先生"认同和读大学二年级时同学所赠的"博士"绰号,在四十岁写中英文自传时犹不能忘。[2]那两者的共同点,其实主要不在胡适自己说的不爱游戏,而在其"异于群儿"。这一点胡适有意无意间总爱维持之。他的朋友说他"好立异以为高",喜欢"舍大道不由,而必旁逸斜出"等等,都是这个倾向的发展。且胡适的立异是要立大异,他认为,在小事上自表与人异,而临大节则不知所措,只是"下焉者"。他所向往的,是"不苟同于流俗,不随波逐流,不人云亦云。非吾心所谓是,虽斧斤在颈,不谓之是。行吾心所安,虽举世非之而不顾"。[3]胡适对中日关系本有些与人不同的观念,但他做人要"率性",要与众大不同的倾向也是清楚明确的。

胡适知其通信不会受欢迎,结尾时特地提醒说:"要骂我之前请先细读我书。"结果如他所料,这封公开信激起了许多留学生对他猛烈攻击。也如他所料,并没有多少人细读他的信。大家的批判集中于他的态度而不是信的内容,总的精神是大家认为他不够爱国。不过也有一些批评颇能击中胡适的要害。一位学生批评说:"一旦日本控制了中国,则要驱逐他们势必使用武力";而且,"去使中国起死回生要远比在日本入侵之前进行抵抗要困难得多"。另一位学生虽然接受学生的本

---

① 胡适日记,1915 年 10 月 1 日。

② 参见胡适在 *Living Philosophies* (New York: World, 1930, reprinting, 1942)中的自传条目,见第 239 页。

③ 胡适日记,1915 年 3 月 1 日、4 月 27 日。

分是读书学习,但他也提醒胡适,一个国民有责任在国家陷入危机时去探索解决问题的方法。①

　　其实,胡适虽然认为在中国人内部"作骎人之壮语"于事无补,他自己暗中已定下"执笔报国"的计划,即对美国报刊上不利于中国的"不堪入耳之舆论",要予以"斥驳"。对胡适来说,"执笔报国"的战场不在中国同学会里,而在美国的舆论界。在1915年2月初的《新共和》杂志上,曾刊有"中国一友"的来信,说中国人不适于自治,其共和制已失败,故日本的干涉,对中国对西方都有好处。此信的观点不久又为美国另一大杂志《展望》吸收进其社论。胡适"读之大不满意",分别作书驳之。他在信中提醒那位中国之友,现在的时代是一个"民族觉醒的时代"。胡适肯定,已经推翻了清政府统治的中国民族之觉醒,也一定会永远憎恨任何外国外族的统治或"指导"。他强调,任何旨在使日本控制或"指导"中国的尝试都只会在中国播下骚乱和流血的种子。中国眼下确实无力抗拒日本武力胁迫下的要求,但中国青年的英雄热血,尽管未必当下见效,必会洒遍共和之神州。胡适指出,像中国这样一个大国,改革是不能一蹴而就的。中国实行共和不过三年,要判断其成败尚为时太早。更重要的是,他引用威尔逊的观点说:每个民族都有权决定自己的政府形式;每个民族都有权不受干涉地寻求自救之路。中国有权决定自己的发展。②

　　这正是胡适在实行他以个人名义"斥西方强权主义之非人道"的主张,也就是以西方之理论来驳斥西方强权主义。胡适在这两封信中表现出他对西方有关政治理论的熟悉已达如数家珍的程度,这正是他高于其他大部分中国同学之处,颇能体现"大国国民的风度"。这里表

---

　　①　参见本书《救国抑或救民:"二十一条"时期的反日运动与"辛亥""五四"期间的社会思潮》。

　　②　胡适日记,1915年2月12日、3月1日及所附信件。

现出的民族主义,其诚挚不下于《留美学生月报》上的那些文章,而在理论表述上则过之。

实际上,胡适虽然提倡大家对中日争端以镇静处之,他自己的心情也并不那么平静。他在 1915 年 5 月 29 日给韦莲司的信(见日记)中承认,他本来已经意识到自己骛外太甚,正拟纠正,结果中日交涉事件"把一切都搅翻了"。可知胡适再三劝大家要以镇静处之,恐怕也有自戒之意,他大约知道自己就未必做得到。在国家民族处于危机之时,胡适与其他人一样,心中是极不平静的。心既不宁静,胡适就实行他要"斥西方强权主义之非耶教之道"的主张,直接以斥骂传教士纾解其愤懑。

那年 3 月 21 日是教会的礼拜日,胡适在本城的长老会教堂以"基督教在中国的机会"为题发表演说,到耶教的本垒去攻击耶教在中国的传播。胡适再次援用他的"双重标准"理论,指斥传教士只有在处理国内事务时才称得上基督徒,一旦进入国际事务,他们都不复是基督徒了。他说,现在那些基督教国家实际上只认暴力为权威,置弱小国家的权益于不顾,并将国家获利、商业所得和领土掠夺置于公平正义之上。一句话,胡适宣布:"今日的[西方]文明不是建立在基督教的爱和正义的理想基础之上,而是建立在弱肉强食的准则——强权就是公理的准则之上!"[①] 这是胡适对西方文明最激烈的攻击,其背后隐伏的,就是中日交涉给他带来的不安和激愤。

胡适并直接指出,当年德国夺取胶州湾和法国侵占广州湾,都是以一两个传教士被杀害为借口。也就是说,个别传教士的死早已成为所谓基督教国家进行领土掠夺的理由。这仍是章太炎指出的始创自由平等之人却对他人不取自由平等的意思。但是,当胡适提出这些基督教

---

① 本段与下段均参见胡适日记,1915 年 3 月 22 日中所附的演说内容。

国家的行为应为 1900 年的义和团运动负责时，他的意思实际上已比章太炎进了一步：如果西方不以自由平等待中国，则中国也可以不以自由平等待西方。

义和团运动本是近代所有中外冲突中胡适最感不能为中国辩护者，但现在他已认为西方也要为此负一部分责任了。说到底，胡适在国际政治中提倡"不争"本是不得已，他其实就很赞赏孔子表扬执干戈以卫社稷的"国家思想"。胡适以为："国家思想惟列国对峙时乃有之。孔子之国家思想，乃春秋时代之产儿；正如今人之国家思想，乃今日战国时代之产儿。"① "一战"时代既与战国时代相类，则正宜有国家思想。胡适又何曾例外呢！

同时，胡适在"二十一条"时期表面的不介入态度，部分也因为他不能认同于袁世凯政府。在国家危难之时，是否应举国一致支持中央政府，是当时许多革命党人及有革命党心态的人最觉尴尬之事。胡适是明确反对有人"以仇视日本之故而遂爱袁世凯且赞成其帝政运动"的。但他又展缓了在日本和袁政府中作出选择的"判断"。展缓的意图，当然也还是想要达到一种鱼与熊掌兼得的结局。约二十年之后，当日本的侵略更为紧迫而不能展缓判断时，他会发现他自己也不得不认同于他本来十分不欣赏的国民党政权。不管民族主义在理论上是否成立，他终于以此为基础作出了判断。

而且，胡适那时的确也在思考一个"真正的最后解决"。他以为那不能是对日作战，因为中国的军力不足以战；他也知道那不能是像袁世凯政府正在进行的那样将中日问题国际化以寻求列强的支持。胡适说："真正的最后解决必须往其他方面探寻——他远较吾人今日所猜想者更为深奥。余亦不知其在何处，余只知其不在何处。"在更广义的

---

①　胡适日记，1914 年 10 月 7 日。

层面，胡适其实早已找到了他那"远为深奥"的"真正的最后解决"。
1916 年初他在致友人许怡荪的信中说："适近来劝人不但勿以帝制撄
心，即外患亡国亦不足顾虑。"他坚持认为："倘祖国有不能亡之资，则
祖国决不致亡。倘其亡之，则吾辈今日之纷纷，亦不能阻其不亡。"目
前所应该做的，是"打定主意，从根本下手，为祖国造不能亡之因"，其
方法就是他一直主张的兴教育办大学（详后）。胡适强调，一国无高等
大学，则"固有之文明日即于沦亡，而输入之文明，亦扞格不适用，以其
未经本国人士之锻炼也"。[①]

胡适已在考虑固有文明的沦亡和输入文明的收受问题，识见确高
于许多时人。但他在"为祖国造不能亡之因"的时候，却可以置祖国
目下是否即亡于不问，逻辑上多少有些问题。但并非胡适一人有此
观念。张謇在 1913 年说他十余年前就已认为："中国恐须死后复活，
未必能死中求活。求活之道惟有实业、教育。"与胡适约略同时，陈独
秀因痛疾而倡言"国不足爱，国亡不足惧"；章士钊提出："知吾国即
亡，而收拾民族之责仍然不了。"一向主张推动长远之社会教育的梁
启超也说："虽国亡后，而社会教育犹不可已。亡而存之，舍此无道
也。"[②] 胡适见此文，觉"其言甚与吾意合"。因为梁也在讲"七年之
病，求三年之艾"。更与胡适意思接近的，是梁也在考虑国亡之后的
存国之道。

那时回国不久的留美学生许肇南给胡适写信说："在理，以吾国现
在人心社会，若不亡国，亦非天理。"许氏据因果相寻之理以为，中国

---

① 胡适日记，1916 年 1 月 25 日；胡适：《致〈甲寅〉杂志记者》，《甲寅》第 1 卷第 10
号（1915 年 10 月），第 21 页。

② 张謇致张孝若，1913 年春，杨立强等编：《张謇存稿》，上海人民出版社 1987 年版，
第 651 页；陈独秀：《爱国心与自觉心》，《甲寅》第 1 卷第 4 号（1914 年 11 月），第 1—6 页；
秋桐（章士钊）：《国家与我》，《甲寅》第 1 卷第 8 号（1915 年 8 月），第 11 页；梁启超：《政
治之基础与言论家之指针》，摘抄在胡适日记，1915 年 5 月 23 日。

人"造孽太久"而不易解脱,"欲扬眉吐气,为强国之民",要在好几代人之后了。现在只有像曾国藩所说,"不问收获,且问耕耘",尽自己责任,"一息尚存,亦努力造因而已"。这些观念,后来胡适都爱挂在口上。他在几天之后,即已发展出他所谓"活马做死马医"的观点。胡适也认为,中国当时国事败坏已达"不可收拾"的程度,小修小补已不能收效,必须"从根本下手,努力造因,庶犹有死灰复燃之一日"。这里的"死灰复燃",即是把中国视为已亡。胡适的理由是,对活马常不忍下手,姑息苟安的结果是"终于必死"。倒不如"斩钉截铁,认作已死,然后敢拔本清源,然后忍斩草除根"。①

这么多人对亡国问题所持的看法都非常相近,说明这至少是相当大一部分人的共识。他们共同的超越立场,很能从一个侧面表现出历来主张道高于治的中国读书人在追求一个超越于国家民族的高远目标的同时无意中将自己置于国家民族之上的特点。在民初新旧过渡时代之中,如果说张、梁、章三人已近"功成身退"的阶段,或可代表传统的"士"的余荫;陈、胡则是即将升起的新星,应属名副其实的新兴"知识阶级"的范围。双方在这一点上,观念竟然如此接近。在其潜意识中,大约都有顾炎武关于"亡国"与"亡天下"之辨的影子在。② 清季人常说"亡国亡种",这里的"种",其实也就是从文化取向定义的"天下"。所以国可以亡,新旧士人仍可以去尽"收拾民族"之责以保"天下"。

---

① 许肇南致胡适,1915年10月23日,收在胡适日记,1915年11月25日,并参见1916年1月4日日记。从现实层面看,如果可以视中国为已亡,则无论进行怎样的破坏,都不致过分。中国的激进化,又多一层理论的支持。这正是胡适后来爱说的"正义的火气"的一个出处。故超越于国家民族之上的新旧读书人可以置中国当下是否亡于不顾,而从为国家造不亡的远因这一正义目的出发去"拔本清源、斩草除根"。

② 《日知录·正始》:"有亡国有亡天下。亡国与亡天下奚辨? 曰:易姓改号,谓之亡国。仁义充塞,而至于率兽食人,人将相食,谓之亡天下。"

三、新旧文明过渡之使命：从昌明国学到反传统

余英时先生已注意到，胡适在留学期间"所最关怀的正是中西文化异同的问题，特别是中国传统在面临西方近代文明的挑战时究竟应该怎样转化的问题"。他在此期间的见解虽然在变，关怀的问题则始终如一。[①] 而在此前后的一二十年间，中国固有文化在胡适心目中的位置却有一个带根本性的变化。

在胡适主办《竞业旬报》时期，他基本接受章太炎"以国粹激动种姓"的思想[②]，主张有意识地以昔日的光荣来激发国人的爱国心。胡适指出："一个人本分内第一件要事，便是爱国。"爱国正如爱家，只要"一国之中，人人都晓得爱国，这一国自然强大"。而"祖国强了，便人人都可以吐气扬眉"、"人人不受人欺"。反过来，如果一国之中爱国者众，便"牵带得那祖国也给人家瞧得起了"。[③]

更重要的是，胡适特别强调指出："爱国的人，第一件要保存祖国的光荣历史，不可忘记。忘记了自己祖国的历史，便要卑鄙龌龊，甘心作人家的牛马奴隶了。你看现在的人，把我们祖国的光荣历史忘记了，便甘心媚外，处处说外国人好，说中国人不好，哪里晓得他们祖宗原是很光荣的，不过到了如今，生生地，给这班不争气的子孙糟蹋了。"他更主张"要竭力加添祖国的名誉"，其具体做法即力行道学家所讲的伦理和发扬中国的文学。他以为"我们中国最有名的是那些道学家所讲的伦理"，故务必要"力行那种修身的学问，成一种道德的国民"。同样，

---

① 参见余英时：《中国近代思想史上的胡适》，第17—18页。

② 参见王汎森：《章太炎的思想——兼论其对儒学传统的冲击》，台北时报出版公司1992年二刷版，第77—82页。

③ 本段与下段参见铁儿（胡适）：《爱国》，《竞业旬报》第34期，第1—6页。原报复印件承翁飞、杨天宏先生代觅，特此致谢。

"我们中国最擅长的是文学"，诗文词曲，"没有一国比得上的。我们应该研求研求，使祖国文学，一天光明一天。不要卑鄙下贱去学几句爱皮细底，便稀奇得了不得。那还算是人么？"

从历史的光荣中寻找文化认同的基础，是世界民族主义的通例。但在 19 世纪末 20 世纪初因走西学为用之路而造成中学不能为体之后的近代中国，[①] 这样的观念实未必在思想界居主流地位，少年胡适能见及此，已属难得。而他不仅要"人人晓得保存祖国名誉"，更敦促"人人要想加添祖国名誉"，这就是少年胡适的眼光超过一般时人之处了。胡适对中国道学伦理的推崇，后来表述得甚少；但他对中国文学的骄傲，却维持了相当长的时间。

在刊于 1914 年的《非留学篇》中，胡适已将中西之争视为两文明之争。他说，当中国酣睡之时，西人已为世界造一新文明。"此新文明之势力，方挟风鼓浪，蔽天而来，叩吾关而窥吾室。以吾数千年之旧文明当之，乃如败叶之遇疾风，无往而不败衄。"失败之余，只有"忍辱蒙耻，派遣学子，留学异邦"。故胡适视留学为"吾国之大耻"，因为中国"以数千年之古国，东亚文明之领袖，曾几何时，乃一变而北面受学，称弟子国。天下之大耻，孰有过于此者乎！"胡适之所以要"非"留学，其根本原因就在留学是文化竞争失败即"学不能竞"的结果。

胡适因而提出"教育救国"的大目标。他认为中国"今日处新旧过渡青黄不接之秋，第一急务，在于为中国造新文明"。之所以急，是因为已到不得不为的境地。"吾国居今日而欲与欧美各国争存于世界也，非造一新文明不可。"胡适指出："吾国之旧文明，非不可宝贵也，不适时耳。不适于今日之世界耳。"中国今日既然处在旧文明与新文明过渡

---

① 参见罗志田：《西潮与近代中国思想演变再思》，《近代史研究》1995 年第 3 期。

之时代，则在造新文明时，既不能"尽去其旧而惟新是谋"，也不能"取其形式而遗其精神"。必须"先周知我之精神与他人之精神果何在，又须知人与我相异之处果何在，然后可以取他人所长，补我所不足；折衷新旧，贯通东西，以成一新中国之新文明"。只有这样，中国文明才可能"急起直追，有与世界各国并驾齐驱之一日"。

"教育救国"最重要的方针，就是办中国自己的大学。"俾固有之文明，得有所积聚而保存；而输入之文明，亦有所依归而同化。"盖"大学乃一国教育学问之中心，无大学，则一国之学问无所折衷，无所归宿，无所附丽，无所继长增高"。同时，无大学则学子不得不长期留学，将"永永北面受学称弟子国"，而"神州新文明之梦，终成虚愿耳"。此时中国人不得不留学，"以己所无有，故不得不求于人"。留学的目的，就是"乞医国之金丹"，携之以归，"以他人之所长，补我之不足。庶令吾国古文明，得新生机而益发扬张大，为神州造一新旧泯合之新文明"。所谓"植才异国，输入文明，以为吾国造新文明之张本"。但"留学乃一时缓急之计，而振兴国内高等教育，乃万世久远之图"。办大学的作用，尤在不使"输入之文明，皆如舶来之入口货，一入口立即销售无余，终无继长增高之望"。

1915年初，胡适的英文老师亚当斯问他："中国有大学乎？"胡适愧"无以对"。老师告诉他："如中国欲保全固有文明而创造新文明，非有国家的大学不可。一国之大学，乃一国文学思想之中心，无之则所谓新思潮新知识，皆无所附丽。""国之先务，莫大于是"，而"报国之义务〔也〕莫急于此"。不知胡适是否无意中把自己的一些观点投射到老师身上，这些看法确与胡适的《非留学篇》如出一辙。他回来后慨叹："世安可容无大学之四百万方里四万万人口之大国乎！"第二天，他心情仍未平静，再次感叹道："国无海军，不足耻也！国无陆军，不足耻也！国无大学，无公共藏书楼，无博物院，无美术馆，乃可耻耳。我国人其洗此耻哉！"①

　　胡适也不无感慨地发现，他所遇欧洲学生，无论何国之人，"皆深知其国之历史政治，通晓其国之文学"。只有中国和美国学生，才"懵然于其祖国之文明历史政治"。他对于中国学生没有几人能通晓中国文化传统，深以为"可耻"。胡适对欧洲学生的认知，或不免有误解夸大处。因为他自己那时除较知欧洲之文学外，并不太知其历史政治，实无从判断别人是否"深知"。想来遇到胆大敢说者即以为是深知了。而美国大学生，胡适见得多，而且一向不太看得起。他发现美国大学生最关心的是运动竞赛的成败，其"大多数皆不读书，不能文，谈吐鄙陋，而思想固隘。其真可与言者，殊寥寥不可多得"。②

　　但这并不重要。重要的是他引以为耻的中国留学生的状况，却不幸是准确的。胡适在《非留学篇》中说："今留学界之大病，在于数典忘祖。"那时留美学生的主体是沿海各省教会学校毕业生，不少人连中文都搞不通顺，有的甚至不会，自然谈不上读历史文学旧籍，也难怪其不知中国之固有文明。胡适以为，"留学生而不讲习祖国文字，不知祖国学术文明"的结果，流弊有二。首先就是无自尊心。因为不知本国古代文化之发达、文学之优美、历史之光荣、民俗之敦厚，则一见他国物质文明之进步，必"惊叹颠倒，以为吾国视此真有天堂地狱之别。于是由惊叹而艳羡，由艳羡而鄙弃故国，出主入奴之势成矣"。到这些人回国，自然会"欲举吾国数千年之礼教文字风节俗尚，一扫而空之，以为不如是不足以言改革也"。

　　所以，胡适在《非留学篇》中仍不忘以昔日的光荣来激发国人的爱国心。他在提出慎选留学生的办法时，曾列出一些"万不可少之资格"，其中有相当部分是他自己入康奈尔大学时不具备的。这似乎有点

---

① 胡适日记，1915 年 2 月 20、21 日。
② 胡适日记，1915 年 2 月 14 日，7 月 1、22 日。

像他后来所开列之"最低限度之国学书目"。但更有可能是他根据自己不得不经常自我补课的经验发现，如果出国前能达到他所希望的水平则到国外后必能学到更多西方的东西。值得注意的是胡适把"国学、文学和史学"列为首要的三项资格，其目的，则"国文所以为他日介绍文明之利器也；经籍文学，欲令知吾国故文明之一斑也；史学，欲令知祖国历史之光荣也。皆所以兴起其爱国之心也"。

对胡适的《非留学篇》颇为称许的钟荣光对胡适说："教育不可无方针。君之方针，在造人格。吾之方针，在造文明。"其实胡适那篇文章处处在讲造文明，钟氏正是看到了胡适特别强调注重人之爱国心的言外之意。在胡适看来，造人即是为中国再造文明的第一步。他在1916年给许怡荪的信中说："今日造因之道，首在树人；树人之道，端在教育。"故他希望"归国以后能以一张苦口，一支秃笔，从事于社会教育，以为百年树人之计"。胡适在同一年送任鸿隽的诗中也说："救国千万事，造人为重要。但得百十人，故国可重造。"[①]

在这首诗中，胡适也指出，"眼里新少年，轻薄不可靠"，所说的即是那些"数典忘祖"的留学生。他们既然连中文都不通不会，实际上也不能输入文明。如果不能以国语国文教学著书，"则其所学，虽极高深精微，于莽莽国人，有何益乎？其影响所及，终不能出一课堂之外也"。这些人学问再高深，也不能"传其学于国人，仅能作一外国文教员以终身耳"。又能输入多少文明，又能对中国学术文化有多大益处呢！而能以中文作文的胡适自己就不一样了。所以，他再次强调，中国之教育，必须"以国内教育为主，而以国外留学为振兴国内教育之预备"（《非留学篇》）。

尤其值得注意的是，自己曾从农科转到文科的胡适特别主张重文

---

① 胡适日记，1914 年 9 月 13 日，1916 年 1 月 21 日、8 月 22 日。

科、兴国学。他说:"即令工程之师遍于中国,遂可以致吾国于富强之域乎?"实际上,中国的诸多问题都不是"算学之程式机械之图形"可以解决的。如政治、法律、道德、教化等都比机械工程要重要千百倍。因为它们所关系者不止是一路一矿的枝节问题,而是"国家种姓文化存亡之枢机"。胡适以梁启超和詹天佑对中国的影响为例,说明文理科是本,实业是末,中国人"决不可忘本而逐末"。具体言之,胡适认为,办国立大学的一个目的就是要昌明国学。他说:"今国学荒废极矣。有大学在,设为专科,有志者有所肄习,或尚有国学昌明之一日。"无大学,"则全国乃无地可习吾国高等文学"。他觉得把中国比作睡狮不如比作等待爱情之吻的睡美人,因为像中国这样的"东方文明古国,他日有所贡献于世界,当在文物风教,而不在武力"。故只要中国醒来换上"时装",就可以"百倍旧姝媚"。①

可以看出,胡适基本维持了他以民族主义为基础的文化国耻观,而其向往的雪耻方向,也还在学战一途。以建大学为核心的教育救国方针,不能不以建设为主。胡适留学回国的本意是要搞建设的,他在回国前曾说:"吾数月以来,但安排归去后之建设事业,以为破坏事业,已粗粗就绪,可不须吾与闻矣。"但到临动身前,他又发现国内局势不佳,南北分立,"时势似不许我归来作建设事"。胡适甚至担心他有可能根本去不了北京,"此一扰乱乃使我尽掷弃吾数月来之筹画,思之怅然"。②不过,这最多不能建设,离破坏应还有相当的距离。后来事实证明胡适不但到了北京,而且居于很能建设的地位。

但是,胡适倡导的文学革命虽也强调其建设性,实际却很快走向破坏,他自己晚年说这是"为环境所迫,不得已而做出违反其本意的非常行为",③这个解释基本可以成立。文学革命和新文化运动走向破坏的

① 胡适日记,1915 年 3 月 15 日。
② 胡适日记,1917 年 6—7 月之"归国记"。
③ 《口述自传》,第 55 页。

外在原因是多方面的,至少包括以下五点:日新月异的中国激进化大潮、社会变化造成的士与知识人社会角色的异同、边缘知识人的作用、启蒙就要破坏等等,这些方面只能另文讨论。问题在于,这里是否也还有内在的个人的原因呢? 我以为是有的。这就是胡适的宗教使命感及其传教士的角色认定导致他不得不对中国传统采取批判的态度。

与同时代的中国知识人相比,胡适有着比大多数人更强的宗教使命感。这一点他并未直接表露,所以过去较少引起注意。但胡适有时喜欢将自己愿意担任的社会角色投射到其他人身上,这就给我们留下了认识他的线索。20 世纪 30 年代他关于儒家的定义,就是一次典型的夫子自道。胡适在他那篇颇为自负的《说儒》中,曾经把儒家描绘为“从一个亡国民族的教士阶级,变到调和三代文化的师儒;用‘吾从周’的博大精神,担起了‘仁以为己任’的绝大使命——这是孔子的新儒教”。他自己解释说,“吾从周”的“周”就是“几千年的古文化逐渐积聚演变的总成绩”,而“仁以为己任”就是“把整个人类看作自己的责任”。[①] 这显然更像胡适自己而不那么像先秦的儒家,后者一向主张“有来学无往教”,最缺乏宗教性的使命感,故这里的使命感当然也应该是胡适自己的。

胡适曾与冯友兰等人争论孔子与老子孰先的问题,到晚年“忽然大觉大悟”,自称在冯友兰的“中国哲学史中,孔子实占开山之地位。后世尊为唯一师表,虽不对而亦非无由也”那句话中看出了冯氏等“诚心的宗教信仰”,颇叹自己竟然当作学术问题与之争论,真是白费了心思和心力。[②] 冯氏等是否有此“诚心的宗教信仰”这里不必讨论,就胡适而言,这个“大觉悟”,恐怕未必是“忽然”的顿悟而更多是渐悟,其

---

① 胡适:《说儒》,《胡适论学近著》,一集卷上,商务印书馆 1935 年版,第 57、54 页。

② 胡适:《中国哲学史大纲》,卷上,商务印书馆 1987 年影印 1919 年版,“附录”第 16—17 页。

实不过是在他自己早就以宗教之心看儒家这一旧念的基础上再萌发的新知而已。可知胡适那种特定的宗教心到晚年仍潜存。

胡适的另一次夫子自道，仍是个"传教士"，就是他眼中的禅宗七祖："神会和尚成其革命大业，便是公开的直接的向这声威显赫的北派禅宗挑战。最后终于战胜北派而受封为'七祖'，并把他的师傅也连带升为'六祖'。所以神会实在是个大毁灭者，他推翻了北派禅宗；他也是个大奠基者，他奠立了南派禅宗，并作了该宗的真正的开山之祖。"胡适曾在《荷泽大师神会传》中说，"神会的教义，在当日只是一种革命的武器"，是有"绝大的解放作用"的"革命思想"。[①] 试想神会不论信奉的什么宗，首先是个佛教徒。佛教徒当然也未必能灭尽争胜之心，但若有人一心只落在革命、挑战、战胜、推翻等上面，还能立什么"宗"作什么"祖"，此人所在这个教绝不可能还是佛教。这样干革命求解放的，当然不可能是不争的佛家弟子，所以仍然只能是胡适自己。胡适眼中神会的种种所为，无非都是他自己在 20 世纪所为的投影罢了。

最有提示意义的还是他关于传教士价值的定义。胡适在论述传教士在中国的机会时曾说："传教士的真正价值在于外国传教士就像一个归国留学生一样，他总是带回一种新的观点，一种批判的精神。这样的观点和精神是一个对事物之既存秩序逐渐习以为常、漠然无动于衷的民族所缺乏的，也是任何改革运动所绝对必须的。"[②] 这更是典型的夫子自道。胡适在《非留学篇》中曾说："吾国今日所处，为旧文明与新文明过渡之时代。"而中西新旧两文明相隔如汪洋大海，留学即"过渡之舟楫也"。则作为留学生的胡适，此一"过渡"即为他当然的志业。当胡适在考虑归国的问题时，他对自己将要在中国扮演的社会角色已有

---

①　《口述自传》，第 214 页；胡适：《荷泽大师神会传》，《胡适论学近著》，一集卷上，第 273—274 页。

②　胡适日记，1915 年 3 月 22 日。

了清楚的自我意识。

但是，胡适在给自己找到一个新的社会角色时，就再次增强了他"超我"一面对"本我"的压力，也就加剧了他内心的紧张。[1] 这样的宗教使命感将会使胡适有意无意中不得不抑制他自己持有的许多观念。当他有意识地在中国扮演"外国传教士"这一社会角色、努力要提供新观点和批判的精神时，他会发现，有时他不得不牺牲那些与"新观点"冲突的自己原有的观点，其"批判精神"的锋芒所向有时也会直指他本来想保存的事物。为了心理的完形和维持个人形象的完整一致，胡适被迫做出许多调整。结果他的行为每与其在留学时立下的志愿不甚吻合，特别是留学时较强的民族主义被压抑到最低点（但也只是压抑而已，此情绪仍存于胸中，有触动就要发作）。

胡适既然肩负起传教士的历史责任，他就不得不为了中西文明的过渡而批判中国传统。最具象征意义的，莫过于几年间中国固有文化在胡适心目中从"神奇"到"臭腐"的转化：胡适本来强调知历史而后能爱国，也一直想昌明国学以兴起爱国心，在其文学革命的"誓诗"中，原来是要"收他臭腐，还我神奇"，以昌明正宗的国学；几年后却不得不以"整理国故"出之，更不得不对人诠释为是要"打鬼"，一变为截然相反的"化神奇为臭腐"。再后来胡适干脆否认"中国学术与民族主义有密切的关系"，他提倡的整理国故只是学术工夫，"从无发扬民族精神感情的作用"。[2]

有时候，胡适更可能因使命感太强，自己也不知不觉就进到为批判而批判的地步。他曾经攻击其他留学生出主入奴，一回国即"欲举吾

---

[1] 参见罗志田：《再造文明之梦——胡适传》，第 39—51 页。

[2] 胡适日记，1916 年 4 月 13 日；胡适：《整理国故与打鬼》，《胡适文存》，上海亚东图书馆 1921、1924（《二集》）、1930（《三集》）年版（以下简作《文存》加集、卷、页），三集卷二，第 211 页；胡适致胡朴安，1928 年 11 月，《胡适来往书信选》，上册，中华书局 1979 年版，第 497 页。

国数千年之礼教文字风节俗尚，一扫而空之"。但他后来的所作所为，至少在功能上恰与此辈相近。虽然他个人未必如他所攻击的那样已忘记本国历史之光荣，并为他国物质文明之进步所惊叹颠倒，但这正是民初以来许多人眼中胡适的形象。

以前不少人将新文化人的激烈反传统归因于传统的压迫，其实不然。胡适就确实指出，文学革命与以前的白话文运动的一个不同之处就是"老老实实的攻击古文的权威"。换言之，文学革命的"建设性"中本身就包含了主动的攻击性。胡适曾定义说："新思潮的根本意义只是一种新态度。这种新态度可叫做'评判的态度'。"其"最好的解释"即是尼采所说的"重新估定一切价值"这八个字。从中西文化的层面看，胡适的"评判的态度"是有很大区别的。对西方文化，只要"介绍西洋的新思想，新学术，新文学，新信仰"就已算是"评判的态度"了。也就是说，西方文化的价值已经"估定"，只需输入即可。他明确指出，那"重新估定一切价值"即"凡事要重新分别一个好不好"这一点，是只针对中国文化的。新思潮首先要"表示对于［中国］旧有学术思想的一种不满意"。胡适后来更进一步表扬尼采"对于传统的道德宗教，下了很无忌惮的批评，'重新估定一切价值'，确有很大的破坏功劳"。可知这"重估"虽然也还有分别出"好"的可能性，却无疑是侧重于破坏和反传统一线的。①

钟荣光是同盟会时代的革命党人，他曾对胡适说，他那一辈人，"力求破坏"，也是不得已。因为中国政象已类大厦将倾，故他们"欲乘此未覆之时，将此屋全行拆毁，以为重造新屋之计"。而重造之责任，就在胡适这一辈人。所以他主张胡适等"不宜以国事分心，且努力向学，为他日造新屋之计"。具有诡论意味的是，胡适本也是想要进行建

---

① 胡适：《五十年来之中国文学》，《文存》，二集卷二，第 149 页；《新思潮的意义》，《文存》，卷四，第 151—164 页；《五十年来之世界哲学》，《文存》，二集卷二，第 229—230 页。

设的，因为种种内外原因，他也和他那一辈新文化人一样，不久仍以破坏责任自居。1921年5月，胡适已对吴虞说："吾辈建设虽不足，捣乱总有余。"他希望吴在教书时能引起多数学生研究之兴味，是又将建设的责任，留给了下一代。十五年后，到1936年，胡适更对汤尔和说，"打破枷锁，吐弃国渣"是他在"国中的事业"的"最大功绩，所惜者打破的尚不够，吐弃的尚不够耳"。[①]

　　这样，胡适因故意要扮演"外国传教士"的社会角色，在反传统的路上走得不可谓不远。但这显然不全是他的本意。他在1929年写的《新文化运动与国民党》中说："中国的民族主义的运动所以含有夸大旧文化和反抗新文化的态度，其根本原因也是因为在外力压迫之下，总有点不甘心承认这种外力背后之文化。"因为"凡是狭义的民族主义的运动，总含有一点保守性，往往倾向到颂扬固有文化、抵抗外来文化势力的一条路上去"。[②]可知胡适主要担心的是外来文化的输入问题。他晚年仍说："过分颂扬中国传统文化，可能替反动思想助威。"[③]这大约就是他一生反对颂扬中国传统文化，并不真想打倒孔家店却又要支持打的真意之所在了。但他这样的苦心，不仅其同时代的追随者很难理解，后来的研究者也往往失之交臂。

　　其实，胡适所谓"用科学的方法"来"整理国故"，及他后来在清代考据学中读出中国的"科学方法"来，又何尝不是在为中国文化"正名"呢！当胡适的追随者，也主张整理国故的《新潮》派学生毛子水提出"世界上的学术，比国故更有用的有许多，比国故更要紧的亦有许

---

　　①　胡适日记，1914年9月13日；《吴虞日记》，上册，四川人民出版社1984年版，第599页；胡适致汤尔和，1936年1月2日，《胡适来往书信选》，中册，第295页。

　　②　胡适：《新文化运动与国民党》，《人权论集》，上海新月书店1930年版，第127—129页。

　　③　胡颂平编：《胡适之先生晚年谈话录》（以下简作《谈话录》），中国友谊出版公司1993年版，第233页。

多"时，胡适马上指出："学问是平等的。发明一个字的古义，与发现一颗恒星，都是一大功绩。"① 这里的"学问平等"，针对的正是"世界上的学术"，是胡适真意最直接的流露。西方人尽可去发现恒星，中国人也可去发明字的古义，只不过是同一科学精神的不同运用而已。学问既然"平等"，做学问的人当然也就平等了。陈独秀在新文化运动时提出的抽象的"科学"口号经胡适这样一具体，就从西方部分地转到中国来了。经此一转，中西双方都曾产生了科学精神，不过一方用于实业制造，一方用于文字典籍，差别只在实践的层面。用中国的传统字眼说，西方的长处和中国之短处就在于是否以科学精神"经世"。

当然，中国既然不曾以科学精神经世，就产生出后来的种种不如人之处了。所以胡适后来也不得不说："一班少年人跟着我们向故纸堆去乱钻，这是最可悲的现状。"他向青年指出，学自然科学是"活路"，钻故纸堆是"死路"。胡适也接受了他更尊西的朋友陈源的意见，要青年学生先在科学实验室里做出成绩，再来"一拳打倒顾亭林"。② 但这仍不完全是他的真意，因为晚年的他在私下就支持唐德刚先生不要改行学理工科，而坚持学出路不甚好的历史。所以他在民初劝人离开故纸堆显然有"外国传教士"的心态在起作用。陈源说得好："谁叫他给自己创造出一个特殊的地位呢？"③ 胡适既然已成了特定的"胡适"，他就不得不说那个"胡适"应该说的话。"超我"的压力虽无形却甚大，尤其对胡适这样好名的人是如此。

不过，胡适的"本我"也时时在与其"超我"冲突。他既要做"传教士"，也不忘争取"学术平等"。胡适自己虽然走过一段"实业救国"

---

①　胡适：《论国故学》，《文存》，卷二，第286页。
②　胡适：《治学的方法与材料》，《文存》，三集卷二，第205页。
③　陈源为胡适的《整理国故与打鬼》写的《西滢跋语》，《文存》，三集卷二，第213—218页。

的路，但在讲"科学"时甚少往"技术"方向走（讲到西方的物质一面时，也一定要提高到"文明"层次），与我们今日将"科技"完全合起来讲，迥然不同。他之所以不惜被人诟为脱离现实，终生在考据一面用功，实在因为他的内心深处只此一端才是中西平等的。身处中西文化边缘的胡适要扮演"传教士"，不得不尊西趋新而反传统；但落实到具体层面，他还是在与西方争胜。

然而，带着宗教使命感返国的胡适会发现，他在中国社会扮演"外国传教士"这一角色越充分，他自己在这社会中就越像一个"外国的"传教士：他带来的"新"是对立于既存之"旧"的；他提倡的"批判精神"所针对的"漠然无动于衷"也是本土的。胡适引进的观点和精神可能逐渐为国人所接受，但他本人却会因为太像外国人而在当下疏离于他的祖国和同胞。今日中西文明过渡的问题已渐有进入"双向"之势，对此胡适无疑做出了贡献。但其反传统的形象就像冰山，那水平线下面更广阔的民族主义关怀甚少为人所注意，而其水面的部分却长留在人们记忆之中。

余　论

胡适一生就中外关系所发表的言论，通常都不怎么受国人欢迎。这里显然存在着误解。胡适对不同的人讲不同的话的取向，在中外关系上表现得最明显。但他这样做，是要表现他"大国国民的风度"，是有骨气而非取巧。简言之，胡适凡是主张不反对帝国主义的言论，都是对中国人说的；而他对外国人讲话时，却处处指出帝国主义对中国的侵略也是对外国利益自身的危害。中日"二十一条"交涉时胡适的表现，就是最典型的例子。这种情形一般人不知，胡适也不曾努力要让人知；他的士大夫意识使他很愿意体现他的"特立独行"，对这些误解并不辩解,只求自我心安。但这就造成了立说者与听众之间的传播障碍。

可以说,胡适的民族主义情绪终其生并不稍减,只是隐与显的问题:早年很盛,专讲爱国;中岁"作圣"心重,以"外国传教士"自居,故此情绪颇压抑;晚年老还小,民族主义复盛。胡适某次发现"考古馆里的殷墟石刻的照片,许多外国人看了很欣赏";不觉自得地说:"他们原以为古代的文明只有罗马、希腊,看了这些三千年前的殷墟石刻,才知道他们那时还是小孩子似的。"1960 年又说,"食不厌精,脍不厌细"这两句话"是圣人最近人情的话"。孔子有些思想近人情是他以前也有过的看法,但他接着说:"全世界二千多年的哲人中,没有第二人说过这些话。"① 这样的话,就不是以前会说的了。

胡适从留学时起事事都在拿中国与西方比。他初到美国,即对美国社会大为倾倒,发现"美国风俗极佳。此间夜不闭户,道不拾遗,民无游荡,即一切游戏之事,亦莫不泱泱然有大国之风。对此,真令人羡煞。"② 最后一句颇能道出胡适的心事。他对美国的种种虽然所知尚在表面,却暗中处处在与中国的情形比较。嘴上说的美国或不免有理想化的成分,心中想的却是中国的种种不如意的情景。但比较而多见到中国高明之处,则是只有晚岁才有的情形,这才是其真情的显露。

胡适对美国颇多好感的一个直接后果就是他曾一度入了基督教。周明之先生对胡适的入教有颇为深刻的分析。他认为无神论者胡适之所以能成为基督徒,是因为他先已接受了西方文化,并将基督教作为"优越的"西方文化之一部分而接受。③ 传教士正是最强调文化的"整体性"的。胡适在中国读书的十多年间,恰逢西方文化优越观在中国

① 《谈话录》,第 44、47 页。
② 胡适致乡友信,1910 年 9 月 25 日(邮戳),转引自石原皋:《胡适与陈独秀》,颜振吾编:《胡适研究丛录》,生活·读书·新知三联书店 1989 年版,第 85—86 页。
③ 本段与下三段的讨论参见胡适日记,1912 年 10 月 12 日、12 月 24 日,1914 年 9 月 13 日,1915 年 3 月 22 日;周明之:《胡适与中国现代知识分子的选择》,第 49—55 页。

士人心目中确立之时。胡适的入教，也的确不无想疏离于"野蛮落后"的中国而认同于"优越的"西方之意。而且，就是他大力提倡的世界主义，其中也不无此类蕴含。

但是，胡适在内心深处早就对传教士和整个西方在中国的行为不满。他自己虽然曾公开不同意反对"文化侵略"，其实他至少在下意识层面对此极为重视。胡适对西方"文化侵略"的急先锋传教士和传教事业（这是从功能看，绝大部分传教士本身确有"征服"的愿望而绝无"侵略"的动机），除了留学时加入基督教那一段不长的时间，一生都坚持批判之。这正是晚清以来"学战"意识潜存的体现。

胡适指出，就传教士个人来说，他们到异端国家去就是为了教化化外之民。所以"当和我们一起时，总带有傲慢的保护者的高人一等的神态"。在谈到传教对象时无意中从"化外之民"转换到"我们"，说明这是根据胡适自己在中国的观察。这里的传教士已经有些"文化帝国主义"的意味了。前引胡适在"二十一条"交涉时的讲话，直接指斥基督教国家对待弱小国家全持帝国主义态度，完全不符合基督教的教义。这才是胡适心急而后道出的真言。

有意思的是，胡适最终捐弃基督教，却是根据的文化可分论。他在对西学有较多把握之后，就将西方文化一分为二，在基督教的传播方式上看到了与中国的"村妪说地狱事"、塑造"神像"、"佛教中之经咒"，以及"道家之符箓治病"等同样"野蛮"之处；基督教既然与"野蛮"的中国相类似，其不属于那"优越的"西方即不言自明，当然也就不必对之尊奉。在把这些"野蛮"和具有帝国主义性质的西方事物拒绝摒弃之后，胡适心目中的"西方"就只剩光明了。故文化可分论虽然使胡适捐弃了"西方整体"之重要部分的基督教，却也同时净化了他心目中的"西方"。他能长期看到西方的光明一面，正在于此。胡适思想行为表面上的矛盾现象，由此视角去观察，也就没有多少矛盾了。

　　的确，胡适一生对美国主要是见其好处，说的时候更基本不说其坏处。实际上，留学生胡适不仅了解"美之乡民以为凡中国人皆洗衣工"，而且在康大校园里就曾数见种族歧视的事例并出而反对。[①]他同时也知道，就是那些主观上颇同情"弱小民族"的美国人，其下意识中仍有自我优越感存在。胡适参加的康大学生"世界会"，其成员除外国学生外，就是比较喜欢同情外国的美国学生。一日有菲律宾学生演说宣传菲自主，而世界会有人却"嗤之以鼻"，并有美国学生对胡适说，美国如果让菲律宾人自主，不过是让日本人来侵占罢了。胡适听了，"鼻酸不能答"，只好点点头。回来后慨叹道："呜呼，亡国人宁有言论之时哉！如其欲图存也，惟有力行之而已。"[②]同情外国的美国人之观念尚且如此，胡适能不别有一番滋味在心头吗！

　　简言之，胡适与不少他的同时代人一样，不过是一种游移于中西文化之间的边缘人。如他自己所说，他身上有"中国的我"和"西洋廿世纪的我"两个新旧中西不同的"我"并存。[③]故有人看见他中国的一面，有人看见他西方的一面。不可否认，因为胡适有意要扮演"外国传教士"的社会角色，他的西方一面表现得要充分得多。实际上，正如傅斯年所说，胡适在安身立命之处，仍是传统的中国人。据唐德刚先生回忆，晚年在美国与胡适来往的青年后辈，多半还是稍微有点旧学修养的；完全西化的第二三代华裔，与"一辈子'西洋文明'不离口"的胡适，反而无话可谈。[④]这是胡适那种中西之间边缘人的最佳体现。其本不够西，也无法真正接受什么全盘西化。而西方人内心并不承认这些专讲西方文明之人为平等（表面上的承认是不算数的），又是这类人

---

① 胡适日记，1915 年 7 月 8 日、1911 年 4 月 10 日、1914 年 10 月 19 日。

② 胡适日记，1911 年 4 月 23 日。

③ 胡适致陶孟和，1918 年 5 月 8 日，转引自耿云志：《胡适年谱》，第 62—63 页。

④ 参见唐德刚：《胡适杂忆》，第 219 页。

最觉尴尬之处。

鲁迅在 20 世纪 20 年代所辑的旧派挖苦新派的言论中有一条说："你说中国不好。你是外国人么？为什么你不到外国去？可惜外国人看你不起。"① 这真是道出了中西之间边缘人的窘境。他们虽然在中国总是说西方好，俨然西方的代言人；但西人却并不将其视为同类。世界主义者的胡适其实进不了他的"世界"的中心。也是羁旅异邦的唐德刚先生即颇能领会这中间的微妙。20 世纪 50 年代胡适在美国有点落魄时，唐先生曾建议胡适读过书的哥伦比亚大学的"当道"聘用胡适教汉学研究，可是对方"微笑一下"，反问道："胡适能教些什么呢？"那种对胡适敬而远之、其实也不十分看得起的意味在微笑中表露出来，真是别有一番滋味。故唐先生叹谓："胡适之的确把哥大看成北大；但是哥大并没有［像北大那样］把胡适看成胡适啊！"② 许多与胡适一样提倡世界主义的非欧美人，的确愿意把西方当作他们的"世界"，可是这个"世界"却没把他们看作"世界公民"！

从另一方面看，正像在华传教士一力传播西学而终被渐成势力的西学大潮驱赶到边缘一样，当一个启蒙者同时是外来者之时，启蒙见效之时通常也就是历史使命完结之时。③ 但是一个归国留学生却比传教士多一层悲剧的色彩：传教士可以带着无论多少遗憾离开中国而回归自己的本土。留学生则不然，他所"批判"的正是他所热爱的，因他的激烈批判而排拒他的正是他想要作为归宿的本土——他毕竟不是"外国的"。

结果，当 20 世纪 50 年代命运真的把胡适推向"世界公民"的定位时，不仅他所向往的"世界"［即西方］并不真诚地想接纳他，他自己

---

① 鲁迅：《论辩的魂灵》，《鲁迅全集》，第 3 卷，人民文学出版社 1981 年版，第 29 页。

② 唐德刚：《胡适杂忆》，第 37 页。

③ 说详罗志田：《传教士与近代中西文化竞争》，《历史研究》1996 年第 6 期。

在世界主义面具下潜藏的民族主义真情也就暴露无遗——他在安身立命的大关节处仍是中国的。胡适也并不真要做世界公民,而是带着几分勉强回到他内心并不十分认同的台湾。胡适晚年再申"宁愿不自由,也就自由了",其实就是孔子"七十而从心所欲"的现代诠释。倘能宁愿不自由,又有何事不是从心所欲呢,自然也就不会逾越什么规矩了。这样,不论那时台湾的自由有多少,胡适都可以把它视为"自由中国"而作为他的归宿之地。

（本文是 1996 年 10 月在台北"中研院"史语所演讲稿,
其基本内容曾刊于《近代史研究》1996 年第 1 期和
《传统文化与现代化》1995 年第 6 期）

救国抑或救民："二十一条"时期的反日运动与"辛亥""五四"期间的社会思潮[*]

　　"辛亥革命"和"五四运动"，早已是学术界注目的重点。但是其间的约略十年，似乎被首尾两大事件所掩盖，尚未多见深入的研究。特别是这段时期中国的社会思潮，应该是把握何以"辛亥革命"后不久即爆发"五四运动"的一个关键因素。其中1915年日本对中国提出"二十一条要求"及中国的反应，又是这十年间承先启后的大事件。但仔细查阅中外文献，对这样一个中日关系史和中国反帝史上的关节点^①，却研究甚少。本来不多的既存研究中，也多是侧重外交谈判，兼及政治。对于社会和思想，涉及的就更少了。

　　日本学界对中日关系史的研究素来重视，成果甚丰。可是对"二十一条"，则迄今只有堀川武夫出版于1958年的专著，其余的文章亦不足十篇。^②英文著作至今既无专书，也无专文。只有几部书从较

---

　　* 本文初稿承詹森（Marius B. Jansen）、林霨（Arthur Waldron）、章开沅、张寄谦教授先后指教，谨此致谢。

　　① Marius B. Jansen, *Japan and China: From War to Peace, 1894—1972*, Chicago: Rand McNally, 1975, p. 209.

　　② 参见Sadao Asada（麻田贞雄）, ed., *Japan and the World, 1853—1952: A Bibliographic Guide to Japanese Scholarship in Foreign Relations*, New York: Columbia University Press, 1989, pp. 150—151, 174—175；Eto Shinkichi（卫藤沈吉）, "Japan's Policies Toward China", in James W. Morley, ed., *Japan's Foreign Policy, 1868—1941: A Research Guide*, New York: Columbia University Press, 1975, pp. 236—264。

广的角度研究了这一事件。戚世皓（Madeleine Chi）的《战时中国外交》里有一章叙述"二十一条"外交谈判的基本情况。詹森师的《日本与中国》中有一章的一节将此放在日本历史发展和国际关系框架中进行检讨。周策纵的《五四运动》也有一节侧重于丧权辱国对中国爱国者的影响，并视之为促成"五四运动"的一股主要力量。[①] 我们中文的研究更加令人惭愧。除了李毓澍二十多年前出版的《中日二十一条交涉》的第一册外，就只有王芸生在五十多年前辑出的《六十年来中国与日本》那套资料集。[②] 李书重在外交谈判，第一册未涵盖完全程，第二册尚未见出版，其余则连文章也少见到，一般只是在通史著作中有所论述，亦多侧重于外交谈判，很少超出王、李二书的范围。

本文不拟对此事件进行完整的研究，仅着重于当时中国社会对"二十一条"事件的反应。上篇主要厘正中国各界抗议排货等反日活动的基本史实。在此基础上，下篇考察这一事件对中国社会及中国民众的思想到底产生了什么样的影响。

（上）反日运动

日本提出"二十一条要求"之后，在历时数月的谈判交涉期间，袁世凯政府一变过去秘密外交的方式，有意识地向英美使馆和北京的中外报界泄露日本的要求和谈判的内容。并"先与各友国推诚密商"，以寻求英美政府的同情和支持。这项政策获得相当的成功，"尤以英、美

---

① 参见Madeleine Chi（戚世皓），*China Diplomacy, 1914—1918*, Cambridge, Mass.: Harvard University Press, 1970; Marius B. Jansen, *Japan and China*; Chow Tse-tsung（周策纵）, *The May Fourth Movement: Intellectual Revolution in Modern China*, Cambridge, Mass.: Harvard University Press, 1960.

② 李书 1966 年出版于台北；王书 1934 年出版于天津，1980 年出版修订本于北京。

暗助为最力"。① 由于这样的政策，日本对中国的压迫在一段时间里反促成中国举国团结的精神。直到袁接受日本要求，"人心始去"。②

先是袁世凯在交涉初期已特赦革命党人。面对日本的威胁，黄兴与一些温和的国民党领袖通电建议暂停革命，举国一致抗日。有些温和派国民党人更试图劝导孙中山也采取类似行动。孙中山以为袁政权不足恃，所以主张反袁斗争不能停止。与此同时，这位讲实效的革命家亦不惜与日本政府秘密联络，主动提供许多优惠条件以换取日本的支持。结果造成国民党内孙派与温和派的分歧，国内形势更加有利于袁的统治。③

在这段时间里，中国人民及舆论界获得相对较多的言论自由。各种各样的反日活动或者得到政府的鼓励，或者至少得到容忍。如各省军政当局许多措辞激烈的通电，便实得中央政府的鼓励。到交涉一结束，袁世凯即下令各地统兵长官于军国大计"勿许妄发通电"。④ 在这样的情形下，中日交涉期间及结束后一段时间，各种力量汇集在一起就形成了历时数月的反日运动。

---

① 《统率办事处宣称英美助我反日应表谢意密电》（1915 年 5 月 26 日），收入中国第二历史档案馆、云南省档案馆编：《护国运动》，江苏古籍出版社 1988 年版，第 11—12 页。此事具体经手的顾维钧叙之甚详，见《顾维钧回忆录》，第 1 卷，中华书局 1983 年版，第 119—127 页；参见王芸生编著：《六十年来中国与日本》，第 6 卷，生活・读书・新知三联书店 1980 年版，第 121、142—143、145—146、216、498 页；Paul S. Reinsch, *An American Diplomat in China*, Garden City, N. Y.: Allen & Unwin, 1922, p. 141；亦见 Marius B. Jansen, *Japan and China*, pp. 215—217; Chow Tse-tsung, *The May Fourth Movement*, p. 21。

② 章炳麟：《太炎先生自订年谱》，香港龙门书店 1965 年版，第 25 页。

③ 《时报》（上海），1915 年 2 月 19 日，第 4 版；2 月 20 日，第 7、8 版；2 月 21 日，第 4 版（以下所引，除特别注明外，均为 1915 年，仅书月日）；薛君度：《黄兴与中国革命》，香港三联书店 1980 年版，第 150—152 页；李云汉：《黄克强先生年谱》，台北国民党党史会，1973 年，第 384—386 页；Marius B. Jansen, *The Japanese and Sun Yat-sen*, Cambridge, Mass.: Harvard University Press, pp. 175—212；冯自由：《革命逸史》，第 3 册，商务印书馆 1945 年版，第 399—401 页；George T. Yu（于子侨），*Party Politics in Republican China: The Kuomintang, 1912—1924*, Berkeley, Calif.: University of California Press, 1966, pp. 144—147。

④ 陆军部致各地军政长官电（1915 年 5 月 13 日），《护国运动》，第 42—43 页。

一、集会与排货

中日交涉期间,中国新闻界表达了较强烈的仇日情绪,报纸的鼓励对各地民众的激愤起了很大的推动作用。从1月底起各报已开始披露日本的要求。广州、上海、北京等大城市的民众立即行动起来。2月下旬,名报人包公毅(天笑)撰文点名敦促各地商会和教育会何以仍旧"木木然无所动"?难道"尚以为刺激未深乎"?到2月底,从东北的奉天(今沈阳)到西南的成都,全国各省会纷纷发出支持政府反对日本要求的电报,其中包括以冯国璋为首的十九省将军的联名电报。[①]

实际上,各地最活跃的既存组织还是商会和教育会。有些地方如上海,商会发挥了很大作用。另外一些地方如江苏,教育会起到了主导作用。不过在反日活动勃兴最早的广东,则是界界公会在起明显的领导作用。但这些既存的组织显然未能充分应付紧急时局的需要,而且它们的活动多局限于精英层次。从2月中旬起在上海等地开始出现新成立的爱国组织,如上海2月中下旬成立的"中华国民请愿会"和"国民对日同志会"等。[②]后来类似组织在上海成立日多,有人总结为"人民日立一会"[③]。于是许多小团体又联合成立"各团联合会"。

值得注意的是这些团体的领导人多为名不见经传的中小业主。他们的主张一般比较激进。上海的几次大型集会,多是由这些团体联合组织。同时,这些团体亦主办或支持一些新出的小报如《爱国晚报》《救亡报》《五七报》等。《五七报》后因"言论激烈"被查封并罚款

---

① 《时报》,1月28日,2月2、3、21、23日,均第1版,引文自笑(包公毅):《亦尚有国民意思机关乎?》2月22日,第6版;《申报》,1915年1月26日,第2版;27—28日,第1版;2月3日,第3版;3月24日,第10版(以下引注明外,均为1915年,仅书月日)。

② 《时报》,2月26日,第7版;3月2日,第7版;《申报》,3月24日,第10版。

③ 冷(陈景韩):《知其名矣》,《申报》,6月20日,第2版。

一百元。另外两报因同样理由各被罚款五十元。三报经理均因无力缴付罚款而自愿受拘押十四天到一个月，足见这些团体和小报经济状况之窘。[①]中下层民众起而表达自己的意见，并开始进行有组织的活动，颇值得注意。

成立新组织的也不仅限于中下层民众。较早在四川成都 3 月 2 日成立的国事研究会，即是由"绅商各界"发起组织的。较晚如在上海成立的中华共济会，则是唐绍仪、伍廷芳等元老为发起人。亦可见当时"日立一会"那种活跃情形之一斑。[②]

不过，最早的有组织的行动，是海外留学生和华侨发起推动的。身在海外，民族主义的感触通常要比国内的同胞更强烈。留日学生地处日本，距祖国也近，所受刺激更切，对"二十一条"的反应也更快并更加情绪化。早在 2 月 11 日，获悉了日本要求的三千多留日学生在东京集会，议决电政府"死力拒绝日人要求，不可放松一步"。同时决定推举代表十八人回国，其中两人到北京督劝政府，并请批准集体退学归国；余则往上海市组织临时机关，联络海内外爱国人士，发起召开国民大会。另一方面他们也开始准备全体学生回国事宜，以备届时不致临事张皇。2 月 20 日这些代表已启程回国。3 月初，陈文峄等四代表到京谒见教育总长汤化龙，请准退学归国。留日学生同时在北京、上海两地刊布《泣告全国同胞书》，指出："政府之强弱，全视国民之强弱以为准。"中国过去外交失败，皆因"吾国民置诸不问，一任政府少数独当其冲"。该书号召中国人心未死者，"坚持爱国之毅力，由少数人而团结多数人，由一乡而团结一邑一省以至全国……以为现政府之后盾"。不过，学生们对政府的支持是有条件的，即要"拒绝日本的任何要求"，否则"即吾政府承认之，吾国民也绝对不能承认"。该书最后说，学生本

---

① 《时报》，3 月 2 日、5 月 10 日，均第 7 版；《申报》，5 月 25 日，6 月 2、17 日，均第 10 版。
② 《申报》，3 月 23 日，第 6—7 版；6 月 10 日，第 10—11 版。

宜潜心功课，不佡谈国事，但"国已不国，学何所用？"所以终不得不起而干涉国事，很能代表当时学生的心情。教育部随发通告，不准退学归国。惟希望留日学生忍辱负重，"奋发求学，兼程并进，以吸输世界学术之新潮，为全国人精神智识根本刷新之计。……舍此之外，别无救国之法"。尽管如此，约四千留日学生仍然集体退学归国，以示抗议。①

　　袁世凯政府接受日本要求后，教育部通电命令所有学生不得再干涉政治，各回学业。公费学生因有中断接济之虞，相继返校。另有学生王淇等人不愿返日，商请上海各著名大学为其另开特别班，以继续学业。各大学初亦愿支持，表示如果留日生能邀集五十人以上，即可开特别班并延请中外著名教师任课。后因各方阻挠终未成功。最后多数留日生还是回到日本继续学业。实际上，这既不是第一次也不是最后一次留日学生集体归国。除了最后一次即 1937 年抗日战争爆发那次外，每次都以十分失望终于再赴日本的同样结局告终。② 不过，这次归国的留日学生对上海的反日救亡运动，起了很大的推动作用。

　　日本的"二十一条"消息传到美国，立即激起了中国学生的义愤。③

---

　　①　《时报》，2 月 20 日，第 2 版；2 月 21 日，第 4 版；3 月 2 日，第 2、7 版；3 月 6、8 日，均第 3 版；《申报》，2 月 22 日，第 3 版。关于留日学生的情况，可参见当时在日本的杨步伟之《一个女人的自传》，台北传记文学社 1967 年版，第 143—147 页。杨氏所在班 15 个中国学生中有 11 个返国，但后来又回到学校。其中四人在学业上受到日本校方刁难，进一步引起中国学生的仇日情绪。关于《泣告书》需要说明一下，有人以为学生刊发者即是李大钊所写那篇《警告全国父老书》，误。两书文字相差甚远。各报均摘发此《泣告书》，另有全文收在前引《护国运动》一书中（第 26—29 页），系云南官方档案所藏，足见流布之远。惟该书编者据内容将此书断为是年 5 月，则误，盖不迟于 3 月初也。

　　②　《申报》5 月 19 日，第 10 版；Chow Tse-tsing, *The May Fourth Movement*, pp. 33—35；黄福庆：《五四前夕留日学生的排日运动》，收入张玉法主编：《中国现代史论文集》，台北联经出版公司 1981 年版，第 139—165 页。

　　③　本节对美国留学生的讨论，除注明者外，很多材料自 Chow Tse-tsing, *The May Fourth Movement*, pp. 26—28；胡适：《胡适留学日记》，第 3 册，商务印书馆 1948 年版，第 567—581、591—596、621—626 页；及唐德刚译注：《胡适口述自传》，台北传记文学社 1981 年版，第 57—62、79 页。

2月下旬,哥伦比亚大学全体中国学生电袁大总统:"日苛求,请坚拒。宁战死,勿奴死。"依利诺依州中国学生公电国内,呼吁"全国男女贫富,务望一律奋发,起而卫国"。《留美学生月报》(*The Chinese Students Monthly*)也在2月下旬致电袁大总统:"请拒日不让。"[①]

该刊同时用了3月号的几乎全部篇幅来讨论"二十一条"的问题。许多学生正像哥伦比亚大学中国学生的电报一样,主张中国应该对日作战,舍此别无他途。他们认为中国应学比利时抵抗外敌入侵,而不应学朝鲜不抵抗而沦于亡国。有人警告中国有被"日本化"的危险。更有人提出中国目前的危机,要求海外学子做出"巨大牺牲,立即根本放弃原定[学习]计划"。一言以蔽之,"我们的责任……很简单:回国!"[②]

为可能的战争作准备,有的学生计划到美国陆军部主办的军营去接受暑期训练。麻省理工学院和哈佛大学的中国学生发起组织了国防会,宣言由后来《学衡》派的主将梅光迪起草。国防会的活动持续到20世纪20年代,1919年末在上海刊发《民心周报》,主旨就是强调国防的重要。[③]

如果说留美学生的活动尚主要集中在言论上,旅美侨商则立即反应在抵制日货的行动上。2月下旬,旅居旧金山的侨商电广东主张抵制日货。表面上这个主张未获同意,理由是恐怕会使正在谈判的政府

---

① 《时报》,2月22日,第3版;2月24、27日,均第2版。

② Dean W. K. Chung(钟荣光),"Korea or Belgium?", *Chinese Students' Monthly* (hereafter as CSM), X: 6 (March 1915), pp. 333—334; Hsu-kun Kwong(邝煦堃),"China Should not be Japaned", ibid., pp. 335—341; "Our Duty (editorial)", ibid., p. 331; 均引在Chow Tse-tsung, *The May Fourth Movement*, p. 26。

③ "Military Training Camps for Chinese Students (editorial)", CSM, X: 7(April 1915), p. 413;引自Chow Tse-tsung, *The May Fourth Movement*, p. 26;吴学昭:《吴宓与陈寅恪》,清华大学出版社1992年版,第16—18页;胡光麃:《波逐六十年》,香港新闻天地社1964年版,第167、170页。

为难，且授日本人以口实。同时，广东报界公会定于 2 月底开会征集意见，以纾国难。广东当局随即出示禁止，报界公会以国难当头，情势紧急，据理驳之。当局让步，准开会讨论提倡国货振兴实业，但不准讨论日本的要求。会议于 3 月 2 日召开。这是日本提出要求后国内第一次较大的集会，各界出席人甚众。主持者先宣布不许讨论国事，请大家谅解。进步党的徐勉即起而发言，力主"报界不言国事，尚有何言？"会众热烈鼓掌支持。会上提出的主张有提倡国货、请政府召开国民大会以解决外交危机等，并公电袁世凯请坚拒某国要求。[①]

3 月 18 日，由国民对日同志会和归国留日学生代表共同发起，三万多人在上海公共租界的张园召开国民大会。到会之人"以小店商人为多，间有学界中人，而上流华人绝鲜，著名之人则绝无仅有"。会议致电袁世凯，要求"中止谈判，宣示条件，筹备武事"。与会人愿意"毁家捐躯，以纾国难"。大会同时正式决议抵制日货。[②]

其实，自侨商提出排货后，在海外华埠、广州和东南沿海一些地方，抵制日货早已不宣而行。2、3 月之交，旧金山和广州等地已成立"非买同盟"，拒购日货。上海国民大会之前，北京政府已在日本压力下电令广东当局禁止集会排货。上海集会后，排货活动很快在南方各地以及北方的一些城市发展开来。抵制的范围也不仅是日货，凡与日本做生意者均在抵制之列。上海的银行家拒绝与那些和日本有联系的商家进行金融业务往来，起到了十分重要的作用。这样，所有与日本有来往的商家，不论愿意与否，都参加了排货的活动。到 3 月底，除天津外所有口岸与日本的贸易不是完全停顿，就是大幅度削减。从 3 月份起，在

---

① 《时报》，2 月 27、28 日，3 月 2、3 日，均第 2 版；3 月 2、4 日，均第 4 版；3 月 9 日，第 5 版。

② 《申报》，3 月 23 日，第 6、7 版；3 月 24 日，第 10 版；《时报》，3 月 19 日，第 7 版，引文在 3 月 20 日，第 7 版；参见 Chow Tse-tsung, *The May Fourth Movement*, p. 23。

北京、上海及各省会都纷纷建立起各种排货组织。① 3 月 25 日,袁世凯策令各省军政当局禁止排货活动。②

不仅排货,仇日情绪亦造成各地民众与在华日人之间的冲突。在这种情况下,汉口的日人"纷纷回国,间有日铺收歇"。江西则"游历及九南铁路工作日人,均纷纷故意回浔"。日资的九江台湾银行也于 5 月 5 日"停止交易,将现款分还沪、汉两处"。在华日人情形已渐成惊弓之鸟之势,内务部注意到"各处日侨又复纷纷迁徙"。在广东,当局不得不"凡日人商店,均饬加派军警保护"。③

到日本提出最后通牒后,仇日情绪更加高涨,在有些地方发展为激烈的对抗。5 月 13 日,由于传闻在汉口的日本人要举行提灯游行以庆祝日本对中国的胜利,汉口的排货示威演化成一场暴力事件。先是全体中国商店关门闭市,接下来所有中国居民均熄灯自儆。随着情绪逐渐激化,被动的抵制发展成主动的进攻。至少三家日本商店被捣毁,两名日本人受伤。中国军队出面弹压,未及现场,民众已为英、俄军队驱散。在汉口的日本警备队亦曾出动,见人群已散乃撤回。日本政府乘机提出惩凶赔款的要求,北洋政府又遇到新的外交难题。④

日本方面早就十分不安,一直迫使袁世凯压制各地的反日活动。6

　　① 《时报》,3 月 12、15 日,均第 3 版;3 月 16 日,第 3、4 版;4 月 17 日,第 2 版;5 月 14 日,第 3 版;《申报》,3 月 31 日,第 6 版;参见[江]问渔:《二十五年间历次抵制日货运动纪略》,《人文月刊》(上海),第 3 卷第 8 期(1932 年 10 月 15 日),引在 Chow Tse-tsung, *The May Fourth Movement*, p. 24 ; Charles F. Remer, *A Study of Chinese Boycotts*, Baltimore, MD: Johns Hopkins University Press, 1933, pp. 46—54。

　　② 原文收在《护国运动》,第 32 页。

　　③ 湖北将军段芝贵复财政部密电,1915 年 5 月 7 日;江西将军李纯致大总统府电,1915 年 5 月 11 日;内务部致各省军政当局电,1915 年 5 月 8 日;广东巡按使李国筠致大总统电,1915 年 5 月 22 日,《护国运动》,第 24—26、35—37 页。

　　④ 《时报》,5 月 14 日,第 2 版;5 月 15 日,第 1 版;5 月 18 日,第 5 版;5 月 28 日,第 6 版;《申报》,5 月 18 日,第 6、7 版;5 月 20 日,第 7 版;6 月 16 日,第 6 版;*New York Times*, May 16, 1915, p. 5.

月中旬，日本政府就中国的排日活动提出了正式抗议。[①] 6月底，北洋政府的参政院通过了一项"惩治国贼条例"，其中规定对"与外人私结契约损害国家或人民之权利者"，予以惩治。这条例本是针对孙中山的，因为当时盛传他与日本人私结优惠条约（孙中山致日政府的书信被日本用来压袁世凯让步，同时孙的连襟孔祥熙专门致信袁的顾问莫理循［G. E. Morrison］，举报日人向孙示好之事，故北洋政府对孙的活动是了解的）。[②] 对这样的条例，日本人心虚地又向中国提出了正式抗议。[③]

实际上，袁世凯在接受日本要求后已竭力不刺激日本人，他于5月23日和6月26日又两次下令禁止排货。即使是纪念国耻的活动也被政府"切实劝导，免生意外"。结果，抵制日货的行动渐渐衰落，但是提倡国货的活动在各地"劝用国货会"的推动下仍然持续活跃了相当长的时间。概言之，抵制日货的时间从2月起基本持续到是年年底，其中最为活跃的是3月到7月的5个月。在此期间日本对华贸易损失甚大。但反过来，从一开始日本人就预言排货不可能持续很久，这一点不幸被他们言中了。[④]

---

① *New York Times*, June 17, 1915, p. 3.

② H. H. Kung to Morrison, April 3, 1915, 及附件, *The Correspondence of G. E. Morrison*, Vol. II, 1912—1920, ed., by Lo Hui-min, London: Cambridge University Press, 1978, pp. 388—391。孔指出孙在日本即会为日本所用，所以希望莫理循能影响袁将孙请回中国。孔并指出，假如孙被请而不回，则会失去声望及许多追随者。欧内斯特·P. 扬（Ernest P. Young）在其关于袁世凯的书中已注意到此信，见氏著 *The Presidency of Yuan Shih-k'ai: Liberalism and Dictatorship in Early Republican China*, Ann Arbor: University of Michigan Press, 1977, pp. 190, 301。

③ 《申报》，5月31、6月6日，均第2版；6月14日，第3、6版；6月16、23日，第6版；6月24日、7月10日，均第2版。

④ 《申报》，6月17日，第10版；7月1日，第1、2版；6月14日、3月25日，均第10版；6月3日，第6、10版；6月7日，第10版；5月21日、6月14、24日，均第2版；《时报》，3月12日，第3版。

二、救国储金

"二十一条"的内容全部披露后,举国震动,纷纷觉得中国将要蹈朝鲜的覆辙而亡国。"救国"一词的使用频率激增,中国民众的爱国热情也激发到高潮。从 3 月中旬起,许多广东籍侨商开始表示愿捐产给国家充军实。3 月 27 日,上海商人马佐臣以"爱国华人一份子"的名义投书《字林西报》,提议全体国民每人以产业的十分之一捐输,存入中国银行。倘到本年所收不足五千万元,准自由取回且予年息五厘;倘已满五千万元,则不许取回,由存款人开会以三分之一多数议决下列三项用途:一、造兵工厂;二、练陆军或建海军;三、振兴国内工业。3 月 30 日,《时报》转载此信,次日投函赞成者逾千人。《申报》也于 3 月 31 日转载此信并开始逐日报道事情的发展。由于银行家的参与,此事进展十分迅速。到 4 月 3 日,上海已建立起"救国储金临时通讯处"。中国银行总行准上海分行收金,惟要求将名称由"救国"改为"爱国",免生刺激。可是临时通讯处诸人以为正要用"救"字方使人"触目惊心",决定仍维持原议。4 月 8 日,通讯处改名称为"中华救国储金团总事务所"。10 日,推举虞洽卿为临时正干事,贝润生、马佐臣等为副干事,主事者显然多是上层银行家和商人,捐金者则各行各业都有,特别是下层民众十分踊跃。[①]

表 1　上海所收救国储金金额(元 = 银元)

月份	实收天数	实收金额(元)	日平均收金(元)
4 月	19 天	327,907	17,258
5 月	26 天	286,202	11,008

①　《时报》,3 月 17、20 日,均第 5 版;3 月 30 日,第 2 版;3 月 31 日,第 8 版;4 月 7 日,第 1、7 版;4 月 11 日,第 1 版;《申报》,3 月 31 日,4 月 1、2、3 日,均第 10 版;5 月 14 日,第 11 版。

（续表）

月份	实收天数	实收金额（元）	日平均收金（元）
6 月	25 天	87,514	3,501
7 月	25 天	24,926	997
8 月	21 天	11,126	530
9 月	12 天	2,321	193
合计／平均	128 天	739,996	5,781

这里所列的数字是实收的现金，包括少量的银两。银两按中国人民银行上海分行所编《上海钱庄史料》（上海人民出版社 1960 年版，第 611—614 页）中 1915 年 4 至 9 月洋厘平均值 7 钱 2 分 8 厘按月折为银元。另外尚有签名认储而未付现款者，共 60 万元。未计入。资料来源:《申报》1915 年 5 月 1 日，6 月 1、7 日，7 月 1 日，8 月 1 日，9 月 1、30 日，均第 10 版；《时报》1915 年 8 月 8 日，第 7 版。

但是，"救国"二字虽然触目惊心，储金的热情却并未能持续很长。在储金的早期主要进行地上海，刚开始时每日可收金二至三万元，到 4 月底即已剧跌到每日仅收五千元。日本提出最后通牒后，上海民众的激情曾短期高涨，但很快又迅速跌落，如表 1 所示，在前一个半月，日平均收金额还维持在一万元以上。到 6 月，日平均收金额即已跌至3500 元。到 9 月，一半以上的天数无人储金，能收到储金的 12 天日平均收金额已不足 200 元，全月收金额尚不如较平淡的 6 月的日平均数，上海的储金活动已名存实亡。

不过，在上海储金热下降的时候，其他地方的储金热却因日本提出最后通牒而达到高峰，有十多万人参加了 5 月 11 日在北京中央公园召开的首次储金大会。副总统黎元洪以及政府各部长均与会捐金。5 月23 日的北京第二次储金大会更盛况空前，参加者约达 30 万人。两次集会筹金都在 70 万元以上（包括现金和签认的数字）。人们的情绪确实高昂，但也有不少人签认之后并未兑现。较大的储金集会在汉口、济南、天津、成都等省会都曾召开。如果说上海的筹金活动主要是银行家和商人在起主导作用的话，在其他许多地方，教育界特别是青年学生发挥了至少是同样重要的作用。比如在成都,教育界就一直起着积极的推动和领导作用。在储金运动的初期,受中央政府大员参加北京储金大会的影响,许多省的当局都是支持储金活动的。在上海以外的地区,储金活动最为踊跃的是从5月中旬到7月初,截至7月31日,在全国各地的储金分会已达252处。①

表2　各地认购救国储金一览　　　（单位:元）

地点	7月31日	6月20日	5月31日	备注
北京	1,940,000	1,900,00[0]	1,940,000	6月20日数据5月31日数改
上海	1,326,500		1,235,000	
湖南	821,070			
长沙	800,000	800,000	800,000	
常德	20,000	20,000	20,000	
湖北	423,520			
汉口	400,000	200,000	200,000	
直隶	338,520			
天津	318,000	200,000	200,000	
秦皇岛	12,000	?	?	
陕西	300,000			
西安	300,000	300,000	?	
广东	206,200			

---

①　关于北京的两次储金大会,参见《时报》,5月12日,第2版;5月15、16日,第4版;《申报》,5月13、17日,第2版;5月28日,第6版;5月30日,第2版。关于汉口,见《申报》,5月20日,第10版;5月22日,第6版;7月9日,第6版。关于山东济南,见《申报》,5月25日,第6版;6月2、3日,第6版。关于天津,见《申报》,5月31日,第6版。关于成都,见《申报》,6月24日,第6版;《教育杂志》(上海)第7卷第8期(1915年8月),第73—74页。其他地方参见《申报》,5月17、31日及6月3日,均第6版;6月5、7、10、30日及7月3日,均第10版;6月25日,第2版;6月27日,第6、10版;《时报》,4月19日,第7版;5月14日,第1版;5月28日,第5版;8月7日,第8版;8月8日,第7版。

（续表）

地点	7月31日	6月20日	5月31日	备注
广州	120,00[0]	120,000		其7月31日数是据6月20日数改
汕头	70,000	70,000	70,000	
潮安	10,000	10,000	10,000	
奉天	173,410			
奉天	90,000	90,000	90,000	奉天县民国二年已改沈阳，报纸仍据旧称
营口	50,000	?	?	
河南	152,900			
开封	150,000	150,000	?	
四川	148,150			
重庆	[1]40,000	140,000	140,000	其7月31日数是据6月20日数改
江西	146,230			
南昌	130,000	10,000	10,000	
山东	138,650			
烟台	100,000	50,000	50,000	
济南	30,000	30,000	30,000	
江苏	130,870			
南京	70,000	50,000	3,500	
苏州	25,000	18,400	17,000	
南通	10,000	10,000	10,000	
黑龙江	130,000			
龙江	105,000	105,000	?	龙江县驻齐齐哈尔
黑河	17,000	?	?	
吉林	126,400			
哈尔滨	58,500	20,000	13,000	
长春	26,000	10,000	?	

（续表）

地点	7月31日	6月20日	5月31日	备注
吉林	20,000	20,000	？	
阿城	15,000	？	？	
贵州	110,000			
贵阳	110,000	？	？	
福建	105,000			
厦门	100,000	5,000	5,000	
安徽	59,960			
安庆	50,000	50,000	50,000	
浙江	45,360			
宁波	18,700	15,500	13,500	
杭州	11,000	7,700	6,700	
云南	25,000			
个旧	25,000	？	？	
山西	18,870			
大同	12,400	12,368	？	
甘肃	13,000			
兰州	13,000	？	？	
热河	7,000			
绥远	3,500			
海外	278,200			
泗水	150,000	150,000	150,000	
孟加锡	100,000	100,000	100,000	
横滨	10,000	［大阪］5,600	［大阪］5,000	横滨数字含大阪
新加坡	10,000	？	？	南洋工党联合会
美国留学生	8,200	？	？	克利夫兰学生会、伊利诺伊大学学生会（密歇根学生会）
合计	7,188,310			

本表据储金总团公布的 5 月 31 日、6 月 20 日和 7 月 31 日的统计数字,包括已储现金和认储未缴的金额。截至 7 月 31 日,已报成立的分所有 252 处,其中 121 处上报了储金数。未上报者也包括一些较大城市,如成都在 6 月 6 日召开的储金团成立会上当日收金十万元(军用票),并未计入(见《申报》6 月 24 日第 6 版)。不过,9 月召开储金团全国代表会时总计收金(包括认储数)800 万元。本表数已达约 720 万元,大致的情形已在这里。本表以省为单位(北京、上海二市单列)按储金数多少依序排列,各省储金超过 1 万元的市县列在该省之下,其数值不计入合计数。由于前两次统计所缺较多,所收地方参差不齐,故省级数字仅取第三次。资料来源:《申报》,6 月 7 日、7 月 3 日,均第10 版;《时报》,8 月 7 日第 8 版,8 月 8 日第 7 版。

从表 2 可见上海以外地区储金的几个特点:一是多集中在省会或几个商埠;二是常常一蹴而成。许多大城市都是靠一次或数次的大型储金集会突击性收集,以后便无大的变化。只有江苏、吉林、浙江三省呈稳步发展的态势。其中江苏、浙江的许多中小县镇均设有储金分所,活动开展得颇不错。但富庶如江苏,收金总数仅列第十三,浙江更列第十九,可知储金者大约多为中下层民众。不过,大抵稳步发展者,其数目为实数,一蹴而成者则认储而未缴的比例甚大。故江浙二省与他省的实际差距,或较表列要小。三是许多地方虽一哄而起设有储金分所,但实际上所收甚微。表列统计数仅包括储金分所 122 处,不及当时的半数,而收金额已达 9 月统计数字的 90%。9 月时储金分所已达四百处,即使表列储金分所在 8、9 月间一无所收,其余近三百处储金分所收到的储金也不过总数的 10%。足见在许多地方,储金分所只不过形同虚设罢了。

值得注意的是湖南湖北民众不仅在集会行动上反应激烈,储金数字也为各省之冠。特别是长沙,在全国尚不算特别大的商埠,却在 5 月份就一举收金 80 万元,远远超过京沪之外其他城市,足见民气之盛。实际上,湖南总商会于 5 月 16 日即集会筹认军饷。并议决如果政府能废约宣战,则该商会即认解第一批军饷 50 万元,以后还要续筹。在当时全国一片请战声中,湖南总商会已落实于行动,亦颇难得。[①]另一点

---

① 《时报》,5 月 24 日,第 4—5 版。

值得注意的是东北三省和山东这些日本人势力最盛的地方,储金活动丝毫不落人后。奉天的收金数字高居第八,山东、黑龙江、吉林的收金数字亦与江苏相埒。地处极北的龙江县(齐齐哈尔),收金数竟过 10 万元,还在江、浙各市县之上,给人印象十分深刻。

然而上海以外其他地区的民气也未能维持长久。到 7 月底,很明显原定的储集 5000 万元的目标已不可能实现。储金总团决定于 9 月 9 日在上海召开一次全国各省代表联合会,以决定储金的继续进行与否。9 月间实际到会者共二十省的代表 69 人,其中还包括一些华侨代表。会议选上海虞洽卿、江西邹静斋为正副会长。此时全国各地的储金分所达四百处。所收储金总额为 800 余万元,其中仅半数为现金。若仅以现金计,则上海收金共 73 万余元,其余地区收金达 370 万元。以当时上海金融在全国举足轻重的地位,可以说外地收金的成绩是相当可观的。但是这些数字距原定目标实在相距尚远,所以各省代表联合会曾一度决定将原定目标之 5000 万元改为 1250 万元,但后仍决定维持 5000 万元的目标。储金用途则改为专用于发展国内工业。①

会议期间的一个倾向是许多人要求按原定章程,未收足 5000 万元则储金人可取回所储之金。这些人担心的是储金被挪作他用,不信任的情绪是很明显的。虞洽卿在会上拍胸大声保证:上海之储金约 75 万元均由他个人担保发还,决不让储金人损失毫厘,使不信任的情绪得以纾减。最后决定储金照旧进行,惟愿意取回者可自由取出。但是储金活动实在已是强弩之末,不久终不了了之。到 11 月底,直隶(河北)商民王悝昌电呈政府续办救国储金,被认为"措词奇谬"而遭"驳斥",并令地方官查处。②

① 本段与下段,参见《申报》,7 月 26 日,9 月 10、12、15、17、23 日,均第 10 版;9 月 30 日,第 2 版;11 月 4 日,第 1 版;《时报》,9 月 25 日,第 7 版;9 月 27、28 日,均第 8 版。

② 《时报》,12 月 1 日,第 1 版。按一般的说法,储金后来被袁世凯政府强制挪用于打内战,不过那已超出本题的范围,故不细考。

总体言之，全国各地领导储金团者，"皆达官贵人，巨绅名士"。但主要的储金者，却多为"苦学生也、小车夫也、小伙计也、仆妇佣工也"。[①]在成立团体和举行集会方面隐约可见的精英层次与大众的疏离，在储金活动中似乎有所弥合。不论从地缘分布的广度，还是参加人数、阶层的众多，这样举国一致的群众活动在中国历史上是前所未有的。

三、国耻与国耻日

早在 3 月 18 日的上海国民大会上，已提出了组织国耻会的要求。日本对华发出最后通牒更被中国人视为奇耻大辱。5 月 9 日，北京总商会通电全国各省商会，痛陈此次日本提出的要求，与日本昔年向朝鲜提出的要求相仿。朝鲜接受要求后，不旋踵即为日本所灭。今"权利丧失，国几不国。呜呼！痛深矣！嗟我国民，受此奇辱，尚有何面目以自存于社会？……我国民苟欲自列于人类，五月七日之耻，此生此世、我子我孙，誓不一刻相忘！今请自本年五月七日始，我四万万人立此大誓：共奋全力，以助国家。时日无书，奋发有期。此身可灭，此志不死，特此哀电全国商会，请即普告全体商民，永存此志，勿忘国耻"。[②]

数日之间，北京总商会的通电在全国各地散发，中国各主要报章无不一再疾呼"勿忘国耻！"不仅报纸、墙上、商标上、信笺上到处可见"勿忘国耻"四字，一时间，国耻茶壶、国耻花瓶、国耻扇、国耻摄影等，无所不有。[③]《申报·自由谈》一篇文章指出最不要纪念国耻的是各级

---

①　秋桐（章士钊）：《救国储金》，《甲寅》第 1 卷第 8 号（1915 年 8 月），第 1 页；讷：《嗟乎痛哉》，《申报》，5 月 14 日，第 11 版（按：讷的文章甚多，第 11 版的评论率出其手，但其真姓名尚未查到）。

②　《时报》，3 月 20 日，第 7 版；5 月 10 日，第 1 版；5 月 11 日，第 2 版；《申报》，5 月 12 日，第 6 版。

③　《时报》，5 月 10 日，第 8 版；5 月 11、15 日，均第 1 版；《申报》，5 月 12 日，第 2 版；5 月 20 日，第 10 版；参见 Chow Tse-tsung, *The May Fourth Movement*, p. 22。周氏的叙述本 Min-ch'ien T. Z. Tyau（刁敏谦），*China Awakened*, New York: Macmillan, 1922, pp. 119, 141。

官吏,作者建议制国耻纪念章颁给大小官吏,使其不能忘。北京周筱侯建议各报纸每日于报端刊印"五月七日国耻纪念"字样,至雪耻之日止。如每日做不到,则至少每月七日或每周年书之,务期不忘国耻。湖南第二中学全体学生捐集三百四十多串铜钱制"国耻牌","悬挂通衢,以触目惊心"。当时各种集会、演说、漫画甚至报纸的消遣版面上,也都无一不在纪念国耻。各省将军也不甘落后,电请举行军人国耻纪念会,为北京统率办事处所阻止。①

另一方面,在此全国群情激愤之时,纪念国耻的活动有时也流于形式:杯箸上刻国耻纪念而花酒照样吃,舞台广告皆书国耻字样而戏照样看,特别是麻将牌刻上国耻纪念后照样打。无怪乎有人叹息道:如此乐不可支,则对国耻其实又"愤于何有"。②

总地说来,全国各地纪念国耻的情绪甚为高昂。北京总商会最先发起召开了国耻纪念大会。5 月 10 日出版的《甲寅》杂志上,主笔章士钊撰有《时局痛言》一文,并注明是作于"五月九日即国耻纪念日"。③5 月 16 日,上海企业家、留美学生穆湘玥(藕初)致电正在天津开会的全国教育联合会,要求与会代表通告本省大中小各校成员,勿忘 5 月 7 日国耻。5 月 20 日,有实权的江苏教育会通告全省各学校,以每年 5 月 9 日为国耻纪念日,并列入校历,以免中辍。届时要集合全体学生讲述此次中日交涉经过,以为"发愤自强之计"。全国教育联合会遂复电穆湘玥:"本会已决议每年五月九日开会为国耻纪念。并经通电全国教育界唤起自觉心。"④

---

① 参见觉迷:《国耻纪念》,《申报·自由谈》,5 月 18 日,第 14 版;《申报》,5 月 17、26 日,均第 6 版;6 月 9 日,第 6 版。

② 息游:《国耻纪念》,《申报·自由谈》,5 月 28 日,第 14 版。

③ 秋桐:《时局痛言》,《甲寅》第 1 卷第 5 号(1915 年 5 月),第 8 页。

④ 《申报》,5 月 16 日,第 2、10 版;5 月 22 日,第 10 版;《时报》,5 月 20 日,第 7—8 版;《教育杂志》第 7 卷第 6 期(1915 年 6 月),第 41 页。

值得注意的是在江苏教育会的决定之前，一般都将 5 月 7 日即日本提出最后通牒之日为国耻日。在该决定之后，则越来越多的人将 5 月 9 日即袁世凯政府接受"二十一条"之日为国耻日。另外，无论是在北京、上海市还是其他地方，商界通常都取 5 月 7 日为国耻日，而学界则通常取 5 月 9 日。两个国耻日的不同揭示出人们的义愤在开始时多指向日本人，但从 5 月下旬起矛头同时也指向了袁世凯政府。另外，商界似乎更靠拢政府，而学界则开始逐渐转向批评政府。[①] 在某种意义上，中日谈判初期形成的举国一致的精神已渐式微。

各地对国耻的反应，最初多集中在支持政府修武备战一端。但许多知识人很快开始讨论知耻救国的根本大计，他们的注意力集中在教育之上。从 4 月 20 日到 5 月 21 日在天津召开的全国各省教育联合会上，代表们着重讨论了如何使下一代不忘此次的国耻。他们要求将这次的国耻经历写入教科书，这个建议被纳入全国教育计划并在参政院通过。教育总长汤化龙在教联会讲话，提出今后教育要注重道德教育，使学生"急公好义，爱国忘家。乐善好施，培国本于现在；卧薪尝胆，期雪耻于将来"。[②]

教育部并于 6 月中旬发出关于"精神教育"的咨文，致送各省巡按

―――――――――

① 《申报》，5 月 20 日，第 10 版。这种情形也有例外，如西南之四川、贵州均采 5 月 7 日。参见《申报》，6 月 7 日，第 6 版；6 月 22 日，第 2 版；《教育杂志》第 7 卷第 8 期（1915 年 8 月），第 74 页。亦偶有采 5 月 8 日为国耻日者，但理由不详。参见《时报》，5 月 15 日，第 4 版。北伐统一后国民党中常会于 1930 年正式定 5 月 9 日为国定国耻纪念日，其选择的倾向是明显的。到 1940 年 5 月国民党中执委常会决定将 5 月 9 日并入 7 月 7 日抗战建国日一起纪念，国耻日才不再为正式的纪念节日。参见国民党中宣部编：《革命纪念日史略》，无出版地，1941 年修正版，第 237—283、102—112 页；谢海华：《纪念节日手册》，上海独立出版社 1948 年版，第 163—164 页；高荫祖：《纪念节日汇编》，台北中央文物社 1955 年版，第 63—64 页。

② 《教育杂志》第 7 卷第 6 期（1915 年 6 月），第 40—41 页，汤化龙讲话见第 41 页；《时报》，5 月 12 日，第 2 版；5 月 20 日，第 1 版；《申报》，6 月 4 日，第 2 版。参见 Chow Tse-tsung, *The May Fourth Movement*, p. 22。

使。咨文说:"知耻乃能近勇,多难足以兴邦。"现在既是民国,则政府与人民"休戚既相关,斯利害得失,谊当公晓"。咨文特别提到"甲午"之后,日本因俄国等三国干涉而退还辽东半岛于中国,即"引为大耻,至编入小学教科书中"这样的"前例可师",故要求各省当局注重"精神教育"。① 为贯彻执行教育部的咨文,6月下旬召开的江苏省校长会议通过一项决议,要"将此次之国耻,设法灌施生徒脑中"。北京各校学生议决,每日课余诵最后通牒一遍,以不忘国耻。成都学生提出举行学生宣誓会,要求所有学生齐集文庙宣誓,终身不忘5月7日之耻。宣誓后还要以木牌刻誓词悬挂各校礼堂中。②

民国大学学生周寝昌上书教育总长,以为人民有无爱国心,以教育是否普及为转移。当此危急存亡之际,"非人人爱国,则殊不足以救危而图存"。现今国中因"国耻未深悉",所以爱国心还不盛。周氏请求速行三条"捷径教育大纲":一是编辑"国耻读本","使一般青年,一入学校即悉国家奇耻大辱";二是编辑"国耻唱本","俾使之流行社会",使一般未入学校稍识文字之人"亦知国家之耻辱宜雪……而振励其独立之决心";三是"口头教育",责令高等小学以上学生,放假时编成二人小队,宣讲国耻读本于闾里之中,"使一班不识文字之人,亦均洞晓国耻之雪不容缓"。③ 周氏用心良苦,特别是为那些稍识文字的边缘读书人考虑,很有见地。以后中国各项政治活动,正是这些念书不多的人最为活跃。

旅京江南人张士琳等同样注意到通俗文化的重要。他们上书大总统请内务部提倡改良戏剧,以补教育之不足。具体的做法是"将戏

---

① 《申报》,6月14日,第6版。

② 侯鸿鉴:《述江苏省校长会议之概略》,《教育杂志》第7卷第8期(1915年8月),第53—54页;李新、李宗一主编:《中华民国史》,下册,第2编第1卷,中华书局1987年版,第566页;《教育杂志》第7卷第8期,第73—74页。

③ 《申报》,6月5日,第1—2版。

剧中迷信诲淫之事一并删去，另编爱国新剧"，特别是将"波兰、犹太、安南、高丽等亡国惨史编成新剧"，人们观剧后"爱国之心自能油然而生"。① 七月中，教育部呈准设立"通俗教育研究会"，旨在"研究通俗教育事项，改良社会，普及教育"。9 月 6 日，该会正式成立，梁善济受教育总长汤化龙委托，阐明宗旨，提出"本会此后当有二种目的：一、引起国民之自动力，一、激发国民之爱国心"。②

　　近代中国受辱的国耻，早已不是第一次。呼吁不忘，强调明耻救国也由来已久，但是多未出士大夫的范围。像这一次的广泛普及，特别是在通俗文化的层次，则是前所未有的。定出国耻日，写进教科书，都是第一次。至于强调对不识字者的口头教育和对稍识文字者的通俗教育的重要，以戏剧补教育之不足等，也不是始于此次。但明确将文艺作为宣传工具，固然是继承了"文以载道"的传统，却也为这传统注入了新的意思。这个特征在此次特别明显。③

（下）从外患到内忧

　　外患多牵动内部事务的发展。"二十一条"时期的外患，使许多人进一步看清了中国本身的问题。在袁世凯帝制活动兴起之前，舆论界的注意力已渐由外及内。归根结底，外交上的国荣与国耻还是取决于内政，正孟子所谓"仁则荣，不仁则辱"（《孟子·公孙丑上》）也。本

---

　　① 《申报》，5 月 17 日，第 6 版。
　　② 转引自鲁迅博物馆、鲁迅研究室编：《鲁迅年谱》，第 1 卷，人民文学出版社 1987 年版，第 332—333 页。
　　③ 关于清末民初的通俗教育与通俗文学，王尔敏有很详细的叙述。参见氏著《中国近代知识普及运动与通俗文学之兴起》，台北"中研院"近代史所编印：《中华民国初期历史研讨会论文集，1911—1927》，1984 年版，第 921—988 页。惟王氏叙述中未谈及 1915 年这一次。

部分主要依据时人言论,讨论中试多采当时的报纸言论,并结合一些精英人物的见解。

我们史学界对于报纸材料,向存疑虑,使用十分谨慎。惟今日使用档案仍十分不便,时人文集涉及民气民风者不多。报纸材料确实浮散,但只要仔细分析鉴别,仍为研究民国初年社会的唯一大宗资料来源。特别是二次革命后袁世凯解散国会并对革命党人大加迫害,结果是"两年以来,廉洁之士,无不远举高蹈,或潦倒租界,或漂泊异乡;其中多富于学识、道德高尚"者。① 这种情形造成言论界一定程度的空缺,实间接提高了报纸在舆论界的影响。另外,中日交涉期间袁政府对舆论控制的相对放松,也使一向胆怯稳健的商业大报如《申报》《时报》等更趋于敢言。则研究这一特定时期,报纸的作用又超过平时。

从思想史的角度看,报纸评论本身即是第一手资料,应无疑义。许多对民初的思想史研究,因题目的关系,常侧重于革命、立宪两大政治派别和一些倾向明显的精英杂志,或新文化运动的领袖人物;对商业报纸的言论,似重视不够。其实民初上海报人如陈景韩(冷血)、包公毅(天笑)、张蕴和(默)、戈公振等,不仅对当时的舆论有相当的影响,且与江苏实力人物张謇、赵凤昌、黄炎培等,有亲疏不等的关系,其言论亦有一定的代表性。② 再者,商业报纸面向大众,以读者为对象,如先后任《时》《申》二报总主笔的陈景韩对胡适所说,日报"当依多数看报人的趋向做去",③ 比一些精英杂志更能反映社会中处于中间地位的多数人的意趣。

---

① 鲁尚:《责任心》,《甲寅》第1卷第10号(1915年10月),第8页(通讯栏页)。

② 参见包天笑:《钏影楼回忆录》及《钏影楼回忆续录》,香港大华出版社1971、1973年版。

③ 《胡适的日记》,上册,中华书局1985年版,第206页。

一、此真堪痛哭也

1915 年的反日运动，基本上都只是在城市开展，是一次全国性的城市运动。运动起于 2 月，盛于 3 至 6 月，7 月后即迅速跌落。在运动最蓬勃的上海，则衰落的时间还要更早。5 月底，陈景韩已在提醒：储金活动在"上海已入衰途也"。6 月 7 日即日本提出最后通牒一周月时，《申报》的一篇杂评比较一月来运动的发展时指出：5 月 7 日时，"国人愤激之状，几莫能遏。人人言勿忘国耻；人人以国耻故而激励奋发"，气象何等蓬勃。到如今，则"提倡国货之声浪渐低矣，救国储金之收数日缩矣，社会上昏昏迷迷、渐复原象矣。国耻之留于脑中尚有几分之几耶？"一月之差，而前后情形已如此不同，遑论后来。该作者慨然叹道："我甚惧'永永勿忘'之徒托空言也！"语甚沉痛。6 月 12 日，陈景韩再次提醒道："自中日风潮过后，而中国上下至于今日，遂入于无声无臭之景象。此有心人所极当注意者也。"[①]

一般而言，如胡适所说，"群众的运动总是不能持久的"。[②] 不过每次运动的跌落，亦有其具体的原因。整个反日运动急剧跌落的一个原因是袁世凯很快即筹备帝制，使舆论重心迅速移向国体问题。排货之不能持久，或可说因政府在日人压迫下一再禁止。但使用国货并无人阻碍，且对中国工商界自身发展有直接好处，应无跌落之理，何以仍不能持久？张謇点出了其中关键：抵制日货"必我有可以相当之物。我而无斯物也。是所谓空言抵制"。《申报》的一篇杂评进而分析说：提

---

① 冷（陈景韩）：《救国储金》，《申报》，5 月 25 日，第 2 版；讷：《一月之纪念》，《申报》，6 月 7 日，第 10 版；冷：《无声无臭》，《申报》，6 月 12 日，第 3 版。6 月 30 日，默（张蕴和）再次发表杂评《沉静》，其文字与《一月之纪念》几乎相同。（《申报》，6 月 30 日，第 10 版）

② 胡适：《爱国运动与求学》，《胡适文存三集》，卷九，上海亚东图书馆 1930 年版，第 1147 页。

倡国货者所用尽皆宣传一类"空虚手段",并不曾努力于"自制足代外货之货"。但是,"审别美恶之知识,人人皆有。即一时感触于心而勉用不适宜之国货,然久而久之终不能逃此优胜劣败之公例",是知其"提倡之力不久也"。①

至于救国储金,本"居至美之名,处至顺之势",尤不应衰竭得这样快。除了许多人明显的不信任情绪外,归根结底,正如周策纵所说:"危机的加剧尚未足以使中国人完全摆脱那种传统的对政治和国事的漠然。"②关怀国是,本是中国士人的传统,但某种程度上亦成了士人的专责。这种情形在"二十一条"时期已有很大的改变,但尚不是根本性的改变。造成这种现象的原因甚多,此处不能一一申论。但对于这个事实,当时不少知识人深有感触。

实际上,当日本提出最后通牒后,一些在华的西报惊讶地发现一般中国人民"异常沉静"。报人戈公振对此甚觉难过,他虽然怀疑这些国民究竟是"一任人之宰割,漠然无动于中"呢?还是"勉为抑制以忍负重"?但随即强调:"当此存亡一息千钧一发之时,已无忍辱负重之余地矣!"戈氏沉痛地警告说:"必待他人之挟迫欺侮而后自觉,其自觉已末矣。虽然,犹未为晚也。苟于挟迫欺侮之后而仍不自觉,则是终无挽救之时矣!"当时一篇日本文章指中国人一般人民对"政治之良否是非……绝不闻问,彼等但屈从强有势力者而已"。陈独秀对这不能"强颜不承认"的事实,痛感"此真堪痛哭也"!③

---

①　张謇:《对于救国储金之感言(续)》,《申报》,5月24日,第11版;讷:《告提倡国货者》,《申报》,6月3日,第10版。

②　秋桐:《救国储金》,《甲寅》第1卷第8号,第3页;Chow Tse-tsung, *The May Fourth Movement*, p. 25。

③　《时报》,5月12日,第2版;[戈]公振:《吾国民果长此沉静乎?》,《时报》,5月9日,第7版;公振:《自觉心》,《时报》,5月22日,第8版;陈独秀:《抵抗力》,《青年杂志》第1卷第3号(1915年11月),第1—5页。

陈景韩曾悲叹："中国所以弱者，自私自利自暴自弃自怠自惰而已矣！"《申报》另一主要撰稿人也强调："我们之所以弱，其大原因何在？在不能合群也。不能合群之故何在？在重私利逞意气自破团体也。"[①]的确，1915年的反日救亡运动之所以早夭的另一个原因，就是缺乏一种全国性的联合行动。尽管确曾有一种举国一致的团结精神，各项活动也是在全国范围内进行，但整个运动未能达到全国一致行动的效果。相反，各地的各种力量相互间实际上存在着某种对控制力和影响力的竞争。在这场权势竞争中，许多竞争者显然是毫无获胜的希望的，但是他们通常却能保持自己行动的独立性。所谓"人民日立一会"正是这种情形的典型表现。如果仔细考察新立各组织的名称，则大多冠以中华、中国、国民一类的大称呼，几乎未见自称为地方性组织者。

同时，尽管新成立各组织都有以天下为己任的气概，整个运动既未能形成一个精神上的领导中心，也没能产生一个组织上的领导中心。新立的组织如此；既存的各省市商会和教育会虽然起了很大的作用，但仍未达到能承担起领导中心任务的程度。最有影响的救国储金团总事务所也是自封的，其实际控制力难出上海之外。另一方面，"人民日立一会"特别是各地青年学生的积极活跃，表现了中小业主阶层和相对边缘的知识阶层的奋起。问题在于，当这些边缘人物[②]处于梁启超所说的"其气无道以养之"[③]的状态之时，思想界的精英基本上未能负起"传道解惑"的引导责任。这种持"气"与持"道"的人相分而不相合的

---

① 冷：《国民，尔忘五月七日之哀的美欤乎？》，《申报》，5月12日，第2版；冷：《中国难救之原因》，《申报》，6月6日，第2版；讷：《失败之原因何在？》，《申报》，5月16日，第11版。

② 关于边缘人物，可参见余英时：《知识分子与"光棍"》一文，载《百姓》（香港），第201期（1989年10月1日），第22—24页。

③ 梁启超：《痛定罪言》，《饮冰室文集》（1915年），《饮冰室合集·文集之三十三》，中华书局1989年版，第2页。

局面,也是运动无精神领导中心而不能持久的一个重要因素。

早在中日交涉刚结束时,《时报》就一再提醒国人不要健忘。有一文指出:"吾国恒性,每过一事之发生,怒发冲冠,愤不可遏,若将末齿不忘者。然历一时而情绪愈淡,再历一时而境过情迁,淡焉若忘矣。"该文希望这一次大家要"发愤为雄,慎勿事过境迁而再健忘也"。① 但是这些提醒并未能阻止运动的衰落。的确,一部中国近代史,难多而频;临难则愤言尚武,遇敌则装备不足,已成常景。政府屡不争气,老百姓安能不健忘! 到那年年底,极度失望的戈公振在总结一年的"最足令人系念"之事时,竟不复提起"二十一条"这件大事。惟慨叹曰:"呜呼! 事绪纷纭,已不惶记忆,且亦不欲记忆之矣!"②《时报》自己也跟着"健忘"了。

健忘只是个表面现象。梁启超有更深一层的认识,他认为运动虽然能轰轰烈烈,很多人不过是凑热闹而已。有"少数血气方刚之青年,为国耻观念所刺激,……跃然思有所以自效"。他们之所以不能持久,盖因"其气无道以养之,则安能经时而不瘦"。所以他预计,"阅三数月后,中日交涉事,非特不挂诸全国人之齿颊,且永不萦及全国人之魂梦矣"。③

北京丁义华对此早有预见。他把1915年5月间各报痛哭国耻的文章收集包藏,并对记者说:"中国外交失败已非一次。中国人若引以为耻,实耻不胜耻。最可惧者……今日则痛哭流涕,明日即嬉笑自若,

---

① 一鸣:《国民永永之新纪念》,《时报》,5月11日,第1版。类似的提醒还有:笑:《敬告勿健忘之国人》,《时报》,5月10日,第2版;公振:《毋忘此次之耻辱》,《时报》,5月10日,第8版;公振:《储金与国货》,《时报》,5月15日,第8版;自助:《何谓不忘》,《时报》,5月15日,第1版;萍(邵飘萍):《得失之林》,《时报》,5月21日,第5版。《申报》亦刊出类似的提醒,默:《吾之除弊观》,6月22日,第7版。

② 公振:《今年之上海》,《时报》,12月31日,第7版。

③ 梁启超:《痛定罪言》,《饮冰室文集》(1915年),《饮冰室合集·文集之三十三》,第2页。

此大患也。"丁氏欲储藏这些报纸到次年 5 月 7 日，届时"静观各报馆哭不哭耻不耻"。若各报不哭，则丁氏将为各报馆"放声一哭"。① 不幸丁氏并非杞人忧天，最迟到当年 9 月，关于国耻的讨论已不复见诸报端。次年 5 月初，居上海之各省绅商拟在静安寺召开国耻纪念会，旋被政府以"好事之徒……意欲牵动外交"而查办禁止。各报也不复为国耻而哭。相反，5 月 9 日，北京中日报界记者在大和俱乐部召开"恳亲会"，日公使日置益，中国方面梁士诒、王揖唐、金邦平及曹汝霖等相继演说，饮宴从夜七时到十一时，"尽欢而散"！②

由此可见，日本提出"二十一条要求"的确激起了中国民族主义情绪高潮，但持续时间不长，很快即跌落。不过，因舆论和教育界的努力，国耻感和民间的仇日情绪持续得更加长久，而日本在中国的形象也发生了一个根本的转变。

二、私恩宁忘公仇

"二十一条"的国耻是标志着中国人心目中日本形象急转的一个里程碑。如果说以前中国人对日态度是好恶参半、憎恨中夹有羡慕的话，到"二十一条"之时，憎恨达到高峰而羡慕已不复存在。不过，过去流行的关于 1915 年后中国人仇日情绪甚高的说法，似乎也有些夸大。总地说来，在"九一八事变"激起中国人进一步的仇日情绪之前，"二十一条"后到整个 20 世纪 20 年代，中国人的仇日情绪只是整个反帝排外情绪的一个组成部分。

中日交涉结束后，美国政府于 5 月 11 日发出一份被广为引用的照

---

① 《申报》，5 月 17 日，第 6 版。按此丁义华不知是否即美国传教士 Edward W. Thwing，倘是，则此系旅京外人见解。

② 《时报》，1916 年 5 月 8 日，第 7 版；5 月 11 日，第 4 版。

会,声明不承认中日条约中"任何损害美国及其公民在华的条约权利、损害中华民国的政治或领土完整、或者损害……门户开放政策的协定或协议"。这对屡弱的中国是有些支持作用的。但是美国照会也援引最惠国条款,要均沾日本从中国获得的权利。[①] 陈景韩立即指出,美国照会"最要之点,则为均沾一语"。《时报》在头版发表长篇文章,指列强对华侵略之心略同,其对中国的要求将继日本而起,哪有什么外援可恃。又有人撰文痛责多年来中国"外交唯一之政策,惟是周容诡随,因循苟且,食息于所谓'门户开放、机会均等主义'之下"。照此下去,欧战结束后恐怕终难免遭瓜分。正如李大钊所说:"日本今番之行动,吾人认为异日瓜分之戎首可也。"[②]

这样,在这次事件之后的中国政治和中国社会中,已不复有任何亲日情绪,也没有什么公然的"亲日"力量存在了。诚然,日本在中国军界、政界、财界甚至文坛,都还有巨大的不容忽视的影响。舒新城在20世纪20年代后期观察到:"二十年来中国军界之重要人物的姓名,十之九可以从明治四十年振武学校一览之学生名册查出,其影响于中国军政者可谓大矣。"[③] 民初政府中,留日学生相当多。如法务部即"为留日学生盘踞地,而律师亦泰半留日学生"。[④] 汪一驹统计了中央银行成立之前中国12位最重要的银行家,半数为留日学生。其中北四行(大陆、金城、盐业、中南)则全为留日生所领导。[⑤] 留日生郭沫若在20世纪

---

① U. S. Department of State, *Papers Relating to the Foreign Relations of the United States, 1915*, Washington, D. C.: U. S. Government Printing Office, 1928, p. 146.

② 冷:《美国之通牒》,《申报》,5 月 24 日,第 2 版;掣瓶:《呜呼和平》,连载于《时报》,5 月 17、18 日,第 1 版;淇:《思痛赘言》,《时报》,5 月 25 日,第 6 版;李大钊:《国民之薪胆》,《李大钊选集》,人民出版社 1959 年版,第 17 页。

③ 舒新城:《近代中国留学史》,台北中国出版社 1973 年重印版,第 63—64 页。

④ 沃邱仲子(费行简):《民国十年官僚腐败史》,荣孟源、章伯锋主编:《近代稗海》,第 8 辑,四川人民出版社 1987 年版,第 22 页。

⑤ Y. C. Wang(汪一驹), *Chinese Intellectuals and the West, 1872—1949*, Chapel Hill: University of North Carolina Press, 1966, pp. 478—482.

20 年代末曾宣称:"中国文坛大半是日本留学生建筑成的。"[①]

　　1915 年后,有些军阀政客如段祺瑞、张作霖,某种程度上也包括孙中山,都还在继续寻求并得到日本的支持。但是这些人往往掩盖或甚而否认其与日本的关系这一点,正好提示出日本在中国已无人缘,其影响力实际上也下降了。

　　对中日关系更为重要的是中国教育发展计划的方向转变。甲午以后,日本曾是中国变法维新的榜样,中国士人竞往日本求学。恰如《时报》一篇文章所说:"甲午以来,吾人崇拜扶桑之风大炽。学子联袂东渡,以习其语文学术……全国社会,被其影响,至今谈教育者,动以日本为师。"[②]

　　1915 年 1 月,教育总长汤化龙曾条呈"教育政策三十条",认为中国目下各校现况,实不足以造就人才;应多选取青年子弟,派往日本留学。此事为袁世凯所批驳。但教育部以为,"日本整理教育,为事不过数十年,而收效之巨,进步之猛,实足为吾国之先导";为刷新中国教育,仍拟师法日本。但是在"二十一条"事件后,汤化龙拟定的"养成师范人材条陈"已经是仿照德国制度了。[③] 这个象征性的转向表明,日本已不再是中国学习的榜样了。

　　同时,日本在中国教育界既存的影响也在衰减。在 1915 年以前,教育部直辖的成都高等师范学校的外籍教员几乎全为日籍。1915 年后则全部改聘英美教习。[④] 类似的情形极有可能也在其他学校发生。

---

　　① 麦克昂(郭沫若):《桌子的跳舞》,《创造月刊》第 1 卷第 11 期(1928 年 5 月),第 3 页。有一点要说明的是,文坛这些留日生许多并不亲日。

　　② 天放:《软化术》,《时报》,3 月 15 日,第 2 版。

　　③ 《时报》,1 月 28 日,第 2 版;2 月 2 日,第 3 版。《申报》,6 月 8 日,第 2 版。

　　④ 据成都高师档案,转引自王廷科主编:《四川大学史稿》,四川大学出版社 1985 年版,第 37 页。停聘日人也不只限于教育界,湖南印刷业在抵制日货的同时就明确提出要"停聘某国人员"。《时报》,5 月 24 日,第 5 版。

"二十一条"中有一条即是满洲的中国学校要聘外国教习时,日本人得优先受聘。具有讽刺意味的是,这条要求尚未实现时,受聘于中国其他地方学校里的许多日本教习先已失业了。而满洲恐怕是聘不完这些失业的日本教习的。

对那些在日本受过教育而与日本有着更近的关系的人,"二十一条"引起的心理震动尤其严重。日本经营的青岛胶济铁路总公司雇员秦立均,奉天人,自幼从父留学日本,后在"满铁"服务多年,1915 年 3 月始调山东;5 月 26 日秦氏失踪,随后发现已自缢身亡。秦给其日本上司留下遗书云:"楚材晋用,自古为昭。东亚同胞,不相扶而相欺;吴越势难两立,私恩宁忘公仇。况脑筋已损,十年苦心所学之日文日语,已于五月七日之刺激上忽全忘却。"今后既难供职,又不能供养家人衣食,只能一死百了云云。言极哀痛。[①] 自杀的虽然是少数,但秦氏的感受大约还是有一定的代表性。

就是有些日本人自己也在检讨留日学生"多抱排日思想,对曾奉为师表者而首先反对之"的现象。[②] 中日交涉结束后,日本也曾在留日学生中实施"中日亲善"的努力。但侵略政策不改,亲善自不可能收成效。[③] 先后留日的周树人、周作人兄弟,1915 年时在日本的李大钊、陈独秀等,在"五四"期间都以反日著称。[④] 他们都是五四新文化运动的主要人物,其对"二十一条"的具体反应是不一样的,但是这一事件的严重性质无疑使他们都在思考救中国的根本方法。他们提出的救国方法路径也不尽一致。但有一点是肯定的:他们中没有一个人着眼于走

---

① 《申报》,6 月 4 日,第 6 版。

② 《时报》,3 月 14 日,第 4 版所摘引日人末广重雄之《日之国交观》。

③ 参阅杨步伟:《一个女人的自传》,第 145—147 页。

④ 周作人的情形要复杂些,有人或会将他列入亲日之流。抗战期间周氏出任伪职不在本文讨论的范围之内。无论如何,在 20 世纪 20 年代上半段(我采广义的"五四"说),周氏有一系列文章指名攻击日本在华的"帝国主义报纸"《顺天时报》,是不移的事实。这些文章多收在周氏的《谈虎集》,下卷,台北里仁书局 1982 年版,第 495—568 页。

日本式的道路。

更有甚者,在大量留日学生变得仇日的同时,许多留美学生在这前后陆续回国并且发挥了重要的影响。顾维钧在政界的迅速上升和胡适在学界的"暴得大名",在某种程度上象征着一种在那时主要还是潜在的权势转移——美国在华影响的上升和日本在华影响的下降。[1] 美日在中国的利益冲突日深而终成双方开仗的一个要因虽是后话,这种权势转移的格局在一定意义上表明,日本要扩大在中国的影响恐怕只有诉诸外交以外的方式了。

三、国与人民全然打成两橛

实际上,"二十一条"事件对中国内部事务的推动或者还要大些。孟子说:"无敌国外患者国恒亡",盖"生于忧患而死于安乐也"(《孟子·告子下》)。在这个意义上,如当时一篇报纸时评指出的:"五月七日之纪念,亡国恒于斯,兴国恒于斯。是在我上下之自择而已。"[2]

从一开始,报界就告诫政府,此次中日交涉是"国家存亡之问题"。其"得失之间,间不容发。稍一不慎,则内忧外患,相因而至,其不致于土崩瓦解者几稀"。[3] 2月初,内务部已发觉各报"对于中日交涉发表言论,有过于激烈处"。交涉结束后,则不仅"各处函电,语多激烈"[4],

---

[1] 留美学生在中国的政治影响是短暂的。由于留美生通常都"亲美"且主张中国走靠拢美国的路线,威尔逊在凡尔赛和会上对中国的"背叛"实导致留美生政治影响的急剧下降。此事本文无法详论。到20世纪20年代中,随着在苏联支持下的国共两党的兴起,留美的所谓自由主义者在中国政治生活中已不具多少实际影响。然而,胡适等人在学界的影响却要长远得多。

[2] 天放:《薪胆语(一)》,《时报》,5月21日,第1版。

[3] 警眼:《国民之决心》,《时报》,2月7日,第1版。

[4] 内务部致各省巡按使电,1915年2月8日,大总统申令,1915年5月28日,《护国运动》,第30、22页。

报界对政府的批评也渐多,且面也更宽。5月中《申报》刊出一份来件,指斥共和以来,为立国之生死要素的教育,不仅"不见有进步,即以南方各省言,反现退化"。①北洋政府接受日本条件后,袁世凯密谕各级官员要"痛定思痛"。陈景韩即指出:"必先使其觉痛……而后可使之思。"不然的话,不过是继续"争权夺利"罢了。陈氏更批评政府所谓的改革,实是"甲乙两派藉作争夺掌握财权的名词"。张蕴和呼应道,虽然外敌伺于门,国内"政争,方剧烈进行而未艾也"。②《时报》刊出一篇长文指责道:交涉方毕,"系派之政争"已"再接再励","而各省武人,亦得以其暇颉顽作气势,睥睨一方。……谁肯卧薪尝胆,以国耻为念"?大总统本人既不曾"深自贬抑";各将帅更未"以不能捍御外侮、拥护国权之罪,引为己咎;各自镌一级,以谢天下"。不过是"对内则颐指气使,对外则屈膝股栗"而已。③

其实这些批评,都不如袁世凯的密谕对中国官场的总结更恰当。袁氏说:"我国官吏,积习太深。不肖者竟敢假公济私,庸谨者亦多玩物丧志。敌国外患,漠不动心;文恬武嬉,几成风气。因循敷衍,病在不仁。"④

不过,外患的刺激、舆论的批评,对政界也非全无触动。如前引教育总长汤化龙关于"期雪耻于将来"的讲话,就表现出某种积极的回应。《时报》要各省武人"自镌一级"的文章发表后三日,即闻副总统兼参谋总长黎元洪因身"负全国作战计划之责,而不能盾外交当局之后,以致丧权辱国……实属内咎神明",故决定辞去参谋总长兼职,"以谢国人"。黎的辞职固是一种姿态,与前引《时报》的文章也未必有因

---

① 椒青:《考察美国纽约省教育近况感言》,《申报》,5月12日,第11版。

② 无名(陈景韩):《痛定思痛》,《申报》,5月28日,第3版;冷:《改革》,《申报》,6月21日,第2版;默:《政争益烈》,《申报》,6月27日,第7版。

③ 壮游:《痛定痛(一)》,《时报》,5月14日,第1版。

④ 大总统密谕(1915年5月14日),《护国运动》,第9页。

果关系，至少思路是接近的。张蕴和注意到，国务卿对考试后的知事训话时，要各官"必具大同知识，应时势要求；必有世界新知，方足与语至计；必须晓导世界观念，振作国家思想"等等，与前大不相同。凡此种种，似也是官场的一点新气象。①

　　这时一个很有意思的现象，就是地位与权限均较模糊不清的参政院突然异常活跃。虽然参政院最多不过"亦秘书厅与法制局同一种类之物也"，但从中日交涉后期起就不断试图影响政局。到交涉结束后不久，参政院更借那段时间政治相对活络之机，在六月间突然欲发挥前朝御史的作用，大参各级贪官污吏。一时参案之大且多，"日出不穷"，"各省将军几尽被参"。陈景韩对此颇有感触："以中国官界之腐败言，尽参之岂得为过。特我所未解者，官吏污浊，岂忽发于今日？今日之前，奈无一人参之者？"陈氏和张蕴和均认为，此中"别有用意"，不过是"借题发挥"而已。实际上，无权之参政院能奈各省将军何？对这些贪官污吏也无法"严厉追查"。② 但参政院乘机介入，力图在政治上发挥更大作用的倾向是非常明显的。

　　参政院的活跃提示出一个问题：中国虽为民国（共和国），却无代民议政的国会。对此问题，报界亦早有认识。还在2月下旬，包公毅已表示，自议会取消后，"国民意思之机关，久矣夫无所托矣！故纵欲发起国民奋慨之热心，[却]无一正常之机关以代表民意"。《申报》一位重要撰稿人进一步分析道："国家之大病，国与民泛泛无关系也。无关系之故，由于无联络之机关。国自为国，民自为民。故民虽欲爱国，而无法可爱。民虽欲救国，而无法可救。"③ 章士钊一言以蔽之为"国与人民全

————————

① 关于黎元洪辞职，见《申报》，5月17日，第6版。国务卿训词见默：《国务卿训词之趋时》，《申报》，6月20日，第7版。

② 冷：《中日二国之对内问题》，《申报》，6月30日，第2版；默：《问题》，《申报》，6月30日，第7版。

③ 笑：《亦有国民意思之机关乎？》，《时报》，2月22日，第6版；讷：《我国人亦思及此乎？》，《申报》，5月11日，第11版。

然打成两橛"，结果乃如梁启超所说，"人民与国家休戚漠不相关"。①

实际上，反日运动的急剧衰歇已引出一个萦绕于当时知识人心怀的问题："中国人究竟有爱国心否耶？"当储金活动开始时，许多人将此"目为爱国之实验。认为吾国人素喜空谈，不足为真爱国之表现。必输款始足真爱国矣"。但储金虽一时轰轰烈烈，结果却甚不如人意。张謇曾自问："岂中国人爱国热心或有或无或多或少如是其不齐欤？"他的看法是悲观的：中国人"于国，知其关联身家者，千不得一；知其关联而真实爱之者，万不得一"。章士钊的看法亦近之："果爱国储金四字联属成一名词而有意味，则吾中华民国爱国心全量仅值二百万元，而其值又为吾人所自定，非由他人抑价贱酬者。"②

在梁启超看来，中国人看上去不甚爱国，还得归因于"人民与国家休戚漠不相关"。盖"国与民之休戚既相一致，则民之爱国，其天性也"。"国民而至于不爱其国，则必执国命者厝其国于不可爱之地而已。"梁氏进一步剖析道：中国人虽有国，但参政权力、学习政治知识、发展政治能力之机会，及生命财产受法律保障等方面，尚不如波兰印度等已亡之国。所以中国人实在是"求国之所以可爱者而不可得"。在这种情形下，中国还有那么多人踊跃输将，则"普世界之爱国者莫中国人若矣"。③

所以梁氏对于民与国家，"日日谋所以起而联属之"。章士钊则主张要使人民在"一国公私相与之际，有其相宜之位置"。问题在于，梁

---

① 秋桐：《爱国储金》，《甲寅》第 1 卷第 8 号，第 6 页；梁启超：《痛定罪言》，《饮冰室文集》（1915 年），《饮冰室合集·文集之三十三》，第 6 页。

② 梁启超：《痛定罪言》，《饮冰室文集》（1915 年），《饮冰室合集·文集之三十三》，第 3 页；张农：《某氏挽救危局之实际办法》，《甲寅》第 1 卷第 5 号，第 19 页；张謇：《对于救国储金之感言》，《申报》，5 月 23、24 日，均第 11 版；秋桐：《爱国储金》，《甲寅》第 1 卷第 8 号，第 2 页。按章士钊当时据日本报纸报道，储金之实收数到 7 月 20 日仅约 200 万元。

③ 梁启超：《痛定罪言》，《饮冰室文集》（1915 年），《饮冰室合集·文集之三十三》，第 4—7 页。

启超之"国"的概念不甚清楚，多数时候他其实指的是政府而不是国。章认为这一点很要紧："今兹之所招厌于国民而吐弃之者，政府耳。于国家无与也。"他进而提出一个民初知识人常混淆的重要命题：要"严为国家与政府之分"。故"爱国可耳。决不能使此倚国家为祟之恶政府并享吾爱也"。梁、章均同意是北洋政府使"国"不可爱，但章认为许多中国人之所以看上去不爱国，是"不乐夫致吾爱而于国无与也"。说到底，这不过是"政府素以国民为易欺"而长期"颠倒卖弄国民情感"的自然后果。①

日本提出"二十一条"的消息甫出，北京各政党公会及商会即举定代表，要求政府宣布交涉内容。他们的理由即是"中国乃人民之国家，非官吏之国家也"。安徽省商会、教育会和进步党联电政府拒绝日本要求时，曾表示"即生意外，民与政府共之"。②此虽对政府的支持，而弦外之音，即民与政府在过去和现在其他许多事情上，原是不共的。李大钊为留日学生会写的《警告全国父老书》表达得更为直截了当："首须认定中国者为四万万国民之中国……政府于兹国家存亡之大计，实无权命我国民屈顺于敌。此事既已认定，则当更进而督励我政府，俾秉国民之公意，为最后之解决。纵有若何牺牲，皆我国民承担之。"正如前引的留日学生《泣告全国同胞书》宣布的：对于"二十一条"，就是政府承认，"吾国民也绝对不能承认"。③

当时一般的舆论，这次中日交涉期间，中国人民"可谓无负于国家矣。关心国事，而未尝妄动；各自尽其力之所能以助政府，而未尝一掣政府之肘"。但是政府是否能稍"示振作之一二以答国民之望"呢？答曰不能。不仅不能，在张蕴和看来，国民虽然"谨慎又谨慎"以顺应政

---

① 梁启超：《痛定罪言》，《饮冰室文集》（1915 年），《饮冰室合集·文集之三十三》，第 4 页；秋桐：《爱国储金》，《甲寅》第 1 卷第 8 号，第 2—6 页。

② 《时报》，2 月 3、21 日，均第 1 版。

③ 《李大钊选集》，第 27 页；《护国运动》，第 29 页。

府，却仍"并不见谅于政府"。政府反而"事前始终不令国人与闻，事后犹侈言日本让步，主权无损。一若此次交涉胜利而非失败；绝无一剀切沉痛之言，开诚意与我相见者。斯诚我人所不能解也"。更有甚者，政府本身不能独负救国之责，偏偏又专事"搜刮之策"，反"剥丧国民负责之能力"。①

实际上，对于一般绅商来说，只要袁世凯能改良中国政治，发展中国经济，镇压革命党是可以接受的。在那内忧外患交迫之时，许多人可能都倾向于支持一个强有力的统治者。但是袁世凯解散国会，便很不为绅商各界所谅解。高压之下，不满只得收敛。一有机会，总要表达出来。国与民既然打成两橛，大家也知道其联络之机关"即昔日我国取消之民意机关是，即今日彼国所督促之国会是"。在 3 月初，四川成立国事研究会时，就已提出要练兵只有加赋。练兵加赋，固袁政府所乐于听，但该会同时强调：要加赋则必须"速开国会"。当后来储金团又有人提出加田赋兴海军的主张时，包公毅立即指出加赋是议会之权，无议会则不必谈加赋。②

有一点要说明的是，此时很多人所谈的国会，大约不过起沟通民意、加赋或起监督作用等。从三权分立之立法这一角度去看问题的，并不多见。亦可知时人对西制的借鉴，有明显的选择性。其乐于选用的部分，多少接近中国的传统制度或观念。但就是这样的国会，即使召开，在"民国成立，军焰熏天"③ 的情形下，亦必受制于当局之武人，能代表的民意和所起的监督作用，实在也很有限。

---

① 冷：《毋负我国民》，《申报》，5 月 23 日，第 2 版；无名：《国民之望》，《申报》，5 月 29 日，第 3 版；默：《我国人自问如何？》，《申报》，5 月 30 日，第 7 版；默：《国民之责任》，《申报》，5 月 11 日，第 7 版；默：《负责之能力》，《申报》，5 月 26 日，第 7 版。

② 讷：《我国人亦思及此乎？》，《申报》，5 月 11 日，第 11 版；《申报》，3 月 23 日，第 6 版；笑：《加赋非储金团所应倡》，《时报》，5 月 14 日，第 2 版。

③ 沃邱仲子：《民国十年官僚腐败史》，第 17 页。

　　一位未披露姓名的学者,一方面认为"吾国今日交涉受病之根即在无国会";同时也指出"吾国前此国会受病之根即在无基金"。因无基金,则所谓国民代表之议员即易为当局以行政费所购买,而不能独立于行政,这样有国会与无国会也差别不大。这位学者认为中国的根本问题在社会,所以储金养兵并不能救中国。只有改储金为社会基金,"树立社会共产制度,扩张劳动社会势力,庶几可谓救国"。如果说那目标太遥远,则退而求其次,将救国储金作为国会基金,使国会能独立于行政,"亦救国之根本论也"。[①]

　　但即使不独立的国会,毕竟为袁世凯所解散,重开谈何容易。这年5月下旬日本国会召开时,包公毅不禁慨叹道:"今日本以君主立宪而引开国会矣。吾以共和政体而无之。我诚不知吾国人民将以何年何月何日何时有此开国会之资格,开国会之程度也。"[②]

　　中日交涉甫结束,梁启超已警告说:今日之民气,乃"一线国命所藉以援系",其"继长增高"抑或"摧萌拉蘗"之二者孰择,"则惟视政府之所向"。袁世凯政府随后的所作所为,已表明其选择。所以陈景韩公开宣称:"今后之所望者,非他国之援助也,非政府之作为也,我国民而已。"[③]

四、收拾民族之责仍然不了

　　中国历来的读书人,传统的士也好,现代的知识人也好,多视天下为己任,有救国救民的承担。从这个视角看,中国知识人是把自己放在

[①] 《时报》,5月14日,第2版。
[②] 笑:《见人开国会有感》,《时报》,5月24日,第2版。
[③] 参见梁启超:《痛定罪言》,《饮冰室文集》(1915年),《饮冰室合集·文集之三十三》,第7页;冷:《沉毅果决之国民》,《申报》,5月13日,第2版。

一种相对超越的位置之上的。[①] 知识人的这种超越精神，前引章士钊语表达得很清楚，即"知吾国即亡，而收拾民族之责仍然不了"。但是在"国与人民全然打成两橛"的情况下，救国与救民已非一致之事业。如四川国事研究会的黄羡涵（云鹏）一开始提出的问题："今日究竟先救民抑先救国？"[②] 竟是认同于"国"，还是认同于民？民初不少读书人，实际处于一种既不能完全认同于"国"，又不能完全认同于"民"的两难窘境之中。

本来，民与国之间的关系在中国传统中就未能厘清。虽然一直有"民惟邦本，本固邦宁"（《尚书·五子之歌》）的思想，孟子也强调"民为贵，社稷次之"（《孟子·尽心下》），以及稍后的"有人此有土"（《礼记·大学》）等观念，但民本思想正像中国许多传统思想一样，没有进一步落实到制度上。从而既未必为过去的执国柄者所遵奉，也难成为民初的知识人有效的思想武器。

中日交涉期间，由于外敌当前，许多知识人是偏重于先救国的。由于袁世凯政府的不足恃，越来越多的知识人逐步倾向于在救民方面做文章。这个倾向在中日交涉结束后日益明晰。同时，不少知识人开始先检讨自身的问题。一度对袁政府比较客气的黄远庸反省道：造成中国这样的恶象，"吾自身亦实躬与其罪恶。以前种种昨日而死；以后种种今日生。今日乃复活之日；乃大觉悟大忏悔之日矣"。[③]

曾认同于袁世凯的梁启超甚有同感。梁氏认为，"恶劣之政府，惟恶劣之人民乃能产之"。而中国之"大多数地位低微之人民，什九皆其善良者也。少数地位优越之人民，什九皆其不善良者也"。也就是说，

---

① 关于中国士的超越性，参见余英时《士与中国文化》一书的《自序》，上海人民出版社 1987 年版。本文这里讲的超越，仅从一点，视角也略不同。

② 《申报》，3 月 23 日，第 6 版。

③ 黄远庸：《反省》，《远生遗著》，卷一，上海申报馆 1938 年增订版，第 108 页。

"今日国事败坏之大原",即种因于中国之士大夫(梁氏定义为"全国上中等社会之人")之恶劣。盖蠹国之官僚、病国之党人,皆士大夫也。"劝老百姓以爱国者,士大夫也;而视国家之危难漠然无所动于中者,即此士大夫也;利用老百姓之爱国以自为进身之径、谋食之资者,亦即此士大夫也。"然而,"一国之命运,其枢纽全系于士大夫"。所以,"欲国耻之一洒,其在我辈之自新。我辈革面,然后国事始有所寄……然后可以宁于内而谋御于外"。①

《甲寅》作者容孙曾一言以蔽之:"祖国之病,上在政治,下在风俗。二者交相为因,交相为果。"②政治虽为武人把持,固士人素所关怀者;风俗则士夫向为庶人之准则。假如两者皆病,则梁启超的针砭不无道理。20世纪中国的当局者,常喜将中国的问题归咎于读书人,那出发点是全然不同的。但士人的自省,就又当别论了。大彻大悟后的黄远庸认识到,中国之病,乃国人受一种公毒,即"无系统、无实质、无个性、无差别"的"思想界的笼统"。尤其是"根本不认有个人之人格与自由。必使一切人没入于家族、没入于宗法社会"。他特别提醒说:今日的新人在强调国家的重要时,仍是沿着这公毒的老路欲将一切人"没入国家"。③

站在袁政府对立面的章士钊亦强调自我的重要。他一面高倡收拾民族之责,同时要求凡"读书明理、号称社会中坚之人,人人不忘其我"。章氏本卢梭的《民约论》精神,认为既然中国人民对国家之一切法已不能行公民复决之权,则人民委托政府统治的契约即已解除,即章氏所谓"国家解散"也。解散之后,"人人既复其自由,即重谋所以建国之道"。而建设之道即人人"尽其在我"。章氏分析说,暴政得以行,即

---

①　梁启超:《痛定罪言》,《饮冰室文集》(1915年),《饮冰室合集·文集之三十三》,第8—9页。

②　容孙:《国耻》,《甲寅》第1卷第7号(1915年7月),第11页。

③　黄远庸:《国人之公毒》,《远生遗著》,卷一,第118—119页。

因人人忘其在我。"故今之人辄怨政府之暴謷，哀吾民之无自由矣。不知自由本有代价，非能如明珠之无因而至前也。"人人失其我的结果就是"通国无一独立之人；到处无一敢言之报"。所以现在只有"视国家为已解散"，由少数有主义肯奋斗的先进起而带头尽其在我，负起整理民族建设新国家的责任。[①] 他最后还是着眼在少数"先知先觉"的读书人之上。

胡适后来划 1905 到 1915 年这十年为"政论文章的发达时期。这一个时代的代表作家是章士钊"，评价甚高。但是胡适也指出一个严重的问题，即章氏等人的政论文字之"读者仍旧只限于极少数的人"。[②] 此即本文前面提到的精英与边缘知识人的疏隔。身为报人而对社会思潮更为敏感的黄远庸，当时即看到这一问题的重要性。他在给章士钊的信中，提出今后根本的救济方法，是要"使吾辈思潮如何能与现代思潮相接触……而其要义，须与一般之人生出交涉"。[③]

可是当时有黄氏那样见解的实在不多。即使文学革命的倡导人胡适，那时也还基本上持与章士钊等人相类的看法。中日交涉时期胡适是《留美学生月报》的"国内通讯"编辑。他对许多留美学生的激愤情绪很为不安，即在该刊发表一致全体留美学生的公开信，呼吁采取他所称的"理智爱国"（patriotic sanity），即坚持学业；若中国真亡，以后再努力使其起死回生。这封公开信激起了中国学生对胡适的猛烈攻击。

---

① 秋桐（章士钊）：《国家与我》，《甲寅》第 1 卷第 8 号（1915 年 8 月），第 7—11 页。

② 胡适：《五十年来中国之文学》，《胡适文存二集》，卷二，上海亚东图书馆 1924 年版，第 158—163 页。

③ 黄远庸：《致甲寅记者》，《远生遗著》，卷二，第 360 页。胡适注意到这段话的重要，认为"可算是中国文学革命的预言"。但黄本非《甲寅》中人，且此信含有批评之意。胡却误将黄氏列入甲寅阵营。见胡适《五十年来中国之文学》，第 164—165 页。附带的说，黄氏不仅预见及文学革命的必要，且于其作于 1915 年的《国人之公毒》中提出解决方法，即"曰科学主义，曰历史主义，曰自由主义"（《远生遗著》，卷一，第 119 页），此正胡适一生提倡之主义也。黄著刊于《东方杂志》，胡适当能见到，两人思想之间，或许还有些渊源。

胡本人后来把他的态度归诸他的"世界主义、和平主义和国际主义"，那时他已在思考一个关于中国问题的"远为深奥"的"真正的最后解决"。[①]

在胡适看来，中国即使亡国，也非留学生所能拯救。故只有"从根本下手，为祖国造不能亡之因"。具体办法，就是兴教育。而"今日最先之要务"，则为办大学，以防止中国固有文明的沦亡和输入文明之扞格不适用的问题。[②] 一面"为祖国造不能亡之因"，一面不问祖国当下是否即亡，仍表现出中国读书人自居于国与民之上的超越地位。前引陈独秀痛疾而倡言"国亡不足惧"，章士钊视国为已解散而主张"尽其在我"，与胡适的见解的一个共同点即此种超越性。在"人家用机关枪打来"[③] 的时代，在举国民族主义情绪昂奋的危机时期，身为"国内通讯"的编辑而被有的留美学生视为"知国内情形最悉"[④] 的胡适，却能笃守其"国际主义、和平主义和世界主义"，足见其了解的国内情形，大约只是一些精英观念罢了。

胡适后来因提倡文学革命而"暴得大名"，同时以一套中西兼承的思想典范填补了中国思想界的典范危机。[⑤] 他参与的《新青年》，其读者范围也确实超过了《甲寅》的政论文章，尤适合许多青年边缘知识人的需要，故新文化运动领袖们在某种程度上填补了"二十一条"时反日运动所暴露出的中国精神领导中心的真空。但陈独秀、胡适等人

①　参见本书《近代中国民族主义的特殊表现形式：以胡适的世界主义与反传统思想为个案》。

②　胡适致许怡荪，1916年1月25日，转引自耿云志：《胡适研究论稿》，四川人民出版社1985年版，第349—350页；胡适：《致甲寅杂志记者》，《甲寅》第1卷第10号（1915年10月），第21页。

③　吴稚晖：《箴洋八股化之理学》，转引自 Chow Tse-tsung, *The May Fourth Movement*, p. 319。

④　《胡适留学日记》，第2册，第377页。

⑤　参见余英时：《中国近代思想史上的胡适》，《中国思想传统的现代诠释》，台北联经出版公司1987年版，第519—574页。

在"二十一条"时期对亡国等问题所持的超越立场,从一个侧面隐隐然显露出这些新文化运动的领导者与民众情绪的脱节。也可以说,新文化运动在向着"与一般人生出交涉"这条路走的同时,已伏下与"一般人"疏离的趋向了。

无论如何,新文化运动可以视为1915年反日救亡运动后知识人走向"救民"一途的逻辑发展。陈景韩等报人只是指出中国国民不合群等毛病,陈独秀、鲁迅等却得出"最重要的是改革国民性"[①] 这样的观念并付诸行动。"二十一条"的当年,陈独秀已创办《青年杂志》。次年,主张"世界一战场,人生一恶斗"的陈独秀已在强调现代世界"兴亡之数不待战争而决",提倡从精神道德入手的"持续的、治本的爱国主义"了。[②]

结束语

陈景韩当时曾说:"中国之事,往往突然而起,悠悠然而止者。其起也,挟万钧之力,其势似不可当。然而其止也,则又云消烟没,依然如故。"他把这种现象名之曰"风"。风成于气,"气动则暴发……气静则一无留印"。[③] 本文所考察的,正是"辛亥革命"到"五四运动"期间中国的民风民气。气有盛衰,风有微疾。"二十一条"时的几个月,就是中国民族主义气盛风疾之时。但如陈所言,"大风过后气即竭",一切似乎又暂归沉寂。

不过,"二十一条"时这股大风,并非"一无留印"。"二十一条"的

---

① 《鲁迅景宋通信集》,湖南人民出版社1984年版,第22页。
② 陈独秀:《抵抗力》,《青年杂志》第1卷第3号(1915年11月),第1—5页;《我之爱国主义》,《新青年》第2卷第2号(1916年10月),第1—6页。
③ 冷:《风》,《申报》,6月28日,第2版。

提出使中国人摈弃了以日本为学习榜样的取向，当时欧美留学生的大量归国意味着中国能直接读"蟹行文字"者突然增多，不仅在人力上为各中国学校取缔日本教员提供了经济上可负担的替换者，而且增加了直接"以欧美为榜样"的可行性。甲午中日战争后中国人向外国学习的大潮此后基本落实在陈独秀所说的"拿英美作榜样"特别是"以俄为师"方面，两者均非日本所乐闻（尤其是英日同盟不久即废止，而美俄乃成为日本在东亚国际关系中的主要竞争者）。可以说，这一事件对日本在华影响甚而在东亚地位的打击，虽潜在却长期而深远。

同时，日本的险恶要求再次向"辛亥革命"后的中国人民提醒了帝国主义侵略威胁的存在。中国的民族主义情绪衰而复盛，成为20世纪中国政治中一个决定性的推动力量。"五四"学生运动就是这股风气继"二十一条"时的反日运动后的一次更大爆发。这种情绪在一些人的思想中进一步发展，逐渐形成一种把中国的一切问题归诸帝国主义侵略压迫的极端民族主义倾向，从而导致了许多人忽略中国自身社会改造的需要。

另一方面，清季以来，相当多的士人咸认帝制是中国一切毛病的根源。辛亥革命推翻两千年的帝制，建立了民国。很多人以为中国的问题从此有了转机，中国会逐渐走上复苏的道路。"二十一条"时期举国一致的情绪，正是各界对共和政府尚存期望的一种表现。

本来国家事，"成败因人心"。[①] 袁世凯本可以抓住举国民族主义情绪高涨之机与日本摊牌，但他选择了妥协的道路。[②] 以当时日本国内对华政策主张不一的情形看，摊牌或未必打仗。即使打起来，中国的军力是否就像一般的看法那样不堪一战，尚难肯定。这里不能一一申论。但1915年袁世凯的地位、中日财力军力之对比等方面，似乎比蒋

①　王禹偁《唱山歌》："乃知国家事，成败因人心。"

②　参见 Ernest Young, *The Presidency of Yuan Shih-k' ai*, pp. 186, 189—192。

介石在 1937 年面临的情形还好些。则袁氏若选择做民意领袖，其个人结局会很不一样，中日交战的结局也未必就像一般想象那样糟。但袁氏既然选择了对日妥协，已是"失之乎势"，再欲"求之乎国"，安能不"危"！（参《吕氏春秋·慎势》）于是有进步党国民党等的"再造共和"的努力。

对另外的许多知识人，特别是一些归国留学生来说，袁的倒行逆施已打破了"共和"的美梦。他们进而体认到中国的问题不仅是帝制与共和的问题，而且是专制与民主的问题。同时，他们中一部分人更因袁的帝制活动与读经复礼的联系，认为中国的问题不仅是政治体制的问题，而且是传统文化造成的国民性的问题。结果产生"五四"时期以西方的科学与民主为口号同时又反传统的新文化运动。

孔子说："君子之德风，小人之德草，草上之风必偃"（《论语·颜渊》）。但"二十一条"时期这股大风，已是清风与野草齐飞，君子共小人一气。中国的传统，"天下有道，则庶人不议"（《论语·季氏》）。若无道，庶人就要议政。至大乱，则天下兴亡，匹夫有责。[1] 匹夫而有天下责，已无所谓"士庶之分"了。自科举制废除以来，士大夫与老百姓的社会等级之分已渐式微，但精英与民众在思想上的沟通，却未曾有较好的解决，终成为 20 世纪中国社会和中国政治中一个长期存在的重要问题。这个问题在"二十一条"时的反日运动中有比较清晰的反映。

另外，由于种种原因，国民党人基本未包括在"二十一条"时期这股君子共小人一气的大风之中。因二次革命后袁政府的迫害，国民党领袖人物多流亡海外并出现分裂，影响力大降。外患深重亦未能使国民党举党一致因应局势。黄兴等温和派虽主张停止革命、一致对外，但并未积极参与反日救亡运动。孙派的中华革命党人在举国民族主义情

---

① 顾炎武《日知录·正始》："保天下者，匹夫之贱，与有责焉。"

绪高昂之时仍倡反袁为主,置内忧于外患之上,实与民气相悖,为当时国人所不谅解。就是中华革命党内部,对此亦有疑虑。该党中央党务部乃由居正签发一通告向党人解释;通告除痛诋黄兴、林虎等外,更责国人"迁怒于人,并欲嫁祸于吾党";指斥"国人之昏愦若此,尚何言哉!"[①]则此时革命党不仅未能与国人呼应,反有自外于国人的倾向。

孙派革命党人的态度,张继曾有一形象表白。张氏以为黄兴等不过"藉口外患而投降北京"。实际上,"今即袁政府忽尔谢罪国民,将自解散国会起一切对内的法令全盘取消,回复正式之国会,吾辈与之融合,尚恐无面目对死者于地下"[②]。袁世凯自然无意谢罪国民,恢复国会。但张氏讲得很明白,革命党的目的首先是去袁而代之,然后才谈得上宪政一类。联系孙中山对日本政府的许诺,可以见到孙派党人重实用不计手段的取向。后来的联军阀打军阀,以俄为师、联俄容共等,均是这一取向的发展。

在这种情况下,国民党实际上脱离了中国政治和思想的主流。"再造共和"之由进步党唱主角,此即原因之一。后来北洋体系在第二次直奉战争后崩溃,而国民党在改组和容共时吸收了不少受新文化运动熏染的边缘知识青年,并以"打倒列强除军阀"的口号传承了"内除国贼外抗强权"的"五四"口号,才渐从边缘回到中心。但勉强统一全国后,对文化教育阵地却也只能以"党化"的方式来占领,亦良有以也。

鲁迅曾道:"说起民元的事来,那时确是光明得多。那时我也……觉得中国将来很有希望。……一到二年……之后,即渐渐坏下去。""其实这不是新添的坏,乃是涂饰的新漆剥落已尽,于是旧相又显了出

---

① 《中华革命党第八号通告》(1915年3月10日),原载《中央党务月刊》四期,转引自李希泌、曾业英、徐辉琪编:《护国运动资料选编》,上册,中华书局1984年版,第46—49页。

② 张溥:《中日交涉谈》,《甲寅》第1卷第8号,第3—6页。

来。……无论是专制、是共和、是什么什么,招牌虽换,货色照旧。"[1]
"二十一条"时期反日运动的大风,因国耻起而维国信,复由外及内,恰
吹散了国人对"共和"的期望,凸显了政体转换未能解决的问题。中
国的国信虽仍待立,袁政府的民信实已大坠。从这个角度看,可以
说"二十一条"时期的反日运动正是承"辛亥革命"启"五四运动"的
转折点。

（原刊台北《新史学》第 3 卷第 3 期,1992 年 9 月）

---

[1] 《鲁迅景宋通信集》,第 21—22 页。

中外矛盾与国内政争：
北伐前后章太炎的活动与言论

中外过去对近代中国史的研究，无形中似乎都受到近代西方"优胜劣败"这一进化史观的影响（或许也包括受中国传统的"胜者王侯败者贼"观念的潜在影响），比较注意研究和论证历史发展中取得胜利的一方（或是接近取胜一方的人与事），而对失败的一方，则或视而不见，或简单一笔带过。在史学研究的对象和题目的选择上，不够"进步"的人与事常常没有什么人研究；同一人物也是其"进步"的一面或其一生中"进步"的一段更能引起研究者的注视。以北伐前后的20世纪20年代为例，现存对当时政治史的研究，除极少数外，就甚少提及像章太炎、梁启超这样一些并未退出历史舞台且颇活跃的思想大家。

这一研究倾向有点"倒放电影"的味道。"倒放电影"手法的优点是：由于结局已经知道，研究者较容易发现一些当时当事人未能注意到的事件的重要性。以后见之明的优势，仔细分析当时当事人何以不能注意到那些后来证明是关键性的发展（即何以不能认识到事件的历史意义），以及这样的认知怎样影响到他们对事件的因应，应能有较大的启发。但"倒放电影"手法也有不佳之处，即无意中会"剪辑"掉一些看上去与结局关系不大的"枝节"。其结果，我们重建出的历史多呈不断进步的线性发展，而不是也许更接近实际历史演变那种多元纷呈的动态情景。史家在重建往昔之时固然都要选择题材和排比史料，以避免枝蔓；但在那些与主题关系不大的史实被剔除后，重建出的史实固然清晰,是否也有可能会偏离历史发展的原初动态真相呢?

本文探讨的章太炎在北伐前后的政治活动与政治言论,或者就是与那一时期的历史发展结局不一定有非常直接关系的一个"枝节";在一般对章太炎的认知中,这也不是他本人一生中值得大书特书的阶段或面相。但是,假如可以将国民革命视为一个大的文本(text),我们或会发现:"文本"的主要"作者"国民党(北伐前期且包括与之联合的共产党)的基本意旨,与当时许多革命运动之外的各类读书人的认知,在很大程度上并不相同。这一区别至关紧要,探索两者间的距离并分析其原因,对理解国民革命与国民党的成败及认识近代中国这一大语境(context),都会有所推进。同时,对身处战乱与革命时代的各种类型的读书人(包括传统的士和现代知识人)的心态及其怎样因应时势的考察,也有助于增进我们对那一时代的整体理解。我曾就现代知识精英胡适在北伐时的政治态度和政治思想作过初步探讨[①],本文试选取更带传统意味的知识精英章太炎作为考察对象,希望能从一个或属"枝节"的侧面折射出"整体"的某些时代意谓。

一、引言:政治家或文章士

自清季废科举后,已不能产生社会学意义上的传统士人,故这一改革引起了近代中国社会结构的一大转变,即"士"这一旧社会群体的逐渐消失和在社会上自由浮动的"知识人"这一新社会群体的出现。士与知识人有一个根本区别,即一个知识人可以停止在议政阶段,做"社会的良心",甚至可以如胡适所说"回到故纸堆中去";但一个真正的士则必须既议政又参政(议政与参政的区分也是一种"现代"的区分,

---

[①]　参见本书《个人与国家:北伐前后胡适政治态度之转变》。

对传统的士来说，议不过是参的一种形式而已），对他们来说，"澄清天下"同时落实在"人心"和"世道"两方面，即不仅意味着做"社会的良心"，而且必然包括实际政治活动的参与。①

实际上，主张学术与政治分流、以为实际政治"肮脏黑暗"，都不过是现代知识人才有的认知。故对胡适这样的知识人来说，参政甚而只议政，多少总存点耽误了学术工夫的遗憾。而对传统的士来说，政治本应该是"清明"的，其出现"肮脏黑暗"的现象恰因"道"不行于天下所致，士人本身先负有一定的责任，更有纠而正之的义务。对他们来说，学问本身就是为政治而做，专意学术只是参政不成之后的退路，故"待时而起"的心态是一直存在的。

在清季民初的过渡阶段，遗存的士与新生的知识人共存，那一两代读书人的心态和行为常有相互覆盖的现象。个别趋新士人如蔡元培，在民初曾专门提倡读书人不做官不议政（虽然他实际上又议政又做官）。而像章太炎和梁启超这样最后一代的士，早年处于思不出其位的时代，所谓"不在其位，不谋其政"，那时的议政就是参政；晚年却不得不议政多于参政，有时甚而不问政治，恰体现了从士的时代转化为知识人时代的社会大潮：他们在思想上仍欲为士，但社会存在却分配给他们一个越来越近于知识人的社会角色，给这批人的生涯增添了一笔悲剧的色彩。

章太炎就是这样一个生活于过渡时代的传统士人。早在 1900 年严复至上海时，太炎曾将其著作呈上，欲得"大将为施绳削"。严复对章太炎著作至为欣赏，并勉励太炎说：此次到上海虽然见到不少人物，"至于寒寒孜孜，自辟天蹊，不可［'可'字疑衍］以俗之轻重为取舍，则

---

① 　参见罗志田：《失去重心的近代中国：清末民初思想权势与社会权势的转移及其互动关系》，《清华汉学研究》第 2 辑（1997 年 11 月）；《科举制的废除与四民社会的解体——一个内地乡绅眼中的近代社会变迁》，台湾《清华学报》新 25 卷第 4 期（1995 年 12 月）。

舍先生,吾谁与归"? 显然是希望太炎专意于学术。但章太炎在给其友人夏曾佑的信中,则以"嵇康之遇孙登"来比喻他与严复的交往,虽示谦退,言下犹有不听严劝而终欲入世参政之意。[①]

章太炎不但好论政,也善论政。前者为时人所共知,而常为后来的研究者所忽略;后者则一向甚少得人首肯。据说太炎"与人讲音韵、训诂,不甚轩昂;与人谈政治,则眉飞色舞"。[②] 章氏自认善于论政,绝不在其学术文章之下。据周作人回忆,太炎在东京讲学时,已颇叹世人不了解他,常对人们只请他讲学不满;他曾一再十分认真地对弟子们说:你们不知道,我所长的是在谈政治。周氏在北伐期间曾因一时激动而写过一篇《谢本师》(该文后未收入集中),那里面也说:"我知道先生太轻学问而重经济(经济特科之经济,非 economics 之谓),自己以为政治是其专长,学问文艺只是失意时的消遣。"[③] 可知太炎有此观念,绝非虚言。

但章氏弟子似乎都不同意老师的自定位,以学问名家的黄侃即觉太炎论政是"用其所短";周作人也说:东京听讲的学生们也都读过太炎的政论文章,虽没有什么不同的意见,却仍以为老师的伟大一是反满,二是学问,实在看不出多大的政治才能。所以周氏根本认为太炎自以为长于政治的观念是"不对"的。北伐期间周氏更因为"先生好作不

---

　　① 章太炎致夏曾佑,一九○○年三月十五日(旧历),严复致章太炎,一九○○年三月十八日(旧历),朱维铮、姜义华编注:《章太炎选集》,上海人民出版社 1981 年版,第110—113 页。按原书注引《晋书·孙登传》说:嵇康从孙登游三年,"问其所闻,终不答。康每叹息。将别,谓曰:'先生竟无言乎?'登乃曰:'……今子才多识寡,难乎免于今之世矣!子无求乎?'康不能用,果遭非命"。是孙登劝嵇康避世,而康终欲入世也。且嵇康最后不容于世,太炎此比,实已暗示了他之参政论政,也未必能为世所接受,不免有点谶语的意味。

　　② 刘成禺:《世载堂杂忆》,辽宁教育出版社 1997 年版,第 247 页。

　　③ 本段与下段,见周作人:《知堂集外文·亦报随笔·章太炎的法律》,引自钱理群:《周作人传》,北京十月文艺出版社 1990 年版,第 138 页;《谢本师》,《语丝》第 94 期(1926年 8 月 28 日),第 12 页;《世载堂杂忆》,第 247 页。

大高明的政治活动"，与一些学生一起对章表示不满。其实反满何尝不是政治活动，何以革命就"伟大"，反赤就"不高明"？这无非是带有政治倾向性的评价，并不足说明太炎是否真正长于政治。章门许多弟子基本是文化人或学问中人，对实际政治了解不足，很可能看不懂老师的政论文章，恐怕未必真知其师。

太炎弟子中能对其师稍具"了解之同情"者，大约要数鲁迅。他以为："先生的业迹，留在革命史上的，实在比学术史上还要大。"的确，言革命时的章太炎正处于时代思想言说的中心，而太炎的学术贡献虽大，却未必能占据当时学术言说的中心。鲁迅所列举太炎的"先哲的精神"，也全是政治活动。所以他给章太炎的定位，乃是"有学问的革命家"。鲁迅强调："战斗的文章，乃是先生一生中最大、最久的业绩。"①

这里当然也还有一个差异，即何者可算"战斗的文章"，恐怕章太炎自己与鲁迅的标准就未必相同（鲁迅对太炎晚岁的政治表现也甚不以为然）。若依太炎本人的意思，后来许多人认为其"反动"或"落伍"的那些政论，应该也都很有"战斗性"，不仅不是什么"江郎才尽"，或者还是"庾信文章老更成"呢。但鲁迅能认识到太炎的政论超过其学术业绩，已甚属少见。这个看法是否"正确"另当别论，至少太炎会引为知己。

的确，太炎的学问，当世即甚少有人置疑。而其论政则向为人所轻，早年便有"章疯子"之称。据说此称号最初还是太炎自己使用，但很快就成为论敌习用的诟骂；三人可以成虎，重复的次数多了，人们多少要受其影响。结果一般多认为太炎论政的文字，不必认真看待。民元时，统一党等合并为共和党，章太炎颇有异议，连函张謇陈述其见解。张謇颇不以为然，在其日记中说："连接章函电，槎枒特甚，乃知政

① 鲁迅：《关于太炎先生二三事》，《鲁迅全集》，第 6 卷，人民文学出版社 1981 年版，第 545—547 页。

治家非文章士所得充。"① 这样的认知也影响到后来的学术研究，一般关于章太炎的论著，凡涉及政治，除肯定其在清季的反满革命外，对其后来的参政论政，多半是否定多于肯定。既然否定，也就很少研究了。

　　章太炎究竟主要是个"政治家"还是"文章士"，这一点从清季以来便无定论。一般舆论认知中对章太炎的身份认同，也处于不断变化之中：辛亥革命时太炎自日本回国，《民立报》说他是"中国近代之大文豪，而亦革命家之巨子也"。到 1916 年袁世凯死后，被袁软禁的章氏返南，《中华新报》则说是"文学大家章太炎"已"束装出都"，不复称其为革命家了。② 章太炎逝世后，国民政府的《国葬令》说："宿儒章炳麟，性行耿介，学问淹通，早岁以文字提倡民族革命……所至以讲学为重。"20 世纪 50 年代初浙江省人民政府说章太炎是"一代国学大师，且系先进民主人士"；而同时的浙江省长谭震林则说章太炎是"反帝哲人"。③ 后来的研究者，通常都比较肯定太炎的学术地位，将其主要视为一个学人（这里多少包括试图淡化其政治"落伍"的善意）。

　　但我们如果细读太炎的《自定年谱》，里面除少年时多涉及其读书外，其成年后讲述政治活动和言论的内容，远远超过论学者。可知太炎的自选身份认同，恰是一个主要关怀政治的士人。周作人指出：太炎对政治的关怀，本是"出于中国谬见之遗传。有好些学者都是如此，也不能单怪先生"。④ 去除其褒贬的春秋笔法，此语终点出有意参政乃中国士人的传统，还算稍有所见。传统的士人把"立功"置于"立言"之

---

①　张謇日记，1912 年 5 月 6 日，转引自姜义华：《章太炎思想研究》，上海人民出版社 1985 年版，第 559 页。

②　汤志钧编：《章太炎年谱长编》（以下简作《年谱》）上，中华书局 1979 年版，第 361、531 页。

③　章念驰：《章太炎营葬始末》，章念驰编：《章太炎生平与思想研究文选》，浙江人民出版社 1986 年版，第 133、136—137 页。

④　周作人：《谢本师》，《语丝》第 94 期（1926 年 8 月 28 日），第 12 页。

上。章太炎曾两次为自己寻墓地：民初被袁世凯软禁时选择葬在"攘夷匡夏"的明刘伯温墓侧，1936年国难危重时则选在抗清英雄张苍水墓侧[①]；其自选的盖棺后的定论，恰是"立功"超过"立言"，且均以"攘夷"为标帜（不过前者抗元而"匡夏"有成，后者抗清却失败，盖拟合于当时的国势）。鲁迅说太炎是"有学问的革命家"，谭震林说其是"反帝哲人"，两者合起来最接近太炎的自定位。

史学研究者有后见之明的优势，有时确能认识到一些当时当事人不容易见到的面相。有些自信心甚强的史家，也每以为可以理解研究对象超过其自身。这虽不是全不可能，但若得出与研究对象的自我定位相去太远的认知，或者也不免使人疑虑。今日一些对章太炎、梁启超具同情态度（非陈寅恪所谓"了解之同情"）的研究者，即常以自己的现代知识人心态去解读传统士人，以为章、梁晚年多事讲学，是已由政治活动中"觉悟"出来，故投入了更长远的思想文化之中。

其实，像章、梁这样最后一代的士，其晚年虽基本以讲学研究为主，看上去很像知识人；但他们如周作人所说，是与传统士人一样参政不成之后才做学问。章、梁等虽然常常被迫（而非主动）回归学术，都是出于天下无道、不得不退隐以挽救人心的被动选择。他们要想参政的传统情结一直都在，且"出仕"的愿望到老并不稍减。一有机会甚至一有可能，他们仍旧要"出山"身与直接挽救世道的努力。在这方面，章又甚于梁。[②]北伐前后，章氏突然异常活跃，不仅大发政论，更或直接或间接奔走于各军政势力之间，只是到后来发现其支持的北方不能副其所望，才渐渐歇手。章太炎这一段突然积极的活动，与其所处的时

---

① 参见章念驰：《章太炎营葬始末》，章念驰编：《章太炎生平与思想研究文选》，第131—137页。

② 章太炎参政愿望表达得最明显的，是在1923年拥黎元洪反直系时，有一次与人论及内阁总理人选，发现拥黎派诸人或不愿出，或能力不足，皆有不合适处；而他自己则不仅会"毅然不复推辞，且于草昧经纶，亦自谓略有把握"，几乎是毛遂自荐了。参见章太炎致韩玉辰书，1923年8月26日，《近代史资料》总36号（1978年第1期），第124页。

代政治语境有直接关联。

二、内政与外交打成一片的语境

民初的中国，列强实际已成中国权势结构的一个组成部分，内政与外交既已打成一片而不可复分，攘外与安内当然也就成为一事之两面了。早在1913年外间传言袁世凯欲称帝时，章太炎就对他说："非能安内攘外者，妄而称帝，适以覆其宗族。前史所载则然矣。法之拿破仑，雄略冠世，克戡大敌，是以国人乐推。今中国积弱，俄日横于东北，诚能战胜一国，则大号自归；民间焉有异议？特患公无称帝之能耳。"[①] 像这样主张攘外可能有助于安内的观念，在民初尚多。

但在实际政治中，自信不足的中国各政治势力多反其道而行之，即寻求与列强或其中之一建立超过其他政治力量的关系，以确保其在内争中的有利地位。孙中山在1922年曾说："中国革命的前途，和运用外交政策的是否有当，实有密切的关系。" 列国中与中国休戚相关的是日本和苏联。最好是使两国都成为盟友，"至少也要获得其一，我们的革命工作才能顺利进行"。[②] 此后不久，就有《孙文越飞宣言》和联俄的行动。

章太炎和孙中山同样注意到俄、日两国对中国的影响力，不过章主张借攘外以安内，而一向主张利用外力于内争的孙中山则意在先安内后攘外（孙固主张反帝）。两人所关注的思虑相同，而实际的策略则相去甚远。这正是老革命党人章太炎后来激烈反对国民党联俄的根本出发点。换言之，孙中山等国民党人已认识到其统一中国的努力势必与

---

① 章太炎：《自编年谱》，民国二年五月，《年谱》上，第425页。
② "孙中山1922年在广州对国民党同志训话"，转引自孙科：《中苏关系》，中华书局1949年版，第26页。

列强发生这样那样的冲突，故他们始终坚持收回在不平等条约中丧失的国权。而在策略上，国民党人以为不妨在获取全国统一的斗争中利用外力，待取得国家统治权后再向列强挑战。[①] 但太炎则认为，中外之别大于任何内部政争，中国历史上在内争中引入外力的结果，通常都对中国不利。故熟悉史事的章氏强烈反对即使是策略上的引外力入中国，并根本视之为"叛国"。

在国民党改组的初期，一般关心政治的国人并未太注意南方的变化，舆论的主流仍注目于北洋体系的发展演变。但1924—1925年间第二次直奉战争的大规模杀伤，毁掉了北洋体系的元气。此后新主政的段祺瑞和张作霖终不得不将在广东重新开府的国民党视为重要力量而加以联络，并在1924年底邀请孙中山北上谈合作，也就是当时所谓的段、张、孙"三角同盟"。外间对改组后的国民党的认真注视，多半自此始（国民党以东征确立其在广东的控制，还在此后）。

孙中山的北上，恰好与国民党内反对"容共"的一部分元老离粤北上京、沪活动大致同时。两事的重合本系偶然，却无意中促进了北方及全国性舆论对国民党联俄的重视。再加上孙中山北上途中一再以废除不平等条约为标帜，进一步引起国人对中外问题的注意。孙氏此举多少受了俄国顾问的影响，却因此而引起国人对国民党联合外国一事的关注，这大约是苏俄顾问始料不及的。全国性的关注对开府一隅的国民党有利，盖可增加其全国性，更使许多趋新的边缘知识青年因此而南下投入国民党。但对苏俄则有所不利，因其本身首先也是个外国——当时一般人并不很能区分"反帝"与"排外"的差异，强调反帝也很容易使人产生排外的观念；且苏俄那时在中国的作为也并非全不考虑其

---

① 关于国民党外交，参见 Zhitian Luo, "The Chinese Rediscovery of the Special Relationship: The Jinan Incident as a Turning Point in Sino-American Relations", *Journal of American-East Asian Relations*, 3: 4 (Winter 1994), pp. 345—372。

私利,特别是其一方面宣称主动放弃所有帝俄时代的中俄不平等条约,同时又在实际谈判中尽可能多地保留帝俄在华获得的权益。

值得注意的是当时中国各派政治力量大多对此并无清楚的认识,往往从其本派在国内政争中的利益出发来诠释当时的中俄修约谈判。此不独"亲俄"的左派如此,就连那时主张分治的章太炎也于1924年末提出:"统一御外之论,十数年来,已知不验。即观西南东北诸省,自理外交,其优胜远非北京政府可比。"[①]"御外"确实是统一的大理由,试图统一者往往强调之。但章太炎此次却是为主分治而反"统一",其所举例与事实殊不相合。如果拿那年北京政府与苏俄订立的《中苏解决悬案大纲协定》与稍后苏俄与奉天政府签订的《奉俄协定》及前此的《孙文越飞宣言》相比,就帝俄根据不平等条约所据有的在华权益,在东北和南方两文件中所承认者,都远超过北京政府所缔结的中苏条约。[②]从章氏一向主张的国家利益看,孰为优胜,不论自明。这虽然只是太炎论政的一个例外,已颇能说明当时外交与内政的纠缠已深入到何种程度。

最终促进中国人民族主义情绪的高涨及对中外关系的注意者,是1925年的"五卅事件"。就像"二十一条"和巴黎和会一样,"五卅事件"再次提醒国人帝国主义在华势力的存在及其对中国的全面威胁。事件的起因本是日人打杀中国工人,但很快因英国巡捕开枪而将中国人的义愤转向英国。这中间日本政府的低姿态和英国政府的强硬政策

[①]　章太炎:《改革意见书》,原刊1924年11月1日《申报》,收入《年谱》下,第770页。

[②]　关于北京政府的中苏条约和《奉俄协定》及谈判过程,参见中国第二历史档案馆编:《中华民国史档案资料汇编》,第三辑,《外交卷》,江苏古籍出版社1991年版,第828—853页;薛衔天等编:《中苏国家关系史资料汇编(1917—1924年)》,中国社会科学出版社1993年版,第160—327页;顾维钧:《顾维钧回忆录》(一),中华书局1983年版,第316—318、330—349页。关于《孙文越飞宣言》,参见李新主编、萧超然等编著:《中国新民主主义革命史长编·国民革命的兴起(1923—1926)》,上海人民出版社1991年版,第30—33页。

是造成目标转移的重要因素，但在苏俄顾问影响下的国民党（含共产党）的大量工作，也有相当的影响。因为英、俄本是世仇，此时在欧洲和近东的争夺正烈，故苏俄在中国推行一种抚日反英的外交政策。不过苏俄不能将此明确提出，表面上仍以支持中国反对帝国主义为号召。苏俄的主张因与中国时势契合，在部分知识人尤其是边缘知识青年中颇受欢迎。但联俄的国民党和共产党人在"五卅事件"中的所作所为，却也引起一些中国士人的警惕，直接导致了他们的仇俄思潮。

梁启超当时就指出："这回上海事件，纯是共产党预定计划，顽固骄傲的英侨和英官吏凑上去助他成功。真可恨！君劢、百里辈不说话，就是为此。但我不能不说，他们也以为然（但嫌我说得太多了）。现在交涉是完全失败了，外交当局太饭桶，气人得很！将来总是因此起内部变化。"[1] 当时人所说的"共产党"，含义并不精确，常常是包括（或根本就是指）左派国民党人及苏俄在华的影响。像张君劢和蒋百里这样的人在民族矛盾与其本派势力及观念发生冲突时，显然更重视其自身利益与观念，而梁启超作为一国之士却不能不站在"中国"的立场上说话。梁在此时已能看出民族矛盾将引起中国内部政争的变化，的确有眼力。

梁的观点与章太炎的相近。太炎在"五卅"前虽也参加冯自由等人的重组同盟会和革命党人的工作，但并未专门针对"联俄容共"，其主要目的是联合早年的革命力量以发挥作用于北洋统治区域，意在拥黎元洪倒段祺瑞。"五卅事件"却使章太炎态度一变，因外患显然压倒了内忧。当唐绍仪来与他商量"倒段"时，太炎即指出："外交紧急，须外人承认者方能与开谈判。若贸然倡议倒段，人将以不恤外患、好兴内争相訾，必无与吾党表同情者。"[2]

---

①　梁启超给孩子们书，1925 年 7 月 10 日，收在丁文江、赵丰田编：《梁启超年谱长编》，上海人民出版社 1983 年版，第 1048 页。

②　致李根源书，1925 年 7 月 11 日，《近代史资料》总 36 号，第 144 页。

当时太炎的心态，在其致黄郛的信中表述得很清楚。他说："中山扩大民族主义，联及赤俄，引为同族，斯固大谬。惟反对他国之不以平等遇我者，是固人心所同。沪汉变起，全国愤慨，此非赤化所能鼓吹。斯时固当专言外交，暂停内哄。大抵专对英人，勿牵他国；专论沪汉，推开广州（两政府本不相涉），则交涉可以胜利。"他最担心"当局藉交涉为延寿之术，国民军恃交涉为缓兵之策，惟以延长时日为务"，以为这些都是"不肯积极为国家计"。当时黄郛已辞谢段祺瑞所任命的外交委员一职，章太炎认为："为人格计，固应如是。但此次交涉，匹夫有责；督促政府，仍宜尽力。"盖国势与个人出处已成"骑虎之势，无法苟全"了。①

章太炎的意思很明显：中外矛盾与国内政争出现冲突时，后者要让位于前者；国家需要与个人出处有所矛盾时，国家需要应该优先。"骑虎之势，无法苟全"一语，最足表达太炎因外患而不得不支持他本反对的中央政府的无奈心态。结果他与唐绍仪联名电段，责其对外交案"不肯上紧办理，而反迁延时日，借为延长祚运之符"。故"人以外交案为忧，执事转以外交案为幸"。他们督促段氏在外交谈判上"严持国体，努力进行，务达目的，以图晚盖"。② 同样，对于收回租界等权益，太炎也并不因为是联俄的孙中山在提倡就不强调。在"骑虎之势，无法苟全"的情形下，章氏也不得不认同于其反对者的主张。

章太炎本认为此次中外交涉之所以无进展，"盖由学子受赤化煽诱，不知专意对付英国，而好为无限制之论。如所云'打倒帝国主义'、'国民革命'者，皆足使外人协以谋我，而且令临时政府格外冷心。此

---

① 章太炎致黄郛，1925 年 7 月 3 日，沈云龙：《黄膺白先生年谱长编》，上册，台北联经出版公司 1976 年版，第 232—233 页。并参见沈亦云（黄郛夫人）：《亦云回忆》，台北传记文学出版社 1968 年版，第 226—227 页。

② "章、唐通电"，1925 年 7 月 5 日，《年谱》下，第 811 页。

案恐遂无结果，徒伤无事之人，而赤化家乃得阴受金钱，真可恼亦可丑也"。[①] 可知章、梁两人都感到有一种说不出口的"气人"和"可恼"之处。也就是明知"五卅"引起的群众运动中有其不欣赏的改组后的国民党的努力，且国民党和共产党也在此运动中得分；但作为"国士"，在中外矛盾之前只有义不容辞地站在祖国一边说话。这样虽然等于实际上间接支持国民党或共产党，也不得不为；而正因为如此，就更觉"气人"和"可恼"。

章、梁的气恼提示了当时中国政治活动的一个倾向，即在政治运动中有意识地运用民族主义。这一点其实并非苏俄引入中国的新事物。早在 1922 年，《申报》主笔杨荫杭就注意到，"近人滥用'卖国'字，凡异己者，即以此头衔加之"。当时各派军阀"所发之电报及种种文诰"，往往以"卖国"为"攻击他党之辞"。[②] 军阀通电中所用的语言在多大程度上代表其真实思想，是一个需要考究的问题。但杨氏的观察至少说明，军阀已了解到这样做可对异己方面造成损害。可知有意识地运用民族主义于政治之中，已渐成通行的手法。

1925 年 12 月 4 日，正与冯玉祥争夺京津地区的军阀李景林通电讨冯，说冯"利用赤化邪说，以破坏纲常名教之大防"，且"助长赤化风潮，扰乱邦人。若不及时剿除，势将危及国本"。而李本人则"荷戈卫国……不为党争，不为利战，惟持此人道主义，以期殄灭世界之公敌，而挽我五千年来纪纲名教之坠落"。时服务于逊清朝廷的郑孝胥立刻注意到"此极好题目，惜吴佩孚不解出此"。[③] 李之原意有多大程度是真"反赤"不得而知，但郑氏看出是"极好题目"，确为解人。不久各军

---

① 《年谱》下，第 778—779、794—795、808—811 页，引文在第 810 页。
② 《申报》，1922 年 12 月 21 日、2 月 26 日，收入杨荫杭：《老圃遗文辑》，长江文艺出版社 1993 年版，第 696、530 页。
③ 劳祖德整理：《郑孝胥日记》，第 4 册，中华书局 1993 年版，第 2075 页，李电录在第 2075—2076 页。

阀的通电中就都以"反赤"为其军事行动正名了。

1926年11月，尚服务于孙传芳的著名地质学家丁文江对好友胡适说："你知道我不是迷信反赤的人，就是孙[传芳]也不是迷信反赤的人。无奈过激派与极端反动派倒可以联合，温和派的人则反是孤立。"[①]但我们如果看看当时的文电，不"迷信反赤"的孙传芳的"反赤"论调，实丝毫不低于其他反赤的军阀。那么，其他军阀又在多大程度上是真正"反赤"，而在多大程度上是利用"反赤"作为政治斗争的武器呢？当年政治活动这一复杂性，显然增添了后人解读时人"话语"的困难程度，也促使研究者在使用和处理材料上不得不更加谨慎。

但军阀争相使用"反赤"术语于其文电之中，说明这样的术语在当时确有一定影响力（至少使用者认为如此）。"反赤"和"赤化"大约各对相当数量的社群有程度不同的吸引力和伤害力。张作霖在就任安国军总司令后，曾发一宣言说：赤化一方"借不适用之共产学说，利用多数贫民及下流社会之心理，鼓动青年学子、激烈暴徒，以乱我国家"。自北伐军"侵入湖北后，凡优秀分子之有资望者，附之则捐[指？]为投机，不附则又指为反革命。仕宦则指为贪官污吏，商民则指为劣绅土豪"。[②]这倒对南北双方所争取或吸引的社会力量有一定的概括：南方是贫民、下流社会及青年学子，而北方则是优秀分子之有资望者和仕宦商民。从思想方面言，则时人也观察到"国内许多思想较新的人"都"集中于党军旗帜之下"，这就包括相当数量的趋新知识精英。[③]

---

① 丁文江致胡适，1926年11月28日，《胡适来往书信选》，上册，中华书局1979年版，第410页。

② 《张作霖宣言》，1926年12月6日，《北洋军阀》，第5卷，第383页。鲁迅曾注意到辛亥革命时的革命党人不准阿Q"革命"，此《宣言》的作者也观察到南方不允许"优秀分子之有资望者"参加革命的现象。以边缘知识人为主体的南方革命力量在取得控制权后，并不希望已往的社会精英参与，故其"附"与"不附"都不行，的确进退两难。

③ 百忧：《以科学眼光解剖时局》，《晨报副刊》，1926年10月5日，第3版。

正是在北方的知识精英圈子中，南方的联俄形成了很大的思想冲击。1925 年时苏俄问题曾在北方思想界引发一场大争辩，辩论的中心论题即是苏俄究竟是不是帝国主义，由此可决定中国是否应联俄或反"赤化"。[①] 这一论争与当时北洋军阀的"反赤化"虽然同时，思想上也有关联，却不是一回事。梁启超本人参与了这次论战，但章太炎那时注意力却不在此，他更多关注的是北方的"讨赤"即征伐冯玉祥国民军的行动。

在南方，国民党人关于统一与御外的孰先孰后在"五卅事件"后也逐渐发生变化。1925 年 7 月 1 日的《国民政府宣言》还主张"以废除不平等条约为统一之条件。盖惟废除不平等条约，然后可以言统一"。此时距孙中山逝世不久，国民党人大致还停留在实现"三角同盟"的心态中，孙中山主张的先废约后统一仍得到贯彻。但到国民党新的领导群初步形成后，当吴佩孚等于 1925 年 10 月通电讨段祺瑞、张作霖时，国民政府的复电则提出先建设"能统一全国之真正国民政府"，然后由此政府"于最短期间发起国际会议，以解决不平等条约"。[②] 这已是在筹备实行北伐之时，故已改成先统一而后废约了。北伐时的国民党实行的正是这样的策略，但这样的策略在一定程度上有可能削弱国民革命反帝一面的色彩。

国民党人出于"实际政治"的现实考虑，视寻求外援为促革命成功的必要手段，且自己也确有最后不逾越的准则。惟对章太炎这样的老革命党人和严格的民族主义者来说，中国人的事情当由中国人自己解决，在维持中华民国这一大前提下，即使是战争甚或区域割据等方式都

---

① 此事学术界尚乏研究，原始材料都收在章进编：《联俄与仇俄问题讨论集》（上），由北新书局于 1927 年在北京和上海同时出版。

② 《宣言》与《国民政府复电》，1925 年 11 月 5 日，均载中国第二历史档案馆编：《中华民国史档案资料汇编》，第四辑上，江苏古籍出版社 1986 年版，第 36—38、137—138 页。

可暂时认可。但不论出于何种现实考虑，只要在内争中引入外力，就是"叛国"，决不能容忍。

三、"反赤"声中的章太炎

章太炎一向重视中外之别，主张中外矛盾大于国内的派系之争，对此极为严厉。当年曾国藩认为秦蕙田（秦桧的后代）的《五礼通考》"宜与杜、马二家为参"，太炎就颇不谓然。他认为这是因为曾国藩"为穆彰阿所识拔，和戎之议牢持于其心。而《五礼通考》独揭和亲一部，为杜、马二书所无有，宜矣其深相会也"。太炎特别指出："蕙田以其祖之耻、国藩以其所受于举主者，遂以中国之于异域，宜始终屈节"；且"自国藩张大秦氏，卒借戈登兵以拔苏、松，其辱国有甚于和亲者。其后郭嵩焘之徒，乃诚以桧为明哲，此亦未足异也。桧不过主和亲，蕙田不过欲雪其祖，而国藩乃召戎以轶中国，是又桧与蕙田之罪人也"。[①]

根据同样的思路，章太炎对于孙中山的联俄，是不原谅的。孙逝世后，有人提议改南京为中山城，章太炎反对的一个重要理由就是孙曾联俄以助内争。他说，"明太祖攘斥胡元，不假他力，其功至高"，但并未以朱氏冠南京；"孙公勋业虽高，比于明祖，则犹稍逊"，更不能以一人名号而变国家都邑之正称。[②]这里所谓的"勋业稍逊"，不仅因章历来视孙仅为一割据主，同时更由于孙在"不假他力"一点上大逊于明太祖。

章太炎在北伐前夕本来支持黎元洪联合奉系打击吴佩孚，后来见奉军的张宗昌部用白俄军队打中国人，即以为是"叛国之罪"，旋转而联吴反奉。他之所以拒绝参加善后会议，也因此。太炎在1925年1月

---

① 章太炎：《书秦蕙田〈五礼通考〉后》（1925年），《年谱》下，第792—793页。
② 《申报》，1925年3月25日，《年谱》下，第798页。

26 日致善后会议筹备处的电报中，指责执政府招奉军南下为"叛国"："按律载外患罪状，虽职居元首，难邀宽典"；而"卢永祥、吴光新等，纠合奉军，中多俄匪，借外寇蹂躏中国，律以外患，百喙难辞"。这样"明目张胆以行叛国之事"，是曹、吴所不为的，而执政段祺瑞对此却"曲予优容，是即有心指纵，叛国之罪，执政其何以辞"。①

到世传冯玉祥接受苏俄援助后，章太炎于 1925 年 12 月发表《外交政策之通电》，指出段祺瑞虽然卖国，冯玉祥之"延致外患又过之"。冯既"与俄通款"，则其"叛国之罪既彰，外患之罪斯立"。且冯玉祥又是"赤化"的南方国民党在北方的"关主"。章氏的结论是："中国主权，重在法统之上；苏俄侵轶，害居关东之前。"两害相权取其轻，故当舍奉而讨冯。且不仅冯当讨，"有与冯玉祥一致者，并在讨伐之列"。冯玉祥部当时在北京一带握有实权，且有可能拥戴章氏一直支持的黎元洪；太炎却主张黎不受冯拥戴，否则"俄国顺民之名，将累及长者"。②

但那时冯玉祥联俄尚不明显，东吴大学教授罗运炎致函章太炎，责其并未见到冯俄密约，所论不免"武断"。太炎复函承认确实未见密约，但"观冯玉祥左右任使之人，素多濡染赤化，而军实大半运之俄国"。因苏俄实行中央集权，不像他国商人可不经政府批准而自行贩运军火，"自非主义相同者，又岂肯以军实输之"？且"最近在北京观战者"，已注意到"冯军部内，现有赤俄"，故可以"心证"之法，判断冯玉祥联俄为事实。③

旋又有旅沪淮商嵇翥青为冯玉祥辩，章太炎再申：当年曾国藩、李鸿章之"用戈登以攻苏、松，则欲不谓之汉奸而不能"。今"冯玉祥之

---

① 电文引在《年谱》下，第 791 页。

② 章太炎：《外交政策之通电》，《申报》，1925 年 12 月 20 日，《年谱》下，第 836—837 页；致李根源书，1925 年 12 月 6 日，《近代史资料》总 36 号，第 146 页。

③ 复罗运炎函，1925 年 12 月 22 日，《年谱》下，第 837—838 页。

用俄国军官,与李鸿章之用戈登无异",两者都"事同叛逆"。冯氏虽号
称打倒帝国主义,实则"以新帝国主义代旧帝国主义"。如果说冯只是
与俄人通款,与广东的蒋、汪"奉鲍罗廷以为主"终有区别,那也不过
百步与五十步之异,"其为招致外患则同"。即便其小有政绩,像李鸿
章当年治苏也不可谓无惠政;但"招致外患,为罪至深,即有小惠结民,
岂足相抵"! ①

　　到 1926 年初,章太炎在答记者问时局时,再次强调外患重于内忧
及两害相权取其轻的一贯观点:今日国内问题,已不在什么护宪护法,
"而在注意如何打倒赤化。护法倒段题目虽大,而以打倒赤化相较,则
后者尤易[宜?]引人注意。十余年来之战争,尚系内部之争;今兹之
事,则已搀入外力。偶一不慎,即足断送国家主权,此与历次战争绝对
不同"。② 其实列强既成中国权势结构之一部,中国政治早已"搀入外
力";不过苏俄这次军事上的介入,形式特别公开明显而已。而日本
人对奉系的物质支持,也是尽人皆知的事实。且苏俄同时还要输入其
"革命"理论,这对许多时人是更进一层的忧虑。

　　苏俄在华影响所造成的社会变革一面,是梁启超等许多人关注的
重点(详另文)。章太炎也注意到国民党的社会政策问题,他曾指责广
州政府"擅加苛税",并认为国民党比袁世凯的帝制叛国更坏者,就在
于其"暴敛害民,邪说乱俗"。③ "邪说"或指当时一般所谓群众运动,
暂不置论。但"暴敛"则确是国民党开府广州以后的一个新政策。自
从宋子文掌管广州政府财政,实行西式税收政策,财源陡增,有力地支
持了广州政府的东征北伐。过去许多中外研究者都将此视为中国财政

---

① 复嵇翥青函,1925 年 12 月 27 日,《年谱》下,第 839 页。
② 《申报》,1926 年 1 月 31 日,《年谱》下,第 849 页。
③ 章太炎致孙传芳电,1926 年 9 月 4 日,《晨报》,1926 年 9 月 10 日,第 3 版;致李
根源书,1927 年 11 月 27 日,《近代史资料》总 36 号,第 151 页。

的"现代化"而予以肯定。对西人来说，纳税是人民对国家的义务，政府要办事，当然要征税；要多办事，就要多征税。但就传统中国政治眼光看，"与民争利"一向是受到谴责的，要实行"薄税敛"才是仁政。①

章太炎对于苏俄的影响，主要是看见其外国认同的一面，即他所说"赤化者以异族宰制中华"，是其最不可原谅处。但他也注意到是否"反赤"，多少也牵涉到各人的安危问题："要之，赤化不除，大之则中土悉归他人管领，小之则吾辈为革命党者，非受其缨绁，即无保全之理。不观苏俄所排斥以为白党者，非俄国第一次革命政府之人物乎？"② 有意思的是，非革命党的张作霖后来也以同样的思路来打动追随者："冯玉祥、蒋中正等，勾结外援，侵略祖国，是石敬瑭何异。蒋中正复甘受鲍罗廷之指挥，则并石敬瑭而不若。"故"吾人不爱国则已，若爱国则非崇信圣道不可；吾人不爱身家则已，若爱身家则非灭绝赤化不可"。③他们的出发点或未必同，但都从其自身的立场看到了"赤化"对中国的整体影响。

在此心态之下，到1926年4月初，章太炎与一些士绅在上海组织了"反赤救国大联合"，任三理事之一。其通电说："赤祸日炽，汉奸公行；以改革经济为虚名，而招致外患为事实。不亟剪除，国将不国。年

---

　　① 这里也可见今人爱说的"传统"与"现代"的区别：袁世凯及历届北洋政府都还相对更"传统"，所以不敢公然大规模增加税收。但其可以不"暴敛"的一个重要前提是他们都实行向外国大量借款的政策，并因此而大受舆论指责（其实借款的最后负担还是要落实在老百姓身上，但要婉转得多，且社会反应大致都在下届政府或更以后了）。20世纪20年代的国民党显然更加西化，故敢于实行其财政改革。当时舆论对此曾有甚强烈的反弹，此处不能详论。但这样的舆论长期为中外研究者均所忽视，很能说明中外的中国现代史研究无形中都不同程度地受到国民党观念的影响。

　　② 复罗运炎函，1925年12月22日，《年谱》下，第838页。

　　③ 《张作霖宣言》，1926年12月6日，《北洋军阀》，第5卷，第383—384页。按奉张虽标举"爱国"的民族主义旗帜，但又将"卖国"行为稍轻的冯玉祥列在"卖国"更甚的蒋中正之前，颇能提示北方军人最为仇视也最欲讨伐的还是原在自己体系内的冯玉祥，而并不依"卖国"的程度决定其敌对者的次序。

来海内有识之士,思所以抵御者,大不乏人;反赤之声,洋洋盈耳。足
征人心未死,公道渐昌。吾国一线生机,端赖有此。"但他们不得不承
认对"赤化""防遏愈力,而毒焰愈张"这一事实,不过认为这是因为过
去"消弭不得其道,而军政工商学各界不能一致"。所以他们"以反对
赤化、保障国权、实行民治为宗旨",要联合全国各界同志起来"共除
国贼"。①

4 月 14 日,"反赤救国大联合"开干事会讨论"宣言"草案,后于
4 月 28 日将定稿的《宣言》发布,指出苏俄是"假社会革命之名,行对
外侵略之实"。而且是其在欧美未能成功的情势下转而东向,中国则
适当其冲。其"勾结野心之军阀,煽惑无识之青年",并授以金钱利器,
使"盲众争趋"。故"居今之世,反对赤化,实为救国要图"。《宣言》强
调:"反赤之举,非学理主义制度种种问题,而为国家民族危急存亡之
关键。"与当时"保守"的思想界许多人一样,他们并不直接反对共产
学说,而指出苏俄在国内"试验"已失败,而代之以"新经济政策",故
其学理可不必论。但苏俄对外"仍利用共产之名号召,以遂其鲸吞蚕
食之狡谋焉。十九世纪帝国主义者,以经济亡人国;其祸昭著,有目共
睹。而过激派欲以赤化亡人国,诡谲变幻(草案此处原有'实开千古未
有之创例'一语),其后患也难知"。②

在此基本精神方面,《宣言》的前后两稿无大差异,惟定本攻击苏
俄和共产主义的语气稍显缓和。但在拟进行的具体事项上,前后两稿
则有相当大的出入。正式文本的《宣言》增加了"对于赤党,其据地
称兵者,则由军人张其挞伐;其聚众骚动者,则由士工谋与抵抗"的具
体措施。此后"相期许"的三事,即保全国家独立、发展民治精神和实

---

① 《申报》,1926 年 4 月 11 日,《年谱》下,第 855 页。
② 《宣言》的草案和正式文本均全文录在《年谱》下,第 857—858、861—862 页,下
段出处同。

行社会政策。其中第三事的具体含义更出现根本的变化：草案说的是"改良工人待遇，俾假借共产学说者，无由施其煽惑"；而正式文本则改为"限制广大之地权，普及适宜之生计，改良佃佣之待遇，俾假借共产学说者，无由煽惑"。

社会政策的立足点由工而农，转变极大。可知最初起草时无意中正受"赤化"观念的影响，注意的是工厂的劳资问题。后来或觉得中国社会政策的重点应在农村，且平均地权本是革命党的老口号，故有此改。这说明学理方面的"赤化"在那时的确颇有影响力，连反对者也不知不觉中被导入其思路。同时也可看出当日"反赤"诸公并非仅作空头文章，还确实进行了认真的讨论。

有意思的是，章太炎一方面与各类在野士绅组织"反赤救国大联合"，要联合全国各界同志起来"共除国贼"；在实际政治运作中，他却仍坚持关于各地分治的观念，甚至提出"暂缺中央政府"的主张。在"反赤"的同时，太炎仍注目于国内的"恢复法统"。在此方面章氏有其特殊的逻辑：既然中央政府号令不能行于天下，而他主张的拥黎元洪复位又做不到，在事实上没有合法的中央政府时，只要无意脱离中华民国，地方割据也不是不可为。他说："依据约法，本无不许割据之条，但不得自外于中华民国。苟中华民国名不替，虽割据何所讲焉。"同理，只要大家都"反赤"，实行区域分治或者比有名无实的统一更有效率。[①]

这样，"反赤"运动不仅没有让太炎得出需要统一的认识，反成为他主张分治的新理由。他以为：既处"赤化时代"，今日大势"宜分而不宜合"，倒"不如废置中央，暂各分立"。太炎强调："反赤"要继续进

---

　　① "太炎论时局"，《民国日报》，1926年1月21日，《年谱》下，第846—848页。汪荣祖先生已注意到章太炎的反赤与其主张地方自治的关联，但他仅将前者视为后者发展的一个插曲（只用了不及一段的篇幅进行概括），似乎低估了太炎对其反赤活动的重视。参见其《章炳麟与中华民国》，收入章念驰编：《章太炎生平与学术》，生活·读书·新知三联书店1988年版，第56—101页。

行，国内各事可于"南北二赤次第荡定"之后徐议之。这个观点章氏到
1926年5月初还在坚持，他说："以事势观之，吴〔佩孚〕处果能退让无
过，暂缺中央，任王士珍等维持治安，即所谓三分之局也。若南北二赤
果尽解决，彼时或再有可议尔。"太炎同时指出："此时南方所急，则仍
在力拒赤蒋。"①

　　但这样的逻辑不是没有疏漏的：首先，许多掌军权者并未接受"先
反赤后内争"这一次序，他们很可能借"反赤"之名而争夺地盘；其次，
即使大家真能共同努力"反赤"，其所需要的跨省军事行动与区域分治
也存在着实际的矛盾。更严重的是南北之间地缘文化区分的影响，北
洋军驻防南方本是地方自治的实际障碍，章太炎从前也曾激烈反对；
今北人孙传芳要力拒的"赤蒋"却是南人，太炎很快会发现，孙即使以
"保境安民"这样委婉的区域分治观念出之，也无法得到南人的同情
（详后）。随着"反赤"的重点逐渐从言论转向行动，这些问题迅速凸显
出来。

　　果然，吴佩孚就坚持主张章太炎反对的颜惠庆内阁摄政，太炎于5
月9日以"辛亥同志俱乐部"名义电驳吴佩孚，末云："方今赤党犹存，
军事未了；山西有累卵之危，湖南有舐糠之急。为将帅者，不以此时勠
力救国，同恤简书，而欲树置官僚，宴安鸩毒，吾辈当责其根本之误。"
十天后，章太炎再以同样名义电已摄阁的颜惠庆，痛责之余复言："此
次兴师讨贼，原为救国，非以营私。今赤军在郊，而种种借款政策，授
赤党以有词；种种揽政行为，开赤军以生路；误国之罪，即今日生成足
下者，在转瞬情变境迁之后，亦不能为足下包庇矣。"②足见当时已有以
讨赤而营私者，则讨赤之不成功，已露端倪。

---

①　致李根源书，1925年12月6日、1926年5月4日，《近代史资料》总36号，第
146、148页；致颜惠庆电，1926年4月28日，《年谱》下，第863页。

②　致吴佩孚电，1926年5月9日，致颜惠庆电，1926年5月18日，《年谱》下，第
866、870页。

北伐军兴，章太炎因国民党军用俄国顾问，视联俄的南方为"卖国"，所以站在北方一边，并支持他几年前曾经反对过的孙传芳讨赤。北伐初起时，北洋军阀方自内斗不息，而太炎则早见到北伐军的厉害。1926 年 8 月，他正式通电反对北伐说："借外兵以侵宗国者谓之叛，奉外国以为共主者为之奴。"广东"自蒋中正得政，尊事赤俄，奉鲍罗廷为统监，而外以反对帝国主义为口实，致少年军士受其蛊惑"。他攻击蒋介石道："详其一生行事，倡义有功者，务于摧残至尽；凡口言国家主义者，谓之反革命。是其所谓革命者，非革他人之命，而革中华民国之命也。"①

但太炎也承认，蒋虽"为赤俄之顺民，奉赤俄之政策；叛国反常，非有洪、杨正大之义"。但"其主义奇邪，亦足以坚树团体而成朝气"。而一些与广东方面已无多联系的"在野民党，亦或阳与竞争，阴求容纳；志趣不定，骄谄相随"。反观北伐的对立面，则并未认识到"反赤"乃"以顺制逆，以夏攘夷"。实际上，"南北群帅，惟数省力与支持，其余犹多观望；甚者自为私忿，资以报复"。章氏以为："冯、蒋二酋，同为俄属。冯渐受创，蒋更恣睢。"故力劝吴佩孚等"将北事付之奉晋，而直军南下以保江上。开诚布公，解除宿衅，与南省诸军共同讨伐。志在卫国，不为权利；虽有小愤，待事定而后论之"。假如不能团结一心，则"巨憝不除，虽有金汤，危如朝露；猝被俘虏，要领即分，何地位之可冀、恩怨之可复哉"！

以今日的后见之明看，假如跳出国民党更"正确"的南北之见（若从国民党立场看，章太炎所献之计是不折不扣的反革命），纯粹从军事战略角度言之，则太炎的战略眼光，实较北洋号称能战的吴佩孚为高。倘吴等能依章之言布置军事，则北伐的进程绝不可能那么顺利。但吴

---

① 本段与下段，《章炳麟通电》，《申报》，1926 年 8 月 15 日，《年谱》下，第878—879页。

那时尚未将南方力量放在眼里,故不听章言,仍全力打击北方的冯玉祥。结果北伐军一举而定三湘、迫武汉,待吴醒悟,为时已晚。

到1926年9月初,孙传芳因"无奈于苏绅之浮议",重申其保境安民的主张,而当时南北之分的地缘意识又极不利于北人孙传芳保江南之境。[①] 孙乃向章太炎求援。太炎立即致电,以"为国家保障主权"之意督励孙传芳,劝其借此淡化地方意识,不要专以保境安民为务。章指出:"蒋中正窃据广东,惟赤俄鲍罗廷之命是听;自署国民政府,则不冠以中华之名;所用旗章,则不用国旗五色之式;昌言国民革命,须受第三国际指挥;察言观实,叛国之事正彰。"且其"直以俄党为贵族,而视吾民如草芥"。如果任其攻下武昌,"则中央崩而四维解"。故不论为"捍卫国家"或"保固南土"计,都必须出兵援鄂。"国之废兴,在此举也。"[②]

据太炎自供,该电主要是为孙向地方士民解说。他注意到"士商浮议,犹多疑沮",而孙则"以众论为不可抑,告诫军吏,尚以保境息民为名"。其实"军旅之兴,恒人所惮",而"运筹制胜,惟断乃成。所谓保境息民者,上则非为国之赤忧,下则与敌人以窥伺"。故"当以保国为号,名义广大,则军民自谐",盖"承平分职,封城〔域?〕自殊,乱世拯危,彼此何问"? 太炎以为,孙传芳"若乃晏安江左,偷引岁时,审势料敌,必难支久",所以激励孙早日出兵。

孙传芳对章太炎的谋略颇能心领神会,他在8月下旬的《致蒋介石书》中已说:"此役非南北之争,乃非过激派防制过激派,乃中国人抵御非中国人。"接到章太炎的电报后,孙旋于9月7日再电蒋介石,说南方"所谓革命,直欲革中华民国之命,而强分南北以自解也。传芳不

---

① 参见本书《地方意识与全国统一:南北新旧与北伐成功的再诠释》。
② 本段与下段,章太炎致孙传芳电,1926年9月4日,《晨报》,1926年9月10日,第3版。

敏，不知南北、不问党派，惟知有民宜爱，有国当保"。[1] 其语词和思路都遵从太炎的电报。

在章太炎看来，公开支持他前曾反对的北人孙传芳，是因为"事已至此，欲不动而不能"。故他不仅自己发言，更希望李根源劝尚处沉默的著名苏绅张一麐不要继续韬晦，也出面说话。[2] 但太炎这样与地方士绅直接唱对台戏的结果，当即遭到强烈反弹。全浙公会通电说："章太炎趋附军阀，主张战争，妨害和平；一致共弃，不认为浙人。"[3] 这些江南士绅当然也不接受太炎的"解说"，其自治息兵的活动有增无减。结果，到年底，孙传芳终于发布《通告》，说："有人假借苏皖浙三省公团名义，希图破坏三省之安宁，离间芳与三省父老昆季之感情。"而"皖苏浙三省联合会"也公然在《申报》刊发布告反责孙传芳。孙乃密令逮捕三省联合会负责人蔡元培等，并要"缉捕会员，格杀无论"。[4]

四、余音：国士与遗民

在此情形下，章太炎即使真想"趋附军阀"，也无话可说。无论"反赤"的名义对他来说有多么正大，士人的良心终使他不可能支持军阀捕杀平民。太炎自己，也从此"韬晦"起来。他沉默而不谈政治之日，正是"反赤"方面真正开始联合起来之时。但"反赤"方面联合的一个重要基础，与其说是章太炎所期望的"以夏攘夷"，不如说是南北之分。孙传芳部下大将在北伐初期的一份电报说：赤军皆南人，我辈皆北人；北人受制于南人，必无好日子过，且必为南人所弄。必不得已，只有北人大联合。后来孙传芳正式投靠他以前敌对过的张作霖，那时

---

① 两电文均载《国闻周报》第 3 卷第 35 期（1926 年 9 月 12 日），第 12—14 页。

② 致李根源书，1926 年 9 月 4 日，《近代史资料》总 36 号，第 149—150 页。

③ 全浙公会通电，《晨报》，1926 年 9 月 10 日，第 3 版。

④ 参见《申报》，1926 年 12 月 26、28、30、31 日，《年谱》下，第 881 页。

还支持孙的刘厚生和丁文江劝其考虑南北之间的选择,孙答复说:"我宁可啃窝窝头,不愿吃大米饭。"① 仍明确其北人的认同,不能站在南方一边。这恐怕也是导致章太炎沉默的原因之一。②

　　当此参与政治而诸事不成之时,章太炎对湖南省议长欧阳振声(骏民)所说"但恨学识未周,无以应变"一语,"甚有同感"。但他的"补天回日之志,竟不能灰。天生我辈,使为终身无伸眉喜笑之人,亦未尝怨尤也"。太炎知道,"吾今所行,亦负谤议,要之自抚素心,可质天地,则謷言不足恤也。但苦主兵者不能尽听吾言,乃令丁零群丑,轶荡中原"。他似乎早已知其所谋难以扭转世运,在几年前就作一印云"亚父者范增也",此时更知"恐终身遂与此翁同揆"。③

　　不过,范增也须遇到项羽一类人主才可稍有作为,而北伐时"反赤"一方的"群帅"是否有项羽一类人物已很难说,关键在于他们并不准备像项羽用范增一样任用章太炎。恐怕这些军人更多像当年的张謇一样,视太炎为不能从事实际政治的"文章士"而加以利用。太炎对此也有所了解,他其实知道他的主张不可能全为军阀所接受。还在1926年6月,他作《通告及门弟子》书说:"果有匡时之志者,当思刘晔有言:昏世之君不可赎近。就有佳者,能听至言,十不过三四。量而后入,不可甚亲,乃得免于常缧。昔人与汉高、句践处,功成便退。若遇中材,一事得就,便可退矣,毋冀功成也。入吾门者,宜视此。"④ 可知章氏原来期望也不高,不过士的责任感使他必须出来说话。而且太炎也并不

────────────

① 参见傅斯年:《丁文江一个人物的几片光影》,胡适等:《丁文江这个人》,台北传记文学出版社1967年版,第110页;胡适:《丁文江传》,海南出版社1993年版,第97—98页。

② 还有一个章太炎说不出口的因素,即"反赤"方面的最后联合恰伴随着民国法统的终结。1927年6月张作霖在北京任海陆军大元帅,处于局外的郑孝胥立刻注意到:"宪法、约法皆废除,共和民国以今日亡。"见《郑孝胥日记》,第4册,第2149页。这最能凸显宪法或约法在当时的重要象征作用。

③ 复章士钊,1927年1月5日,《年谱》下,第883—884页。

④ 《年谱》下,第870页。章氏这段时期的各类政治活动,皆宜与此文共观。

视"群帅"为项羽,他在 1927 年春的《感事》诗中说道:"天欲亡我非由他,鼍去鳄来当奈何?"[①] 则在其眼中,南北双方当政者均不过一丘之貉也。

到 1927 年,章太炎在其《避地》一诗中,已说道:"肉食嗟乖计,春农待辍耕。生涯吾自拙,恐未饱群生。"而其六十岁的《生日自述》更云:"见说兴亡事,拏舟望五湖。"[②] 既然已有"兴亡"发生,太炎只能由兼善天下转为独善其身,不得不萌生退出政治的江湖之念。北伐军占领江南后,太炎所考虑的重点已是保持"名节"。他对李根源说:"大抵今日不可舍者,尚是名节两字。"故"蔡孑民辈近欲我往金陵参预教育,张静江求为其父作墓表,皆拒绝之。非尚意气,盖以为拔五色国旗,立青天白日旗,即是背叛中华民国。此而可与,当时何必反抗袁氏帝制耶?"他虽然"自恨学行之薄",不能像范桀、王应麟那样足不履新朝之地,但决心"宁作民国遗老"。[③]

五色国旗是章太炎多次强调的民国象征,他认为是否维持这一旗帜决定着后起政权之统治正当性的延续与中断。而国民党虽沿用中华民国的国名,却有意以改旗来区别于原来的"民国",明确其为新朝(济南事件时因外患的紧迫曾几乎导致南北的和平统一,当时也是因为是否换国旗而搁浅,后来张学良终被迫易帜)。故到北伐军即将接收北京之时,太炎仍在强调:"今之拔去五色旗,宣言以党治国者,皆背叛民国之贼也。"[④] 今人或难理解昔人对国旗这样的心态,但观之于同时代的他人,则可能有助于我们的认识。1927 年 5 月,有一个亲北方的俄

---

① 诗载《太炎文录续编》卷七下,《年谱》下,第 888 页。

② 两诗均载《太炎文录续编》卷七下,《年谱》下,第 887—888、883 页。汤先生系《生日自述》诗于 1927 年初,谢樱宁先生以为当系该年年底,说似可从,参见其《章太炎年谱摭遗》,中国社会科学出版社 1987 年版,第 122—124 页。

③ 致李根源书,1927 年 11 月 27 日,《近代史资料》总 36 号,第 151 页。

④ 致李根源书,1928 年 5 月 27 日,《近代史资料》总 36 号,第 153 页。

国人告诉逊清朝廷的郑孝胥说：他在汉口"数月不见五色旗"，到天津则"见之甚喜"。郑氏立刻斥曰："五色旗乃召乱之旗，余将举黄龙旗以灭之。"[①] 可知那一时代的人从不同的侧面确实对此极为重视。

从蔡元培欲请章太炎参与教育一点，可知当时上层国民党元老中一些人仍知太炎的价值，尚欲拉拢之；但中下层的少壮新进，则不肯放过这一曾经"趋附军阀"的士人。1927 年 5 月，上海各团体纪念"五四运动"的大会通过的决议中即有请国民政府"通缉学阀"一条，章太炎名列首位。到 6 月中旬，国民党上海市党部正式呈请中央"通缉著名学阀"，太炎仍列首位。该呈文说：在 5 月的大会时，本希望这些人"悔过自新"，所以并未真正请求通缉，但"近来该学阀等不仅不知敛迹，且活动甚力；显系意图乘机反动，殊属藐视法纪"。所以这次要呈请"迅予实行通缉"。[②]

值得注意的是，章太炎在北伐军获胜前其实先已"敛迹"，并无活动；但两次均名列第二的"学阀"张君劢，倒确实在积极活动。与张同调的梁启超表达出了相当一部分知识精英那时的心态，他说：军阀的末日虽已到，"一党专制的局面，谁也不能往光明上看"。由于"现在军阀们游魂尚在，我们殊不愿对党人宣战；待彼辈统一后，终不能不为多数人自由与彼辈一拼"。[③] 梁启超此时的态度很明确，他不愿认同已失去"天命"或人心的北洋军阀，但又不能同意正在取胜的国民党的政治统治方式。问题在于，像他这类人，在那时有多大的选择余地呢？

---

① 《郑孝胥日记》，第 4 册，第 2144 页。

② 《申报》，1927 年 5 月 5 日、6 月 17 日，《年谱》下，第 888 页。其实这些通缉的请求，很可能也出自国民党中央授意。1928 年 11 月章太炎又忍不住攻击孙中山和三民主义时，国民党上海市三区党务指导委员会在其新的要求通缉章太炎的呈文中说：北伐军占领江南后，章逆太炎"匿迹沪滨，当时中央曾有通缉之议，后以该逆将就木，不欲诛求；冀其闭门悔过，不复为军阀傀儡"。文载《申报》，1928 年 11 月 21 日，《年谱》下，第 897 页。可证通缉之意，原出自中央也。

③ 梁启超给孩子们书，1927 年 1 月 2 日，《梁启超年谱长编》，第 1107 页。

对相当数量的新老知识精英来说，20 世纪 20 年代实未出现一个足以使其从内心折服的政治力量。他们在此期间的心态，大约可以"两害相权取其轻"来形容。这些人在不同时候的政治选择，多少都有不得已而为之的感觉，前述章、梁在"五卅运动"时所选择的立场就是一个典型的例子。后来各类上层读书人在南北之间或亲南或亲北，恐怕都基于类似的心态（当然，同样是两害相权取其轻，何者为"重"、何者为"轻"，对不同的人来说却极不一样）。

据沈刚伯回忆，1926 年 9—10 月间胡适在英国大说国民党的好话，也是因为他本人虽然"反对武力革命同一党专政，但是革命既爆发，便只有助其早日完成，才能减少战争，从事建设。目前中国所急需的是一个现代化的政府，国民党总比北洋军阀有现代知识。只要他们真能实行三民主义，便可有利于国，一般知识分子是应该加以支持的"。[①] 这就是一个典型的表白。

共产党人陈独秀当时也有类似的心态，他在 1926 年 11 月说："与民众合作的军事势力，即不幸也形成军事独裁的局面，他们的军事独裁，比北洋军阀的军事独裁总要开明一些。"虽然他也知道，开明的军事独裁"至多只能造成统一的中国"，而"不能造成民主的中国"，但总觉稍好。[②] 很明显，胡、陈等人希望一个由武力统一的中国可以更快地结束战乱的局面，从而或者开始现代化的建设（胡适的希望），或者走向共产主义（陈独秀的希望）。

梁启超虽然预见到了"党化政治"不易为知识人所接受的一面而准备"一拼"，他在国民党开始"清党"后直至北伐军进占北京时却相

---

① 沈刚伯：《我所认识到的胡适之先生》，转引自胡颂平编：《胡适之先生年谱长编初稿》，第 2 册，台北联经出版公司 1990 年修订版，第 664—665 页。

② 陈独秀：《革命与武力》，任建树、张统模、吴信忠编：《陈独秀著作选》，第 2 卷，上海人民出版社 1993 年版，第 1144 页。

对沉默。"清党"时的杀人或有一定的威慑作用，同时恐怕也因为任何人都不能不承认国家统一的现实（虽然当时的统一在一定程度上还是名义大于实际，新中央政府仍不断受到挑战）。在一般人基于各种心态盼望统一之时，向新的中央政权进攻可能意味着全国性混乱的重新出现。胡适后来曾说，北伐时期的国民党曾经成为中国"一个簇新的社会重心"[①]，许多知识精英之所以勉强接受国民党新朝，或者就是想给国民党一个尝试统治的机会。稍具讽刺意味的是，梁启超不及充分体会"党化政治"就突然逝世，而曾经主动趋近国民党的胡适，竟然继承了梁的"遗志"，真与国民党有过"一拼"。可知当北伐之时，现代知识人胡适对于实际政治的认识，到底不如更传统的士人梁启超看得深透。

对国民党北伐后的"党化政治"，许多新旧读书人都曾有程度不同的负面反应（也有不少趋附者）。但自定位为"民国遗老"的章太炎，对新政权的态度基本是传统的，即不承认、不认同、不合作；"遗民"意味着不再有"国士"的责任，对"党化政治"这样的新朝之事，太炎几乎没做什么公开的反应。

其实章太炎一直心不能静，总有怨愤之感。他"研寻理学家治心之术，兼亦习禅"，以释"忿心"；但"遇事发露，仍不能绝"。在一次集会上终忍不住，说"孙中山之三民主义，东抄西袭"，改变频仍；到后来已成为"联外主义、党治主义、民不聊生主义。今日中国民不堪命，蒋介石、冯玉祥尚非最大罪魁，祸首实属孙中山"。他进而攻击说：国民党"现在说以党治国，也不是以党义治国，乃是以党员治国"。他们与袁世凯一样，攫夺政权后对外仍用中华民国名义。"袁世凯个人要做皇帝，他们是一个党要做皇帝。这就是叛国。叛国者，国民应起而讨伐之。"结果致使上海的国民党机关再次要求中央"即日训令军警机关通

---

① 胡适：《惨痛的回忆与反省》，《独立评论》第18号（1932年9月18日），第11页。

缉”章太炎，“实为党便”。①

　　然而，到“九一八”之后，在严重的外患面前，任何真正关怀国是的读书人都只能将个人和派别的意气暂时搁置一旁。胡适到1930年时对国民党的攻击本已缓和，但仍未放弃。他在那年所写的中古哲学史中有一句话颇能表明其心态：“革命成功之后，统一专制之局面又来了，学术思想的自由仍旧无望。”② 但他到“九一八”之后，却逐渐从停止批评政府转到认同于政府的立场。③

　　国民党在国难时所表现的无能及失去借攘外以安内的机会，在当时是世所共见。连服务于逊清朝廷的郑孝胥都注意到：“蒋介石返南京，对日本抗议；张学良令奉军勿抵抗。党人鼠胆，又不知立国之则。对此敌国，何谓抗议？应给护照与日本外交官，限三日出境；日本商民限一星期出境。然后敛兵待敌，犹可立国。不观比利时之抗德耶？”④可知国民党的不抵抗，即使在策略上也不为时人所认可，而“党人鼠胆”确是相当一部分人的认知。

　　山西太原县一个以“清代遗民”自居的前清举人刘大鹏，早在济南事件后就认为“革命军不敢往征”，不足以“服民之心”。“九一八事变”发生，刘即指责“斯时之军阀只是内讧，并不问蛮夷猾夏”（老乡绅也称国民党军人为“军阀”，饶有意趣）。此后差不多每月18日前后他

---

① 《申报》，1928年11月21、22、25日，《年谱》下，第897—898页。有意思的是，国民党上海市三区党务指导委员会在要求通缉章太炎的呈文中说：如果无知识的文盲不了解三民主义，尚可谅解。但“章逆既为知识阶级”，居然“不了解本党暂代国民执行政权，迨训政后政权还政人民之深意”，复有“诋毁总理”及投靠各军阀“谋以阻抑本党势力发展”这样的“历史上反革命之铁证”，所以确应通缉。

② 张元济当时即注意到胡适此语系借历史浇自家块垒，张元济致胡适，1930年4月16日，转引自耿云志：《胡适年谱》，四川人民出版社1989年版，第179页。

③ 参见罗志田：《再造文明之梦——胡适传》，四川人民出版社1995年版，第359—360页。

④ 《郑孝胥日记》，第4册，第2342页。

都要记载倭寇占东三省已多少个月，并指斥政府仍不敢征讨日寇。到 1933 年 2 月，日寇犯热河甚急，已闻有官兵调防，刘氏仍视东北失地为国耻。他说："党人内讧不息，因将东三省甘心舍弃，不思恢复，此亦中国大可耻者。"[①]

值得注意的是，此时刘大鹏已放弃"清代"和"民国"的区分，而基本以"中国人"为其身份认同。这也有个过程：刘氏初闻日本人将迎宣统帝复辟，还以为是"上天所命"，略有欣喜之意；后听说宣统帝仅以"执政"身份登位，已无欣喜之情。到确知宣统帝为"满洲国"政府之"执政"时，已并不因前皇帝登位而认同于"满洲国"，反担心宣统帝"受日寇之累"；此后即再也未见其以清遗民的口气记事。到 1938 年听说伪"华中维新政府"成立时，刘氏终自认"予已成为亡国奴"，已完全认同于前所不承认的"民国"了。[②] 其实，在刘氏每月指责中央政府不抵抗或不征伐日寇时，实已默认"民国"的政府为中国的政府；即使在他对传言中的清室复辟于东北尚存庆幸之时，他也始终明确东三省尚为日寇所"侵占"。在真正的外患之下，中国内部"朝代改换"的意义已被淡化了。

类似的情形也发生在章太炎身上。严重的外患使他面临一个身份认同的挑战：作为"民国遗民"，他可以不认同国民党政府；作为中国人，他却不能忽视国家这一实体正在遭受侵略这个现实。与刘大鹏一样，太炎最恨政府不抵抗。他私下反复陈说："奉、吉固不可恢复，而宣战不得不亟。"若我辈处此局势，"唯有一战。明知必败，然败亦不过失东三省耳。战败而失之，与拱手而授之，有人格与无人格既异，则国家根本之兴废亦异也。"为当局计，也只有一战，虽战败而死，也"足以赎

---

　　① 刘大鹏：《退想斋日记》，山西人民出版社 1990 年版，关于 1928 年，参见第 377、382 页；关于 1931—1933 年，参见第 431、433、436、438—444、449、452、456、471、473 页。
　　② 刘大鹏：《退想斋日记》，第 434、442、456、522 页。

往日罪状"。①

但章太炎一开始尚处沉默，一方面因为"遗民"已无"国士"的责任，即使不说话也尚可心安；更主要的是他感到说了也起不了作用。他解释说："东事之起，仆无一言。以为有此总司令、此副司令，欲奉、吉之不失，不能也。"而"欲使此畏葸怠玩者，起而与东人争，虽敝口嗜舌，焉能见听？"他认为蒋介石其人"爱国家不如爱自身，爱自身之人格尤不如爱自身之性命"，实不足与论。这样，"拥蒋非本心所愿，倒蒋非事势所宜，促蒋出兵必不见听，是以默尔而息也"。

"倒蒋非事势所宜"是章太炎关于中外矛盾重于国内政争这个一贯思想的再次表述。这样，当他获悉广东又在另立政府时，特别指出："吾之于人，无适无莫［典出《论语》］。平日恶蒋殊甚，及外患猝起，则谓蒋之视粤，情罪犹有轻重。"若"校论宁粤两方，宁方则秦会之，粤方则石敬瑭也。秦固屈伏于敌，石则创意卖国者。去秦求石，其愚谬亦太甚"。如果北方的冯、阎在此时竟偏袒粤方，"则是记私恨而忘共论"。②有意思的是，此时尚未完全认同于民国的刘大鹏获悉"广东别立政府"，也认为"京、粤仍不一致，可见革命党人毫无心肝也"。③

到1932年1月东三省全部沦陷后，太炎终不能再沉默下去，乃与马相伯等通电促战，并代"国民"立言说："国为四万万人民公器，国民党标榜党治，决非自甘亡国。"各党国首领"倘犹认救国全责，可由一党负之，则请诸公捐助［弃？］一切，立集首都，负起国防责任，联合全民总动员，收复失地，以延国命"。如其不然，"则党已显然破

---

① 本段与下段，章太炎与孙思昉论时事书，1931年10月5日、致马宗霍书，1931年12月7日，《年谱》下，第912、913页。

② 与马宗霍书，1931年12月7日；与孙思昉论时事书，1931年12月28日，《年谱》下，第913页。

③ 刘大鹏：《退想斋日记》，第434页。

产，亦应即日归政全民，召集国民会议，产生救国政府，俾全民共同奋斗"。若国民党不能立即"决大计以谢天下"，则不甘坐毙的人民"恐有采用非常手段、以谋自救救国者"。几天以后，他又与张一麐等联名通电，再申"国家兴亡之事，政府可恃则恃之，不可恃则人民自任之"。①

不过，刚打破沉默的章太炎，立场还有些超然于政府。但随着国难的日趋严重，到1932年春他北上平津活动抗战时，记者问及他对党治的意见，章氏回答说："余之反对一党专政，实感觉国民党党内人材太少"，现在"国难严重已届万分，此种问题，可搁置不谈。惟希望现时政府，日渐有力，以应此危急存亡关头"。② 在外患面前，即使"拥蒋非本心所愿"，太炎也不得不"搁置"其与国民党不同的政见，公开表明对中央政府的支持。

太炎此时的心态，在他1933年春一次题为"历史之重要"的演讲中吐露得很清楚。他一如既往地主张"不读史书，则无从爱其国家"；但更主要是强调了当时读史的特殊性："昔人读史，注意一代之兴亡；今日情势有异，目光亦须变换：当注意全国之兴亡，此读史之要义也。"③ 正因为这"全国"大于"一代"的时代"要义"，太炎才能放弃对以五色国旗为标帜的"民国"的追思，而将其爱国行动落实到国民党"党治"之下的整体中国之上。在国家面临严重的危难之际，章太炎终于走出遗民心态，回复到其惯有的"国士"立场上来。

（原刊《历史研究》1997年第6期）

---

① 《申报》，1932年1月15、22日，《年谱》下，第915—917页。
② 《大公报》（天津），1932年3月8日，《年谱》下，第919页。
③ 《年谱》下，第930页。

个人与国家：
北伐前后胡适政治态度之转变

近代中国以"革命"的多而频著称。美国汉学家费正清在主编了《剑桥中国史》第10—15卷后，又根据这六卷大书写了一卷本的1800—1985年的中国简史，即命名为《中国大革命》。[1] 实际上，近代以来的历次中国革命，确有两次被时人称作大革命，一次是前些年的"文化大革命"，另一次就是以北伐战争而知名的国民革命。不论从什么角度看，北伐无疑是中国近代史上最重要的转折时期之一。出生于苏州的美国传教士费吴生（George A. Fitch）在1927年春致友人的一封信中说：北伐战争不仅是像美国南北战争一样的内战，而且是"集法国大革命、工业革命及文艺复兴于一身"的大运动。[2] 换言之，北伐时的国民革命同时集政治革命、社会革命、思想革命于一身。费氏的说法或不免有夸大处，但却提示了一个理解当时知识人与革命运动关系的取径。如果仔细考察各类知识人在北伐时的态度和作为，确可发现他们并非完全从政治革命的角度去观察、认识和因应国民革命。

据胡适的观察，北伐时期"全国多数人心"都"倾向中国国民党"。[3]

---

[1]　John K. Fairbank, *The Great Chinese Revolution, 1800—1985*, New York: Harper & Row, 1987.

[2]　该信收录在 George A. Fitch, *My Eighty Years in China*, 台北美亚出版公司1967年版，第54页。

[3]　胡适：《惨痛的回忆与反省》，《独立评论》第18号（1932年9月18日），第9页。

这里的多数人,应该是指以城镇为中心的知识人和边缘知识人,也就是形成当时人们所认知的"舆论"的主要力量。至于真正占人口大多数的农民,除在南方一些特定的省区主要因地缘文化的因素确实支持北伐外,实在看不出有倾向国民党的气象。但若就知识人而言,胡适的观察大致是不错的。如果再进一步考察,则知识人与边缘知识人的态度也还有区别。在1927年"清党"以前,大多数边缘知识人的拥护北伐和倾向国民党,应无问题。可以说北伐的主要社会基础,就是边缘知识人。可是若论及已树立名声和社会地位的上层知识人,他们对北伐的因应就不那么一致了。[①]

一般而言,已树立地位的社会精英是既得利益者,最不支持任何形式的革命。但民初中国的情形则反是。许多中国知识人,竟因鼓吹、参与或支持革命而先一举得名,继则获得社会承认,或入名大学获高薪教职,或竟直入政界为高官,成为名实俱获的社会精英。更有意思的是,这些知识人在树立地位之后,仍不同程度地或支持或参与文化、思想、社会甚而政治等各种革命。[②] 这个本是奇特的现象竟被视为当然,中外史学界迄今仍未给予足够的重视,这本身就是中国思想史上值得研究的题目。

近代中国知识人与革命的关系,特别是在从社会史的视角看当时文化人如何因应时势及从思想史的视角看文化人的思想如何因应时势等方面,我们的具体研究仍很不够。本文仅选取精英知识人之一的胡适作为考察对象,首先重建他1926—1930年在国外及上海期间与北伐

---

① 参见本书《地方意识与全国统一:南北新旧与北伐成功的再诠释》。

② 我们只要看一下新文化运动时期的北大,从校长蔡元培到陈独秀、胡适等教授,便可见此情形之一斑。这一方面体现了"士为四民之首"的观念在民初的"落日余晖",同时也表明北洋的统治多少还有些中国式的"民主"(即所谓"民有,士治,民享"式的士大夫民主)。参见罗志田:《中国文化体系之中的传统政治统治》,《战略与管理》1996年第3期。

关系的基本史实，并通过对此的分析，在进一步了解胡适本人当时的政治态度和政治思想的基础上，希望能进一步认识国民革命在社会史和思想史方面的时代意谓，从一个小的侧面为国民革命在近百年中国历史这一大语境中的文化定位打一点基础。

需要说明的是，同为上层知识精英的章太炎、梁启超、王国维和陈寅恪等人，就与胡适的态度有极大的不同；同为新文化运动领导人的蔡元培、陈独秀、李大钊及周氏兄弟等人，也与胡适的态度有相当大的区别（这些人各自也颇不相同）。在山西太原县，已衰落的前地方精英（清举人）刘大鹏的观感又非常不一样。[①] 故本文的述与论，只是那时全局的一个不大的侧面。但胡适也是一个有相当代表性的人物，他本人及相当多的自由主义知识人正是他所说的当时"倾向国民党之新气象"的一个组成部分。一般被认为是自由主义知识人代表的胡适对北伐这次大潮，始而主动呼应，继则尖锐批判国民党的"党化"政治，复因民族危机而渐与"三民主义文化"妥协，最终在民族主义立场上认同国民党的统治。对此学术界一直比较重视，已产生出一些颇具分量的研究成果。[②] 但对这一过程曲折多变的特点，特别是胡适对北伐的主动呼应这一段史实，过去的认知似乎还是不够的。

一、从新文化运动到国民革命

只有从超出政治革命的广义视角看国民革命，才能对知识人的因应有"了解的同情"。我在《走向"政治解决"的"中国文艺复兴"》[③]

---

①　参见刘大鹏：《退想斋日记》，山西人民出版社 1990 年版。

②　对胡适这段经历，耿云志先生的《胡适研究论稿》（四川人民出版社 1987 年版）和张忠栋先生的《胡适五论》（台北允晨文化出版公司 1987 版）都有长篇专文论述。近年出现的文章有杨天石：《胡适与国民党的一段纠纷》，《中国文化》第 4 期（1991）；杨天宏：《论胡适的人文主义思想》，《四川大学学报》（哲学社会科学版）1993 年第 3 期。

③　罗志田：《走向"政治解决"的"中国文艺复兴"》，《近代史研究》1996 年第 4 期。

一文中已论证了胡适在相当长一段时期里，曾认为新文化运动从文化运动走向政治运动是合乎逻辑的自然发展，而且他实际上一度同意对中国问题的"政治解决"比他提倡的"文化解决"更切合实际。特别是在北伐进行期间，胡适曾将国民革命包括在他所谓狭义的"中国文艺复兴"即新文化运动之中，"五四"前后是运动的第一阶段，从联俄容共到北伐的国民革命则是第二阶段。将两者衔接起来的就是国民党1923年的联俄容共。"联俄"是向西方学习的最新发展，而"容共"则使国民党吸收了大量受新文化运动影响的青年，从而使国民党承接了"五四"前后的新思潮。[①]

的确，1923年的国共合作使中国整个政治运作状况发生了根本的改变。据胡适自己的思想史分期，前此的思想是以广义的个人主义倾向为主的，所以各政治团体的组织都是松散的；后此的思想是以集团主义为主的；从苏俄借鉴来的组织紧密的政治团体的功能一发挥，中国的政治运作就发生了一个革命性变化。而国共两党在南方的联俄对北方的思想界冲击极大，1925年时苏俄是敌是友的问题曾在北方引起一场大争论。那次辩论实际是以亲国民党的知识人为一方，以所有其他各种"温和"派别为另一方，基本是在高层次的知识人中间进行。争论以《晨报》和《京报》的副刊为主要阵地，与当时北洋军阀的"反赤化"虽然同时，思想上也有关联，却另是一回事。[②]

这次争论很能说明北伐前夕南北在政治军事上虽然对立，但学界思想界所关怀的问题却基本相同，而北京的"亲南方"势力也很大。张奚若当时曾指出，"在今日人人对于这个重要问题不敢有所表示的时代"，《晨报》敢站出来公开发表反对共产和苏俄的言论，"令人非常可

---

① 参见 Hu Shih, *The Chinese Renaissance*, Chicago, 1934;《胡适的日记（手稿本）》（以下简作胡适日记加年月日），1923年4月3日，台北远流出版公司1991年版。

② 此事学术界尚乏研究，原始材料都收在章进编《联俄与仇俄问题讨论集》（上），由北新书局于1927年在北京和上海同时出版。

佩"。① 可知自苏俄宣布废除不平等条约之后(实际上并未完全实行),北京的学界思想界左倾亲俄风气相当盛。同时,这也说明当时的思想界有意要与执政者保持距离,也许正是因为官方在"反赤化",学界思想界就不便站出来反苏俄(心里是否反对则当别论),以这样的"政治正确"来维持自身独立的清流地位,所以《晨报》此举的确要冒"阿附"的嫌疑。

如果细读当时反苏俄一边的文章,可以看到两个明显的特点,一是指责苏俄自实行新经济政策之后,没有能实践真正的"共产"学说,是假共产。这个现象很能体现那时思想界表面上和实际上的"左"与"右"的难以区分。据孙中山 1924 年初的一次讲话,他联俄的一个依据,就是俄国革命已由军事共产主义进步到新经济政策,亦即孙自己的民生主义,这说明是俄国在向他学习,所以应当联俄。② 反观当时梁启超与北方部分知识精英,却以此为苏俄不能实行真社会主义,故不足学的依据,则梁等反比一般认为激进的孙更"左"。二是几乎篇篇文章都不离"卢布"二字,或影射或直言支持苏俄者是因为拿了卢布。当时苏俄确曾拿出不少卢布来支持国共两党,但在思想上亲俄的或撰文支持苏俄的,许多却未必就真能参与分羹(实际上那时北京学界的工资,恰是俄国退还的庚款在支付,倒真是名副其实地在拿卢布)。这种言必称卢布的方式,与新文化运动中反传统者几乎言必称小脚略同,均是先树立一个带象征性的负面形象,然后将其与所攻击者相联系,试图取得不打自倒的效果。

与此同时,1925—1926 年间北京学界因章士钊掌教育部、女师大事件及"三一八"惨案等一系列事件产生了一场持续的斗争,是新文化

---

① 张奚若:《苏俄究竟是不是我们的朋友?》,《晨报副刊》,1925 年 10 月 8 日,第 1 版。

② 参见孙中山:《民生主义和共产主义之界线》,转引自《中华民国建国史讨论集》(台北,1981 年),第 2 册中黄季陆的发言,第 416 页。

人分裂的一个转折点。其间矛盾甚多而曲折复杂，但有一个明显的特征：以多居住在东吉祥胡同的留英美学生为一方（即所谓东吉祥派），而以主要留日的浙江籍国文系（即所谓"某籍某系"）和留法的北方国民党学人为另一方。这次斗争虽有强烈的政治背景，其中一个主要方面无疑是争夺学界思想界的领导权。[①] 当各校教授宣布与教育部断绝关系时，刚对被驱逐出宫的清宣统帝表示过同情并出席了善后会议的胡适，曾站出来公开反对，结果在北大校内外都与北方国民党学人发生或明或暗的冲突（"某籍某系"中许多人与胡关系较好，无直接的冲突）。胡适自述说，因"李石曾们和我闹"，他于1925年夏南下武汉等地讲演，年底到上海治病，需时较长，"那时我正在生气，就向北大请假几个月，留在上海看病了"。[②]

　　实际上，恰是在南下之时，胡适的思想也受世风的影响，发生了很大的转变，逐渐倾向于他所谓的集团主义之一的民族主义运动。1925年9月他在武昌大学讲"新文学运动的意义"时说："新文学运动，并不是由外国来的，也不是几个人几年来提倡出来的……新文学运动是中国民族的运动。"一年多后在美国，胡适更系统地把他所谓的"中国文艺复兴"定义为"按照我们自己的需要、根据我们的历史传统去制订方案以解决我们自身问题的一种自觉尝试"。[③] 这样一种民族主义的定

---

①　此段重要的持续斗争尚未见较持平而深入的研究。

②　胡颂平编：《胡适之先生晚年谈话录》，中国友谊出版公司1993年版，第259页。胡适与国民党关系虽不深，却早有关联。他早年参与编辑与同盟会有关的《竞业旬报》，也是一个"革命报人"。关于他从1919年到1923年间与国民党人的往来和冲突，详见罗志田：《走向"政治解决"的"中国文艺复兴"》，《近代史研究》1996年第4期；并参见耿云志：《胡适年谱》，四川人民出版社1989年版，第112—113、123页；易竹贤：《胡适传》，湖北人民出版社1994年版，第264—270页。

③　胡适讲、孟侯记：《新文学运动之意义》，《晨报副刊》，1925年10月10日，第2—4版；胡适1927年2月26日在纽约对外政策协会的演讲，见 Forward or Backward in China? Beijing: Peking Leader Press, pp. 5—12。

义,与"五四"前后面向西方的新文化运动相去甚远,但与北伐前开府广州的国民党言论倒有几分相似。

由于趋近"集团主义",胡适在 1925 年时就谢绝了"许多朋友"要他加入"反赤化"讨论的邀请,他表明自己的态度说:"许多少年人[对苏俄]的'盲从'固然不好,然而许多学者们[对苏俄]的'武断'也是不好的。"① 言下之意颇亲近"少年人",因为这些少年人正是加入或亲近国民革命(含国共两党)的五四青年。一年后,胡适自己更大赞新俄,以行动表明他确实倾向和认同于"少年人"而不是"学者们"。结果,胡适的言论甫出,北方即有人认为胡适"表同情于共产",而在南方,胡适的主张则"常称道于人口"。② 这最能说明苏俄问题那时的确是中国士林思想论说的热点。

胡适对苏俄的赞颂有公开发表的文字可复按③,也已为人所讨论,此处对其具体内容不必细述。但有两点值得注意:一是胡适自称这是他"心理上的反动"和精神上"新的兴奋"。也就是说,胡适内心里激进的一面虽然一直存在,却是那时才激发出来。二是胡适明确提出"我们要干政治"的主张,而且是干"什么制度都可以"。这个干法后来证明仍未出议政的范围,但那种要想比过去议得不同的冲动是明显的。《晨报副刊》上一篇署名"伯山"的作者,虽然完全赞成胡适的"新自由主义",却也看出胡适已"明显地流露出不据学理不择方法去干"的倾向,这是有所见的。其实胡适早有此倾向,他在 1922 年做的《后努力歌》里已提出:好社会与好政府、教育与政治、破坏与建设都是互为因果的连环,解开的唯一办法就是努力或干。伯山发现,胡适"近来的精

---

① 胡适:《欧游道中寄书》,《胡适文存》,三集卷一,上海亚东图书馆 1930 年版,第76—77 页。

② 钱端升致胡适,1926 年 11 月 4 日,顾颉刚致胡适,1927 年 2 月 2 日,《胡适来往书信选》(以下简作《书信选》),上册,中华书局 1979 年版,第 406、426 页。

③ 参见胡适:《欧游道中寄书》,第 73—90 页。

神"就体现在"他那'肯干''能干'的豪气"。他挖苦说:"近来青年作文,动辄是手枪炸弹,后面再写上几短行大字,甚至一句话下用三个希望的符号。"[1] 这是影射胡适的《四烈士冢上的没字碑歌》,但的确把握到了胡适那时精神上新的兴奋。

胡适的许多老朋友也觉得胡适的兴奋似太过分,不很能接受。任鸿隽虽然对胡适"精神上的反动"感到"喜出望外",并同意胡适指出的中国人的毛病,"一个是迷信'底克推多',一个是把责任推在外国人身上"。但是他却提出了一个带根本性的问题:"迷信'底克推多'是由不信'德谟克拉西'来的,而现时俄国式的劳农专制,正与美国式'德谟克拉西'决胜于世界的政治舞台,我们若要排除'底克推多'的迷信,恐怕还要从提倡'德谟克拉西'入手,你说对吗? 国内的朋友对于你赞成苏俄的论调发生疑问,也就在这一点。"[2] 但胡适不仅不把责任推在外国人身上,而且把希望寄托在学外国之上,他此时根本就认为新俄比英国更值得中国学习。

徐新六写信说:"兄西游后,政治思想颇多变更,在各处通讯中所见兄之议论,弟赞成者甚多。例如对俄国革命态度之修正,认为对于全世界之大 challenge[挑战],调和稳健即是因循苟且,以及我辈政治活动能力之薄弱,均是无可驳击。"但是他也指出:"俄国革命对旧式社会虽有震撼摧拉之力,我辈亦不能见其力大而即以为是。"而"力大"正是新俄对胡适(及其他许多人)的魅力所在。徐氏认为:"俄国革命之特色,一为政治上党治之试验,一为经济上共产之试验。"徐氏显然注意到胡适急于要"干政治"的兴奋,特地提出:"我辈当平心静气研究此二点之是否,以及对于我国此时是否为对症之良药。如其不然,当研究

---

① 伯山:《与适之先生论"干"并及新自由主义》,《晨报副刊》,1927年1月6日,第3—4版。

② 任鸿隽致胡适,1926年12月8日,《书信选》,上册,第411—412页。

出一方案来，徒为消极之anti［反对］，确是无聊的。弟所希望于兄者，对于政治如未用过上述几层工夫以前，不必急提方案，而却不可不苦用一番工夫，或可终于提出一个方案。"① 徐氏的问题实际是：对"共产"和"党治"，中国究竟学不学？如果不学，又学苏俄的什么？而胡适主张学的，恰是俄国人肯"干"的认真精神。

　　从主张"好人政治"到为苏俄唱赞歌，胡适观念的变化是巨大的，而他游欧时眼见苏联的气象是一个关键。正如徐志摩所说："你一出国游历去，不论你走到哪一个方向——日本、美国、英国、俄国，全是一样——你总觉得耳目一新，精神焕发……除非是白痴或是麻痹，谁去俄国都不免感到极大的震惊，赞成或反对他们的政治或别的什么另是一件事，在那边人类的活力几乎超到了炙手可热的度数，恰好反照我们这边一切活动低落到不可信的地位。"②

　　的确，近代中国士人个个都盼望中国强盛，而苏俄正提供了一个由弱变强的新模式，故俄国的兴起对任何中国知识人都具打动人心的作用。而且，"新俄"对中国人的吸引力是多重的：国民党人和共产党人或者看到的是革命夺权的成功，自由主义者看到的恐怕更多是夺权后的建设和"改造社会"的措施。苏俄真正打动胡适的，大约即是一个法国人告诉他的："俄国最大的成绩是在短时期中居然改变了一国的倾向，的确成了一个新民族。"这正是胡适毕生想在中国实现的最高目标。所以他对此感叹道："这样子才算是真革命。"后来的历史表明苏俄有那样的改变有"神话"的色彩，但当时持胡适那样看法的不在少数。③

①　徐新六致胡适，1927年1月12日，《书信选》，上册，第419—420页。
②　徐志摩：《一个态度及按语》，《晨报副刊》，1926年9月11日，第2版。
③　张忠栋先生认为，胡适在1927年初从欧洲到美国后，即扫除他对苏俄的兴奋，再度认定美国的价值（《胡适五论》，第37页），此说并为其他一些学者采纳。其实胡适自己到1930年仍断言：苏俄与美国"这两种理想原来是一条路，苏俄走的正是美国的路"。他也说过他对新俄的梦想一直持续到20世纪40年代。说详罗志田：《胡适与社会主义的合离》，《学人》，第4辑（1993年7月）。

　　具体言之，胡适对新俄的赞颂表明了他的政治选择，即站在"少年"一边。在一般人心目中因参加善后会议而认同于北洋政府的胡适，此时实际上已站在国民党一边了。胡适对国民党的好感，大约也产生于 1925 年南下武汉时。那时他碰到了刚从广州回来的刘文岛，据胡适的日记，刘氏"很夸许蒋介石等的设施，说他们不是共产派，只是一班新军人想做点整顿的事。他们很能保护商人工人，想做到安居乐业的地位。俄国人只有军事上顾问的事，并不干预政治。广州近来很有起色，学生军纪律极好，很有希望"。这些正是胡适愿意听到的话（也可能他只记下了他想听的话）。他知道刘文岛"本是反共产派的人"，所以觉得刘的话"是很可注意的"。但他不知道刘是代表唐生智去与广东谈联合，此时当然要说广东方面的好话。从这时起，胡适在南北之间已开始明显倾向于南方。到次年他离开中国时已预计"吴佩孚三个月倒，张作霖六个月倒"。[①]

　　但对胡适影响最大的，大概是他的几位美国朋友。1926 年 3 月，胡适在上海见到了他的老朋友、美国《国民》杂志的记者根内特（Lewis S. Gannett）。那时根内特刚访问了广州将回美国，胡适与他"谈得很多"，想必从他那里得到很多"亲国民党"的叙述。另外，胡适在上海期间也见到他很熟的朋友索克思（George E. Sokolsky）。索克思是美国记者，曾任孙中山的秘书，对国民党内情甚悉；他与鲍罗廷极不相得，但在南北之间显然支持国民党。胡适与这两人的谈话因无日记可征，不得其详。但他在 1926 年 10 月 14 日在英国见到武汉圣公会主教吴德施（Logan H. Roots）的儿子小吴（John McCook Roots），畅谈广州情形。小吴于是年夏天也曾访问广州，会见了不少国民党要人，胡适认为他的观察与根内特和索克思所述"大致相同"。故从小吴所说，大略可

---

　　① 胡适日记 1925 年"南行杂记" 10 月 5 日条，1926 年 9 月 3 日。

知前两位的观感。而根内特和小吴又都曾将其所见撰写系列文章在美国发表，其中前者尤多，不久即结集成书由《国民》杂志出版。他们的意见，也可从这方面检核。①

胡适最关心的是鲍罗廷和蒋介石的情况，这不仅因为这两人恰是广州最有实权者，而且因为"广州的领袖人才，我略知其大概。只有介石与 Borodin 我没有见过"。小吴告诉他：鲍罗廷"极有见地，极有勇气；广州人士谈及他，无不竖起大拇指称赞他。……［他家］终日有人来请教"。小吴只见到蒋几分钟，但转述鲍罗廷的话说，蒋是一个好革命家。这些内容与根内特和小吴公开发表的言论是相符的。胡适同意鲍罗廷是"奇才"，并"很盼望［宋］子文诸君在他的训练之下能有大长进。只怕广州诸人之中，无一人能继 Borodin 之后"。对于蒋介石，胡适最关心的是他"可算得政治家吗"？这一点，可惜小吴"不能答"。胡适以为："介石能在军事上建功，是无疑的。但他有眼光识力做政治上的大事业吗？此事我很关心。我深盼他能有政治上的手腕与见解。"② 可以看到，胡适的态度和倾向已很明显。

二、主动呼应国民革命

从 1926 年 11 月起，胡适开始在英美两国"谈政治"。在一系列的谈话演说中，胡适强调中国当时的根本问题是新旧两个中国之争。他

---

① 胡适日记 1926 年 8 月 23 日、10 月 14 日；并参见 Lewis S. Gannett, *Young China*, rev. ed., New York: The Nation Inc., 1927; John McCook Roots, "Chinese Head and Chinese Heart", *Asia* (Feb. 1927), pp. 91—97, 157—160; "The Canton Idea", *Asia* (Apr. 1927), pp. 285—288, 346—352; "Sun Yat-senism", *Asia* (May 1927), pp. 361—365, 436—441。

② 胡适日记 1926 年 10 月 14 日。根内特对鲍罗廷和清党以前的蒋介石的看法都与此相同，特别是对蒋，连提的问题都相同。他认为蒋有理想，有军事能力，但怀疑蒋能否与人很好地合作，尤其是担心他能否接受文人领导而不是谋求建立个人权威。这些顾虑，与宋子文颇相同，也很可能是受了宋的影响。只是在"清党"之后，根内特才写过攻击蒋的文章。不论他和胡适是谁影响谁，他们显然是讨论过这些问题。参见 Lewis S.Gannett, *Young China*, pp. 27—31。

以为，"辛亥革命"后十五年的民国完全是个失败，但那只是"旧中国"的失败，因为"新中国"在此期间并无权势，当然也不对失败负责。在某种程度上，胡适暗示，这与西方倒不无关系：因为西方又要中国现代化，又要中国保持传统中的优秀成分。这是胡适跑到罗素的老家去反击罗素在中国的言论。他继而挖苦说，西方人又何尝懂得他们想要保存的中国传统这些优秀成分呢！[①]

在南北政府之间，胡适明确站在南方一边。他一开始就告诉英国人，南北之争的结果必定是南方取胜，因为南方军队有理想，而南方政府则是中国最好也最有效率的政府。更重要的是，南方的事业得到中国人民的同情。南方也并未赤化。实际上，中外报纸关于"赤化"和"讨赤"的标签都不符合历史事实。目前的战争不过是吴佩孚和孙传芳以"讨奉"为口号的战争的继续。

胡适特别注意在中外关系上为国民革命正名。他劝西方人不要太在意中国人的排外，特别是非基督教举动；因为中国人同时也在进行反孔教和道教的行动，这一切只不过是新旧之争这一大冲突的组成部分，是正常的现象。与他在国内常常强调中国的问题不应都归咎于帝国主义相反，胡适在英国明确谴责不平等条约。他同时告诉英国人说：中国青年跟着俄国跑不是因为俄国人会宣传，其根本原因乃是不平等条约，而列强在中国维护条约的行为恰起到替俄国宣传作证明的功效。胡适强调，中国当时的"赤化"是民族主义，而不是"俄国主义"。那时中国的三个主要政党——国民党、共产党和国家主义派——在要求中国的民族自决权一点上是一致的。

---

　　① 本段及下多段均参见胡适 1926—1927 年间在英国和美国的演讲。最重要也最详细的是 1926 年 11 月 9 日在英国皇家国际事务研究院的演讲，刊在 *Journal of the Royal Institute of International Affairs*, VI: 6 (1926), pp. 265—279, 和前引在纽约对外政策协会的演讲，并参见胡适日记，1926 年 10 月 8 日、14 日，11 月 2、4、26 日。以下凡有关胡适在英美演讲的内容不再注出。

胡适对英国人提出一个对付他们的老对手俄国的办法,即釜底抽薪,主动与中国修订不平等条约。1927年到美国后,他又劝告美国人说,正确的事情还必须在正确的时候做;美国当年归还庚款即是好事做在好时候,如今中国人切盼美国能带头支持修订不平等条约,美国人应抓住这一心理时机。胡适对英美感情大不相同,他的确期盼他寄予厚望的美国能在修约一事上采取主动。

但胡适的呼吁并不能在"实际政治"层面打动西方人。确切地说,胡适在西方人心目中,主要仍是代表中国思想文化界的一个象征,他的影响大约也多在这一范围之内;对"实际政治"层面的西方人来说,胡适大概也没有多高的地位。这既增加了胡适这类中西边缘人在中国的尴尬,也使他们对西方暗中失望。1928年3月,有个传教士对胡适说:"此时中国需要一个英美式的鲍洛廷。"胡适略带挖苦但又不无怨望地告诉他:"可惜英美国家就产不出一个鲍洛廷。"[①]鲍罗廷象征着主动宣布废约的新俄,这一点英美却做不到。

但是鲍罗廷的象征不止于此,他还给中国人带来了苏俄政党那种善于组织的功夫,这是胡适最为推崇的。胡适告诉英美听众:西方虽然给中国带来了现代科学和文明,但迄今为止中国人仅得其皮毛,并未真正学到什么东西。只是通过苏俄对国民党的援助,中国人才第一次学到了一些实质性的内容。胡适是把苏俄视为西方的一部分的(西人自己对此有歧议)。他称赞俄国人帮助国民党人把一个老旧的政党在新的基础上组织起来,而国民党人学到的俄式西方组织功夫,是中国人向西方学习以来学到手的第一项真本事,具有里程碑的重大意义。

胡适高度赞扬国民党的军党一体化制度,他认为,各级部队设党代表和"全党也多少在军事纪律约束之下"使国民党的军队和政党"实

---

　　① 参见胡适1926—1927年间在英国和美国的演讲。引文见胡适日记1928年3月24日。

际上已成一体,至少也是连锁式地结合起来了"。这一点,胡适认为是
"极为卓著而且重要的"。其结果,"这样组织起来的军队当然要打败
［北方］没有组织的军队"。近代以来,士人多对中国人不善于组织而
常为"一盘散沙"所痛心疾首。正是因为所痛极切,自由主义者胡适才
可能这样称赞一种显然与自由主义精神很不相合的集权"组织方式"。
在此心态下,胡适理直气壮地告诉英美听众:当时俄国在中国的影响
"完全是健康的",鲍罗廷也是受中国老百姓欢迎的。

有意义的是,胡适特意把孙中山的《建国大纲》、《三民主义》和
《五权宪法》等内容择要正面介绍给美国听众,他强调孙的这些思想不
但不受俄国的布尔什维主义影响,反倒是在盎格鲁-撒克逊种族的民主
自由传统影响之下(这里面的许多内容,正是两年后胡适将进行大肆
攻击,指斥其不民主不自由者,详后)。从表面看,胡适的言论多少有
些矛盾:一方面,他强调苏俄在中国的影响是健康的;另一方面,他又
尽力辩称国民党孙中山并不怎么受苏俄的影响。但只要将这个矛盾纳
入胡适所说的"苏俄走的是美国路"这一思路中,就可自然得到化解。

更因国民党在"容共"时吸收了大量趋新青年,胡适把国民革命视
为新文化运动的一个新阶段,纳入他此时所说的"新中国"的一部分。
这样,胡适与联俄容共的国民党就已成为一体。但这显然与胡适过去
的认知有所不同,对此胡适也有解释。他于1926年11月25日给丁文
江的信很能表明他那时的态度。胡适分析当时中国的大局说:"今日之
事只有三条路:一是猛烈向前;二是反动的局面;三是学术思想上的大
路(缓进)。我们即［使］不能加入急进派,也决不可自己拉入反动的
政治里去。"[①] 这是在规劝丁氏,但胡适自己有意"加入急进派"的倾向
是明显的。

---

①　信的摘要见胡适日记1926年11月25日。

如果说此时胡适似乎还留恋缓进的大路,不久他更进一步表示,几年的内忧外患表明,不仅谈政治不可避免,甚至积极从事政治也不可避免。特别值得注意的是,胡适此时公开承认:"我们过去试图避开政治恐怕是错误的。归根结底,新的政治运动恐怕并非像我们过去设想的那样不成熟。"胡适进而指出,国民革命运动是中国唯一有希望外抗强权内除军阀的运动。他预计国民革命如果不给中国带来一个根本的解决,至少也是一个转折性的解决。但他认为更可能是一个根本的解决。

从不久前还在出席善后会议到认同于联俄容共的国民党,从坚信从思想文化入手再造文明到承认自己避开政治的错误并欢迎国民革命的政治解决,胡适迈出的步子已经够大了。当然,胡适的这些表态都还有些"犹抱琵琶半遮面"的味道,一般人并不能充分理解。更何况北伐初期胡适的朋友丁文江正在上海为军阀孙传芳效力,结果,正当胡适在英、法等国大说国民党和北伐的好话时,在巴黎的国民党支部却散发传单要旅欧同胞"监视这孙传芳的走狗胡适之来欧的一切行动"。[①]

就在胡适在英美为国民革命大做宣传后返国的同时,革命运动本身却发生了很大的变化。1927年4月的"清党"标志着国共两党的正式分手。有意思的是,那时在不同的地方及政治主张不同的人对同样的现象有几乎完全对立的看法。在上海的高梦旦认为:"时局混乱已极,国共与北方鼎足而三,兵祸党狱,几成恐怖世界,言论尤不能自由。"而在南方的前北大学生、那时与国民党比较接近的顾颉刚则说:"广州气象极好,各机关中的职员认真办事,非常可爱。"[②]高、顾二人写信的时间相差只有两天,见仁见智,相去何止天远。但彼时已开始"清

----

① 胡适 1926 年 9 月的日记中收藏有一份以"警告旅欧华侨同胞"为题的传单,落款是"中国旅欧巴黎国民党支部"。

② 高梦旦致胡适,1927 年 4 月 26 日,顾颉刚致胡适,1927 年 4 月 28 日,《书信选》,上册,第 427、430 页。

党"杀人,一般知识人对此极少有不反对的(许多人不公开反对,心下也极痛恶)。而身在国民党统治区域的顾氏竟视而不见,以为"气象极好",可知他那时的政治倾向性非常明显。几年前曾与胡适同游杭州的旧识任百涛在约一个月后告诉胡适:"西湖目下的空气,着实没有从前清新了。"[①]所见虽不似高梦旦那样差,与顾氏所见,终大不同。

的确,顾颉刚曾向胡适建议说:"先生归国以后似以不作政治活动为宜。如其要作,最好加入国民党。"顾一面警告老师:"如果北伐军节节胜利,而先生归国之后继续发表政治主张,恐必有以'反革命'一名加罪于先生者。"他同时婉转进言说,胡适最近"主张我们没有反对俄化的资格,这句话也常称道于人口"。可见由于胡适对国民党的赞颂主要是在海外以英文发表,在国中当权的国民党人并不十分领情。他们所知道的,仍是胡适上一年发表的赞颂苏俄的文字。问题是,国民党各实力派此时正先后与苏俄断绝关系,胡适这个称赞的分量不但大大减轻,恐怕还有适得其反的可能。故国民党内虽有郭泰祺等少数人曾提出委胡适以重任,后均无下文。倒是胡的老朋友高梦旦也警告胡适说,在此无言论自由的时代,"吾兄性好发表意见,处此时势,甚易招忌",不如暂居日本。[②]

但胡适仍决定回国。美国左派记者斯特朗当时与胡适同船从日本到上海,她记录下来的胡适谈话从一个侧面提示了胡适自己在那时的看法:胡适当时显然为两湖地区的工农运动所困扰,而且他对时局的发展也还有些疑虑。不过,胡适也指出,他的朋友多数是站在南京方面的,虽然这些人充满怀疑,对前途很不乐观,但南京看上去会赢得这场斗争(这大约既指宁汉之争,也指南北之争)。胡适本人则对三位信奉

---

① 任百涛致胡适,1927年5月23日,《书信选》,上册,第433页。

② 顾颉刚致胡适,1927年2月2日,高梦旦致胡适,1927年4月26日,《书信选》,上册,第426、427页。

无政府主义的老知识人(按指蔡元培、吴稚晖和张静江)参加南京政府寄予厚望,因为他们具有得到公众信任的道义影响。胡适相信那时还在宁汉之间徘徊的宋子文很快会加入南京一边。有宋的理财能力、蒋介石的军事才干和三老的道义影响,就可能形成中国有权威的重心;而这一重心的确立即是全国稳定的基础,否则中国至少还要乱十年。①这些观念与胡适散见于其他地方的论述是基本吻合的。

胡适回国初抵上海,即在他住的沧洲饭店与吴稚晖"大谈"。恰值老友胡明复等来探望,知吴在内,坚不肯入。他们对胡适说是不想打断吴的谈话,但也很可能是避而不见那时正支持"清党"杀人的吴氏。那次的谈话,胡适在后来责备吴"以理杀人"时仍"至今不忘"。而所谈的其内容包括吴氏自己真能不要钱,故"最痛恨一般少年人因金钱而不惜作杀人放火的事",大约总与解释吴何以会支持"清党"有关。后来胡适也曾出席了蒋介石的婚礼(可能是因为与宋子文的关系,但仍是一种姿态),并见到吴稚晖,聆听了吴对蒋的吹捧。②

胡适回国约一个月后,负责国民党宣传工作的胡汉民即邀他去南京面谈,胡适以私事未及安顿婉辞。③在那年7月与蔡元培的一次谈话中,胡适正式向新朝进言,提出开"约法会议"的主张。他建议"根据孙中山的《革命方略》所谓训政时期的约法,请三四十个人(学者之外,加党、政、军事有经验声望的人)起草,为国家大政立一根本计划以

<hr />

① 参见〔美〕斯特朗:《千千万万中国人》(*China's Millions, the Revolutionary Struggle from 1927 to 1935*),《斯特朗文集》,第2卷,郭鸿等译,新华出版社1988年版,第30—31页。

② 参见胡适:《追想胡明复》,《胡适文存》,三集九卷,第1221页;胡适致吴稚晖,1928年3月6日,《书信选》,上册,第469页;胡适日记,1928年5月18日。

③ 参见胡汉民与胡适往来信,1927年6月,《书信选》,上册,第436—438页。任百涛说胡适回国之初曾到南京演讲(任百涛致胡适,1927年5月23日,《书信选》,上册,第432页),但任氏或笔误,盖胡适在1928年5月17日的日记说他"一年不到南京,早已招人疑怪"。

代替近年来七拼八凑的方法与组织"。① 这大约是胡适最郑重地向国民党提出的带根本性的建议,虽然理想意味十足,但颇能体现胡适愿为新朝出力的心愿。不过,对"党国"实际政治更具"了解之同情"的蔡元培,很可能根本未将此提议转达实际当权者。

在与另一个前北大学生罗家伦(字志希)的谈话和书信中,胡适认为"国民党今日尚没有公认的中心思想"(实际有没有是另一回事,至少没有胡适所希望的那种中心思想)。但他仍对新当政的国民党寄予厚望。他希望罗家伦"趁此大改革的机会",提议由政府规定公文都用国语。胡适说:"此事我等了十年,至今始有实行的希望。若今日的革命政府尚不能行此事,若罗志希尚不能提议此事,我就真要失望了。稚晖、子民、介石、展堂诸公当能赞助此事。此亦是新国规模之大者,千万勿以为迂远而不为。"② 从"大改革的机会"、"新国规模"等用语及将蒋介石、胡汉民与蔡、吴并列为"当能赞助"新文化运动的目标之一的国语这些思路看,胡适此时对国民党所望甚殷,态度是正面的,且非常积极。

然而,高梦旦所说的"兵祸党狱,几成恐怖世界",并非无稽之谈。北方固然在其管辖境内以捕杀教授学生的方式"讨赤",但主要发生在北京,规模其实不算太大。在南方,先是出现了两湖地区工农运动的"过火",被当时一些中外人士认为是"赤色恐怖";而随后出现的"清党",大量的青年学生在此运动中丧生,被中外人士认为是更可怕的"白色恐怖"。主张反共的美国记者索克思就公开说南京等地"清党"造成的"白色恐怖"更甚于两湖的"赤色恐怖"。③ 周作人当时即指出,

---

① 胡适在 1928 年对正在拉拢他的桂系代表重提此议,但他们"仍很不了解此意"。胡适日记,1928 年 4 月 28 日。

② 胡适致罗家伦,《书信选》,上册,第 503 页。此信选辑的编者以为在 1928 年某时,但以内容看,恐怕在 1927 年,因为胡适到 1928 年时对国民党的观感已不甚佳(详后)。

③ George E. Sokolsky, *Tinder Box of Asia*, Garden City, N. Y.: Doubleday, 1932, p. 341.

"清党"的实质就是"以思想杀人"，这是他"所觉得最可恐怖的"。[①]"恐怖"二字，的确是那时许多人对"清党"的当下观感。

由于胡适除晚年提到他当年曾对"清党"的南京政府表"同情"外，几乎从未对"清党"发表过公开的正式评论，他当时的真正想法只能从其既存的日记和书信中钩索。不过，当时许多趋新的精英知识人，特别是在对其他事件的态度上长期与胡适态度相近的一些人（如《现代评论》的作者、周作人等通常持"温和"态度者以及像吴稚晖这样的当事人）对"清党"的观感，或者对认识和了解胡适看法的形成与转变有所帮助。这些人的观感与胡适未必会相同，但他们的观念向为胡适所重视，他们的书信和公开发表的言论必然引起胡适的关注，因而也就会造成某种程度的"反应"（可以是正面的也可能是负面的）。因此，下文在讨论胡适对"清党"的反应时适当增加一些其他精英知识人的观感，希望通过部分重建当时的语境来增进对胡适这一文本的理解。

三、"白色恐怖"的刺激

对不少趋新知识人来说，更使他们痛苦的毋宁是在新旧之争中的南方新派杀起人来不仅不比旧派的北洋军阀差，而且更有过之。周作人说，过去"普通总觉得南京与北京有点不同"，但许多"青年朋友的横死"，而且大都不是死于战场，却是"从国民党里被清出而枪毙或斩决"，即"死在所谓最正大的清党运动里"，显然提示着南京不仅与北京没有多大不同，在杀人上恐怕还胜过北京。《现代评论》一位署名"英子"的作者说：湘鄂因土豪劣绅之名杀人，北方以三民主义之名杀人，南京以共产党之名杀人，实际上都是"为了政见不同的杀人而杀人"，

---

① 周作人：《谈虎集·后记》，《周作人全集》，第 1 册，台北蓝灯文化公司 1992 年版，第 433 页。

结果是"湘鄂愈杀反共产人，苏粤也愈杀共产党人"。[①]

周作人认为，那时"统一思想的棒喝主义"正弥漫中国，这比"守旧复古"更加"反动"。北方的"讨赤"固然属于"棒喝主义"，南方的"清党"亦然，"因为它所问的不是行为罪而是思想罪"。对周氏这样的新文化人而言，"新派"在负面行为即"以思想杀人"方面超过旧派，隐喻着中国的没有希望（即新的"中国"实际也将是"旧"的，而且更"旧"），这是最令他们痛苦的。略带讽刺意味的是，当在总体上属于新派的国民党也大肆杀人之时，许多反传统的新派人竟不约而同想起了孔孟之道。周作人和《现代评论》那位署名"英子"的作者，都想起了孟子的名言：要使天下"定于一"，则只有"不嗜杀人者能一之"。周作人说："这句老生常谈，到现在还同样地有用。"英子则说："这是一句好像极迂阔的话，可是我们希望革命首领们不要忘记了它。"[②]两人对引用这句"孔家店"的话显然仍略带抱歉之意，但都指出其在当时的"有用"和不能忘。传统在这一特殊情形下不那么理直气壮地"复兴"，其意义真有无数层次。

进而言之，对许多精英知识人来说，本来不太讲规矩的武人嗜杀或"暴民"不珍惜人命，他们虽不舒服，还多少可以"谅解"；但南京治下杀人的厉害，却更令他们难以接受，因为"南京政府的主持者不少思想清楚、眼光远大的人"。如果"与军阀说话是'对牛弹琴'，同暴民说话是'与虎谋皮'"的话，对"思想清楚、眼光远大的人"，就应该有所忠告了。故前引《现代评论》那篇文章对南京提出："我们希望不再见胡乱的杀人、不经正式法律手续的杀人，为了政见不同的杀人而杀人。"

---

① 周作人：《谈虎集·偶感四则》，《周作人全集》，第 1 册，第 292 页；英子：《不要杀了》，《现代评论》第 128 期（1927 年 5 月 21 日），第 463—464 页。

② 周作人：《谈虎集·后记》；英子：《不要杀了》，《现代评论》第 128 期（1927 年 5 月 21 日）。

的确,南京方面正有着正义象征的著名知识人蔡元培和吴稚晖,且两人都在"清党"中扮演重要角色。其中蔡元培或主要是起名义上的作用,吴稚晖则显然比较积极地实际参与其事。《现代评论》另一篇署名文章说,中国这几十年的扰乱,都是政党之争和武人之争。就宁汉的对立言,"武汉派固然不即是共产派,然而却是以共产派为中心的。南京派中虽不无武人专政之嫌,而却是专为三民主义而反共的"。文章特别指出:"南京派中之蒋,我们不敢保他不是新军阀;而蔡孑民、吴稚晖等,我们可相信不是纯为军阀作走狗的人。"[①] 这里的口气虽已不那么肯定,但对蔡、吴仍存基本的信任。

周作人在 1927 年 7 月的一篇文章里挖苦说:"尤奇者,去年一月中吴稚晖先生因为孙传芳以赤化罪名斩决江阴教员周刚直,大动公愤,写了《恐不赤,染血成之欤?》一文,登在北京报上;这回,吴先生却沉默了。我想他老先生或者未必全然赞成这种杀法罢?大约因为调解劳资的公事太忙,没有工夫来管这些闲事罢?——然而奇矣。"到发现吴氏不再"沉默",反而发表赞成言论后,周氏再也忍不住,遂摘去绅士面具,以"十字街头"的方式骂道:"千年老尾既已显露,吾人何必更加指斥,直趋而过之可矣!"周作人所说的是吴氏在 8 月的《大公报》上发表一封致汪精卫的信,说江浙"清党"被杀的人"毫无杀身成仁的模样,都是叩头乞命,毕瑟可怜云云"。周氏在举出也有死得安详从容的例子后,进而谴责说:"吴君在南方不但鼓吹杀人,还要摇鼓他的毒舌,侮辱死者,此种残忍行为盖与漆髑髅为饮器无甚差异。有文化的民族,即有仇杀,亦至死而止。若戮辱尸骨,加以身后之恶名,则非极堕落野蛮之人不愿为也。"[②]

---

① 无名:《从南北到东西》,《现代评论》第 131 期(1927 年 6 月 11 日),第 524—526 页。

② 周作人:《谈虎集·人力车与斩决、偶感四则》,《周作人全集》,第 1 册,第 295、292—293 页。

与吴稚晖有忘年之交的曹聚仁在"清党"时连写三信给吴,要他提醒蒋介石:"这是亲者所痛,仇者所快的悲剧";希望能影响蒋的吴氏不要因缄默坐视而成为社会革命的阻力。"哪知稚老不独不劝阻蒋氏悬崖勒马,反而助纣为虐,帮着上演那出革命大悲剧。"最后,年轻气盛的曹不能不说吴"言行相违,成为社会革命的叛徒,太使我们失望了!"据曹回忆,以往他给吴写信,吴都"一定诚诚恳恳地回答",独有这一次却只字不答。老来气平的曹氏为吴设想,"相信他心里也是十分矛盾的"。[①] 这是有所见的。吴稚晖又何尝没有苦衷,观其后来给胡适的信(详后),也知道杀人不妥。他赞助"以思想杀人",其实大约也就是出自胡适常说的"正义的火气",与新文化人为救亡而不惜反传统的取向正复相类。故吴虽尚有良知,却能行为依旧。

今日能看到档案的人当然知道吴稚晖根本就是"清党"的始作俑者(不过开始时并未主张杀人)。但在当时不了解国民党政治运作内情的一般读书人(特别是身在北方者)的认知中,吴对"清党"的态度有一个从缄默到支持的过程,而这些人对吴由信任、疑虑到失望,更因此而指斥的过程在时间上与前一过程略成正比。正如高君珊在 1928 年 8 月时所说:"吴先生我是素来所拜服的。但最近一年来的行径与前大不相同,如关于陈延年被杀后的所云,如蒋结婚时之捧场演说等等,都大大的损其人格。"[②]

素有名望的知识精英的这类行为,在一定程度上也进一步损毁了民初知识人所凭借的士的余荫。胡适当年出席善后会议已使趋新知识精英在激进青年中的名声受损。他在"五卅事件"后曾劝学生专心读书,不必管这些事,结果汉口《晨报》在 1925 年 10 月 1 日发表社论说,"世所公认为新文化运动之先进"的胡适如此,说明中国的"学者不可

---

① 曹聚仁:《我与我的世界》,生活·读书·新知三联书店 1983 年版,第 308、315 页。
② 高君珊致胡适,1928 年 8 月 23 日,《书信选》,上册,第 491 页。

信,学术不可凭"。① 这或许只代表激进一派人的想法,但其所表达的知识精英与一般人的疏离无疑是存在的。吴、蔡在"清党"中的表现加剧了知识精英退出社会领导位置的过程;边缘知识人能逐步走上政治运动的领导地位,与精英知识人的某些自损形象的行为不无关联。

周作人就说,杀人固然是中国的遗传病,但他"最奇怪的是智识阶级的吴稚晖忽然会大发其杀人狂,而也是智识阶级的蔡胡诸君身在上海,却又视若无睹"。他同时指责胡适以"当世明哲"的身份,却没有起到知识人应起的"社会的良心"的作用。当胡适在上海演说讲到中国还在容忍人力车,所以不能算是文明国时,周作人立即指出:江浙党狱,"清法着实不少,枪毙之外还有斩首,不知胡先生以为文明否?"周氏委婉然而明确地谴责说,胡适"只见不文明的人力车而不见也似乎不很文明的斩首,此吾辈不能不甚以为遗恨者也"。②

其实胡适对吴稚晖的观感也有一个由信任、疑虑到失望的过程。他在归国途经日本时,遇到刚从上海来的哈佛大学教授赫贞(M. O. Hudson)。根据他从宋子文那里得到的看法,赫氏以为国民党的"清党"是一个大反动。不久前还对宋子文的"长进"寄予厚望但其实一向不十分看得起宋的胡适立即反驳说,"清党"反共的举动能得到吴稚晖、蔡元培的支持,这个新政府"是站得住的"。他在日本的其他谈话,也强调蔡、吴"不是反动派,他们是倾向于无政府主义的自由论者,我向来敬重这几个人,他们的道义力量支持的政府,是可以得着我们的同情的"。③ 这些话虽是晚年的回忆,大致是可信的。前述美国记者斯特朗记录下来的胡适观念与此基本相符。

---

① 胡适日记,1925 年到武汉之"南行杂记"。
② 周作人:《谈虎集》之《怎么说才好》《人力车与斩决》,《周作人全集》,第 1 册,第297、294—295 页。
③ 胡适:《追念吴稚晖先生》,《自由中国》第 10 卷第 1 号(1954 年 1 月 1 日),第 5—6 页。

但这只是带有强烈希望色彩的遥远观测,所根据的基本是胡适在日本读到的报纸,到他回国之后,渐明真相,对国民党的看法也就逐渐改变。胡适号称支持国民党的"清党",其出发点主要是基于"蔡、吴是对的"这样一种认知。从根本上言,胡适对北伐的呼应及其对国民党的赞许,很大程度上是因为国民党通过联俄学西方有成效。但与"清党"直接关联的,就是国民党的绝俄,这一举动至少在下意识的层面会影响胡适对国民党的态度。当事实证明蔡、吴这样因"受到公众信任"而具"道义影响"的人也可能因做错事而失去公众的信任故减少其道义影响时,"清党"本身就不可能是正确的了。

实际上,胡适了解到吴稚晖积极参与"清党"后,对他早就不满。1927 年 7 月,吴稚晖在与杨虎论陈延年案的书信中捧杨说:"将军真天人。"胡适读了此语,为之"大生气",认为是吴"盛德之累,中心耿耿,不能释然"达几个月之久。其实吹捧只是生气的一个表面原因,吴在此信中说陈延年"在中国之势力地位,恐与其父相埒"而"尤属恶中之恶",故"必当宣布罪状,明正典刑"。[①] 以当时情形,吴不写此信,陈亦不能免死,但吴写信终有忐忑之心。延年父陈独秀与吴在民初新旧之争中,都属新派,虽各为其党服务,究竟也算有旧交,而吴竟必杀其子以为功,这恐怕才是胡适大生气的真正原因。对此胡适显然是不原谅的。他在 8 月 31 日为《现代评论》上一篇评美国的"萨各、樊才弟的案件"的文章(发表在 9 月)所写的"附记"里说:"我们生在这个号称'民国'的国家里,两条生命算得什么东西!杀人多的便是豪杰,便是圣贤,便是'真天人'。我们记叙萨、樊的案子,真忍不住要低头流愧汗了。"这当然是在挖苦吴稚晖。

1928 年春,胡适作了一次题为"几个反理学的思想家"的演讲,里

---

① 胡适致吴稚晖,1928 年 2 月 28 日,《书信选》,上册,第 465 页;胡适日记,1929 年 3 月 13 日,日记并附有吴稚晖致杨虎书。

面颇赞扬了吴。他并写信给吴说，这篇文章其实早就想写，一则因当初吴"身当政争之冲"，这文章虽然是述学，却"不免被人认作有意拍马屁"；二就因为对上述吴氏吹捧杨虎之事不能释然。胡适说："今日重提此事，不过表白一个敬爱先生的人对先生的一种责望"，希望吴不要见怪。以胡适的细心，当然知道以这样的方式来表白其"责望"，吴不能不见怪，但他终觉此事不吐不快，所以还是要"重提此事"。吴稚晖的回信颇有深意，他说："到了二十世纪，还得仗杀人放火，烧杀出一个人类世界来，那世界到底是什么世界呢？……所以我是狂易了，也破产了，怂恿杀朋友，开口骂朋友，也同那班畜类是一丘之貉罢了，还敢在先生面前忏悔么？"[1] 胡适只说他吹捧杨虎，但吴氏显然知道胡不能释然的是吴"怂恿杀朋友"，故干脆自己点破。

胡适立刻抓住这一机会进一步详陈他"几个月来的疑虑"。他说自己曾在"七月间细想先生所以不出来反对杀人政策的缘故"，并"以私意揣测先生所以痛恨共产党，似犹未免有一分以律己之道律人的意味"。因为吴对"苏俄花大钱制造共产党，不觉大生其气"；自己真能不要钱的吴氏，"最痛恨一班少年人因金钱而不惜作杀人放火的事"。在主动为吴开脱之后，胡适仍指出，即此一分以己之道律人的态度"便可以养成'以理杀人'的冷酷风气而有余"，故吴虽仅"差以毫厘"，仍如他自己所说，已"失之千里"。[2]

在信的最后，胡适再申"此言并非责备先生，不过心有所不安，曾日夜思之"，所以还是要说出来。实则他之所以一再不吐不快，至少半是自解。盖吴赞助杀人之论言犹在耳，而他竟将其捧得甚高，尽管动机如他自述是"借刀杀人"，心里终有几分不安，表态之后，感觉或好受

---

[1]　胡适致吴稚晖，1928 年 2 月 28 日，吴稚晖致胡适，1928 年 3 月 4 日，《书信选》，上册，第 465、467 页。

[2]　胡适致吴稚晖，1928 年 3 月 6 日，《书信选》，上册，第 469 页。

些。一年多后，胡适又读到吴稚晖捧冯玉祥一身"为国家世界社会所托赖"，终觉吴那段时间一再吹捧"武装同志"非出偶然。他说，"恭维人也应有个分寸"，吴的吹捧"未免叫我们读了替他难为情"。把吴看穿后，胡适反觉前年为吴捧杨虎而"大生气，其实似可不必也"。[①] 这里的后悔恐怕是多重的，因为他不久前正将这使人难为情的吴氏提到近世中国反理学运动这一大思想倾向之最后代表的极高地位，如今吴的不争气，未免使胡适替自己也多少有些"难为情"。

胡适对"清党"的实际观感不佳也可从 1927 年夏天他与其他朋友的联络中看到。那时他给在大连的丁文江一长函，谈南方局势，情绪甚差。从上海回到北方的董显光也说胡适"十分的悲观"。丁氏写信给胡适劝解说，对南方的情形，他也了解，但他自己"仍旧不悲观"，并劝胡适"大可不必'忧国忧民'，徒然害自己身体"。丁氏认为："国民党虽能令我们失望，但是我们万万不可悲观，尤其不可堕落。"颇有传统士人之风的丁文江相信："只要我们努力，不要堕落，总不要紧。"[②] 而胡适虽然内心失望，表面仍与有许多朋友在内服务的南京政府周旋，也不时有所努力。这特别体现在他与新政权试图"党化"教育的倾向所做的抗争方面。

四、与"党化教育"的合离

1927 年 10 月，南京政府的大学院长蔡元培请胡适任大学委员会委员之职，胡适给蔡元培写信推辞，说明彼此意趣相左，无法追随。他

---

① 胡适日记，1929 年 3 月 13 日。

② 丁文江致胡适，1927 年 8 月 16、26 日及一无日期信，《书信选》，上册，第 440、441、454 页。曾服务于北洋派的丁文江对南方的内乱并不幸灾乐祸，颇有政治家风度。他觉得北方许多人对沪宁分立的局面"大高其兴，至为可笑"。相反，丁氏观察到"日本方面，又借此大活动。东三省大约至少又须送一条铁路给他"。照丁文江看，"真正可怕"的，是"日本在东三省及内蒙的野心"。至于国内局势，不过才"大乱方始，岂是一时可了"。

说："所谓'党化教育'，我自问决不能附和。若我身在大学院而不争这种根本问题，岂非'枉寻'而求'直尺'？"除这种带根本性的冲突外，"清党"显然仍在影响胡适的态度。他对吴稚晖等所办劳动大学大加挖苦，因为吴氏曾"明对我说这个劳动大学的宗旨在于'无政府化'中国的劳工"，但"以政府而提倡无政府，用政府的经费来造无政府党，天下事的矛盾与滑稽，还有更甚于此的吗？何况以'党内无派，党外无党'的党政府的名义来办此事呢？"接下来胡适说出了他攻击的实质："一面倡清党，一面却造党外之党，岂非为将来造成第二次清党的祸端吗？无政府党倡的也是共产主义，也是用蒲鲁东的共产主义来解释孙中山的民生主义，将来岂不贻人口实，说公等身在魏阙，而心存江湖，假借党国的政权为无政府党造势力吗？"① 将胡适此时的观点与他对斯特朗所说的中国社会政治重心的建立就靠蔡、吴等无政府主义者与蒋、宋的军、财能力结合对看，"清党"对胡适观念造成的影响之大可见一斑。

但胡适在蔡元培的再次敦请下，仍就此职。有上述思想的胡适，当然就不太受控制新政权教育大权的几个无政府主义者的欢迎了。蔡或尚能取其一贯的"兼容"态度，但吴氏及与胡适特别不能相得的李石曾，恐怕就不那么能容忍。1928 年 5 月中，北伐军将进北京，中国的局势已基本定局。已回国一年的胡适对自己这一年究竟"做了一些什么事"，感觉"惭愧之至"！已露出欲有所动的心态。那时南京方面正动员他去参加新政权的全国教育会议，胡适也曾推托，但已在南京的不少朋友均来信劝驾。钱端升认为"太坚辞了也好像生气似的"，劝胡至少来南京演讲。本已欲有所动的胡适也知道"一年不到南京，早已招人疑怪"，决定去走一趟。到南京一看，他才发现"会场上大半是熟人"，而大学院中也还有"一班熟人"，可知所谓英美派多半早已为国民党所用。②

---

① 胡适致蔡元培，1927 年 10 月 24 日，《书信选》，上册，第 447 页。
② 胡适日记，1928 年 5 月 17 日。

胡适也见到吴稚晖，这是他们自蒋介石婚礼后的第一次见面，两人关系显然已较疏远。虽然北伐军已进北京，吴氏此时对时局却"很悲观"，其所虑者一是张发奎的第四军要回广东去报仇，二是"愁共产党要大得志一番"。胡适"却不这样想"，说明他此时还比较乐观。到 5 月 19 日国民政府的晚宴上，胡适讲了话，要求政府"给我们手、给我们和平、给我们一点点自由"。但各报纸刊发的消息中，则都将"一点点"三字删除，胡适认为已"失了我的原意了"。这说明胡适此次来颇有点修好的愿望，但基础是要有"一点点自由"。当天他也曾与蔡元培"细谈"，蔡有意委胡为中山大学副校长，实际负责校事。胡拒绝，主要的考虑是任校长的戴季陶"思想近来颇有点反动的倾向，恐怕不能长久合作"。[①] 此时国民党如果以校长许，即无所谓正副校长"合作"的问题，则胡适与国民党的关系可能会有大的转机，但蔡大约也不具备要戴让贤的能力。

5 月 20 日，在游紫霞洞时，胡适也凑趣求签，结果得一"下平"签，为"安贫守正之象"。签诗云："恶衣粗食且任真，逢桥下马莫辞频。流行坎坷寻常事，何必区区诮鬼神。"一向不"迷信"的胡适显然读出了其中消息，自己说别人的签都无特别处，"独有我的一签的签诗奇怪之至"。看来胡适暂不可能在新政权之下有所为，则又"何必区区诮鬼神"，故他决定"还是早走为是"。本来胡适当晚就拟回家，"竟走不成"，第二天还是走了。[②]

从南京回到上海，胡适遇到老熟人王伯秋，说起过去也曾反对"党化教育"的陶知行（行知）现在"早已迎头赶上去了"！胡适以为，"这

---

①　胡适日记，1928 年 5 月 18、19 日。到晚年时胡适承认自己对共产党的估计错了，觉得吴的"远虑是很可以佩服的"，但那时的语境和心态都已大不相同了。参见胡颂平编：《胡适之先生年谱长编初稿》，第 3 册，台北联经出版公司 1990 年修订版，第 732 页。

②　胡适日记，1928 年 5 月 20、21 日。《胡适之先生年谱长编初稿》，第 3 册，第 734 页记有胡适晚年的回忆，略有小误差，但受签诗影响急于要走的心态是明确的。

句话说着无数熟人，使我生不少感慨。有许多人确是'迎头赶上去'，难免招人轻视"。他觉得陶知行"似乎也感觉得一点"，所以在会上并不张扬。有的人则不但迎头赶上去，"还要在额角上大登广告，故更为人轻视了"。[①] 可知国民党新政权当时还是受到相当一部分精英知识人的拥戴，惟胡适则宁愿仍保持一段距离。

但国民党似乎尚未从"马上打天下"的心态中疏离出来，仍保持着"不革命就是反革命"的不容忍精神。果然不出顾颉刚所料，1928年6月15日在南京的大学委员会上，胡适反对将北大改名为中华大学，更反对任命李石曾为校长，即被吴稚晖直指为"反革命"。胡适日记上记述的情景是：吴"直跳起来，离开座次，大声说，'你末，就是反革命！'"三十多年后，胡适又复述当时的情景说，"吴稚晖坐在我的旁边，站起来，把椅向后一移"，并学吴氏用无锡话说："你吗，就是反革命！"可见印象之深刻。[②]

这里的前科，就是1925—1926年间北京学界从女师大事件到"三一八"惨案的那场持续斗争，即吴稚晖所说的蜀洛党争。胡适虽自称无党派，也因南下而未参与后半段的斗争，却一向被人视为东吉祥派（他的倾向性确实也颇明显），这正是吴氏口出恶言的出发点。关键在于，吴稚晖说出了胡适等"英美派"在国民党新政权里的实际地位："东吉祥胡同这班人，简直有什么面孔到国民政府底下来做事！不过我们不计较他们罢了。"东吉祥派本有反国民党的前科，如今投靠国民党而能为其所容，当然应自己知足知趣。这话无疑是指向胡适本人。

胡适在会场上虽然"十分忍耐"而"不与计较"，实则至为不快，回来即写一信致吴，自称"不很明白今日所谓'革命'是怎样一回事，所以也就不很明白'反革命'是怎样一回事"。要吴氏"顾念一点旧交

---

① 胡适日记，1928年5月22日。
② 胡适日记，1928年6月15日。《胡适之先生晚年谈话录》，第143页。

情"，指示他犯了《反革命治罪条例》的第几条。此信语气不太平和，终未寄发。但胡对吴的观感甚不好。不久，南京的《民生报》（成舍我办）发表"北平市民大会"主张通缉"反革命罪魁"的电报，除段祺瑞等北洋当局者外，"附逆党徒"基本为"东吉祥系"人，而第一名就是胡适。胡适得知此事即请在南京做官的老友朱经农调查，并怀疑是吴稚晖在"背后玩把戏"。[①] 可见那时吴稚晖在胡适心里信誉已差到什么程度。

同时，胡适在 6 月 15 日会后当即给蔡元培连信辞职，宣布"此意十分坚决，绝无可挽回"。蔡也连函挽留，说对胡的辞职"并未默许，仍请继续担任"。胡适的第三封辞职信说，不管蔡批准与否，日后他"决不会再列席这种会"。他在此信中指责"吴先生口口声声说最大的危险是蜀洛党争，然而他说的话无一句不是党派的话"。胡适自称："我虽没有党派，却不能不分个是非。我看不惯这种只认朋友，不问是非的行为，故决计避去了。"由于胡适辞意甚坚，为此先后共致蔡五信，此事终以准辞了结。[②]

不过，胡适一向主张君子绝交不出恶声，所以虽然辞去了大学院的职务，且对许多知识人"迎头赶上去"的行为甚觉不齿，也还没有立即公开发表反对国民党的文字。但是，胡适的自由主义立场不久终使他与其一度试图认同的国民革命发生了尖锐的冲突。国民党要"党化"一切的政策使他越来越不能忍受，他很快就因此而打破了沉默，出面做新政权的"诤友"。

实际上，"性好发表意见"的胡适以"当世明哲"的身份，对当下进

---

① 胡适致吴稚晖（稿），1928 年 6 月 16 日，朱经农致胡适，1928 年 7 月（无准确日期），均收入胡适日记，并参见胡适日记，1928 年 7 月 5、8 日。

② 胡适致蔡元培（稿），1928 年 6 月 16 日，蔡元培致胡适，1928 年 6 月 24 日、8 月 13 日，三信均收入胡适日记，并参见 1928 年 7 月 8 日日记；胡适致蔡元培，1928 年 6 月 27 日，《书信选》，上册，第 483 页。

行中的"党化政治"不出恶声也不太可能。前面说过，当胡适在上海演说人力车不文明时，在北京的朋友周作人立即撰文质问胡适为什么看不到同样发生在上海的斩首也不很文明？胡适当然明白斩首更不"文明"，这个问题的答复其实只能指向一个方向。他既然以辞职的方式与国民党"绝交"，其"恶声"也呼之欲出了。

而担任"呼"这一角色的也不乏人。当时攻击国民党甚力的国家主义派就力促胡适站出来说话。《醒狮周报》第195期的一篇文章对胡适使用激将法，该刊从安徽大学校长刘文典因对蒋介石不敬而受辱一事，"联想"到刘的朋友和同乡胡适，并"听说胡先生近来实在忍不住，一定要办一种什么刊物来批评党国"。但《醒狮》表面上还在劝胡适不必说话，因为"说得太软，有失胡先生的身份，只足以丧失自己的信用；说得太硬，又适足以取辱"。在国民党的党治之下，已成"不聋不哑，不做名流学者"的局面；该刊并暗讽专讲西方文明的胡适实行的仍是"东方文化的所谓'明哲保身'"。这样处处紧逼，实是非要胡适出头不可。在上海的李璜也当面指责胡适"太胆小"。胡适不承认，自称"只是害羞，只是懒散"。但后来胡适不再"害羞"而开口"批评党国"时，旁观者即有人认为颇类《醒狮》的言论，可见国家主义派对胡适确有影响。①

从胡适的日记可以看出，他在1928年春已在搜集有关资料。三月间马伯援对他描绘的南京情景是"上焉者日日开会，下焉者分赃吃饭"，几天后更获悉国民党新政权中宋子文、孔祥熙等结伙卖缺，所得印象都不佳。4月初胡适到九江，试图在街上寻找"革命影响"，结果"除了几处青天白日旗之外"，只在"路上见两个剪了发的女子，这是两年前没有的"。新政的形象显然不能副其所望。同月高梦旦辞商务印书馆职，说该馆"只配摆小摊头，不配开大公司"。胡适认为"此语

---

① 胡适日记，1929年2月28日所附剪报，1929年6月16日；史济行致胡适，1929年8月30日，《书信选》，上册，第540页。

真说尽一切中国大组织的历史"。因为中国人历来善于人自为战,却"不能组织大规模的事业"。而"政党是大规模的组织,需要服从与纪律,故旧式的政党(如复社)与新式的政党(如国民党)都不能维持下去"。① 可知他此时已认为国民党不能维持下去了。

有意思的是,一年前他正是以国民党学会了俄式组织方法、既能服从又有纪律而称赞国民革命。不过一年的时间,是国民党有本质的大变呢,还是胡适自己的观念变了? 比较接近实际的大概是双方都已有些"非复当年"了。这在胡适,恐怕是个带质变性质的转折:国民党既然从学西方的典范变为与复社相类的传统中国式组织,则其已不可能为胡适所推崇。北伐尚未统一,胡适对国民党的观感已急转直下,到北伐获得名义上的统一后,胡适与国民党的关系,就更多是一个精英知识人与当国之政党或中央政府的关系;胡适要维护国家的统一(因为只有那样"国际"的观感才比较好),其立场不能不朝着"进谏"的方向发展,在"诤臣"与"诤友"间徘徊。②

五、诤臣与诤友:"努力做一个轰轰烈烈像个样子的梦"

1928 年 5 月,胡适在光华大学的"五四"纪念会上演说,讲到"五四运动"的影响时,也提到对国民党的影响,他举例说孙中山的著作"多半是五四运动以后方有的"。这在胡适,还是承续其以前将"五四"和国民党连接起来的取向,基本是出于好意。但在国民党人看来,恐怕就是对孙颇不敬了。接下去胡适提出一个"历史上的公式",

---

① 胡适日记,1928 年 3 月 24、26 日,4 月 7、4 日。
② 胡适在 1933 年谢绝汪精卫请他出任教育部长时说,他希望留在政府之外,"为国家做一个诤臣,为政府做一个诤友"。胡适致汪精卫,1933 年 4 月 8 日,《书信选》,中册,第 208 页。

即"在变态的社会国家里，政府腐败，没有代表民意的机关，干涉政治的责任一定落在少年的身上"。他特别针对国民党四中全会宣言说学生体力不强、知识不广、经验不丰，不应当干涉政治这一提法指出："这是在变态的国家里必然的趋势，禁止是不可能的。"他接着提出两个可以免除学生干涉政治的"希望"：一、希望政治早日走上轨道；二、希望知识高深、体力强健、经验丰富的中年出来把政治干好。这样，学生就可安心读书，当然不会干涉政治。① 这次讲话语调尚温和，但已明确说国民党的政治尚未"走上轨道"。

到 5 月中旬，胡适认定"上海的报纸都死了，被革命政府压死了。只有几个小报，偶然还说说老实话"。5 月 21 日，他在中央大学宴请大学委员会委员时致辞，自己认为是"说了几句不很客气的话"。在回忆了九年前北大与南京高师的对峙后，胡适说："今者北大同人，死者死、杀者杀、逃者逃，北大久不为北大；而南高经过东大时期而成中央大学，经费较昔日北大多三倍有余，人才更为济济。我希望中央大学同人担北大所负之责，激烈的谋文化革新，为全国文化重心。"② 这其实不过略有怨言，已算相当客气。不过在当时对新朝的一片颂歌声中，胡适的话虽不无捧的成分，到底也有几分不入耳的弦外之音。

1928 年 6 月，胡汉民在给胡适的信中说，他现在负责宣传，"还是治标之标，快要到治标之本了，却离治本两字相差尚远"。他自解说："一个人太忙，就变了只有临时的冲动。比方当着整万人的演说场，除却不断不续的喊出许多口号之外，想讲几句有条理较为子细的话，恐怕也没有人要听罢？"胡汉民此话基本是写实，但胡适显然不满意。因为他不仅主张治本，就是政治，也主张有计划的政治，最不欣赏政治上"临时的冲动"。到 7 月，胡适即写成《名教》一文，说"中国已成了口

---

① 胡适日记 1928 年 5 月 4 日剪贴有此演说内容的报纸。
② 胡适日记，1928 年 5 月 16、21 日及所附剪报。

号标语的世界",而且这并非从苏俄学来,却是祖传的"道地的国货",民间的任何"王阿毛"都能娴熟运用。他特别指出虽然"党国领袖"视标语口号为"政治的武器",但对一般的实际操作者,这也"不过是一种出气泄愤的法子"。① 这正是针对着"临时的冲动"而言,但此文还比较客气,基本是着眼于思想文化。

9月初,在国民党名义上的统一全国已数月后,他仍认为当时中国实无一个中央政府,所以在那时谈分治合作正如他以前谈联省自治,都缺少这个基本条件。不过此时胡适与国民党还在若即若离的状态,他也希望各新兴的地方势力能"合力造成一个稳固而有威信的中央"。正在中山大学服务的傅斯年在那年8月13日给胡适的信对他当有些影响,傅认为:"改朝换代的时候,有些事实亦可以改朝换代观之。不然,废约之论,亦非'君子相'也。"这个观念当然可以引申到对其他"非君子相"的事务的谅解。到年底,胡适"在南京观察政局"后,得出一时不会有大变动的结论。他认为:"现政权虽不高明,但此外没有一个有力的反对派,故可幸存。若有一年苟安,中下的人才也都可以做出点事业。"这个观察的基础之一就是"外交上的成就"(指中美关税新约的签订)使地方实力派不敢破坏统一。同往常一样,胡适非常重视西方特别是美国的态度和反应。②

这个观察(特别是有关地方实力派的部分)显然颇具一厢情愿的理想,却较能体现胡适此时的心境。这样,他在息笔多年后,又重新开

---

① 胡汉民致胡适,1928年6月29日,《书信选》,上册,第437—438页;胡适日记中有《名教》的原稿,该文收入《胡适文存》三集。有意思的是,胡适在《名教》一文中对国民党的标语口号大加挖苦,其实他当年写的《努力歌》中,也不乏"不怕阻力!不怕武力!只怕不努力!努力!努力!阻力少了!武力倒了!中国再造了!"这样的句子。其调子及格式都与胡适另一首以《炸弹》诗而知名的《四烈士冢上的没字碑歌》没有多大区别,在那诗中他也反复说:"他们的武器:炸弹!炸弹!他们的精神:干!干!干!"这与他此时颇看不上眼的国民党之标语口号并无什么大的区别。

② 胡适日记1928年9月3日、12月4日,傅斯年信收入1928年8月胡适日记。

始"做政论"文章。其中一篇是《新年的好梦》，对"统一后的第一年"可望出现的"好现象"作些想象，他希望能有和平、更进而能裁兵、并因关税新约而取消一切苛捐杂税、实现铁路及收益国有（而非各地军人占有）、禁绝鸦片等，最后则梦想有"一点点言论出版的自由，偶然插一两句嘴，偶尔指点出一两处错误，偶尔诉一两桩痛苦"而已。这个"一点点"确是胡适一贯的意思，但是到底多少算"一点点"或"偶尔"，恐怕双方的认知相当不一样。[1]

胡适还有个关键的伏笔，他指出虽然孙中山说政府是诸葛亮而国民是阿斗，"但在这以党治国的时候，我们老百姓却不配自命阿斗"，而是要做可以"赛过诸葛亮"的"臭皮匠"。其实胡适真正想要做的是有发言权而不干"实际政治"的新型诸葛亮，他根本就视南京诸公为阿斗，在他所作《名教》一文的手稿中，"现在的治国者"一语最初正是写作"许多'阿斗'"，最足反映胡适的真意。但新当权的政府当然不能容忍被不论什么名义的人"赛过"，胡适的希望的确只能如他所说是"白昼做梦"罢了。

1929年春，胡适及一些在上海的留学英美的学人结成一个半论学半论政的松散而小型的组织平社，定期讨论，并拟出《平报》以表述他们的观点。[2] 但促使胡适公开表态的导火线则是1929年3月国民党上海市代表陈德徵在三全大会上提案，主张处置反革命分子不必经司法机关，只要党部定案即可交法院处置之。胡适"实在忍不住了"，即给司法院长王宠惠写信说，"近来国中怪象百出"，而陈之提案为"最可怪者"。他问身为"研究法律的专门学者"的王氏，"在世界法制史上，不知哪一世纪哪一个文明民族曾经有这样一种办法，笔之于书，立为制度？"后来王宠惠复信说此案"并未提出，实已无形打销"，语尚平静。

---

① 本段与下段均见胡适日记，1928年12月14日。
② 参见胡适日记，1929年3—7月。

但胡适三十多年后的回忆则说"过去我和亮畴先生闹翻了",可知此事在胡适心里并不那么平和。他以为,从前清到民初都能维持司法独立,"到了亮畴先生,他手下的两个人在上海的胡闹,把这个制度搞坏了,我很生气"。①

那时胡适已决定站出来说话,故将他的信交国闻通讯社送各报,却不能刊出,但陈的反攻文字倒先在报上出现了。陈不加掩饰地指出:在以"国民党治中国的今日,老实说,一切国家底最高根本法,都是根据于总理主要的遗教"。违反者"便是违反法律","便要处以国法。这是一定的道理,不容胡说博士来胡说"。这样的逼迫,恰使胡适更觉不能忍。于是他针对陈德徵的观点写出了第一篇正面攻击国民党的文章《人权与约法》。②

不过,胡适的文章也不仅仅是与陈德徵对着干,而是有备而发。1926年他还在英国的时候即已准备回国时"带点'外国脾气'回来耍耍";1927年6月他正式向蔡元培提出了制定约法的建议;而"平社"的活动也渐集中于准备发表言论。1929年4月,国民政府命令保障人权,胡适发现"此命令但禁止'个人或团体'侵害人权,并不曾说政府或党部也应尊重人权"。他开始注意人权问题,而重心则在"政府或党部"实际是否超越于法律之上这个关键。几天后,胡适的老师、老同盟会员马君武提出:"此时应有一个大运动起来,明白否认一党专政,取消现有的党的组织,以宪法为号召,恢复民国初年的局面。"马氏的话成为后来几个月胡适论政的核心观念。此时马君武开始后悔当年反对国会的举动,因为"解决于国会会场,总比解决于战场好的多多",故"无论国会怎样腐败,总比没有国会好"。胡适补充说,民初贿选,尚看

---

① 胡适与王宠惠往来信函,1929年3月26日、5月21日,《书信选》,上册,第508—509、513页;《胡适之先生晚年谈话录》,第139页。

② 胡适日记,1929年4月1日及所附剪报。

重和承认议员"那一票所代表的权力,这便是民治的起点。现在的政治才是无法无天的政治了"。①

《人权与约法》就是这些因素的综合结果,所论也基本不出上述范围。到陈德徵再强调"违反总理遗教者,即为反革命,即为反法……均当治罪"后,胡适的攻击目标进而直指"遗教"的作者孙中山。从5月起,胡适在较短时间内接连写出几篇文章,一篇比一篇厉害。这些文章俱在,可以复按,且已为多人述及,这里不详述其内容。但有一点尚未引起足够的注意:胡适这次攻击国民党孙中山的许多内容,恰是他两三年前在英美正面鼓吹过的。同样的内容何以昨是而今非,颇值玩味,但这种细致的分析只能另以专文探讨了。②

胡适当时的心态在其日记中表露甚明,在写完《人权与约法》后,胡适想起他的朋友丁西林的话"今日我们应该相信少一事不如多一事",特别指出"此文之作也是多一事也",可知他是有意为之。几天后他写完《知难,行亦不易》,更说:"人生固然不过一梦,但一生只有这一场做梦的机会,岂可不努力做一个轰轰烈烈像个样子的梦。"③

想要"努力做一个轰轰烈烈像个样子的梦"是胡适主动的一面,他的攻击同时也还有因国民党逼迫而造成反弹的被动一面。靠个人奋斗从社会基层跃升到上层的胡适,自我保护的防卫心态特别强,他一生中每遇压力,必有反弹,压力越大,反弹越强。④正如他这时对周作人所说:倘不会有什么,"我也可以卷旗息鼓,重做故纸生涯"。但"若到逼

---

① 胡适日记,1929年4月21、26日。

② 胡适的《知难,行亦不易》就是在旧稿的基础上改写的,从胡适日记中可看到一些关于孙中山"知难行易"的读书笔记,从稿纸和所用的笔看,大概是在美国介绍孙氏学说所写,那时并无批判的意思,则对孙的批评部分很可能是1929年后加的,故胡适批孙其实也不过像他论吴稚晖一样是"借刀杀人"。

③ 胡适日记,1929年5月6、13日。

④ 关于胡适自我保护的防卫心态,参见罗志田:《再造文明之梦——胡适传》,四川人民出版社1995年版,第46、156页。

人太甚的时候，我也许会被'逼上梁山'的"。①

　　在 1929 年 6—7 月间，胡适与国民党的关系也曾有一度的缓和。先是王宠惠于 6 月中旬告诉他，"只要避免'约法'二字，其余都可以办到"。胡适也在国民党全会的决议中看到一些似乎回应他在《人权与约法》中所提要求的内容。接着宋子文在 6 月末出来调停，要胡适"代他们想想国家的重要问题"，这很符合胡适要做"思想上的诸葛亮"的自定位。宋指出："现在的局面又稍有转机，又是大可有为的时期了，若不谋一点根本的改革，必定不久又要打起来。"这不知是指蒋桂双方还是指东北因中东路事件而将起的中苏军事冲突，或者是两者都指。胡适自己大约也有类似的感觉，故有详细的进言。其基本主张仍是制订约法，但进而提出许多约法制订前的临时性具体建议，包括以各级党部暂行议会的职权（但须与行政权分立）、实行专家政治、容纳异己人才（如用无党或左派人才于监察院）等。②

　　1929 年 7 月 1 日，胡适在致李璜等信中，指责国家主义派在争论中对凡有利而未必是事实者皆用作材料，有时且捏造材料；他认为这是"懒惰下流不思想的心理习惯"，并强调"在这种劣根性之上，决不会有好政治出来，决不会有高文明起来"。而胡适毕生所努力想要实现、也期望国民党或任何中国政治力量能参与的，正是造成"好政治"和"高文明"。在这封信中他已说"宁可宽恕几个政治上的敌人，万不可纵容这个思想上的敌人"。③ 可知在此缓和时期他对国民党已有宽恕的念头。

　　这里对"政治敌人"与"思想敌人"的区分，很能启发人。胡适一生虽然讲究容忍，但一般而言，对"政治敌人"往往还比较宽恕，对"思

---

① 胡适致周作人，1929 年 9 月 4 日，《书信选》，上册，第 542 页。
② 参见胡适日记，1929 年 6 月 19 日、7 月 2 日。
③ 《书信选》，上册，第 516 页。

想敌人"如梁启超、梁漱溟等却常常不放过（当然只是在"思想"上不放过）。这一方面因为他的社会角色自定位主要在思想文化一边，而把"实际的政治"留给别人去干；同时也因为这些"思想敌人"实际上与他的思想更接近，最能影响他的潜在追随者。

如果国民党肯接受意见，胡适当然可以对之宽恕。他的真意，是"希望当局诸公作点点釜底抽薪之思考"，而不要用"以暴易暴"的方式来对付农民的"杀人放火"。他认为，农民平常所受的痛苦"实为共产党今日煽动的资本"，所以只有建设，改善农民生活，才能使共产党没有"煽动的资本"。[①] 二十多年后，胡适在美国读到斯大林所说的"农民对新政权、对国民党、对一般中国革命的态度，是决定于革命军队底行为，决定于它对农民和地主的态度，决定于它帮助农民的决心"一语时，当即在旁边批上"有见识"三字。[②]

胡适早在 1927 年的公开演讲中就提出：解决中国赤化问题的唯一方法，就是赶快促进物质进步。因为物质上的满意可使人生观改变一新，人生中如果物质方面宽裕满意，则赤化之说不攻自破。[③] 这是胡适的基本思想。他正是希望以社会民生问题的解决来达到对内釜底抽薪，绝共产党动员民众的基础，以实行半自由主义半社会主义的新型计划政治；又通过内政的改良促使列强愿意修订不平等条约，以解决对外的问题；最后通过"物质上的满意使人生观改变一新"（演讲记录虽未必是胡适的原话，大体与其观念相符），实现他为中国再造文明、变中国为面目一新的现代民族国家的大目标。

以解决社会民生问题来防止"赤化"是当时所谓"英美派"的共

① 胡适致吴稚晖，1928 年 3 月 6 日，《书信选》，上册，第 468—469 页。

② 斯大林语引自其《论中国革命底前途》（1926 年 11 月 30 日），《列宁斯大林论中国》，上海解放社 1950 年版，第 148 页。胡适的批语见普林斯顿大学葛斯德东方图书馆所藏该书该页。

③ 参见《胡适归国后之言论》，《晨报》，1927 年 6 月 30 日，第 6 版。

识。银行家陈光甫那时也认为，赤化产生于 20 世纪社会的特殊状况，"非以兵力所可遏止之者。中国今日欲求补救，其道不在打仗，而在务本。若徒恃强权，必至全国促成赤化之局。因果相随，无可逃也"。《现代评论》也针对"清党"指出："共产党里面虽然有许多极无聊赖的人，可是大部分是青年，而且是有向上的精神、实行的毅力的青年。""我们希望不要为了杀几个人而失去一般青年的同情，我们更希望不要杀几个共产党而驱人表同情于共产党。"① 后来的时势，恰是朝着英美派所担心的方向发展。这是否就因为当政的国民党未能解决社会民生问题，尚需更深层次的研究；但在边缘知识人对政治运动起着举足轻重作用的近代中国，国民党因"以思想杀人"而"失去一般青年的同情"，恐怕不能不说是其由兴盛走向衰落的一个重要转折点。

正因为有这种釜底抽薪的主张，当知识青年进一步左倾而像《现代评论》撰稿人预计的那样转向"表同情于共产党"时，胡适即使有意追随，也难以跨过这一步。结果，胡适先前主动认同于国民革命并未能得到大量时人"了解的同情"，而他对国民党的攻击也引起各种相当不同的反应。曾入仕北洋政府的汤尔和原以为胡适近年已"沦入老朽，非复当年。今乃知贤者之未易测度也"。学生一辈的江绍原认为胡适所发议论，"实在比教功课更有意义和价值"。但亲国民党者则指责"胡适忽变了曾琦一流人物，思想太落伍了"。② 亲国民党者尚且认为他落伍，"表同情于共产党"的激进边缘知识人当然更不会欣赏主张釜底抽薪的胡适。早年对胡适的《中国哲学史大纲》"很感兴趣"的张岱年先生，就是在看出胡适写文章"针对马克思主义"后，视其为"时代

① 陈光甫致梁士诒，约 1927 年 3 月，《上海商业储蓄银行档案》，《档案与史料》1987 年第 1 期，第 66 页；英子：《不要杀了》，《现代评论》第 128 期（1927 年 5 月 21 日）。

② 汤尔和致胡适，1929 年 9 月 29 日，江绍原致胡适，1929 年 10 月 13 日，史济行致胡适，1929 年 8 月 30 日，《书信选》，上册，第 545、547、540 页。

的落伍者",从而放弃了对胡适的追随。①

　　而胡适对宋子文那些"补偏救弊"的谏言与那时国民党的"党治"精神也相去实在太远,绝不可能为当政的国民党所接受。胡适虽然对宋子文说过,他与《新月》同人持的是"修正"的态度:"我们不问谁在台上,只希望做点补偏救弊的工作。补得一分是一分,救得一弊是一利。"②但这里仍有个胡适与国民党双方认知的差距问题:在国民党看来,胡适所要"补救"的,已是触动其统治的合法性的根本问题。这样,国民党势不能不做出强烈的反应。从 5 月起,国民党对胡适发起名副其实的文字"围剿",并伴以各地党部对法办"反革命分子"胡适的纷纷要求。到 1929 年 11 月底,光明书局的《评胡适反党义近著》第一集已出版,并附有第二集的广告。③胡适想要做的"思想诸葛亮"实非国民党这个"阿斗"所能接受。

　　在观察了相当一段时间后,颇为失望的胡适在 1929 年 11 月又写出《新文化运动与国民党》一文,专门讨论"在近年的新文化运动史上国民党占什么地位"的问题。他的结论是:"从新文化运动的立场看来,国民党是反动的。"这样,几年前他在欧美强调的新文化运动与国民党之间的关联如今已被基本划断。胡适指出,国民党已"大失人心",其原因"一半固然是因为政治上的设施不能满足人民的期望,一半却是因为思想的僵化不能吸引前进的思想界的同情"。他警告说,这一同情"完全失掉之日,便是国民党油干灯草尽之时"。④

　　这里所谓"前进的思想界",其实多半是胡适自己。因为其他许多知识精英以前"同情"国民党远不如他,后来追随国民党实超过他。作

---

　　①　参见张岱年:《论胡适》,耿云志主编:《胡适研究丛刊》,第 1 辑,北京大学出版社 1995 年版,第 211 页。

　　②　胡适日记,1929 年 7 月 2 日。

　　③　参见耿云志:《胡适年谱》,第 175—176 页。

　　④　胡适日记存《新文化运动与国民党》,收入新月书店 1930 年版的《人权论集》。

为新文化运动之父（不是唯一的）的胡适在这篇文章里毋宁是学梁启超与"过去之我"斗，将他此前纳入新文化运动的国民党革除出门（后来到 20 世纪 50 年代又曾再次纳入）。不过两三年的时间，胡适已从认同于国民革命转到站出来公开批评"党化政治"。这看起来像是个突变，其实这一转变自有其发展衍化的内在理路。

当初胡适将国民党纳入中国文艺复兴运动，是基于新旧两个中国之争这一大分野。早在 1915 年，他已肯定地指出："少年中国一直为在中国建立真正的民主而努力奋斗；少年中国信奉民主，它相信获得民主的唯一途径就是实行民主。"[①] 根据这一"建立真正的民主"的"新中国"思路，胡适的转变是合乎逻辑的结果：这里的关键即是胡适的朋友任鸿隽和徐新六在与他讨论"新俄"问题时提出的"党治"之下是否能实行民主的问题。[②] 胡适认为苏俄走的是美国路，其基础是苏俄在专心办教育，可以通过教育从专制走向民主。[③] 如果联俄的国民党也走同样的路，则一个由国民党主政的"新中国"应该可以同样走向民主。

但胡适虽然一度主动认同于国民党，国民党却未必认同于他那新文化运动。从北伐一开始，胡适就担心能打仗的蒋介石能否成为"政治家"，他一直关心的也是能"革命"的国民党是否有眼光和能力实行他希望的"有计划的政治"。党治初期的经历已表明，国民党政府不仅不曾专心办教育，而且还要"党化"教育，这样当然无法朝着胡适希望的民主方向发展。后来的发展说明国民党实际是想要"党化"一切，这个政策与胡适的自由主义立场相距越来越远，他终于不得不与其一度试图认同的国民革命发生了尖锐的冲突，站出来做"诤友"，专门讲人

---

① 胡适：《中国与民主》，收在胡适日记，1915 年 8 月 18 日。
② 参见任鸿隽致胡适，1926 年 12 月 8 日，徐新六致胡适，1927 年 1 月 12 日，《书信选》，上册，第 411—412、419—420 页。
③ 参见罗志田：《胡适与社会主义的合离》，《学人》第 4 辑（1993 年 7 月）。

权问题。

在大学院会议上的一件事,颇能体现胡适与国民党认知的根本差别。在讨论学生军训法案时,胡适提出增加"有正当主张不愿加入者"可不军训的内容(所根据的是美国有些反战的和平教派可不服兵役),因为,"爱国固重要,但个人自由亦不宜太抹杀"。代表军方出席会议的何应钦则对于"良心上的自由,全不承认";他根本以为"中国人自由太多了,须加严格的训练"。① 何的话很能体现那些"马上打天下"的国民党军人对孙中山建国理论中"训政时期"的理解。

而蒋介石更认为:"今日党员与政府军队及社会组织之唯一要素"是军队要党化,而党、行政机关、社会以至全民都要"军队化"。② 这一观念连宋子文和国民党内许多"英美派"都不能接受,最能证明蒋介石并不会向胡适所希望的"政治家"方向发展。新当政的国民党显然仍欲维持其"革命党"的认同,尚看不出其是否有眼光和能力实行胡适向往的"有计划的政治"。

所以,胡适在1932年总结说,在北伐时曾得多数人心拥戴的国民党"这个新重心,因为缺乏活的领袖,缺乏远大的政治眼光与计划,能唱高调而不能做实事,能破坏而不能建设,能钳制人民而不能收拾人心,这四五年来,又渐渐失去做社会重心的资格了"。③ 这开始失去资格的日子,大约即在1928—1929年间,其实就是胡适自己态度转变之时。

不过,促使胡适站出来批评"党治"的最主要因素,还是他要"澄清天下"或作"社会的良心"的那种新旧士人都有的责任心。也就是他

---

① 胡适日记,1928年6月15日。
② 蒋介石:《今日党员与政府军队及社会之组织唯一要素》,《盛京时报》,1928年8月18日,第1版。
③ 胡适:《惨痛的回忆与反省》,《独立评论》第18号,第9页。

后来所说的"尝侨居是山，不忍见耳"。中国"今日正是大火的时候，我们骨头烧成灰，终究是中国人，实在不忍袖手旁观"。故虽然知道未必就能救火，仍希望"尽我们的一点微弱的力量，减少良心上的一点谴责"。①

胡适一生，实际是能谈政治时就谈政治，到政治谈不下去之时，才又转回来"在思想文艺上给中国政治建筑一个可靠的基础"。② 在上海的那几年，恰是胡适在"暴得大名"后声誉渐落，左右不甚逢源的时候。当时他想去北京去不成，留上海又不自在，只好到光华大学一类尚未充分树立其名声地位的民办大学去教课和演讲，实甚感寂寞。用胡适自己的话说，那三年半"是我一生最闲暇的时候"。这里所谓的"闲暇"，是特有所指。因为胡适接着就说那也是他"最努力写作的时期"，总共"写了约莫有一百万字的稿子"。③ 可知这里的"闲暇"，正是指学术以外的寂寞。

后来国民党上海市党部总结胡适在上海的一段经历说，他出任中国公学的校长，"更主编《新月》杂志，放言怪论，诋毁总理，狂评主义，诬蔑中央。凡煽惑人心之言，危害党国之论，无所不用其极"。④ 如果去除其情绪化的偏见成分，国民党的总结倒还把胡适这段时间非学术的所作所为概括得大致不差。特别是该党部指出这一切的发生都是"自胡适潦倒海上"而"野心之未逞"的结果，亦不无所见。

向有"觇国"习惯的胡适，即使不身与治国平天下的实际政治，也有"为国人之导师"以澄清天下的素志，其实从来就不曾仅以学术为他的志业。从前引他给丁文江的信中提出的三条路看，胡适早已决意

---

① 胡适：《人权论集·小序》，上海新月书店 1930 年版，第 1—2 页。

② 说详罗志田：《走向"政治解决"的"中国文艺复兴"》，《近代史研究》1996 年第 4 期。

③ 胡适：《〈淮南王书〉手稿影印本序》，见台北商务印书馆 1962 年版《淮南王书》。

④ 《申报》，1930 年 11 月 15 日，转引自易竹贤：《胡适传》，第 332 页。

不参与"反动的政治"。而最初两三年的"党治"经历，使他认识到他实在也"不能加入急进派"。这样，胡适就只能回到学术思想上的缓进之路，从"人权"这一半政治半思想的长远和广义层面向新政权进"诤言"。在这样的行为也不能为国民党所容忍后，胡适干脆以《新文化运动与国民党》一文将国民党革出新文化运动的教门。

问题在于，这样的划断干系虽然能在一定程度上使自己心安，却并不能从根本上解决问题。胡适在一年多前就领悟到：虽然中华民族不能组织大规模的事业，而运会和时势却使中国这样一个20世纪的大国不得不组织大规模的事业。新当政的国民党所面临的其实也就是这样一种"不能却又不得不"的窘境。[①] 胡适可以不做国民党"政府的诤友"，但他不能不做"国家的诤臣"。且正如胡适在《新文化运动与国民党》这篇文章中所说："一个当国的政党的主张，便成了一国政策的依据，便是一国的公器。"除非放弃士人澄清天下之志，真的像国家主义派讽刺的那样做一个"聋哑"的学者，否则又怎么可能与"一国之公器"划清界限呢？从这个角度言，"诤友"与"诤臣"实难以区分，胡适仍不得不在此间徘徊。

进而言之，不论从中国的传统原则还是西方的近代理论看，一国的中央政府显然是"国家"的主要象征之一。在实际政治层面，要将"政府"和"国家"区分开来更非易事，尤其是在遇到外患的时候。结果，正是"九一八"后外患造成的危急时局，又把胡适逐步推向当政的国民党。用他后来因抗战爆发而受命出使美国时的话说："国家是青山，青山倒了，我们的子子孙孙都得做奴隶了。"[②]

胡适在1934年曾慨叹说：辛亥时的革命者就"梦想一个自由、平等、繁荣强盛的国家。二十三年过去了，我们还只是一个抬不起头来的

---

① 胡适日记，1928年4月4日。
② 胡适致江冬秀，1939年9月21日，《安徽史学》1990年第1期，第77页。

三等国家"。但第二次世界大战至少从名义上改变了这一状况,部分出于牵制英国和法国的考虑,美国在处理战时和战后事宜中,把中国拉入了世界四强的行列。到 1947 年,胡适已可以强调:通过"二战",贫弱的中国已跻身世界四强,政府当然要维持这难得的"国际威望"。对始终着眼于世界的胡适来说,从"抬不起头来的三等国家"到"世界四强",这无疑是几代中国人期盼已久的质的转变。岂止国民党政府希望维持,胡适更希望其能够维持,他当然只能支持"国际"承认的中央政府。所以他公开宣布拥护国民党政府的"戡乱动员令"。①

这样,过去批判国民党的胡适就正式认同于国民党政府,在国共之争中旗帜鲜明地站在国民党一边。从他不久就支持创办《自由中国》杂志看,胡适又何尝不知道国民政府仍是一党专政的政府。但为了中国来之不易的"国际威望",胡适不得不取一种"宁愿不自由,也就自由了"的态度,终其生维持他对国民党政府的认同。

（据刊于《近代史研究》1997 年第 4 期的《前恭后倨:胡适与北伐期
间国民党的"党化政治"》和刊于耿云志主编
《胡适评传》之同名文合并而成）

---

①　参见胡适:《双十节的感想》,《独立评论》第 122 号（1934 年 10 月 14 日）,第 2—4 页;胡适对"戡乱动员令"的评论见《和平日报》（南京）,1947 年 7 月 7 日,转引自〔美〕格里德:《胡适与中国的文艺复兴——中国革命中的自由主义（1917—1937）》,鲁奇译,江苏人民出版社 1995 年版,第 328 页。

中编　北伐时代的军政格局

五代式的民国：一个忧国知识人对北伐前数年政治格局的即时观察

北洋军阀统治的十余年间，中国不论社会经济、政治军事还是思想学术，都有相当大的转变，过去对此似注意不够。特别是对北洋体系由盛而衰、在北伐战争前先已濒于崩溃（这是军事力量明显更弱的国民革命军能够战胜北洋军的重要原因之一）的情形，更缺乏深入的研究。要充分认识北伐战争的影响，则不能不对战争爆发前的政治格局进行认真探索。本文主要通过 20 世纪 20 年代《申报》主笔杨荫杭（1878—1945）当时随手写下的大量"时评"（现已辑录成集），试探索时人关注之所在，希望能借此揭示一些当时世事变迁的消息。

陈寅恪论中国史学中的"史论"说："史论之作者，或有意，或无意，其发为言论之时，即已印入作者及其时代之环境背景，实无异于今日新闻纸之社论时评。若善用之，皆有助于考史。"[1] 可知报纸时评有意无意中正反映出其所在"时代之环境背景"。尤其《申报》是商业报纸，其"时评"既要紧追时事发展（有时几乎是逐日写作），又要考虑读者的兴趣与关注所在；正因是随手写下，虽可能思虑不周，恰最能反映时代的社会政治脉搏，是了解那一时代的珍贵史料。当然，主要从一个人的文字观察全国局势，属于名副其实的管中窥豹，或不免有以偏概全

① 陈寅恪：《冯友兰〈中国哲学史〉上册审查报告》，《金明馆丛稿二编》，上海古籍出版社 1980 年版，第 248 页。

之嫌。本文在使用这些材料时主要注意其中揭示时人关注点的部分，而对杨氏带个人价值判断的评估话语，则必先甄别而后慎用，以尽量减少其个人观感的影响（当然，有时也专门探讨其作为一个读书人的个人见解，此当在行文中说明之）。

杨荫杭少读诗书，后入晚清新学堂，曾留学日、美习法律。在日本时曾身与反清革命，后又转而支持立宪。民国后历任江苏、北京等地高级司法官，1919 年辞官返南，次年入《申报》馆任主笔，并开设律师事务所。[①] 他关注时事民生，对社会变迁有较一般人更敏锐的观察力，是一个典型的忧国知识人。其时评数量颇巨，所涵盖的时间在 1920—1925 年间，其中多数在前四年。[②] 杨氏所论虽集中在第二次直奉战争前几年，但其所观察到的现象基本持续到北伐战争初期，较集中地表述了北伐前数年一个忧国知识人眼中的国情。

杨氏的阅历和学力赋予他比许多人更开阔的视野，他观察时局有一个相当与众不同的视角，即非常注重社会变迁——特别是新生社会群体和新兴社会行为——与时代政治问题的紧密关联。他敏锐地观察到商人地位的上升及随之而来的一种"思出其位"的强烈政治参与感。同样，学生也"纷心于政治，几无一事不劳学生问津"。更加突破常轨的是原有的政治、军事群体的社会组成及其行为也逐步呈现非常规化，出现了"游民"和"饥民"这类新边缘社群对政治军事的积极参与。在这样一种泛政治化的语境中，新的社会行为方式应运而生：开会、演说、发电报、上新闻，都渐有职业化的倾向；其社会功能在于既为电报局和报纸制造了就业机会，更成为新的上升性社会变动途径：集会结社

---

① 参见杨绛：《回忆我的父亲》，杨荫杭：《老圃遗文辑》（以下径引书名，并注明写作时日及原刊报纸，个别标点偶有更易），长江文艺出版社 1993 年版，第 931—980 页。

② 据《老圃遗文辑》，1924 年仅 1 月 1 日和 5 日各有一篇，以后有近两个月无写作，再写则已不谈时政。到 1925 年 9 月末，杨氏又开始在《时报》略谈时政，然量不多，原因待考。

已"等于终南之捷径"。①

　　这样的社会变迁，特别是新的社会行为，必然会直接间接影响到实际政治的运作。以今日的后见之明看，上述社会变迁是近代中国正统衰落、边缘上升大趋势的自然发展，正所谓冰冻三尺非一日之寒。但对当年的时局观察者来说，这类社会结构混乱的无序现象却似乎刚刚浮出水面（实际上大概是其对政治运作的影响开始渐趋明显）。与社会结构的混乱无序相伴随，20世纪20年代初的中国政治出现了一个近代前所未有的新现象，即南北大小军阀实际形成占地而治的局面，而中央政府渐失驾驭力。

　　杨荫杭对当时局势最常用的历史比拟，就是"五代"，而其严重性犹有过之。"五代"的特征首先是分裂，不仅南北"各据一方；南北既分，以为未足，北与北更互为水火，南与南又互相吞噬。呜呼！吾国自有史以来，处境之阽危，未有甚于斯者也"。其次的特征是武人当道，文人或为武人所用，或退居边缘。而"五代"的另一特征则是"内讧不已，乃暗中乞助于外人，一如当时之乞助于契丹"。实际上，"今之外患，甚于契丹；踵起诸强，多于金元"，已到"虽举国上下，同心同德，尚恐应接之不暇"的程度。②

　　全国局势既然类似五代，也就出现了与五代相近的时代要求——向往统一。1924—1925年的第二次直奉战争，可以视为北洋军阀内部武力统一的最后尝试；而其后的"善后会议"及大约同时各种召开"国民会议"的要求，则是南北双方各政治力量和平统一的最后努力。两次努力的失败不仅促成北洋体系的崩散，而且导致北洋政府统治合道

----

　　① 这些内容已另文探讨，参见罗志田：《清季科举制改革的社会影响》，《中国社会科学》1998年第4期。

　　② 1920年6月7日、7月5日、12月24日《申报》，《老圃遗文辑》，第12—13、45—46、166页。

性的丧失,为后来的北伐预留了"有道伐无道"的先机。[1] 故当时的军政格局及时代要求正体现了此后数年中国政治局势大转折的时势语境,以下即具体探讨这一语境的几个面相。

一、中央政府失控与南北分裂局面的复杂化

1920年10月12日,直系的苏皖赣巡阅使兼江苏督军李纯自杀(或云他杀),三天后直系军阀在保定开会,决定推举北洋元老王士珍继任,而北京政府似乎也派代表与会。杨荫杭立刻捕捉到这一行为隐含的意义,他指出:"保定武人之会议,中央不加禁止,反派代表与会。往者武人集议政治,中央尚有官样文章加以阻止,今并'告朔饩羊'而亡之矣。'诸侯会盟,王人与焉',此东周之事,何图于今日见之。"[2]

先是1918年文人徐世昌被新国会选为总统,这是那时北洋各派势力妥协的结果,也是北洋统治时期唯一的一位文职总统,本意味着北洋体系可能由"马上打天下"转折到"下马治天下"。但随后的发展表明这样的转折并不为手操实权的军阀所认可,结果中央政府渐具"三代"时虚君的味道。惟虚君不仅需要地方诸侯的实际拥戴,也要维护自身的超越地位,不属于任何支派的徐世昌政府的合道性正在于此。这次保定会议的象征意义表明,本应超越的中央政府已不能维持其中立,迈出了名存实亡的第一步。

到1920年年底,杨荫杭已认为当时的中国已无所谓中心势力,他说:"国家固应有柱石,所谓中心势力也。共和国家以大多数之民意为柱石,即降而至于军阀国家,亦有统一之武力为之柱石。今民意既弃如弁髦,各藩镇有'大者王、小者侯'之势,中央政府则自认为空空洞洞、

---

[1]　参见本书《地方意识与全国统一:南北新旧与北伐成功的再诠释》。

[2]　1920年10月22日《申报》,《老圃遗文辑》,第109页。

飘飘荡荡之物，是虽有'国家'而无'柱石'也。无柱石，是无国家也。"一个多月后，杨氏指出民国犹有胜于五代之处，即五代皇帝多，而"民国惟北京有大总统，而他省无闻焉。是民国统一之程度，犹胜于五代也"。但他已预见到危险的征兆：现在"稍有兵力财力，皆能制造大总统"，恐怕"需要少而供给多，其价必落"。[1]

中央政府空虚的一个表现形式即"今日中国，无论何人就总统职，反对者皆可斥为非法。故攻人非法者，皆振振有辞。苟欲其自言何人就总统，即赧赧然不能出诸口"。[2] 这当然又是自晚清以来国人勇于破坏而提不出什么建设主张这一趋势的延续，但总统可以随便攻击这一看似舆论开放的"民主"的现象，仍提示着当时中央政府在人们心目中的无足轻重。

不久中央的地位就进一步降低，1922 年 5 月 29 日，控制北京地区的直系王怀庆被任命为热察绥巡阅使兼热河都统，杨荫杭又注意到其象征意义："向之巡阅使，巡阅行省、巡阅特别区，尚未巡阅北京。今则以热察绥巡阅使而管理北京之地方治安，则北京亦在巡阅范围矣。"这样的思路也有其发展渊源，当南方的孙中山与陈炯明冲突时，曾有"献议者欲畀陈以两广经略使"。这本是对付敌对一方的措施，但"以南方总统所驻之地，而须人经略，则北方总统所驻之地，又安得而不巡阅"。[3]

杨氏的意思很明确，政治规则即使在对付敌手时也不宜随意破坏，只要开了先例，则对敌之方略也可能随时转而对己。正如他在一年多前已指出的："京师为政治之中心，立法、行政、司法各机关断无在军队包围之中而可以执行职务者。"[4] 那时还只是担忧而已，如今北京也在

---

① 1920 年 11 月 30 日、1921 年 1 月 26 日《申报》，《老圃遗文辑》，第 141、203 页。
② 1922 年 6 月 11 日《申报》，《老圃遗文辑》，第 602 页。
③ 1922 年 6 月 2 日《申报》，《老圃遗文辑》，第 596 页。
④ 1920 年 10 月 3 日《申报》，《老圃遗文辑》，第 103 页。

巡阅范围之中,已渐成事实了。后来第二次直奉战争时,吴佩孚要求内阁在其司令部召开办公会议,并在会上对政府总理和部长随意发指示,使与会的顾维钧得到"一番新的阅历",正是这一趋势的逻辑发展,亦良有以也。[①]

第二次直奉战争时中央政府第一次在军阀战争中正式站在其中一方(直系),这个现象的表面含义是中央政府对派系政争态度的转变,但更深远的意义则在于以前中央政府能相对独立,即因其不是为一派势力所造成;而1924年时中央政府已公开为一派所造成并控制,行事既不复有以前那么多顾忌,而其名义上的合道性也实不存在。换言之,假如直系后来真能统一全国并控制之,则其统一可以说在战前已开始;如果从直系最终失败的角度看,则其失败即始于破坏了北洋军阀自身的政治伦理和政治体制:袁世凯去世后逐渐形成的在地方割据基础上维持"虚"中央政府这一北洋体制在战前已经崩溃了。

杜牧曾说:"灭六国者,六国也,非秦也。"北洋体系自身的政治体制、政治伦理以及政治行为模式的破坏如果不是北洋体系崩散的最重要原因,恐怕也是主要的直接原因之一。这样的破坏对北洋团体来说实有自毁性质,"北洋"二字也渐具负面含义。杨荫杭认为:"'北洋正统'云云,乃丑语也。"先有袁世凯之帝制,后有直皖、直奉战争,"皆北洋正统'争城以战,杀人盈城'之历史。今日果能觉悟,自当绝口不谈'北洋'二字;一洗北洋之余臭,乃可与民更始。乃组内阁,犹推重北洋老前辈为总理,一若非北洋正统,不能控制全局者;谈国是,犹曰'恢复旧会,北洋正统可以巩固',一若以后选举,北洋正统必可操胜算者。不知北洋团体,当听其星散,既无巩固之必要,亦无人可以控制"。前此直皖、直奉之战"终不能免者,知其团体早已涣散,固不必燃已死之

---

① 参见顾维钧:《顾维钧回忆录》,第1册,中华书局1983年版,第274页。

灰，而为之谋中兴也"。若北方人"犹以'北洋'二字为号召，国人将掩耳而走矣"。①

这段话应稍作分析，杨氏所见恐怕更多反映了文人对武人的不满及南方的认知。在南方，"北洋"二字或已成"丑语"，只能引起负面的联想。在北方，北洋团体的涣散虽已逐渐发展到"已死之灰"的程度，但"北洋"二字仍是唯一可能实现北洋体系内部统一的象征性"关键词"（杨氏观察到的事事诉诸"北洋"正是其尚有一定号召力的表征）。当然，"北洋正统"这一象征需要不断被提醒，也反证出其号召力正日益减弱。所谓正统，颇类意大利马克思主义者葛兰西（Antonio Gramsci）所说的"文化霸权"，其形成与维持不仅有居支配地位的一方强势控制的一面，而且有被支配一方因各种历史和时代原因对正统大致接受甚而主动赞同的一面。今正统而需提醒，意味着"北洋"这一团体认同确已在涣散。

北方团体认同既然逐渐涣散，南北的对立也就不如以前那么重要。在面临直接利益的得失之时，过去一致对外的"规则"也开始失效。1921年秋，在直系与南方作战时，奉系借口填防，进占了直系的地盘。杨荫杭于是觉察到"北军阀破裂之朕兆"，但他也看出奉军不一定就能胜利，因"奉军徒有虚名，其内部分裂不相统一"（后果有郭松龄之变）。这样的胜败盛衰，虽仍不脱割据之局，"其结果，南方将坐收下庄之利，而张作霖亦终归失败而止"。②

南北之分和南北对立也是杨荫杭眼中民国与五代相似的一个要点，他以为这一分裂局面实肇端于民国成立伊始："自民国成立以来，始有'南'、'北'之不祥名辞。荏苒九年，西南与北方竟成敌国。"这与文武关系有些渊源，"民国革命以来始有都督，兼掌军民之权"。后

---

① 1922年5月29日《申报》，《老圃遗文辑》，第589页。
② 1921年9月14日《申报》，《老圃遗文辑》，第412页。

"袁世凯改都督为将军,又设巡按使以分其权,乃稍类于前清之督抚同城"。关键在于"当时喜利用武人以制党人,遂开将军跋扈之风"。袁死后又更名曰督军,所督尚不过一省。"自添设巡阅使,而割据之局成矣。巡阅使亦创于袁世凯,当时任张勋为长江巡阅使,以防党人。是割据之局,亦袁世凯造之也。"故"推原今日之乱,皆由督军、巡阅使兼掌军民之权"。①

南北分裂局面的根源虽可追溯到民国成立时用军人防制党人的初衷,但其确立则在张勋复辟之后段祺瑞的处置失当。杨荫杭指出:"昔者段祺瑞平张勋,乘其战胜之骄气,不肯与南方和,中国从此分裂,段亦终于失败。"盖复辟本身或者提醒了南北各方帝制的威胁仍在,故反对复辟维持共和的各方尚存联合的基础与契机(momentum)。而段祺瑞那时犹怀武力统一之念,自难认识到这样的历史机遇。历史的机遇本是瞬息即逝,失不再来,段氏的失败也始于此。后来"论者皆归咎于段,其实段亦未有大过,不过一胜之骄,群小附之,乃一蹶不可复振"。②

严复在1918年指斥清季军事学堂培养的人才不成气候时说:"前之海军,后之陆军,其中实无一士。即如王士珍、段祺瑞、冯国璋,皆当时所谓健者,至今观之,固何如乎?"③记得都曾少年得志的顾维钧和胡适均说过,民国的特殊形势将不少有能力的人推到超过其能力的高位,结果反不能发挥其能力。杨荫杭当时也观察到:"今日军阀中,无论南阀北阀,其杰出之人才,充其能力,亦只能割据一地。若能荡平各派而统一之,固未见其人也。无此能力,即须有自知之明。"④执国柄者首先要有过人的识力,而能认识到并能抓住历史机遇又是其中最重要

① 1920年6月7日、1922年9月29日《申报》,《老圃遗文辑》,第12、652—653页。
② 1922年5月11日《申报》,《老圃遗文辑》,第577页。
③ 严复:《与熊纯如书》(1918年5月17日),《严复集》,第3册,中华书局1986年版,第687页。
④ 1921年8月20日《申报》,《老圃遗文辑》,第390页。

者。段祺瑞或者就是被时势推上了超过其能力的高位，他既无"荡平各派"的能力，又缺乏这方面的"自知之明"，其"一蹶不可复振"就成为自然的后果了。（1925年段氏因冯玉祥的阵前倒戈而复出，已无多少军事实力的他曾有尝试和平统一的努力，终未成功。）

有意思的是，杨氏发现对立的南北双方其实颇有共性："同是中国也，而或分为北方，或裂为西南，一若各有主义不能相容者"，其实"自吾辈视之，则同是武人之盘踞而已"。他更从南北双方皆虐待教员而致教员罢工一事看出"南北两方文明程度之相等"。故"所谓北方政府者，不过一二武人所创设之筹款机关"；而"所谓南方政府者，不过各霸一方，势力涣散"。这样，"吾侪小民，对于北方政府之朽败，固不能表同情，然对于南方人物，论其已往之成绩与今日涣散之势，亦不在崇拜拥戴之列"。若论"真正之民意，则对于两方皆未敢崇拜"。①

南北之间关系变得错综复杂之后，在一段时间里出现了一个特殊现象，即南北之间互无战事，而双方内部争斗则较南北之间尤甚。相比起来，北方似"团结力稍强"；但北方的发展趋势仍是不断分裂，不容乐观："袁之势力，一裂而为皖、直；直之势力，再裂而为奉、直；以后当更有分裂。"②南北之间无战事而内部争斗反较甚的现象提示了和谈这一选择的可能，即杨氏所谓"天下惟势均力敌者，乃可以言战，亦惟势

① 1920年5月24日、12月20日，1921年8月20、25日《申报》，《老圃遗文辑》，第1、163、390、393页。到南方的国民党推行联俄容共政策并在广东取得区域成就后，南方获得"新"的象征，南北差异乃增大（参见本书《地方意识与全国统一：南北新旧与北伐成功的再诠释》）。此时观察者颇见南北之同而后来多见其异这一过程，非常值得注意。

② 1920年11月26日、1921年3月12日《申报》，《老圃遗文辑》，第137、244页。有意思的是在杨荫杭眼中张作霖之奉系原属直系，杨氏更早曾说：张作霖与徐树铮二人，"一为直派之有力人物，可以代表直派者也；一为皖派之中坚，可以代表皖派者也"。（1920年6月21日《申报》，《老圃遗文辑》，第28页）奉系后来势力渐大，故后之撰史者在描述较早时段时也多倒用奉系之名。其实奉系有一成长过程，张作霖统一东北，不过是1920年夏天的事；对此直系开始还持反对态度，后张与曹锟联络，直系又转支持张，而张也就一度成为直系的"有力人物"；到其势力渐大，才逐渐有了"奉系"这一独立认同。

均力敌者,乃可以言和。自桂师覆没,湘师入鄂,两者已处于对等之地位,舍此不和,更待何时?"①

故杨荫杭提出:"中国国是,仍以媾和之形式决之。……为今之计,当由南北两方,各派全权代表集于中立之地,协定议和大纲。"他认为此次"南北会议之成否,关乎中国之存亡,非武人政客出锋头之事"。故每方派一位代表即可,"南以伍廷芳为最宜,北以萨镇冰为最宜;二人皆新派,皆老辈,皆对内对外有声望"。②杨氏对双方代表资历的界定甚有意思,提示了民初社会政界的新旧交错及内政与外交互联互动这两大时代特征。

1921—1922年冬,为解决第一次世界大战后巴黎和会的国际遗留问题,在华盛顿召开了九个主要欧亚国家参加的限制海军军备竞赛及解决东亚国际局势的会议。会议的主要部分是前者,而中国人显然重视后者,故现在一般称为华盛顿会议者,在当时的中国是以"太平洋会议"著称的。由于当时中国内政与外交的互联互动(详后),太平洋会议成为南北议和的一个契机。杨荫杭以为,既然"北方筹备赴会,南方亦欲出席;与其献丑于外人之前,固不如携手同行之为愈也"。从外交角度看,"昔者欧洲和会之失败,虽曰世界无公道,实由中国内争之结果。此次太平洋会议之成败,固不在外交家手腕之良否,亦不专恃友邦之协助,实仍由国内自决。使国内各派果能及时觉悟,速开和议",而"以全国同意之代表出席于会议",则"犹可望其成"。③

当时南北两政府皆认对方为非法,但北京政府获得外国承认,且实际控制地域也宽广得多,地位明显更为有利。北京方面也确曾做出努力,任命了广州政府的伍朝枢为四位全权代表之一。但南方或认为所

① 1921年8月20日《申报》,《老圃遗文辑》,第390页。
② 1922年6月9日、1921年9月9日《申报》,《老圃遗文辑》,第600、409页。
③ 1921年8月20、18日《申报》,《老圃遗文辑》,第390、387页。

占比例太低，拒不接受。结果代表团中南方色彩明显的大员只有以陆军中将身份任顾问的黄郛一人。[1] 故太平洋会议虽成为南北议和的一个契机，却未能落实到实践的层面，南北分裂的局面仍然继续。

这样，中国当时的政治局势的错综复杂有增无减，实处分裂的南北双方虽皆主张南北应统一，其实自身都已不能统一。杨荫杭注意到："北方不能自行统一，反欲统一南北"；同样，"南方不能自行统一，反自以为有操纵南北统一之权"。其实"近日北方自求统一之不暇，勿徒咎南方之不肯统一也"。[2] 可知当时的情形是谁能先统一内部，始可言统一全国。第二次直奉战争后，北方曾有元老王士珍出面号召和解的努力，未获成功；而南方则在两广各自武力统一的基础上联合在三民主义旗帜之下，进而与湖南唐生智的势力结合，造成一个相对统一的数省势力范围，这是后来北伐能够成功的一个重要因素。[3]

在南北相持的均势下，各南北中小军阀虽不断转移其立场，却无伤大局，甚至局部的争夺诉诸战争也不一定会危及大的均势。在北洋体系控制了全国多数地区而南方在全国事务中渐无足轻重时，北洋军阀内部的皖直或直奉两极均势也给了各中小军阀在体系中不时转换立场或保持相对中立的实际选择。到两极体系中一方优势明显时，居弱势的一方会在体系内外有意识地努力寻求（长期的或暂时的）同盟，以取得平衡或优势。南方固然曾试图在北洋体系中寻找可以联络的对象，北洋人也可能往南方寻求支援。在直系倒段祺瑞时，吴佩孚等已开始有意识地利用南方军阀的力量，这就在北洋体系的内争中引入了外力，

---

[1]　参见《参与华盛顿会议中国代表团衔名录》，中国第二历史档案馆编：《中华民国史档案资料汇编》，第三辑，《外交卷》，江苏古籍出版社1991年版，第454—456页。并参见陶菊隐：《北洋军阀统治时期史话》，第6册，生活·读书·新知三联书店1958年版，第64页。

[2]　1920年11月26日《申报》，《老圃遗文辑》，第137页。

[3]　参见本书《地方意识与全国统一：南北新旧与北伐成功的再诠释》。

增加了北洋内斗的复杂性。后来直系占优势时,奉皖两系也联络在南方开府的国民党孙中山系,是所谓"三角同盟";而同时吴则联合与孙对立的陈炯明。此时南北虽仍对立,但已互相援引利用,南北均势已逐渐是名义多于实际了。

在此局势下,杨荫杭敏锐地观察到那时南北之间或南北内部"和"已成为"战"的一种手段。他指出:"和者,须合全国之异派而调和之。"若"因滇派桂派之分裂,而欲结纳滇派以倾桂派,则其名虽曰和,其实即对于桂派而备战,非真和也;又若因皖派与直派之积不相能,而由皖结纳滇派以制直派,则其名虽曰和,其实即皖派对于直派而备战,非真和也"。① 以"和"为"战"的特殊方式颇有助于理解那段时间的军阀战争何以常常采取"电报战"的方式(详后),也进一步呈现了南北关系的互相缠绕。②

特别有意思的是,南北双方虽然各自指斥对方为非法,而在政治正当性方面仍互相依存:"今日北方亟亟谋统一者,得一南方伟人通电赞成,则色然而喜。故百计搜求者,不外此类通电,几视为珍宝矣。"杨氏以为:"所谓伟人大率皆政客,其通电宣言实不值一钱。"故对北方而言,"果能统一与否,仍视乎北方诸人之行为,而不视乎南方诸人之电报"。他这里所谓的"行为",是要北方诸人"弃甲而走,代以民政",当然不过是南方读书人充满理想的痴人说梦。③ 其实,"通电宣言"既然

---

① 1920 年 6 月 15 日《申报》,《老圃遗文辑》,第 20 页。

② 以"和"为"战"方式的存在到底表明各方势力大致还在已式微的均势笼罩之下,一旦均势崩解,两极体系不复存在,各中小势力之动向就常常影响到大局。在一个多极体系中,每一个体的行动往往更能影响他人。后来江浙战争这一原皖系与直系的区域性地盘之争很快引发大规模的第二次直奉战争,动员兵力达四十多万,使用了海陆空三军,可以说是中国历史上第一次大型立体战争(参见 Arthur N. Waldron, *From War to Nationalism: China's Turning Point, 1924—1925*, New York: Cambridge University Press, 1995)。在这样大规模的战争中,先前曾卷入郭松龄倒戈事件的冯玉祥,所部不过是直军非主攻的一路,其阵前倒戈竟然不仅立刻影响了战争的胜负,而且导致一个新的派系即国民军系的一度兴起。

③ 1922 年 6 月 17 日《申报》,《老圃遗文辑》,第 608 页。

尚在"百计搜求"之列，决非"不值一钱"，正提示了武力统一的主张暂时退居二线后各方势力寻求政治正当性的广泛努力。这方面的努力过去很少被注意，其实还可进一步探索。

　　南方读书人希望驻防南方的北洋军队"弃甲而走，代以民政"的理想也揭示了时人关注的另外两大问题，即在南北分立局面下地方意识的增强和文武关系的转变。杨荫杭强调："南中人民所以深恶痛疾于督军制者，非恶'督军'二字之虚名也。诚以督军来自北方，皆挟有驻防式之军队；衣于斯，食于斯，吸人民之脂膏，为地方之寄生虫；使一切民政皆扞格而不行，此裁兵废督之说所由来也。"[①] 而北方人同样对南方人不信任，北伐时帮助废帝溥仪拉拢奉军的刘凤池报告说：此次到京，"凡接近者，均以南北不相容为辞。如果某（按或指张作霖）倒，必另想法子，至死不受南人之支配。同此情调，大有人在"。[②] 这段话应有相当的代表性。以下即分别对地方意识的增强和文武关系的转变这两大问题稍作探讨。

二、地方意识的增强

　　中国人的地方意识渊源甚早，古代的南虏北伧之诟与蜀洛党争等都是史书不能不载的要目。而近代特别明显的南北地方意识，其思想资源不仅有中国的遗传，也包括新来的西方观念。[③] 杨荫杭称之为"乡曲主义"，他说："中国人重乡谊，严省界。"故商业有帮、政治有系。

---

　　① 　1922 年 6 月 18 日《申报》，《老圃遗文辑》，第 609 页。

　　② 　刘凤池致溥仪，1928（？）年 5 月 13 日，《历史档案》1997 年第 1 期，第 71 页。原信未署年，按刘为溥仪活动奉军人物仅年余，此信非 1928 年即 1927 年，然从内容判断，更可能是 1928 年。

　　③ 　参见陈序经：《中国南北文化观》，台北牧童出版社 1976 年版；孙隆基：《中国区域发展的差异：南与北》，《二十一世纪》1992 年 4 月号。

"大率党同伐异,皆由地方习惯不同;而召集徒众,皆以'乡谊'二字相号召。若是者,谓之乡曲主义。"[①]

从正面看,"商人皆有会馆,所以联络乡谊,排难解纷,其制未尝不善。苟扩而充之,实地方自治之基础。故欧美人士谓华人最富于自治性,非虚语也"。但若"乡曲之见太深,有时排斥异乡人"。结果,"官场皆引用同乡,往往不论其人之能否,而以援手乡人为一种之道德"。政治派系之"互相结合,虽由于利害之欢喜,亦未始不本于乡土之感情"。从武断乡曲的土豪地棍到称霸一方的督军师长,都是乡曲主义。"其流弊所极,乃酿成今日之大政争,而国人同受其害。"

杨氏自己则主张"大一统主义",他说:"乡岂不当爱? 然当推其爱乡之心以爱国。乡人岂不当爱? 然当推其爱乡人之心以爱国人,并当推其爱国人之心以爱异族。所谓大国民之气魄,固当如是也。有大国民之气魄,而后能建设强有力之大国,为世所推重;并能统一异风教之人民,而不至于分裂;且能容纳异种族之人类,而不至于冲突。若是者谓之大一统主义。"这是典型的传统大同观念,在西强中弱的当年,的确只能算是遥远的理想;但也揭示了在长期分裂后,统一的愿望已成为当时一种时代要求(详后)。同时,杨氏已触及近代西方民族主义的一个重要观念,即爱国本由爱乡发展而至。

地方意识与统一观念的关系是曲折而复杂的,两者可以相辅相成,更常常相互冲突。一般而言,在外患显著时,统一观念会占上风,而地方意识则"退居二线"。当外患不十分急迫时,地方意识又可见极大的力量。有时本不相容的两种观念可能产生特殊的合力,北伐即是一个显例。当时国民革命军以统一全国的目标号召天下,过去西方学者多认为其成功颇靠民族主义之助,但其在南方战场上其实在很大程度上

---

① 本段与下两段,参见 1920 年 7 月 3、5 日《申报》,《老圃遗文辑》,第 43—45 页。

正依靠南北地方意识而能以弱胜强，尤其值得注意。[①]

　　近代来华的西人以及受西人影响的中国读书人多以为中国人像一盘散沙，重视乡土而缺乏全国性的民族自觉意识。其实他们基本是以西方民族意识的表现形式来反观中国，因长期未能在中国找到"同类项"，便以为不存在。到西方文化优越观在中国士人心目中确立之后，中国反西方或"排外"也逐渐采取西方的方式，结果立即被视为民族意识的"觉醒"。

　　其实若以 1900 年的义和团事件与 1905 年抵制美货时的所谓"文明排外"为个案进行比较，两次事件当事人所采取的手段虽迥异，其基本关怀和忧虑所在实大致相同（这个问题牵涉甚广，此处不能展开论述）。后来中日"二十一条"谈判时期的反日救亡运动，几乎完全是采取集会、游行、排货等西方抗议方式，美国驻华记者克劳（Carl Crow）即认为这是中国第一次举国联合一致的全国性运动，大大推进了中国过去缺乏的民族自觉意识。他预言：当中国以全民族的爱国主义（national patriotism）完全取代地方性的爱乡主义（provincial patriotism）时，中国的许多问题都能解决；此次的反日运动已预示出这样一种趋势。[②]

　　但是，近代中国有一项特殊的国情，即大约在庚子义和团之役后，越来越多的士人感觉到中央政府在救亡图存方面不可依靠。这样，近代中国民族主义思想中很早就产生了通过地方自立这一看似"分裂性"的举措来完成全国的救亡这样一种曲折的思路。欧榘甲在 20 世纪初提出"新广东"观念说："自［甲午］中日战争以后，天下皆知朝廷之不可恃；有志之士知非图自立，不足救亡国亡种之祸。"清政府既不可恃，则一个逻辑的思路就是"务合汉族以复汉土，务联汉才以干汉事"。有

---

①　说详本书《地方意识与全国统一：南北新旧与北伐成功的再诠释》。

②　Carl Crow, "China's Bloodless War on Japan", *Outlook* (Oct. 13, 1915), p. 378.

此基础，"以救中国，则中国可兴；以立广东，则广东可立"。[①] 可知其最后的目标仍然是通过"立广东"来"救中国"。

这一思路显然传承下去，在民初"联省自治"观念一度风行时，孙中山也曾主张以地方自治求全国统一。他于 1921 年 5 月 5 日通电就职非常国会所选的大总统，电文指斥"集权专制为自满清以来之秕政"，而"欲解决中央与地方永久之纠纷，惟有使各省人民完成自治，自订省宪法，自选省长。中央分权于各省，各省分权于各县，庶几既分离之民国，复以自治主义相结合，以归于统一"。[②] 与此大约同时章太炎、胡适等支持联省自治的主张，所持观念也相类似，都把区域自治视为走向全国统一的曲线路径。[③]

当时联省自治的主张能引起广泛共鸣尚有更特殊的当下政治语境，即皖系军阀武力统一的尝试已被证明不能成功。主张以村落自治为全国和平基础的广东军人陈炯明说："袁世凯、段祺瑞、张勋皆思征服全国、统于一尊，而皆失败。即孙逸仙亦思以征服之法谋统一，而亦失败。中国欲求和平，除以全权统归国民外，更无他法。以后当以村落自治为基础。一言以蔽之，当自下而上，不应自上而下，再蹈前之覆辙。"杨荫杭以为陈氏之言"皆娓娓可听，中国武人，能明此义，可谓铁中铮铮，庸中佼佼者矣"。[④]

不过，与当时许多反对联省自治的人一样，杨氏从自治的主张中看出了国家进一步分裂的可能性。在他看来，自治不过是割据之别名：西南各省有野心人物，因侵略他省失败，"一变而为'孟罗主义'。其名则

---

① 欧榘甲:《新广东》(1902 年)，张枬、王忍之编:《辛亥革命前十年间时论选集》，第 1 卷，上册，生活·读书·新知三联书店 1960 年版，第 270、308 页。

② 孙中山:《就任大总统职宣言》，《孙中山全集》，第 6 卷，中华书局 1985 年版，第 531 页。

③ 关于联省自治，参见胡春惠:《民初的地方主义与联省自治》，台北正中书局 1983 年版；李达嘉:《民国初年的联省自治运动》，台北弘文馆 1986 年版。

④ 1921 年 2 月 19 日《申报》，《老圃遗文辑》，第 226 页。

曰各省自治，其实则既无余力侵人，又不肯牺牲其势力以求统一，乃不得已而假'孟罗'二字之新名以标其主义，并假'自治'二字之美名以耸人观听。其实即割据封建之别名"。[1]

杨氏注意到，"近日'联省自治'之说，风行一时"的现象也受到外国舆论的影响。"前有西人著论谓：今日北京政府，不能为国人所信任，应由各国撤消承认。撤消之后，亦不承认南方政府。但承认中国之国民，以各省省议会代表。"这样变更约法而行联邦之制，"则各省议会，为立法机关，其职权之廓大，当然与今制不同"。但考察作为"宪法之母"的英国历史，则是"先有宪法中之事例，非先制宪法之条文"。中国当时的"政治家、文章家能制省宪者，固车载斗量，在谷满谷"，但省议会既"为武人所左右"，复"为社会所厌恶"，如果北京政府撤销而实行联省自治，则这样的省议会就成为国家"唯一之总代表"和"唯一之主人翁"，实"不知此类省议会果有此资格、有此道德否"？[2]

故杨氏虽然同意"自治救国"为"不易之论"，但强调"多数之自治团体，不能名之曰'国'。若欲成国，非集权不可。故今日中国既尽力经营自治，复宜经营统一；能南北和衷，集而为一，固中国之福。藉曰不能，亦当群策群力，祛其害马。若以散漫不相统一为自治，而又由拥兵者出面主持，此乃分崩离析，非所谓自治也。"[3] 可以看出，杨荫杭其实主张地方自治与国家统一可同时进行（但不能由军人主持），两者中后者在当时又更重要，否则便不成其为"国"。

正是西人提出同时不承认中国南北两政府的主张使杨荫杭看出联省自治这一"今日最时髦之名称"的隐忧：原土耳其帝国治下的巴尔干各小国，最初也是让其自治，后来在帝国衰微时相继独立。而"俄对于

---

[1]　1921 年 3 月 12 日《申报》，《老圃遗文辑》，第 244 页。

[2]　1921 年 10 月 23 日、8 月 30 日《申报》，《老圃遗文辑》，第 443、399 页。

[3]　1921 年 6 月 15 日《申报》，《老圃遗文辑》，第 335 页。

我,尝要求外蒙之自治;英对于我,尝要求西藏之自治"。中国的联省自治正有可能发展成类似巴尔干的情形。"世界各国中,狯焉思启封疆者,固甚喜中国有此类之自治。若长此不已,或将视为蒙、藏而代为要求,此中国唯一之危机,全国人所当注意者也。"所以,中国各派"若果有爱国心,谋全国之幸福,须知联省自治、制定省宪,皆非解决时局之法"。当前最需要的,是至少在财政层面谋全国之统一。[①]

杨氏认为,只有在统一的基础上进行裁兵,才有可能逐渐实行民治。自治的关键在于究竟何人来"治",他尖锐地指出:"自治之'自',乃人民之'自',非军长之'自'也。人民自治,谓之'德谟克拉西';军长自治,谓之藩镇,谓之封建。藩镇与封建,皆与民国二字不能相容。"杨氏的意思,似乎非军人领导的地方自治尚可接受。故他赞成陈炯明所谓"自下而上"的主张,以为是"不易之理"。不过自下而上"须上下通力合作,并须全国通力合作"。在各省自拥重兵之时,这样的合作恐难实现。"若必待高尚之理论一一实行后始能统一,即不肯统一之别名。故就人民言,不可有倚赖心。而就各派首领言,当知今日中国危机,决不容继续分裂;当牺牲私利,先求统一,先筹裁兵,而后民治可次第进行。"[②]

这就进而揭示出杨荫杭关注的另一个大问题:如果自治落实到民治之上,则人民固然希望自治,而各"雄长一省"的掌权武人之意似在言而不在行,其支持制定省宪,不过欲"一手执宪法,一手执兵符"也。他们"倡言自治"是为巩固在其辖区的统治,对外仍思用兵以"治他"。杨氏稍早曾预言张作霖的大东三省主义和曹锟的大直隶主义等武力扩充方式必将失败,因为它们"逆全国人民排斥武力、要求自治之潮流"。[③]其实这也只是清季民初流行的所谓代人民立言,更多代表一种

① 1921年8月30日《申报》,《老圃遗文辑》,第399页。

② 1921年6月15日、2月19日《申报》,《老圃遗文辑》,第335、226页。

③ 1921年8月30日、11月13日,1920年10月27日《申报》,《老圃遗文辑》,第399、476、115页。

南方读书人的理想型认知，未必呈现出当时实际政治力量对比的真相。但民治与裁兵的关联提示着更多得到南方人支持的联省自治主张不仅表述了南人希望改变北军驻防南方这一地域权力关系的时代要求，同时也反映了时人对军人兼掌民政这一文武权力关系的全国性不满。

三、文武关系的诡论性演变

民初从中央到地方的军人当政，造因甚多，其中不乏现实的政治原因（甚至可以说有一定程度的社会需要）；而从清季开始流行的尚武思潮，至少是一个间接的思想因素。杨荫杭总结说：以前"中国人右文而贱武，故成文弱之国。自与欧人接触，始自觉其文弱。自为日本所败，始欲矫其文弱之弊。于是爱国之士，乃大声疾呼曰：'尚武！尚武！'"[①]

其实，尚武心态也是中西"学战"的直接产物。在西潮的冲击下，许多中国士人吸收了包括前近代尚武意识在内的西方观念。越来越多的中国士人为中国已丧失了古已有之的尚武精神而后悔。他们一面批判这个不应发生的失落，同时更大力鼓吹恢复和培养此种精神。梁启超和蔡元培都是尚武精神和军国民主义的大力提倡者。略年轻些的一辈，从鲁迅、周作人到熊十力这样的文人，或曾入军校学习，或直接从军，多半都受此尚武心态的影响。[②]

从20世纪20年代的文武关系中，也不时可发现早期尚武观念的遗迹。梁启超在1903年曾说："西人有恒言曰：'后膛枪出而革命迹绝。'"[③]辛亥革命时章太炎以提出"革命军起，革命党消"的主张而闻名于世，很可能即受到梁启超的影响。再后来北伐之时，仍有些尚武的

---

① 1920年12月24日《申报》，《老圃遗文辑》，第166页。
② 参见罗志田《传教士与近代中西文化竞争》，《历史研究》1996年第6期。
③ 梁启超：《论俄罗斯虚无党》，《新民丛报》第40—41合本（1903年11月），也收入《辛亥革命前十年间时论选集》，第1卷，上册，第369页。

"长衫同志"（如章太炎最看不起的吴稚晖）在鼓吹"一切权力归武装同志"。[1] 这些深受中国传统熏染的文人能一脉相承地持有类似观念，不能不说是受了西来的尚武意识的启发。

有了西方及日本的强盛在于尚武这样的认知，不少中国人也将中国的希望寄于尚武之上。也在 1903 年，江苏人金天翮提出，中国欲"立于二十世纪之世界"，当效法"源于希腊，盛行于罗马"的"军人魂"，而"以铁血为主义"。理由很简单，今日强盛的"德意志其宗子，而日本则裔孙也"。具体言之，"一切社会之组织，皆当以军人之法律布置之；一切国防之机关，皆当以军人之眼光建设之；一切普通历史、风俗习惯，皆当以军人之精神灌注之。是故铁血者，神圣之所歆；剑铳者，国民第二之衣食住。闻战而喜，战死而相与贺，国未有不雄者也"。[2]

文人而有这样的观念，武人自然愿闻。蒋介石在北伐后提出一项解决中国问题的总体办法，即军队要党化，而党、行政机关、社会以至全民都要军队化。这与金天翮二十多年前的主张如出一辙，尤其蒋在国人经历了北洋军阀的军人统治之后仍能提出这样的主张，最说明类似的观念在这么多年后仍有相当的生命力。[3]

---

① 当然，北伐时文武双方对党与枪的关系曾有持续的争论，多数"长衫同志"像宋子文那样主张"国民革命的主旨是以党治军，就是以文人制裁武人"。参见本书《地方意识与全国统一：南北新旧与北伐成功的再诠释》。

② 壮游（金天翮）：《国民新灵魂》，《江苏》（1903 年），《辛亥革命前十年间时论选集》，第 1 卷，下册，第 573—574 页。

③ 参见蒋介石：《今日党员与政府军队及社会之组织唯一要素》，《盛京时报》，1928 年 8 月 18 日，第 1 版。应该指出，蒋的主张也受到许多国民党文人的反对。但对尚武观念的生命力实不能低估，直到 1935 年仍有文人提出"武化本位"的观念。任中敏针对当时的"文化本位"观念说："'五四运动'以后，有一部分文化运动者，以毁弃吾国一切所固有者为时髦。乃十年以来，经过一大循环，今日又以谈中国本位的文化为时髦矣。今日之势，人则事事不许我有本位，我则事事多个人为本位；当前应解决者，正是'中国本位的武化'问题！此而不谈，改谈文化，未免读《孝经》以退黄巾之嫌。"（参见任中敏《〈白屋嘉言〉序》，《国风》第 7 卷第 1 期，1935 年 8 月 1 日，第 20 页）这是抗日战争已将爆发的前夕，说这样的话自有其时代紧迫感的今典。但"读《孝经》以退黄巾"一语仍透露出清季以来甚为流行的"文人无用"论的余音。

不过，在北洋军阀统治的当时，人们已对过分提倡尚武观念有了新的认识。杨荫杭注意到："共和为文明之美称，初不料共和之结果，一变而为五代之割据。无端而有督军，无端而有巡阅，使国人恶之如蛇蝎，外人亦匿笑不置。"正因为有了对武人统治的体验，国人"今而知右文之说，尚未可厚非"。于是"爱国之士，又大声疾呼曰：'文治！文治！'"[①]

其实军人自己也知道"干政"不是受到正面肯定的行为，观当年军阀之通电，每有指责对方干政而自称决不干政的语句。但军人干政变成习惯性的政治行为后，有时军阀暂不干政，政局即难维持。北伐初起时，北京政府总理顾维钧在一份给各主要军阀的电报中说："诸帅望重斗山，手操筦钥，虽或以羽书旁午，或以谦退为怀，对于中央政局有爱莫能助之苦衷，而中央因此乃有坠不及渊之窘状。"故他希望"诸公共发宏谟，早戢国是"。[②] 按顾的电报本意是说中央政府无权无钱，故他欲引退。但"手操筦钥"的军阀对中央政局"爱莫能助"（实即不充分支持），中央即有"坠不及渊之窘状"，当时的文武关系已尽在不言之中。

严复在 1918 指出：苏明允论兵，谓"以为不义之徒，执杀人之器"，正可以喻今日。"近数十年愤于对外之累败，由是项城诸公，得利用之，起而仿东西尚武之习（自唐以来，朝廷于有兵封疆，必姑息敷衍，清中兴以后尤然。此项城所以刻意言兵）。虽然，武则尚矣，而教育不足，风气未改；所谓新式军人，新于制服已耳！而其为不义之徒，操杀人之器，自若也。"[③] 严复之意，谓袁世凯等有意识地利用来自西方和日本的

————————

①　1920 年 12 月 24 日《申报》，《老圃遗文辑》，第 166 页。

②　顾维钧致张作霖等电，1926 年 11 月 9 日，收入章伯锋主编：《北洋军阀》，第 5 卷，武汉出版社 1990 年版，第 386 页。

③　严复：《与熊纯如书》（1918 年 5 月 17 日），《严复集》，第 3 册，第 686 页。

尚武心态以扩张军人势力,这当然还需要更直接的证据。但他观察到新式军人的弱点在于教育不足,的确是当时一个大问题。

杨荫杭也注意及此。由于存在保家卫国的实际需要,杨氏并不反对一般意义的尚武。关键在于,"当使武力操于有教育者之手,而其国乃强"。惟北洋军阀的发展恰反之,明显是武力越来越操于无教育者之手。第一代北洋军阀首领多为军校出身,但20世纪20年代兴起的张作霖、张宗昌、冯玉祥等皆非是(其时保定军校的毕业生还多在中下层任职,后来才作用日大),结果出现"绿林之剧盗通电而论时事"的情形。[①] 这与晚清湘军到淮军的发展稍类似而不全同,淮军将领的功名远逊湘军将领,然多少还受过正规教育;北洋后起的二张与冯则或识字不多,或基本不识字。

武力不操于有教育者之手已是不可回避的现实,国人也认识到"右文之说尚未可厚非",则回向传统寻找解决问题的思想资源即成为一种可能的选择。既然民国情形颇类五代,杨氏"观于五代末年之时局,宋之所以能统一者,亦不专藉兵力,并非有特殊之奇才异功,亦不过整饬吏治,以文吏驾武人,以严法驭贪吏而已。今人苟能行斯道者,亦不难变更割据之局"。[②]

但传统的"右文贱武"观念更因西来的"共和"思想而获得新的生命力:"凡共和国通例,皆不喜战将、不尚武功。中国虽未可言真共和,然亦有此精神。"有此"共和国通例"为武器,杨荫杭似乎比许多人更具信心,他说:"人谓中华民国为武力跋扈之国,吾独谓中华民国有排斥武力机能。"据他观察,从清季新军到段祺瑞,恃武力者均旋起旋败。"乃知中华民国自有家法,凡以武力为强者,皆使之失败而止。"[③]

---

①　1920年12月24、29日《申报》,《老圃遗文辑》,第166、173页。

②　1922年3月24日《申报》,《老圃遗文辑》,第552页。

③　1922年4月25日、1920年10月10日《申报》,《老圃遗文辑》,第567、106页。

　　然而这不过是杨氏充满理想的希望而已。他观察到的现象并不错，从新军以来恃武力者的确是旋起旋败；惟到杨氏立说时为止（及其后相当一段时间里），败后新兴的力量仍然都是"以武力为强者"。具有西来共和精神的民国"家法"，实未能在实践层面做到"以文吏驾武人"，离结束五代局面的宋人水准尚远。究其原因，似尚非武人力量太强，部分仍由于文人之尚武。

　　如杨氏所见："今举国唾骂武人。武人固可恨也，而亦未始不可怜也。武人者，器械也、傀儡也。有政客议员搬弄器械，利用傀儡，于是武人与武人之间，遂从此多事矣；于是武人与非武人之间，亦从此多事矣。"故时局之坏，"虽曰武人有以致之，实亦阴谋之政客议员有以致之也"。①

　　而民初文武关系最具诡论意味的现象是文人固然尚武，武人自己却不但不够尚武，还在相当程度上"尚文"；他们在保家卫国方面的成就有限，但对本属文人职责的政治问题却兴趣十足。杨荫杭指出："或谓中华民国为军人政治，此说非也。"其实南北各军阀既不能御外患，又不能靖内乱，不过为政治问题钩心斗角。这些人实"不得谓之军人，吾无以名之，名之曰'武装之政客'"。②

　　1920—1921 年冬，中国军队与白俄军队战于外蒙古库伦，而中央政府派第九师往江苏，杨荫杭质问道："今者库伦待援孔亟，果欲为第九师谋驻防之地，似应向库伦而行，不应向江苏而行。江苏无边患，来此何干？"军队不往边防而驻防内地，实因"库伦瘠、江苏肥；库伦危、江苏安"。军队驻防既然多向往有实际利益之地，则不但不能靖内乱，反造成一些地区的纷扰不宁。杨氏注意到，"民国以来，上海所以纷扰，不过因有兵工厂耳"。③ 这样不顾外患却向利而趋的军人，自然不能算

---

①　1920 年 6 月 1 日，《申报》，《老圃遗文辑》，第 3 页。
②　1921 年 2 月 26 日《申报》，《老圃遗文辑》，第 233 页。
③　1921 年 2 月 27 日、1922 年 6 月 12 日《申报》，《老圃遗文辑》，第 204、603 页。

是真正的尚武。

由于有利益的考虑，民初的一个特殊现象是南北武人"虽大声言'讨伐'，而实即抵死不肯讨伐"。他们不过"欲借讨伐之名，以扩充军人之饭碗额数，并扩充军属政客之饭碗额数而已。使南北而实行讲和，则此辈之饭碗破矣，非此辈所利也。使南北问题用武力迅速解决，则此辈之饭碗能暂而不能久矣，亦非此辈所利也。故最妙之计，莫如大声言战，而又抵死不战"。①

当时"痛心中国者，不曰财尽，即曰兵多"。而两者间又有直接关联，盖不论对外借债还是对内收税，最后都入军人手中。结果，"军人饱欲死，教员之饥欲死"。杨荫杭发现，尽管"民国初年较前清更贫，民国今日较初年更贫"，而"民国人所纳之税，多于前清；而近年所纳之税，尤多于民国初年"（这当然还只是与前比较，要到实行西式征税法的国民党统治时期，始知何者之税更多）。他"探源立论，中国所少者，不在金钱而在道德；中国所多者，不在兵卒，而在不道德之军官"。②

而民国之分裂虽类五代，民国之武人却又与五代异："五代时有武人，谓安邦定国在长枪大剑，安用毛锥？ 而孰知今之武人，并不能用长枪大剑，而喜用毛锥。"当时各方既然多言讨伐而不继之以行动，则备战或宣战的檄文乃多。加以"发电报"已成新的社会和政治行为，檄文多以电报形式出之，这就形成民初的另一特别现象，即军阀间的战争常衍化成与演戏无异的电报战。杨荫杭挖苦说："不先解决根本问题，而先作文章，乃国人之通病。武人学之，尤觉滑稽。"③

从檄文到电报，似乎也意味着传统的现代化。在杨氏眼里，民国流行的"宣传"也可溯源于五代："今日各省督军、巡阅使大率有文人政

---

① 1920年6月8日，《申报》，《老圃遗文辑》，第15页。
② 1921年3月13、17日，1月9日《申报》，《老圃遗文辑》，第246、248、186页。
③ 1921年5月6日《申报》，《老圃遗文辑》，第295页。

客为之羽翼，故所发电报，必妆点门面语；虽盗跖其行，亦必曾史其言，所谓宣传也。此风在五代亦盛行。五代承唐之后，犹重文学。当时方镇，皆重书记之官。"则"可知武人作虎，必赖文人傅翼，今古一辙。冯道由书记入相，桑维翰由书记为枢密使，犹今日阁员多巡阅使幕僚出身也"。①

故杨荫杭一言以蔽之曰："民国以来之战事，则直与演戏无异。"他从当时的"统一"与"分裂"中都看出"滑稽"的成分："两方通电，皆有'统一、和平'之门面语；其表示之目的，似未尝不同。两方之人物，皆不外军人；自国民视之，或外人视之，似亦无甚轩轾。何以愿和而终不能和，不能和而又不能战？如果两方有一是一非，而为公理而战，固当出其全力以从事于战，不必用其全力于打电报也。"实因"诸公好'滑稽'，以国事为儿戏"。②

既然"处于电报战争之时代，势不能屏电报而不顾"。但电报的内容却未必全表示真意，当时的通电者，"凡言不启战端者，则宣战之别名；凡言始终和好者，即嫌隙之别名；凡言利国福民者，即害国蠹民之别名；凡言解甲归田者，即终身盘据并传之子孙之别名。故苟知发电者之意适与电文相反，乃可以读电报。此不独今日之电报为此，凡民国以来之电报皆作如是观"。③

杨氏以为，这仍是八股先生模仿圣贤口气、代圣贤立言的故伎所致。"中国人更有一种天才，善拟电报。此种天才，盖自民国建设后发挥而出。悲观者或叹今日道德扫地，拟之于五季。然观诸部、诸人物所发电报，则皆足以见其道德之高尚与爱国之苦心。国人读之，未有不感

---

① 1922年9月30日《申报》，《老圃遗文辑》，第654页。
② 1920年8月27日、11月12日《申报》，《老圃遗文辑》，第95、126页。应该指出，电报战的情形到第一次直奉战争已改变，再到第二次直奉战争则发展成名副其实的立体大战。
③ 1922年4月26日《申报》，《老圃遗文辑》，第569页。

极而涕零者也。文学家或叹今日文学式微,非其音'哀以思',即其音'哀以怒'。然观于南北诸人物电报中之文章,则固盛世之音也。后之良史,如以此类电报编入《民国史》,则民国生色矣。"①

正因为有"绿林之剧盗通电而论时事"的现象,杨荫杭与当时不少人一样,对南北军人中受教育稍多者显然以青眼相加。他对陈炯明(有生员功名)有保留的称赞前已引述,对另一个有生员功名的吴佩孚也有类似的观感。吴曾提倡召开国民大会解决国是,杨氏以为:"其意固甚善,然言夸而不能实行,几类孙文口吻。世之崇拜吴佩孚者以此,吾之不能崇拜吴佩孚者亦以此。但北方诸将多伦荒,若吴佩孚者,庸中佼佼,求之南方,固陈炯明之亚匹矣。"从根本上言,杨氏反对武人干涉民政,故他曾说过,"武人干政之罪,初不因赞成国民大会而从末减"。②然观其对陈、吴二人均使用"庸中佼佼"的评语,可知虽有保留,到底也还有所认可。

两人也都曾取得一些军事上的胜利。杨荫杭注意到:"近者粤、桂之役,人皆曰陈炯明胜;湘、鄂之役,人皆曰吴佩孚胜。"但他引拿破仑的话说:"凡所谓战胜者,乃敌人势力之消灭,非破城得地之谓也。"而所谓势力,"不徒物质上之势力为然也"。吴、陈之"所谓胜,亦破城得地之谓也。就物质上之势力而言,两方皆有敌人,势力固未消灭。就德义上之势力言,两方皆有制造敌人势力之机会,此实不得谓之胜"。③

而西人也参与了"陈、吴希望"的制造:"昨有西人著论,谓为中国

---

① 1920年11月23日《申报》,《老圃遗文辑》,第133页。杨氏一再提出的反读电报之法,应引起读史者的注意。如果不看语境而仅注重文本的词句,即使全用档案资料,读出或写出的历史仍可能是已"生色"的虚拟史事。惟既存圣贤之言良多,拟电报者怎样选或选何种套话,及为什么不得不使用这些"高尚"的语句等,都从不同侧面透露出各种时代信息。读史者倘能谨慎处理此类材料,仍可多有所获。

② 1921年8月25日、1920年10月22日《申报》,《老圃遗文辑》,第393、109页。

③ 1921年9月2日《申报》,《老圃遗文辑》,第403页。

改良计，北京政府固在斥去之列，广东政府亦不能存。此语虽稍快，然尚无偏私。西人于南方推崇陈炯明，于北方推崇吴佩孚；谓中国今日，非得人物如陈、吴者互相携手，不能救中国。此其观察是否不误，当证以此后陈、吴之行为。"[1] 后来两人也曾真的联手，但终因南北之分的观念未消，结合并不紧密；且正如杨氏所言，两人在其各自的范围内均有挑战者，未能在实际政治层面根本改变中国的局势。

"陈、吴希望"的一度存在提示着尚文武人虽然有其"滑稽"处，似乎终胜一般武人（遑论绿林剧盗）一筹。在 20 世纪 20 年代开始的那两三年，南北两个秀才军人陈炯明和吴佩孚的确曾给不少人以希望。此不仅一般纸上谈兵的文人如此，中国共产党的两位早期领导人陈独秀和李大钊，那时即分别在做陈、吴两部的工作。在趋新的近代中国，读书人在社会上又处于日益边缘化的境地，许多士人对稍有新思想或多少有点新意的军人都曾寄予希望。吴、陈之后，士人也曾寄希望于孙传芳，主张梁启超专意治学不涉政治的地质学家丁文江自己舍学从政，为孙氏治上海，即是显例。但孙的气象似尚不如陈、吴二人。再以后北伐时的蒋介石及北伐后的冯玉祥，都表现出些许"新"意，读书人都曾寄予大小不等的希望（胡适日记中此类材料甚夥），然最后都以失望告终。

正如杨荫杭所说，若"不于战争外求所以制胜之道，恐民国从此无宁日"。他认为，陈、吴两人的合作未必能解决问题，"为中国计，但求军阀让路，使南北贤达有通力合作之便，前途即放光明"。故"就今日

---

[1] 1921 年 10 月 6 日《申报》，《老圃遗文辑》，第 431 页。西人对陈、特别是吴的称赞，曾造成吴佩孚是"英美派"或英美帝国主义的走狗这样一种迷思性的认知。其实吴的民族主义情绪甚强，以关羽、岳飞为榜样，实不大可能做外国人走狗（吴数次失势，并未像许多军阀那样出国或借外力再起）。且英美对吴的物质支援，迄今未见什么证明。倒是共产国际在那两年确曾对两人都下过不少功夫，至少包括物质支援的许诺。这些只能另文讨论了。

而论,则除南北两方有力之优秀分子互相提携外,实无他法"。①

　　但那时民政方面的情形实不容乐观,杨氏注意到民国有二多:"民国最多之物,莫如嘉禾章、文虎章,车载斗量,在坑满坑。"而"民国政事犯之多,犹勋章也。失败之后,例称曰逆。其逆也易,其赦也亦易",不少失败者转瞬又活跃于政治舞台。而北京政局更是一幅典型的新即是旧、旧即是新的混乱图像。新内阁、新总理、新国会、新势力及诸多新人物层出不穷,故"今日都中之所见所闻,几无一而不新"。但这些新事物中的新人物又皆似曾相识,非安福系即武人,则"今日都中之所见所闻,实无一而不旧"。② 这种乱象当然与杨氏理想中的"共和"政治相去甚远。

　　在杨荫杭看来,军人干政尚非中国政治中最严重的问题,当时"消极之论,举国皆曰去兵;积极之论,举国皆曰自治"。杨氏却认为去兵"似难而实易",真正的自治当落实到民治之上,其实更难。民治须选举,然投票虽易,"欲得千万良心之票,似易而实难",盖"自治之根本"在于"知耻":"选举人以得钱投票为耻,选举人有自治之资格矣。被选人以出钱当选为耻,被选人有自治之资格矣。故知耻为自治之根本。"③

　　实际上,民国议员多是任命而非真选举,故本不得谓代表民意。"民国以来,军阀与议员皆违背民意,无可深讳。袁世凯解散国会、督军团解散国会,犹汉末借董卓之兵驱宦官、唐末以朱温之力驱宦官。宦官去而汉唐之宗社覆,议员去而民国之统一破。议员之举足轻重,不过如是。非真神圣不可侵犯,如世俗之所云也。"④

　　按杨氏以"宦官"拟议员,或稍欠温厚,但他确实反映了时人多视

---

　　① 1921 年 9 月 2 日、10 月 6 日,1922 年 6 月 11 日《申报》,《老圃遗文辑》,第 403、431、602 页。

　　② 1921 年 3 月 2 日、1920 年 8 月 24 日《申报》,《老圃遗文辑》,第 237、90 页。

　　③ 1921 年 1 月 26 日《申报》,《老圃遗文辑》,第 202 页。

　　④ 1923 年 5 月 6 日《申报》,《老圃遗文辑》,第 740 页。

议员为"官"之一种，不曾也不必以"民意代表"视之。惟"议员去而民国之统一破"这一点说明，有与无的区别是根本性的——法制和政制即使以空头招牌为主，其政治正当性的象征仍不可忽视。后来1927年6月，张作霖以海陆军大元帅开府北京，服务于逊清朝廷的郑孝胥立刻注意到："宪法、约法皆废除，共和民国以今日亡。南方党军亦以党专制，自称革命。"[1] 身为民国人而攻击"假民治"，当然有其实际的事实依据和"爱而知其丑"的关怀；但在与民国对立的方面，宪法和约法却有着民国人不自知的重要象征作用。

民国政治多为军人和政客所控制的情形使杨荫杭得出"民国之历史，一失败之历史也"的结论。他认为："民国之事，败于营棍子老卒者半，败于土棍地痞者亦半。土棍地痞，不配言自治自决，犹之营棍子老卒，不配言国权威信。"中华民国若不欲亡，"当造成一种中心势力，以大多数之民意为基础，此之谓'国家柱石'"。[2] 而营棍子老卒和土棍地痞之所以能得势，却与其他方面对政治的放弃有关。

杨氏据基督教"魔入空房"的观点分析说："人民无自治能力，故受压制；人民无爱国心，故召外侮。"所谓"房苟不空，魔安得入"？今"举世骂军阀，以军阀无道德。然民选之议员乡董，果皆有道德乎？在野者必骂在朝者，军人政客固无道德，然纯粹脱离政治之商民，岂皆有道德乎？市井之蝇营狗苟、丧尽爱国心者，岂必优于官僚？"故"民国有军阀，非军阀能自生也，盖人民之放弃堕落，有以酿成之也。苟民国以来，所谓民选人物，皆能卓然自立，为举世所信用，亦何至有今日？"[3]

这是晚清以来士人"反求诸己"观念的自然延续，其自警之意当然

---

① 劳祖德整理：《郑孝胥日记》，第4册，中华书局1993年版，第2149页。

② 1922年4月25日、1921年9月19日、1920年11月30日《申报》，《老圃遗文辑》，第567、414、141页。

③ 1921年9月22、24日《申报》，《老圃遗文辑》，第416、419页。

不错；然士人负立言之责，语稍不谨，便可能适得其反。此为"人民"之自省则可，而杨氏所反对的军阀政客不也正可借此说国是败坏并非其责任吗？ 不过，这样从"人民"的立场自省的见解倒多少提示了20世纪20年代初年一种短暂思潮即"好人政府"观念的形成过程。[①]

杨荫杭举孟德斯鸠之言"共和政治之元气在道德"解释说："专赖道德以维持之政体，实世界最难维持之政体也。以人心风俗之窳如今日中国，而欲其维持最高尚之政体，故十年以来之历史，当然为失败之历史。"这样，"国事如此，非独少数人之咎，亦非独在朝者之咎；凡在国民，固当分任其咎者也。即洁身自好之国民，苟不能为公理奋斗，以消极态度而坐听小人之跋扈，亦在分任其咎之列"。这里源自西方的政治参与意识和中国传统的天下兴亡匹夫有责观念已结合在一起："匹夫各尽其责则国兴，匹夫各忘其责则国亡。一言以蔽之：中华民国之兴亡，仍视于匹夫之道德。"[②]

杨氏口中说的是国民，其心意所指实仍在他所谓的"南北两方有力之优秀分子"。据他说，1920年"杜威博士游于中国，言今日中国有游民三：一曰兵队，二曰官吏，三曰僧侣；皆无所事事，为国之蠹"（按此颇类清季民初之梁启超口吻，是否为杜威原话当考，但大致是听众认知中的杜威语）。杨氏接着指出：如果人们因此"皆以官吏为诟病，或以不充官吏为高，此大误也。使率举国之贤者，而皆以不充官吏为高，则一国之政事，将尽入于阘茸不肖者之手，而国事愈不可为矣"。盖冗

---

①　好人政治和好人政府观念与新文化运动初期读书人不议政不为官的主张完全背道而驰，是民初思想界的一大转折，似值得进一步的研究。本文以下所述只是一个非常小的侧面。在华盛顿会议上，外交方面的专业技术人员取得了相对不错的结果或者是产生好人政府的另一时代背景（思想资源）。华盛顿会议意味着列强或可通过谈判吐出一些既得利益，则中国方面也不一定只能采取激烈的"人民外交"来作为收回权益的手段。这就从外交侧面提示时人，将相对独立于各政治派别故较清纯的技术型官吏聚合起来走渐进改良之路，可能不失为解决当时中国政治问题的一个选择。这些只能另文申论了。

②　1921年9月22日《申报》，《老圃遗文辑》，第416页。

官固为游民，"其所谓隐士者，亦安往而非游民。藉曰不为游民，当自国民尽责任始"。而"国民之责任，[不仅]在驱除游民之官吏，尤在尽职为官吏"。①

在杨荫杭心目中，主要由贤者造成的舆论仍是非常有力的，他说："民国向例，凡悍然不顾舆论者，其始为一部分之舆论所不容，其继为全国之舆论所不容，其继为旅华外人之舆论所不容，其继为各国之舆论所不容。于是'众口铄金，积毁销骨'，无病而死，不战自败。乃知中华民国未[尝]无舆论，而舆论之势力未尝不强。此亦快心之谈也。"② 实际上，民国舆论何曾有这样大的力量，这只能是读书人名副其实的"快心之谈"。

但杨氏对"舆论"发展从部分到全国再到"旅华外人"以至于"各国"这一进程的描述，却从一个侧面揭示出民初中国权势结构一个特征，即外国在华存在（foreign presence in China）的实际和隐约的控制力量。"旅华外人"与"各国"在民初中国政治中起着重要而直接的作用，是时人不争的共识。这样，中国民族主义的御外一面就与实际政治运作密切关联起来。

四、民族主义在政治中的有意识运用

前面说过，杨荫杭认为民国类似五代的一个特征是"内讧不已，乃暗中乞助于外人"。民初中国各政治力量对外援（包括精神与物质两面）的寻求、已成为中国权势结构既定组成部分的外国在华存在之主动介入或无意中渗入中国政治运作的程度（特别是后者），过去的认识

---

① 1921 年 1 月 4 日《申报》，《老圃遗文辑》，第 176—177 页。杜威对好人政治的影响尚可见于胡适日记及他那时发表的言论。

② 1920 年 10 月 10 日《申报》，《老圃遗文辑》，第 107 页。

似嫌不足。日本传入的"军阀"一词在中国的出现，特别是其在20世纪20年代的流行，从一开始就一直与帝国主义联系在一起，最能体现中外因素的政治纠缠有多么紧密。[①]

前已述及的时人欲借太平洋会议之机促成南北议和，即是国内政治借助外国因素的一例。杨荫杭就认为当年欧洲和会失败，一方面故因"世界无公道"，另一方面也是"中国内争之结果"。这与实际的史实当然有相当距离（中国在和会中的作用实无足轻重），却反映出时人常将内政与外交结合起来考察的习惯性思维。[②]

那时稍大一点的国内问题，都不得不考虑外国在华存在的影响。1922年时已有人主张将首都从北京迁往他处，因为北京的军事机关太多，入主之文官受彼牵制，实未必有主政之"自由"。故"论者皆议迁都以避其害"。然杨荫杭发现：古时迁都稍易，"衡以今日之情势，则有外交问题、承认问题，非可咄嗟立办者也"。[③]迁都本是历史上屡有之事，但新的现实是外国在华势力已成中国权势结构之一部，这一与过去不同的语境意味着解决传统问题将面临新的困难。

有意思的是，几年后的国民党新政府不管外交问题而迁都南京，在遭到各国相当时期的抵制（即不将其使馆迁往中国首都所在地）后，终获认可。则只要有自信（北伐后国民党政府在全国的实际控制区域不

---

① 参见Arthur Waldron, "The Warlord: Twentieth-Century Chinese Understandings of Violence, Militarism, and Imperialism", *The American Historical Review*, 96: 4 (Oct. 1991), p. 1080。

② 这与杨氏所说的"人民无爱国心，故召外侮"一样，当视为站在中国人立场上的自警。若论其对中外局势的观察，也不过是说得口滑的信口开河而已。外国人当然不是在那里每日观察世界，见何国人无爱国心，然后即侮之。这类话只能反过来读，即有爱国心而可以御外侮。后来一些主张内部改革应先于反帝的读书人也时有类似论述（与在朝主政者主张先安内后攘外的心态和取向有相当大的不同），他们爱国之诚实不让他人，惟因其说反话而常遭国人误解。

③ 1922年6月23日《申报》，《老圃遗文辑》，第610页。

见得比北洋政府更广），迁都实非不可为（外国人后来发现，使馆不在中国首都实大大减弱了其对中国政治的影响力，故从其自身利益出发也不能不迁就）。这说明在惯性思维形成后，外国在华存在的无形威慑力有时超过有形的实际力量，常能造成中国政治力量的自我禁抑。

有此语境，许多中国政治力量都有意寻求外国势力的支持，有时甚至故意营造已获外国支持的形象。[①] 反过来，由于外国对中国内政的正式介入通常都附加有交换条件，实不属正面形象，各政治力量又不时隐藏其与外国势力的实际联系。而舆论对此更时常抨击，杨荫杭即曾借古讽今说："公孙渊，汉末群盗也。据辽东诸郡，与魏抗衡。恐不胜，乃遣使航海南通孙权。"更严重的是，"渊在当时日暮途穷，实乞援于异族，尝隐道使者诱呼鲜卑人，使侵扰北边，故鲜卑人为之后援"。这里的公孙渊指奉系或张作霖，孙权即孙中山，鲜卑则日本。他特别警告说："其后渊为司马懿所灭，父子俱死。乃知外援不足恃，失道寡助，适以速亡也。"[②]

这在当时仍不过是一种想象的预测，但杨氏确实触及一个重要而又甚难处理的问题：外援可以在物质上甚而心理上增强某一政治集团的势力，但在民族主义日益兴盛的民国时期，此集团也可能为此付出"失道"这一潜在但巨大的代价。郭松龄起兵反张作霖，即因日本人对张的援助而失败。当时即有人指出："郭氏失败之最大教训，为示吾人以帝国主义存在，改革内政必无希望。盖内政与外交，在我国今日实已打成一片，不可复分。爱国志士，共起图存，非效土耳其复国运动武力救国、先去改革之梗不可。"[③]

---

① 1928年济南事件后，国民党即曾制造已获美国支持的形象以抗衡日本。参见本书《济南事件与中美关系的转折》。

② 1922年5月26日《申报》，《老圃遗文辑》，第588页。

③ 平：《内乱与外患》，原载《市声周刊》第4卷第2期（1926年1月3日），转载于章伯锋主编：《北洋军阀》，第5卷，第300页。

内政与外交既已打成一片，攘外与安内也就相互关联，攘外很可能有助于国内的政治竞争。杨荫杭认识到："战胜所得之物，谓之虏获品。虏获品之最上者，人心也。一战而人心向之，虏获品之至宝贵者也。"[①]在民族主义情绪高涨之时代，能与外国人一战，即可能获得此最宝贵之虏获品。章太炎在1913年就曾对袁世凯说：对横于东北的俄日两国，"诚能战胜一国，则大号自归"，即使称帝也不会有太多人反对。[②]梁启超在1915年再次提醒袁世凯，"对外一战"实为称帝的一大前提："大总统内治修明之后，百废俱兴，家给人足；整军经武，尝胆卧薪；遇有机缘，对外一战而霸，功德巍巍，亿兆敦迫"，方有可能"受兹大宝"。[③]

类似的观念一直在流传。1920—1921年中国军与白俄军战于库伦时，杨荫杭即指出：张作霖与曹锟皆坐拥重兵而富可敌国，"今日有援库之能力，而又有援库之义务者，当首推此二人。就二人之强弱言，外观虽势均力敌，然一日能援库则强，不能援库则弱；就二人之贤不肖言，外观如一邱之貉，然一旦能援库则贤，不能援库则不肖。"不久杨氏闻张作霖已领征蒙费三百万，又说："如果张作霖能立功绝域，凯唱而还，则今日唾骂张作霖者，安知他日不崇拜张作霖？"[④]

换言之，军阀的强弱与贤不肖，皆取决于是否对外作战。杨荫杭进而说："直、奉两派恐亦终于一战，与其战于国内，不如战于国外。战于国外而胜，则国内之政敌不败而自败，且全国之人将为汝后盾。"[⑤]若能对外战胜，即可取得国内竞争的巨大政治资本。其实只要敢战，胜负还是其次的问题。1926年初已有人指出："郭松龄打张作霖便是打日本。

<hr />

① 1920年8月13日《申报》，《老圃遗文辑》，第89页。

② 说详本书《中外矛盾与国内政争：北伐前后章太炎的活动与言论》。

③ 梁启超：《异哉所谓国体问题者》，《饮冰室合集·专集之三十三》，中华书局1989年影印本，第94—95页。

④ 1921年3月19日、5月29日《申报》，《老圃遗文辑》，第251、317页。

⑤ 1921年3月19日《申报》，《老圃遗文辑》，第251页。

无论中国怎样一个军阀，敢和外国抵抗，是我们十分钦佩的。不幸抵抗外国而失败，是我们十分惋惜的。"[1] 那时一般军阀对此显然认识不足，南方的蒋介石却表现出明显更敏锐的政治识力，他知道对外作战即使不胜，仍可得人心。

1926 年 2 月，广州政府因粤海关案与列强成军事对峙之势，在国民党决策会议上，蒋介石力主采取强硬手段，不惜与外人一战。他分析说："外国对粤用兵甚难，未必因此即以武力为后盾。就令用武，而广东全省新胜之兵，不下六七万；且有俄员之指挥，俄械为之接济，大可以拼命一战。若幸而战胜，则东方第二土耳其，匪异人任矣。若不幸而败，极其量亦不过将广州政府退移于韶州。外兵人地生疏，万不敢深入国内，终须退出。然因此一战影响，已博得全国排外者之同情，目前虽稍吃亏，而将来声势，必从此更为浩大。盖能与外国人开仗，其地位已增高不知几许也。"谭延闿与孙科极力反对，他们认为："若谓藉一战以博取国人之同情，则将来之价值未必得，而目下之地盘先不保，岂非以大局为孤注！"结果会议多数不同意蒋的主张。[2]

蒋介石在那时的胆识或因他的本钱不多，故敢于"以大局为孤注"而赌胜负。到济南事件时，已军多势壮的他遇到类似局面且形势明显占优（事变初期蒋在军事实力上完全可以一举击溃日军），反舍不得下注，退而求和；到"九一八"后终走上先安内后攘外之路，实即其一生事业走下坡路之开端，这是后话。但蒋在北伐前的识见已明确表现出政治性运用民族主义的主观意识，提示了当时中国政治活动的一个倾向，即有意地在政治运动中运用民族主义。这一手法在"五卅运动"后日见风行，但在几年前即已出现。

---

① 杨汝楫：《奉告东省同胞》，《现代评论》第 3 卷第 56 期（1926 年 1 月 2 日），第 19 页。

② 《晨报》，1926 年 3 月 16 日，第 5 版。

杨荫杭在 1922 年已注意到,各派军阀"所发之电报及种种文诰,固一则曰民意,再则曰自治;而攻击他党之辞,又一则曰卖国,再则曰违背道德、违背法律"。在他眼里,"民国以来最大之政治罪恶,曰借外债。攻之者必曰卖国。平心论之,借债非必卖国,然营私滥借之结果,虽不卖国,而实与卖国无异,故为最大之政治罪恶"。当时的政治已是非混乱,"今日国中无论何派,当其握权得志之时",没有绝对不借外债者;而"当其失志无权之时",又无不"骂人为卖国"。①这正是政治性运用民族主义的典型写照。

军阀或政治派别在通电中所用的语言在多大程度上代表其真实思想,自需考究。但时人"滥用'卖国'字,凡异己者,即以此头衔加之"的现象,至少说明军阀等了解到这样做可对异己方面造成损害。后来李景林通电讨冯玉祥,说其"助长赤化风潮",而他自己则意在"殄灭世界之公敌,而挽我五千年来纪纲名教之坠落"。郑孝胥立刻注意到这是可加以运用的"极好题目",不久各军阀的通电中果然都以"反赤"为其军事行动正名。②

如果说军阀言"反赤"在相当程度上是在政治上运用民族主义为工具,对当时不少新旧士人来说,中国"赤化"的可能却是一种真正的"文化威胁",故他们曾非常认真地参与应否"反赤"的辩论。对此杨荫杭有其独到的见解,他认为中国出现"赤化"的可能正由于列强与军阀二者在中国权势结构中的相辅而行。他发现,"凡握有权力者皆恶赤化,此中外之所同也。然世界有权力之人,几无不竭尽其权力以激励赤化。中国激励赤化者,不外二种权力:一曰列强,一曰军阀,二者相辅而行。苟非同种自相残杀,外力亦无由深入;苟非外人供给资械,内乱

---

① 1922 年 2 月 25、26 日《申报》,《老圃遗文辑》,第 528—530 页。
② 说详本书《中外矛盾与国内政争:北伐前后章太炎的活动与言论》。

亦无由蔓延"。①

杨氏似乎并不欣赏"赤化"，但他强调："中华如果赤化，决不如外人之言，为一国所煽动也。中华人决不愿赤化，若形格势禁，处于不能不赤化，则列强共同之罪恶有以致之。非中华人之过，亦非煽动者之力也。"盖"一国之利权，不外铁路、矿产、航路诸大端，今皆操于外人之手；其心以为未足，又盘踞其税关、操纵其财政、钳制其商业。中华商人虽竭力与之竞争，然税关一端已足以制其死命，而无自拔之一日。此类经济侵略政策告成之日，即中华全国人民待毙之时"。②

倘以阶级观点分析之，身在上海的杨氏大约真是代表了中国"民族资产阶级"反对帝国主义经济侵略的声音。但他还有更深远的忧虑，因外国经济侵略的受害者不仅是商人，而最终是全体中国人："中华人纵不愿赤化，要不能不做人、不吃饭。他日全国人民皆成为苦力，为外国人挽人力车，则今之乘汽车而反对赤化者，即后之挽人力车而欢迎赤化者也。"

而且，外国的经济侵略显然与文化侵略共进。杨荫杭观察到，近代中国特别是 20 世纪 20 年代中国的主要问题皆是西来：中国人以前不吃鸦片，"自鸦片入中华，中华人乃以吃鸦片著名于地球，而贬为劣等之人种矣。改革以前，中华人不用民选代议之制。历数千年之久，初未闻争选举、流血革命，不可以终日也。自中华选举，乃以种种丑态暴露于万国，而中华人之政治能力，若独绌于他国矣"。③文化侵略的功能正在于此：先迫使你学其制度，学而不像则"证明"你落后野蛮，更必须引进其更根本的文化。

其实这本是"历史风俗"即文化的歧异，以不同的眼光观察问题，

---

① 1925 年 9 月 25 日《时报》，《老圃遗文辑》，第 898 页。
② 本段与下段，1925 年 9 月 24 日《时报》，《老圃遗文辑》，第 897 页。
③ 1925 年 10 月 5 日《时报》，《老圃遗文辑》，第 899 页。

结论便全不相同。中国多手工业,"以欧美人之眼光观中华,则曰:'机器未应用、工业未进步、蛮风未尽脱也。'以吾侪之眼光观欧美,则自机器行而富者日富、贫者日贫"。出现了"陶朱与饿夫同增,罪恶随文明俱进"的现象。而中国社会则财产一向较为均平,人际关系也相对亲近。概言之,"中华数千年来,以农立国,以文学立国。惟其重农,故抑商贾而防兼并;惟其重文学,故贱势利而贵流品"。[1]

有意思的是,先后在日本和美国学法律的杨氏并不十分欣赏西方的民主运作方式。中国人以不能行民选代议制而被外国人认为缺乏政治能力,其实"'代议'者,本欧人欺世之语"。何以言之?"试问今世各国议员,有听选举人之指挥而投票者耶?有违反选举人之意而被黜者耶?是固明知非'代',而强谓之'代',故曰欺世语也。"说到底,"今世地球万国,未有能行代议者也"。故代议制与鸦片一样,都不过是"欧毒"而已。[2]

进而言之,产生共产论的原料如拜金、崇商等观念,也都是西来的"欧毒"。"我中华旧俗,向不崇拜资本,而崇拜劳工;故自古有'重农抑商'之说,即自古无劳工、资本之争。欧美人则不然,以金钱为性命,以资本为压制;文明愈进步,罪恶愈滔天。富豪与饿莩俱增,机器为杀人之具。此共产之说所由来也。近日中华沾染欧风,举国皆尊商人、崇拜金钱;故向者买办与西崽并称,今则尊崇之。总长以买办出身为上选矣。"由于"举世皆崇拜资本,资本家亦稍稍放出西洋薄司(boss)之丑形"。[3]

杨荫杭注意到,1925 年的劳工纠纷陡增,"今年双十节前,有罢工之纷扰,为历年所未有,则谓劳工问题爆发于今年,固无不可"。外国

---

① 1925 年 10 月 10 日《时报》,《老圃遗文辑》,第 904—905 页。
② 1925 年 10 月 5 日《时报》,《老圃遗文辑》,第 899 页。
③ 1925 年 10 月 7 日《时报》,《老圃遗文辑》,第 900 页。

人说是"某国之所教唆"，官僚说是"某派之所利用"。他则以为，"教唆、利用，不敢言其必无。然纵无教唆、利用，亦有不能不发之势"。因为"事关社会根本问题，非少数人所能遏止，亦非少数人所能鼓动也"。由于"中华旧俗，贱货贵德"，故"深知中华者，当知中华无劳资之争。藉曰有争，非对于资本家也。盖对于不论何阶级、不论何人种，凡足以夺我生计者皆是也"。如果因经济侵略而造成"中华小资本家皆将为外国大资本家所扑灭"的结果，则"劳资之争，即种族之争也"。①

　　需要指出的是，《老圃遗文辑》中的政治时评在 1924 年 1 月（仅 1 日和 5 日各有一篇）到 1925 年 9 月末有近两年的暂停期，而 1925 年 9—10 月间杨荫杭在《时报》（而非《申报》）所写的时政文章较前明显更激进。这与《时报》和《申报》风格不尽同或有关系，惟时代在变，报纸的时评当然与时俱进。杨氏关于"赤化"和"劳资之争"的言论，仍大致透露出"五卅运动"后世风日益激进而民族主义情绪显著上升的消息。

余论：统一的愿望

　　在这样的时代语境中，温和与激进双方仍有相对共同的愿望，用杨荫杭的话说："排军阀、斥强盗，为全国人民心理之所同；忧亡国、忧破产，为全国人民心理之所同。"②杨氏常将当时中国局势比作五代，那时全国的时代要求也与五代时相近：向往统一应是社会各阶层与各政治流派都能认同的时代愿望。

　　这里不是没有矛盾，一方面，武人当政是造成社会混乱的原因之一，故文人多倡"弭兵"。但要想统一，历史上最常见而有效的方式正

---

① 1925 年 10 月 7 日、10 日《时报》，《老圃遗文辑》，第 900、904—905 页。
② 1921 年 1 月 12 日《申报》，《老圃遗文辑》，第 187 页。

是用武力,这又意味着武人当政的延续。杨荫杭在 1920 年已提出:"使段家将而果有统一全国之武力,段家将亦未可厚非矣。"也就是说,若能统一全国,军阀也可接受而不必排。故他以为:"不战而能统一者,上也。战而后统一者,次也。既不能战,又不能和,而苟延残喘者,下也。既不能战,又欲强战,战线延长,民不聊生,又其下也。"[①]

当时一些书生或仍主"弭兵",而厌乱者已思能武力统一之人。杨氏颇惜当时无此等人物,但他认为"即有之亦不能奏其功"。这是因为时代条件已发生变化,"古之一统者,皆以芟夷豪俊为第一义。自国内外交通变迁,其情势乃大异。民国以来,虽败亡相继,而所谓豪俊者,未有能芟夷之者。在当时战胜之人,岂不欲芟夷之,势不可也。故豪俊如春草,根株未断,风吹又生。此民国所以无宁日也"。[②]

从中外理论看,武力统一似不宜提倡:"论中华之古义,本以相忍为国;论共和之精神,本以合众为尚。藉曰以芟夷为能事,则已为君主国矣。"但"主张武力解决亦自成一种理论",其终"为世人所唾弃者,以其志大而力小,以国人之生命财产为孤注,口口言武力解决而永无解决之日也。今日各派首领从事于战争者,大率犯此病"。[③]故武力统一的主张在当时不甚得人心,更多是因为持此论者无此能力。

时人固多思统一,也常在寻找能统一者。在这一点上,目的似重于手段,统一是否以武力达成并不特别重要。前已述及,第二次直奉战争可以视为北洋军阀方面最后一次武力统一的尝试,而其后的"善后会议"以及大约同时各种召开"国民会议"的要求,则是南北双方及全国各政治力量尝试和平统一的最后努力。两次努力的失败为此后的北伐预留了先机,主张且能够实行武力统一的新来者仍有成功的余地和

---

① 1920 年 6 月 14 日、1921 年 8 月 25 日《申报》,《老圃遗文辑》,第 17、393 页。
② 1922 年 2 月 25 日《申报》,《老圃遗文辑》,第 528 页。
③ 1922 年 2 月 25 日、1924 年 1 月 1 日《申报》,《老圃遗文辑》,第 528、791 页。

机会。

最初反对后来又转而支持北伐的陈独秀就认为，尽管开明的军事独裁"至多只能造成统一的中国"，而"不能造成民主的中国"；但由武力统一的中国至少可以结束战乱的局面，为"民主的中国"（当然是陈独秀所界定的民主）打下基础。[①] 或可以说，北伐的渐得人心，在很大程度上正因其提示了实现全国统一的可能。

（原刊《近代史研究》1999 年第 4 期）

---

① 陈独秀：《革命与武力》，《陈独秀著作选》，第 2 卷，上海人民出版社 1993 年版，第 1144 页。

北伐前南北军政格局的演变，
1924—1926

　　1924—1926 两三年间是中国南北武装力量权势更迭相当快速激烈的时期，北伐时南北双方的主要军事将领至少有一半都是在这两年才崛起，北方的张宗昌和孙传芳大约在这两年才逐渐成为全国性的人物，就是冯玉祥也基本是在这段时间才成为中国军政不可或缺的要角，所谓国民军体系同样是在此期间形成并壮大；而南方的唐生智、李宗仁、黄绍竑、白崇禧、李济深（李济琛）等更是在这段时间开始在其所在区域树立其地位，到北伐时暴得大名而成为全国性人物。就是后来长期维持国民政府领袖地位的蒋介石，也是在这段时间才逐渐广为人所知。如果在 1923 年底综论中国军政局势，上述人中除冯玉祥外恐怕很少会出现在讨论之中，而当时的冯玉祥也还不具备左右局势的实力。

　　这些新兴军人中的大部分也是在这两年中因确立实际控制的地盘而得区域军事领袖的认同。冯玉祥的国民军逐渐向西北发展并最后获得"西北军"的区域称号，孙传芳以江浙两省为核心的五省联军防区，张宗昌那半独立的鲁军及稍后的直鲁联军，唐生智的盘踞湘南，李、白、黄的掌握广西而成为"新桂系"以及国民党黄埔系的党军和许崇智、李济深部粤军通过两次东征真正控制广东（从而奠定了蒋介石在国民党体系中的地位），也大多在这短短的两三年间。

　　当时一位高级将领魏益三后来回忆说："1926 年，在中国近代史上是动荡最激烈的一年。在这一年，北洋军阀的统治已经处于崩溃的前夕，军阀混战的次数最多，动员的人数最大，涉及的地域也最广，而大小军阀之间互相火并、离合拥拒的形势也发展到最微妙的程度。"魏氏本人在"这一年中间的变化也是极为复杂剧烈的"，其所辖部队在一年之内先后五次转换隶属关系：在这年的1月，参与郭松龄反张作霖失败的魏部退出了奉军，在山海关接受"国民四军"的番号；到3月间又改组为半独立的"正义军"，再到5月间又投到吴佩孚"讨贼军"的麾下，随后即参加了打国民军的战役；到这年年底，又因北伐军的胜利而参与国民革命，转为国民革命军的第三十军。[①]

如果不计"军阀混战"的定义，[②] 魏氏所述大致不差。而且除"正义军"那次改组外，魏部每次转换隶属关系都是倒戈转向敌对方面，这样一种"离合拥拒的形势"的确已发展到"最微妙的程度"。北伐前两三年间南北军政格局的演化如此曲折复杂，显然值得更加认真的关注。本文所说的"军政格局"，主要指因军事的发展演化而导致的相对宏观的政局转变，故下面的具体讨论将以军事为主；先考察北方的局势演变，侧重北洋军阀体系的新陈代谢所造成的冲击，并从地缘分布视角看北洋体系中边缘挑战中心的态势，两者从不同侧面揭示出北洋体系正统衰落、边缘兴起的趋势。

一、北洋军阀的新陈代谢

《申报》主笔杨荫杭在1920年说，中国传统"右文而贱武，故成文弱之国"。自甲午为日本所败，国人为矫文弱之弊而大声疾呼"尚武"；但民国后的共和制却导致军阀割据，国人乃"知右文之说，尚未可厚

---

① 参见魏益三：《我由反奉到投冯投吴投蒋的经过》，《文史资料选辑》第51辑（中国文史出版社1986年合订本），第215页。

② 比如1929—1930年间中原大战的主要人物曾被称为"新军阀"，那次大战动员的人数就远超出这一次的混战，涉及的地域也相当广泛。

非"，又大声疾呼曰"文治"！不过问题不在是否应该尚武，在于"当使武力操于有教育者之手，而其国乃强"。① 文武关系的转变，尤其军人地位的上升，是近代中国较大的变化之一，而"使武力操于有教育者之手"的确是北伐前许多国人特别关注的问题。

中国虽有"教而后战"的古训，不过更多是指一般参与作战者；同时也有所谓"出将入相"的传统典范，理想的读书人应能"上马杀贼下马做露布"，但通常似不以为军人非读书不可。关羽燃烛读《春秋》的形象画面能够长期流传，正反映出某种可遇而不可求的理想。因此，军人特别是军官应受系统的军事教育而后能胜任，大致是近代传入的新知，多少带有把"教而后战"的古训缩小范围而直接落实到带兵者身上的意思。

在清季"兵学"大兴的影响下，军官须受系统教育的观念日益普及，从"讲武堂"到武备学堂的各类速成军事培训机构遍及全国。近代多数西方事物引进到中国后都有所调整改变，从清季到民国建立的保定军官学校及其配套教育系统的产生，正具有鲜明的"中国特色"。保定生入学前要求 5—7 年的陆军小学和陆军中学教育（毕业后随营实习半年到二年），入校后要学习二年整。② 从陆军小学开始到军官学校毕业，不计随营实习也有 7—9 年的在校军事教育（若加上陆军大学系统历时更长）。尤其正规军事教育从"小学"阶段（当然和今日的小学概念有所不同）开始，具有相当的独特性。③ 虽然具体的年限在执行中

---

① 1920 年 12 月 24 日《申报》，杨荫杭：《老圃遗文辑》，长江文艺出版社 1993 年版，第 166 页。

② 参见张力云：《从北洋武备学堂到保定陆军军官学校》，河北省和保定市政协文史资料委员会合编：《保定陆军军官学校》（以下径引书名），河北人民出版社 1987 年版，第 1—39 页。下面关于北洋军事教育的内容也多本此文。

③ 陆军小学的设置大体是仿照日本军事教育体制中士官学校前的初级军校，这一点承徐勇教授指教。

或有缩短,足量完成设计学制的或并不多,仍充分体现出新型的"教而后战"思想。

不过,与多数近代中国的改革相类,越是成系统而健全的设计就越不适应当年各方面变化皆剧烈而频繁的时代特征。从清季开始的北洋军事教育体系,其设计者用心不可谓不良苦,然这样长久的训练,待稍具规模初见成效时已是进入民国十年以后,北洋体系本身也已接近崩溃,实非草创者始料所及。其中的一个原因,就是北洋军事教育体系之设计虽充分体现出新型的"教而后战"思想,北洋军事领袖的发展恰反之,后来明显是武力越来越操于无教育者之手(这只是就北洋最上层的发展倾向言,同时当然也有一些受过军事教育的将领在兴起)。①

通常所谓"北洋军阀"中,最早一批如段祺瑞、冯国璋、王士珍等毕业于李鸿章在光绪十一年(约1885年)在天津创办的北洋武备学堂,他们是袁世凯在天津小站练新军的主要操控者,此后才是保定北洋速成武备学堂、保定军官学堂培训的军人,再后又有民国保定军官学校的毕业生。但北洋内斗的结果,在小站系统和保定系统之间出现了某种断层,在最上层是军校毕业一辈老成凋谢,到20世纪20年代新兴起来一批基本未受过教育的特殊军人,不仅行伍出身的老北洋曹锟做了总统②,更有张作霖、张宗昌、冯玉祥等识字不多的新兴者。这与晚清从湘军到淮军的发展稍类似而不全同,淮军将领的科举功名远逊湘军将领,然多少还受过正规教育(以当年标准言);而北洋后起的张作霖、张

---

① 也有人认为"拔差弁为军官"是袁世凯有意为之,盖其以为"到底不识字的人靠得住"。参见吴虬:《北洋派之起源及其崩溃》,海天出版社1937年版,收入荣孟源、章伯锋主编:《近代稗海》(以下径引书名),第6辑,四川人民出版社1987年版,第221—222页。

② 据说曹锟1890年毕业于天津武备学堂(来新夏等:《北洋军阀史》,南开大学出版社2000年版,第1166页),也有人说曹锟早年曾任塾师,而顾维钧则以他的亲身经历婉转印证曹锟是文盲的说法(《顾维钧回忆录》,第1册,中华书局1983年版,第266页);大概曹所受军事教育不够系统,故本文暂采用"行伍出身"的一般说法。

宗昌、冯玉祥，不仅谈不上文墨，更有出身于绿林者。

这样的情形也有其内在的原因，早期的北洋军事首领虽多受过西式或日本式的军事训练，实际掌握军权者多数并未接受"武力操于有教育者之手"的观念，甚至反其道而行之。曾任保定军校队长的日本士官生何柱国回忆说："当时北洋军阀一般都喜欢行伍出身的人带兵，学生出身的人只能用作参谋之类的幕僚。"而北洋派系争斗也直接影响到保定军校的命运，民国保定军校历任校长多是日本士官出身的人，1922 年直系控制局面，改派北洋老武备出身的张鸿绪为校长。据说因张氏排挤士官派激起风潮，"大部分士官派的教官和队长离职他去。他们一般都是从人事关系即同学、同乡和亲友等关系选择去向，其中少数人去了广东，戴联玺、杨正治、赵巽、梁济和毛福成等二十余人则去东北投向奉军"[①]，何本人即后者中的一个，而保定军校自身也在次年即告结束。

不过，近代中国一个重要特点即多歧性，北洋体系也不是铁板一块。身处南方的北洋孙传芳部将领马葆珩就强调，孙军战斗力强的一个重要因素，即"各部重要军官，多是保定军校出身的青年军官"。[②]据何柱国观察，东北军中也有以日本士官生杨宇霆为首的新派，"大量吸收各国陆军留学生和国内陆大、保定军校等出身的军官，特别是原籍东北而散在关内各方面担任军职的人"。奉军在第一次直奉战争失败后即整军经武，"全军各师旅的参谋长和各团管教育的中校团附全数改由军校学生出身的人充任，其中保定军校各期毕业生为数最多，来自

---

① 何柱国：《孙、段、张联合倒曹、吴的经过》，《文史资料选辑》第 51 辑，第 3 页。直系要员白坚武稍后在总结直系失败原因时也表示，他即曾闻"陆军学生为直系所排斥不用，出关者相继不绝"。《白坚武日记》，杜春和、耿来金整理，江苏古籍出版社 1992 年，1927 年 8 月补录 1924 年日记，第 498 页。并参见张力云：《从北洋武备学堂到保定陆军军官学校》，《保定陆军军官学校》，第 34—35 页。

② 马葆珩：《孙传芳五省联军的形成与消灭》，《文史资料选辑》第 18 辑，第 170 页。

关内的各国陆军留学生和陆大出身的人次之;并且,以后遇有团长、营长出缺,一般皆由各部队的参谋长、团附以及讲武堂的教官和队长调充"。与其他北洋军中军校毕业生多只能作幕僚不同,奉军中"很多学生出身的人都直接带了兵"。①

孙传芳军,特别是奉军,在后来北伐战争时期都是北洋方面以能战著称的部队。相比之下,有些北方军队则大不同。据苏联顾问勃拉戈达托夫观察,在冯玉祥的"国民军第一军里,在国外受过教育的将军和军官一个也没有,只有不多几个人是从保定军官学校毕业的。在这几个人中,鹿钟麟将军和唐之道将军的军事知识出众。总的来说,冯军军官们文化水平都很低,只能从自己的亲身体验中吸取军事知识。他们都不会独立研究作战方针或制定战斗计划,因此总是同意那些从军校毕业出来的参谋人员的意见"。② 最后一语可能还需要界定,所谓"总是同意"大概仅指狭义的"制定战斗计划"而已,在具体指挥作战时"计划"常常不起作用,勃拉戈达托夫自己便经常抱怨这一点。

在实际作战中,行伍出身的指挥员往往回避其所不擅长者,有时甚至对其有利的条件也不加利用。例如,当时许多军队中炮兵的作用便未能得到足够的重视,部分或即因为炮兵官长"须略具军事学识",行伍出身难以胜任,故各部炮兵官长皆军校出身。③ 尽管在两次直奉战争中均已较多使用大炮和机关枪,甚至飞机也用于投弹,④ 但重兵器的使用与否及是否得法,很多时候仍视指挥官而定。直到北伐时,汉阳湖

---

① 何柱国:《孙、段、张联合倒曹、吴的经过》,《文史资料选辑》第51辑,第3、6页。并参见文公直:《最近三十年中国军事史》,第二编,台北文星书店1962年影印版,第53—54页。按当时军中分新旧两派的似不少,湖南亦同,详后。

② 〔俄〕A. B. 勃拉戈达托夫:《中国革命纪事(1925—1927年)》,李辉译,生活·读书·新知三联书店1982年版,第55页。

③ 参见于学忠:《我在北洋时期与直系奉系的关系》,《文史资料选辑》第51辑,第194页。

④ 参见文公直:《最近三十年中国军事史》,第三编,第115—132、180—199页。

北守军的仓库里放着"十二门连同全份炮弹的日本坂野炮（七十五毫米）"，这样的重火力竟然并未用于作战。在汉阳失守后，被唐生智的国民革命军第八军全数缴获。极有意思的是，这批大炮同样没有用于北伐军稍后进攻武昌的战斗！①

在某种程度上可以说，到北伐前夕，已是保定毕业生鼎盛之时。那时保定毕业生任职于全国，保定二期的何遂在1926年春的通电中便说："国内袍泽，半属同年学友。"②但这更多是各军队的中高层，最上层则不然；在有些军队如国民军中，连下层也不然。需要说明的是，军队首领的"出身"未必就决定了其所辖队伍的行为，比如"绿林之剧盗"领导的奉军就是北方装备最好可能也是军事观念最"现代"者（即接近第一次世界大战中形成的作战观念），实际战斗力大概也最强。③但北洋体系的老成凋谢，未受或少受教育及职业军事训练的一批新军人的兴起，终意味着行为准则的转变。

张作霖、张宗昌、冯玉祥等人的一个共同特点是不甚顾及北洋自身的传统行事准则。④有"倒戈将军"之称的冯玉祥，对几乎所有的上司和同盟者，皆有不同程度的倒戈行为，他自己最后也因部下倒戈而失势。刚到中国的苏俄顾问"感到奇怪的是，国民军第一军军长冯玉祥是一个信基督教的将军，然而却称自己是孙中山的信徒，他同中国人民

---

① 参见〔俄〕A. B. 勃拉戈达托夫：《中国革命纪事（1925—1927年）》，李辉译，第203页。按唐生智不使用这批大炮或许出于保存自己力量的考虑，或许因为进攻武昌的战斗由蒋介石指挥，唐无意配合，当然也不排除受过正规军事教育的唐氏也并不重视炮兵这一因素。

② 《晨报》，1926年3月26日，第2版。

③ 毕业于保定陆军速成学堂的张钫即观察到，吴佩孚"有着浓厚的北洋陆军正统观念，一向把张作霖不当作北洋正统"。在这样的正统观念影响下，别人"对他说张作霖如何延用人才，精练军队，他都不相信，说张胡子懂得什么练兵"。张钫：《风雨漫漫四十年》，中国文史出版社1986年版，第225页。

④ 过去北洋体系总体而言对文人取一种相对忍让的态度，但1926年春则出现不顾旧行为规则而随意捕杀记者文人学生的明显倾向，其中影响最大的当属1926年3月的"三一八惨案"，详后。

的公敌张作霖签订了协议,反对自己的上司吴佩孚"。这位顾问发现,"冯经常在琐事上耗费精力",他"不仅经常出尔反尔,而且还像罗马的太阳神一样耍两面手法"。因此,"任何时候你都说不清楚他明天会有什么举动"。①

这样的行为方式可能为当时变动剧烈的时局所促成,同时又反过来推进了军政局势的不稳定,在某种程度上甚至可以说还比较适应当时变化频仍的军政格局。冯玉祥和国民军的兴起就是一个显著的例证。本来缩居山西一隅而进退于各派军事力量之间的阎锡山在北伐结束时地位和影响都明显上升,一度起到举足轻重的作用,则是另一类型的例子。

这一变化若置于北洋内争发展史中考察当更为清晰,简单回顾北伐前数年各地军阀、特别是北洋体系内部的争斗历程,一个明显的特点是两次直奉战争期间北洋内斗较前远更激烈。以前北洋军阀内斗向有"电报战"之称,战争双方通常是雷声大、雨点小,通电多于交战。杨荫杭在1920年即注意到,当时战事"直与演戏无异",各方并不"出其全力以从事于战",反倒是"用其全力于打电报"。实是"诸公好'滑稽',以国事为儿戏"。②西人稍后亦尝称之为"天朝滑稽剧"。③

但两次直奉战争,特别是第二次,则动员的兵力是以前战争的数倍,而伤亡则数十倍之。不仅战争的规模扩大,作战的方式也更现代化,战斗多发生在交通最发达、可迅速调动军队的东部省区。致使自太平天国以后基本未受战争骚扰、也是中国最富庶的江浙地区遭受战争

---

① 〔俄〕A. B. 勃拉戈达托夫:《中国革命纪事(1925—1927年)》,李辉译,第48、52、55页。

② 1920年8月27日、11月12日《申报》,杨荫杭:《老圃遗文辑》,第95、126页。

③ Ethel A. Munphy, "Celestial Opera Bouff", *Travel Magazine* (Floval Park, N. Y.), 40 (April 1923), p. 15. 此文出处承林霨教授指点。

重创,民生被严重扰乱,社会元气大伤。[1]

同时,第二次直奉战争时出现了民国政治史上一个崭新的现象,即中央政府第一次在军阀战争中正式站在其中一方(直系)的立场上。当时吴佩孚要求内阁在其司令部召开办公会议,并在会上对政府总理和部长随意指示,使与会的部长顾维钧得到"一番新的阅历"。[2] 这个现象的表面含义是中央政府对派系政争态度的转变,但还有更深远的意义:直系以中央名义讨奉,乃使中央政府从虚悬在各派系之上的象征性权威移位到为一派所利用,大致类似于古代的"挟天子以令诸侯",当时或增强了这一战争的正当性,实际却从根本上损毁了中央政府自身的统治合道性(political legitimacy)。[3]

在整个北洋体系的发展之中,自有派系产生,皖系早败而奉系后起,唯一一个自始至终参与竞争北洋控制权的大派就是直系。从字面意义看,北洋体系本诞生于直隶,直系的形成虽较皖系为后,实际是最"正宗"的北洋嫡派。皖系需要自创所谓"参战军"(后改边防军),奉系则基本自建于边远地区,若以狭义论恐怕算不得北洋军,两者不同程

---

[1]　参见 Hsi-sheng Chi(齐锡生), *Warlord Politics in China, 1916—1928*, Stanford, Calif.: Stanford University Press, 1976, pp. 135—141。此书有中译本,杨云若、萧延中译,中国人民大学出版社 1991 年版,第 127—134 页。关于第二次直奉战争,并参见 Arthur N. Waldron, *From War to Nationalism: China's Turning Point, 1924—1925*, New York: Cambridge University Press, 1995, pp. 91—118。

[2]　参见顾维钧:《顾维钧回忆录》,第 1 册,第 274 页。

[3]　章太炎稍后即指出,"自袁世凯以后,北京久无政纲。财政操于外人之手,国政听于骄帅之言。所谓政府者,即近畿军阀之差遣"。但他也注意到,起初政府也还"微有主权",后来则黎元洪被逐,曹锟被囚,而段祺瑞被软禁;这些主政者的法律地位虽有真伪之别,其受军人凌犯则同。"是北京之有政府,只为乱人俎上肉耳"(《太炎论时局》,《民国日报》1926 年 1 月 21 日,汤志钧编:《章太炎年谱长编》下册[以下仅引书名],中华书局 1979 年版,第 846—848 页)。故有势力的军人干预政治甚至操纵中央政府是袁世凯之后北洋政象的一个常态,且愈演愈烈,但在军队司令部由军人主持召开内阁会议这样前所未有的事仍可视为一个关键的转折点。后来军人自己执政,复出现囚曹锟释曹锟、拥段祺瑞驱段祺瑞的现象,大致也是这一逻辑的发展。

度上皆具边缘挑战正统的意味。① 同时直系领袖的代际传承也较为成功, 产生出吴佩孚这样的后期领袖, 在当时军阀中的确可以说是文韬武略兼具的佼佼者。直系打败皖系后又取得第一次直奉战争的胜利, 在第二次直奉战争中期并不居劣势, 其利用海军攻奉的战略也相当有见地, 如果不是冯玉祥的倒戈, 也许直系真能统一中国, 亦未可知, 至少或能统一北洋控制地区。②

　　如前所述, 假若直系后来真能统一全国, 则其统一可以说在战前已

---

　　① 参见丁文江:《民国军事近纪》, 商务印书馆 1926 年版, 其作者增订本收入《近代秤海》, 第 6 辑, 第 293—306 页; 文公直:《最近三十年中国军事史》, 第二编, 第 10—12 页。由于段祺瑞是袁世凯之后北洋体系的实际主持人, 也有学者认为:"皖系军阀在北洋各派军阀中资格最老、势力最大。"(来新夏等:《北洋军阀史》, 第 47 页)"资格最老"自然无问题, "势力最大"或主要是从其控制中央带来的综合实力着眼, 若以军队特别是当年极重视的"地盘"言, 皖系显然一开始就不如直系。虽然西北和东南沿海一些省份之军政领袖被视为皖系, 其真正的嫡系, 如所谓"四大金刚"的靳云鹏、徐树铮、曲同丰和傅良佐, 除傅良佐短暂据湖南外基本无其"地盘", 且徐、曲二人的主要带兵经历也限于参战军。作为北洋体系的整体领袖, 段祺瑞本应具有相当程度的超越性, 但一方面他明显感觉到无自身实力则地位不稳固, 同时他试图建立自身军事派系的努力也削弱了其作为整体领袖的超脱性, 这一难以解决的矛盾只能另文分析, 有一点可以肯定, 与北洋六镇自然扩展产生的军队相比, "参战军"是后起的新事物; 从历史渊源看, 两者的正统和边缘地位大致可立。

　　② 关于第二次直奉战争, 各家所述颇不一致, 文公直的叙述似乎自始至终都是奉军在取胜, 参见其《最近三十年中国军事史》, 第三编, 第 191—199 页。来新夏等也持基本相同的看法, 参见其《北洋军阀史》, 第 802—811 页。丁文江的叙述稍更平实, 指出了直军的准备不足和初期作战不利, 然承认在冯玉祥倒戈前战局已成胶着状态, 参见其《民国军事近纪》, 第 321—327 页。近年林霨对战争前期的论述所见又不同, 他以为冯玉祥倒戈前直系更具战略优势, 参见 Arthur N. Waldron, *From War to Nationalism: China's Turning Point*, 1924—1925, pp. 115—118。林霨所见不可谓无据, 奉方傅兴沛的记述是在奉军在热河一线取胜, 但在山海关主战场则形势对奉军不利(参见傅兴沛:《第二次直奉战争纪实》,《文史资料选辑》第 4 辑, 第 35—37 页); 直方李藻麟的结论是"自十一月上旬起, 直、奉两军在山海关战场上基本上打成了对峙局面"(李藻麟:《二次直奉战中山海关战役亲历记》,《文史资料选辑》第 4 辑, 第 49 页)。且美国军事情报人员的报告也认为直系此时形势占优, 若冯玉祥一线进兵则直系可能攻入满洲(引在林霨书 117 页)。应该说吴佩孚的战略计划似较高明, 后来郭松龄反奉, 文公直即认为其"似有与前岁奉直战争时之直军敷设同一计划"(文公直书第三编, 第 209 页)。郭部兵力远逊于直军, 且无海军支援, 而能一度取得超过直军的胜利, 似提示着若无冯玉祥倒戈, 吴佩孚取胜的可能性也较大。

开始；而从直系最终失败的结果看，其失败即始于它破坏了北洋军阀自身的政治伦理和体制：袁世凯去世后逐渐形成的在地方割据基础上维持"虚"的中央政府这一北洋体制，在第二次直奉战前已经崩溃了。此前中央政府能相对独立，即因其不全为一派势力所造成；而在1924年时，中央政府已明显为一派所造成并控制，行事既没有以前那么多顾忌，其名义上的合道性也不复存在，遂为后来的北伐预留了"有道伐无道"的先机。①

第二次直奉战争虽因冯玉祥的阵前倒戈而以直系失败而结束，但整场战争未能产生出一个确定的赢家，反呈现出北洋体系的崩裂之相：以冯玉祥部为中心的国民军体系的形成和稍后奉系主力郭松龄部的倒戈反奉，使奉系战胜的意义大打折扣；奉系乘战胜之机向东南扩充的努力并未成功，然张宗昌、李景林部却因此而形成实际的半独立状态。（不久联合成为直鲁联军，北伐将结束时张宗昌部欲退入东北而为张学良拒之门外。）更重要的是，直奉双方冯、郭这样的高级将领先后率大部队倒戈而试图组合成新主流的尝试虽未成功，却有力地揭示出北洋体系中强烈的不稳定因素。②

对北洋体系来说，没有确定赢家的结果或可说是毁灭性的，即北洋内部对于一个有力军人可武力统一中国的信心基本丧失。孙传芳稍后曾说："中国之所以弄到如此地步者，皆蒋介石、吴子玉二人之过。"③盖蒋、吴均有武力统一中国之决心，④而北洋方面自吴佩孚式微之后，即不

---

① 参见本书《五代式的民国：一个忧国知识人对北伐前数年政治格局的即时观察》。

② 吴虬已注意到北洋"纲纪"不再，"倒戈"已成流行的行为模式这一现象，参见其《北洋派之起源及其崩溃》，第284页。

③ 《晨报》，1927年7月20日，第3版。

④ "九一八"后某次蒋介石到北平，各界的欢迎会上有吴佩孚，并请吴佩孚讲话，他即说："说起来我和蒋委员长可算是志同道合，完全一致。因为我讲的是武力统一，他也接受了武力统一。"魏益三：《我由反奉到投冯投吴投蒋的经过》，《文史资料选辑》第51辑，第251页。

复有任何军阀仍有统一全国的雄心。[①] 不仅统一全国已不再是北洋目标，即使统一北洋体系自身，也几乎是可望而不可即了。北京政府既已失去实际的统驭能力和名义上的正当性，北洋体系实处于群龙无首的状态。

结果，各地中小军阀也频繁互斗，使北洋体系进一步分裂，阀下有系，系下有派，各不相让。[②] 有些军阀并不想争独霸之地位，但也不能让别人有此地位（这在直奉战争后渐成多数军阀的共同心态）。各方所争，不再是要争取一人一阀独大，毋宁是防止任何一人一阀独大。[③] 北京的社会学教授许仕廉 1926 年观察到，"目下中国心理的环境，最为悲惨，其原因就是无英雄可崇拜。现在一般大头目小头目，谁也不崇拜谁"。[④] 如许氏所具体指出的，"谁也不崇拜谁" 的心态主要存于各大小头目之中。[⑤]

---

① 比如，后来实力最强的奉系张作霖虽控制北京，其心目中仍以东北为第一考虑，并不曾摆脱脱客居的性质。张作霖虽开府于北京，其子张学良即公开表明，张之所以任大元帅而不就总统，"即表示其为临时的位置"（《晨报》，1927 年 7 月 20 日，第 2 版）。北伐时及其后的不少军事领袖可以说都曾有 "问鼎" 的机遇，但他们大多数与张作霖一样仍偏于地方意识，并无太大的 "野心"，故往往不能充分利用其所遇到的崛起时机。他们在时势运会所推之时，一度也曾有主持全国之念，但正因其在很多方面缺乏为此而做的准备，因而所措多差。北方的阎锡山、南方的李宗仁都类似。在后孙中山时代的国民党里，两人都是所谓 "带艺投师"，代表着非正宗的国民党势力，也都有在国民政府体系内争取 "独立" 的愿望和努力，并部分取得了成功，但确实少有 "彼可取而代之" 的愿望及为实现此目标的准备。李、阎的第一次合作是中原大战，差一点推翻蒋；第二次合作则是 20 世纪 40 年代后期李任代总统而阎任行政院长，一度真正成为国民政府的主持人。对于后者，过去一般皆从蒋实际并未放权来认识这一 "过渡阶段"，故未见深入有力的研究。其实观李、阎的实际举措，的确缺乏主持全国事务的气度和能力，毕竟还是没有 "问鼎" 的准备。

② 古蓨孙在 1924 年出版的《甲子内乱始末纪实》中已描述当时情形为 "一系之中分为数派，一派之中分为数党；各私其私，无复有国家观念"。该书收入《近代稗海》，第 5 辑，四川人民出版社 1985 年版，第 256 页。

③ 英国外交部远东司长 S. P. 沃特洛（S. P. Waterlow）当时也注意到这一现象，参见 William R. Louis, *British Strategy in the Far East, 1919—1939*, Oxford: Clarendon, 1971, p. 110。

④ 许仕廉：《再论武力统一》，《晨报副刊》，1926 年 5 月 11 日，第 7 版。

⑤ 与此相伴随的现象是这些拥有地盘者又相对缺乏自信，故一些基本失去武力也无地盘者反可能受到表面的拥戴，如直奉战争后张作霖、冯玉祥拥段祺瑞出山，北伐前孙传芳等要讨奉时竟有十四省共举吴佩孚为总司令。对段、吴二人言乃其一生地位最高的时段，但真正的权力皆不如以前，两人的实际操控能力均有限，尤其涉及被指挥者自身权益的时候就更有限；拥戴者主要是尊其历史形成的名位，希望其更多做 "虚君" 式的 "共主"。

　　这样的风气形成后,相互的猜忌甚于合作。结果是乱象更甚,而竞争各方又都受到这种混乱局势的影响。证以前述魏益三的回忆,1925—1926年间军事局势的确变化极快,各势力之间的分与合有时真是仅以日计。那时一般所谓军阀似乎相当盛行先联合共除一敌,旋即内斗;其间又有分合,又重组一联合体共除一敌,再继续争斗。其联合时期或反复的周期都不长,且临阵倒戈现象相当频繁;每一力量均思随时利用当下局势以利己(退则自保,进则扩充自身实力),而不甚考虑自己五分钟前的立场。冯玉祥支持郭松龄反对其上司而合作不成的过程,就可以说是上述心态比较典型的表现(详后)。

　　这是一幅均势已去,故任何一股力量均可影响大局的典型图像。在北洋体系控制了全国多数地区而南方(西南)在全国事务中渐无足轻重时,北洋军阀内部的皖直或直奉两极均势既予以各中小军阀依附一派的便利,也给予其在体系中不时转换立场或保持相对中立的实际选择,局部的争夺即使诉诸战争,也不一定会危及整体局势。一旦均势开始崩溃,一支小部队的立场转换就可能发挥影响全局的大作用。比如,江浙战争的导火线即是驻闽军臧致平、杨化昭不足万人的残部投奔占据上海的皖系卢永祥,而本可视为直皖之争余波的江浙战争随即引发更大规模的第二次直奉战争。

　　国民党当时即注意到这一变化,其1925年5月的时局宣言在指责"中国之内乱由依赖帝国主义以为生存之军阀所造成"后,说:"军阀之大者,把持中央政柄,藉统一之名义以迷惑国人;军阀之小者,割据地方,藉联省自治之名义迷惑国人。其名义虽不同,其为造成内乱则一。本党向持根本解决之旨,对于把持中央之大军阀,从事挞伐;其割据地方之小军阀,有敢凭陵自恣及窥伺革命政府根据地、受帝国主义者之嗾使以图倡乱者,本党必联合国民痛击之。"[①] 这样一种试图区分大小军

　　① 《中国国民党对于时局宣言》(1925年5月22日),中国第二历史档案馆编:《中华民国史档案资料汇编》,第四辑上,江苏古籍出版社1986年版,第120页。

阀并拟采取不同对策的努力恰反证出北洋军阀的分化，也意味着"小军阀"作用的增强。

对民国前期的实际作战情形而言，直到北伐时每一具体战役所涉兵员多不过数万，战斗规模并不甚大。故那时只要有万人甚至数千人的军队且敢战肯战，就是非常重要或至少不可忽视的力量。[①] 这大概是卢永祥不惜冒战争风险而收编臧、杨余部的一个重要因素。另一方面，由于名义属国家的军队已出现向区域化甚至个人化发展的趋势，万人规模的军事力量必须有自己控制的"地盘"以养育和补充队伍；如果没有，则只能投靠已有地盘的更大军阀，否则就不得不尝试以武力开拓自己的地盘。在当年的军政术语中，"地盘"算得上一个关键词，出现频率非常高。北洋军阀的各大派系本身即依地域命名，从地缘分布视角看北洋体系的后期演化，或能有较前更深入的认识。[②]

二、边缘挑战中央的地理态势

民初交通已成为军事要素，地理分布对军事的重要因此而凸显，交通不甚便之西南（指四川、云南和贵州，非时人口中的"西南"）、西北及热河、察哈尔、绥远等基本未入北洋主流。西南之中，最接近中原的四川向有"军阀混战"最剧的不良声誉，表面上的特征之一是军队人数居全国各省之冠而几乎足不出蜀，更实质性的缘故则因川省久为南北双方所持续争夺，川军间错综复杂的内斗往往不过是南北各

---

① 张国焘从另一侧面观察到，尽管旧官僚仍"盘踞中国政治舞台"，但他们当时已"不是政治上的真正有力成分"。而是军队"把中国的政治夺在手里"，且"一个拥有万数并无战斗力的军官便能在政治舞台上横行"。国焘：《知识阶级在政治上的地位及其责任》，《向导》第12期（1922年12月6日），人民出版社1954年影印向导周报社汇刊本，第98页。

② 齐锡生已注意到那段时期地理与军事政治的关系，参见 Hsi-sheng Chi, *Warlord Politics in China, 1916—1928*, pp. 143—149；中译本，第135—140页。

方之争的反映,结果整体的四川或南或北的认同始终不那么明显。[1]
而热、察、绥和西北则因与中原接近,通常成为北方无地盘而有实力
者首先争取的地区,从地域言也可说很早就有一个据边缘以挑战中央
的意思。

　　当时热河、绥远、察哈尔一方面成为中央用以安插无地盘者之处
所,同时也是各类无地盘者欲借以发展的基础;如徐树铮、冯玉祥等皆
先后试图以热、察、绥为基地,冯在得察、绥后又致力于陕、甘,终获得
"西北军"的认同。[2] 这一趋势既可说是边缘挑战中央,也可说是礼失
求诸野,就看从哪方面立言。北伐后实际留存的北方军队除较特殊的
阎锡山晋军外,恰即所谓东北军和西北军,提示着这一地域发展趋势似
还值得思考和探索。

　　实力不甚强却能长期维持其地盘者,派系不明朗的山西阎锡山是
个典型的成功代表。尤其在第二次直奉战争后吴佩孚失败、冯玉祥下
野、张作霖出关那段时间,阎锡山成为北方唯一的不倒翁,其重要性可
见明显地增加。[3] 山西距北京甚近,阎锡山多次坐观他人争斗的结果
是自己的地位逐步提高,到1926年初已大致达到几乎可据京师的程
度。这样一种战略性的地理优势,承平时作用不明显,乱世则可能有大
用。后来阎锡山甚晚参加北伐方面,却成为四大集团军之一并首先进

　　① 参见文公直:《最近三十年中国军事史》,第二编,第407—428页。关于四川在南
北之间的地位,参见陈志让:《军绅政权——近代中国的军阀时期》,香港三联书店1979年
版,第27—29页。
　　② 岑春煊于1924年11月21日和25日两电段祺瑞等,主张以"移军殖边"和"军
工筑路"为解决裁兵废督的方式,并明确建议雨亭、焕章"分任东、北两方开拓富源大任";
对吴佩孚则让其实行移兵实边的素志,以"开拓西北"任之。参见岑春煊致段祺瑞等,1924
年11月21、25日,《申报》,1924年11月23、26日,均第13版。东三省固久为张作霖所据,
这一建议很能体现热、察、绥这类边缘地带在解决军政问题中的用处,而"西北"尚可供重
新布局,也得以凸显。
　　③ 当时已无兵力的段祺瑞一度想组织一支第三势力,而以阎部为首,参见阎锡山档
案,台北"国史馆"藏(以下径引档名),微卷七,第548页。

据北京,实非偶然。①

　　这一特殊的战略性地理优势在冯玉祥军队崛起中也起到了重要作用,且最初不过是偶然形成而已。1922 年冯玉祥被取消河南督军,授陆军检阅使,包括冯本人在内的一般人皆视为吃亏,然冯部因此而驻北京南苑,稍用其兵力即可挟制中央政府,造成了超过其军事实力的地理优势和战略影响,对国民军以至"西北军"的崛起帮助实大。这从一个侧面体现出那几年北洋统治的急速崩溃实超出多数人的预料,盖局势大体稳定时很少有人会考虑一支有力部队驻扎京畿的战略作用;另一方面,此前较出格的政治军事行为多是倪嗣冲、张勋这样的旧军人所为,北洋军人自有其行事准则,当时的主政者恐怕也低估了冯玉祥挑战北洋传统的胆略。②

　　这样,冯玉祥军队实创北洋新典范:一方面军事力量不断壮大,同时却几乎没有自身的地盘,复因其驻扎区域的战略性地位而获得意料之外的回报。当然,冯部寻求地盘的愿望和努力是持续的,也是促使这一军事力量发展壮大的主要动因,其最终成为"西北军"尤说明固定的

---

　　① 按阎锡山能确保其地位当然与其无意参与外在竞争有很大关系,同时其治晋也确有特色。据文公直说,山西是当时全国唯一实行按人口定额之征兵制者,即实行"寓兵于农"的所谓"乡兵制",每年"向各县征募,同时按年编老兵入后备。军械则与时俱增,储之库中",故战时能用之兵较多。同时"阎锡山对于军队教育,素极注重"。不仅"以孔教部勒军队,更使全军学生化,所有士兵均须补习国民教育,以二年为期,毕业后,再授以普通科学及军事教育"。若文公直的观察不错,山西是少数真正贯彻实施儒家"教而后战"思想的区域。实际上,阎锡山的"保境安民"政策的确给山西人带来差不多 20 年的和平,这在北洋时期是非常罕见的。参见文公直:《最近三十年中国军事史》,第二编,第 124—128 页。关于阎锡山的研究,参见 Donald G. Gillin, *Warlord: Yen His-shan in Shansi Province, 1911—1949*, Princeton: Princeton University Press, 1967; 曾华璧:《民初时期的阎锡山,民国元年至十六年》,台湾大学文史丛刊,1981 年版,后者使用了前引阎锡山档案,惜所用不多,所论也不详。

　　② 到冯玉祥在第二次直奉战争班师回京改变中央政府这一新举措后,许多人才领会到驻军京畿的作用,此后各大军阀关于划分实力范围的谈判中,京兆不驻兵成为一个常见的条款。

地盘意识并未因国民革命这样的政治鼎革而改变,而是相当持续有力。("西北军"认同的取得在北伐前夕,而其确定则还在北伐结束之后。)简单回顾冯部从直系到国民军再到"西北军"的兴起进程,应有助于了解北伐前北方军事格局的突破性演变,这一进程又与原处西北的各军事力量有着千丝万缕的瓜葛。

冯玉祥早在 1914 年随陆建章第 7 师入陕西,后升第 16 混成旅长于 1916 年率部入川,到 1921 年再入陕西时已是第 11 师师长,任督军约一年,收编的陕军编成胡景翼、田维勤、曹士英三个混成旅,1922 年夏冯督豫时带入河南,然三人皆有部属留陕。故冯部与陕西本有较深的渊源。继冯玉祥任陕西督军的刘镇华本豫人,1918 年率所部镇嵩军入陕,任陕西省长,然陕西驻军复杂,刘之权威常受挑战,故其势力增长后反欲回乡督豫。两次直奉战争期间刘部受吴佩孚命出入陕、豫,甚为活跃,直系战败后刘又借驱吴之名进兵河南,然作为战果的河南地盘却为国民二、三军所得,于是形成镇嵩军与国民军二、三军争夺河南、陕西的持续战争。①

二次直奉战后,冯玉祥在 1924 年 11 月的天津会议上分得向京汉铁路沿线发展的权益,但由于奉军实力太强,终迫使他将主要发展方向定在西北。1924 年 12 月,冯玉祥通电取消国民军称号②,被段祺瑞任命为西北边防督办;1925 年初,段祺瑞复任命孙岳为豫陕甘剿匪司令。这些任命显然不会是执政府的一厢情愿,而是顺应国民军方面的意思。不久,冯部先后得察哈尔、绥远,并使之纳入"西北边防"辖区,冯玉祥

---

① 参见王宗华、刘曼容:《国民军史》,武汉大学出版社 1996 年版; James E. Sheridan, *Chinese Warlord: The Career of Feng Yu-hsiang*, Stanford, Calif.: Stanford University Press, 1966 ; 文公直:《最近三十年中国军事史》,第二编,第 96—110 页。这段历史的基本轮廓似已清楚,然其中各方面曲折复杂的相互关系,还有不少需深入探索之处,拟另文探讨。

② 参见冯玉祥致段祺瑞电,1924 年 12 月 9 日,中国第二历史档案馆编:《中华民国史档案资料汇编》,第三辑,《军事》(三),江苏古籍出版社 1991 年版,第 317 页。

乃移驻张家口，国民军渐被称为西北军。[①] 此后陕西的争夺主要在镇嵩军和国民二、三军之间进行。段祺瑞任执政之时，国民军常能迫使中央颁布对其有利的命令，其在陕西初胜后即曾试图罢免刘镇华而由孙岳继任陕督，因张作霖反对而未果。（但冯部向陕西开拓在一定程度上也得到奉方的鼓励或容忍，因为国民三军原驻直隶的保定、大名，若无处发展便不会"让防"。）[②]

由于山西与陕、豫临近，阎锡山又是执政段祺瑞的主要支持者之一，晋阎在双方的争斗中扮演了重要的角色，而双方也都努力争取山西的支持。阎一方面与国民军胡景翼互派代表联络，并表示"赞成晋豫两省携手合作"；[③] 但基本站在刘镇华一方，不仅代其向执政府说项，[④] 且以子弹接济，盖阎自认"与陕联合，自属胜着"，惟对镇嵩军进一步的参战要求，又以"无中央命令不好出兵"而推托。[⑤]

阎部晋东盐运使马骏当时分析陕豫之争说："刘胜则中央可将陕付吴［新田］、孔［繁锦］，败亦可付吴、孔。如能乘胡疲竭时中央明命鄂

---

①　参见王宗华、刘曼容：《国民军史》，第44—45页；刘敬忠、王树才：《试论冯玉祥及国民军在1925—1927年的政治态度》，《历史研究》2000年第5期。

②　李庆芳（山西驻京代表）电阎锡山，1925年3月22日（本文电报日期均取发报人所署日期，这样更符合一般人的思维习惯，也更能与电文相符合。然因电报是24小时发出，半夜发出者电报局已署次日日期，且有时写完并未马上发出，到实发报时日期或也有变，故电报局实发日期或稍异），阎锡山档案，微卷八，第623页。按段祺瑞有对刘镇华不利的政令也不完全因冯玉祥的压迫，时在陕西的中央第七师吴新田部大致属皖系，实力虽不足，亦久欲督陕，刘去则利吴也。

③　胡景翼电阎锡山，1925年3月5、26日，阎锡山档案，微卷七，第1300、1351页。

④　阎锡山电温寿泉（山西驻京代表），1925年2月9、16日，阎锡山档案，微卷七，第716、764页。

⑤　阎锡山电马骏（晋东盐运使，时驻翼城，常与陕方联络），1925年2月27日，阎锡山档案，微卷七，第924页。实际上，中央即使内心偏向镇嵩军，也不可能明令支持；相反，正如瞿秋白指出的："照理段氏应当下令讨伐憨玉琨，因为胡景翼是他正式任命的河南督办。"但执政府对这样明确挑战其权威的军事行动却"只说调停"，充分体现其对局势已失驾驭能力。参见双林（瞿秋白）：《胡适之与善后会议》，《向导》第106期（1925年3月14日），汇刊本，第884页。

皖鲁苏陕各省以讨其破坏大局，一鼓歼之，最好。上策即以豫畀冯。胡胜后颇可虑。"[1] 按马氏较有战略眼光，其实就是希望刘、胡两败俱伤，给山西一个相对安宁的周边环境；其最后提到的"各省"讨胡竟然不包括晋省，甚能得阎锡山不主动干预外事之宗旨。且胡本陕人，若胜而据豫又兼领部分陕地，则对山西形成夹击态势。战事的结局正是马骏所忧虑的，不过胡景翼新胜据豫后，本可大展宏图，却于 1925 年 4 月因病身故，使时局发生相当大的变化。[2]

陕豫间的战局刚告一段落，奉军于 1925 年 4—5 月再次入关，张作霖到京，确定"政局商定后再讲地盘"的方针，试图"先恢复国务院，以新旧交通系为阁员"。段祺瑞虽"态度消极"，仍不能不勉予同意。而冯玉祥则"一味退让，希图保存"。[3] 实际上冯玉祥大体仍在实施其主要向西北发展的既定政策，故在"商定政局"的同时，基本维持着奉向东南发展而冯向西北开拓这样一种各忙其事的形势。不过，奉系在东南的发展最初虽较顺利，迅速取得数省地盘，却遭遇到更强有力的抵抗，盖东南久为北洋所据，其对手皆为驻扎于此的正统北洋部队；而西北本未入北洋主流，国民军所遭遇的主要是北洋边缘部队，相较而言，国民军的西北开拓更具实际成效。

胡胜刘败后陕西的结局确如马骏所料，段政府准战败的刘镇华辞职，以吴新田继任督办。惟吴部实力不够，始终未能真正控制陕西局面，不久陕西也为国民三军所得。1925 年 8 月执政府正式任命孙岳为陕西督办，冯玉祥兼任甘肃督办，在名分上和实际上进一步确认了冯部在西北的地位（惟陕西之外的西北"地盘"还须继续开拓）。[4] 国民军

---

[1]　马骏（晋东盐运使）电阎锡山，1925 年 3 月 13 日，阎锡山档案，微卷七，第 985 页。

[2]　国民二军的新首领是非胡系的岳维峻，与直系的关系尚好，也非民党出身，但他在军内并不具备胡的威信，似也不如胡那样敢作敢为，故其后来使山西及其他方面"可虑"的并非有多少特别进取性的作为，而是其态度的犹疑不定。

[3]　钱桐（孟材）电阎锡山，1925 年 5 月 24 日，阎锡山档案，微卷八，第 1645 页。

[4]　参见王宗华、刘曼容：《国民军史》，第 59—61 页。

既得陕、甘、豫,北有察哈尔、绥远,形势看上去甚好,但其并未集中全力于巩固在西北的地位,而是更有所图,其拓展方向又回向山东和直隶,甚至可能包括山西。

奉系对东南的占据显现出较大野心,引起各军阀不快,终推动新据江南五省的孙传芳与其余直系剩余力量的联合,吴佩孚乃乘间而再起,出任讨贼联军总司令以攻奉。[①] 孙传芳讨奉时,国民二军曾参与攻鲁;战胜后的徐州会议,岳维峻也曾出席。这就使国民军和奉军终难共处,国奉之间战争很难避免。同时,整个国民军与山西的矛盾也日趋激烈。盖国民军既得陕、甘、豫、察、绥,北京也有驻军,在地缘分布上已置山西于其夹击态势之下;不论其在山东、直隶的进展如何,国民军若图将地盘连成一片,最容易也最可能的下一兼并对象就是山西。故晋阎欲图自保,就只能联奉。在国民军又将李景林逐出保定、大名后,奉张决定联吴佩孚打击冯玉祥。1925 年 11 月 22 日,阎锡山驻汉口吴佩孚处的代表报告说:"奉派某要人来汉协商解决[国民]第一军,此间令其先行攻击。"[②]

且国民军内部并不团结,前引晋东盐运使马骏将国民军之冯、胡二

---

① 吴佩孚再起,段祺瑞立刻感到威胁,其子段骏良说,虽"杨文恺日前来电谓吴只讨奉,决不反对执政,万勿信挑拨等因。但吴屡次通电均带护宪彩色,此话亦难遽信"。(苏体仁、潘连茹电阎锡山,1925 年 11 月 3 日,阎锡山档案,微卷九,第 441 页。)这里所说的"护宪",指的是曹锟任总统颁布的宪法,从法理上当然针对着段的"临时执政"之正当性。有意思的是,段的支持者吴新田和刘镇华余部柴云升、张治公两师也联名通电参与讨奉:"我浙闽苏皖赣五省联军由孙总司令统率首先发动,义旗一举,薄海歌呼;桴鼓之声,万方同应。新田等屯兵秦陇,夙赋同仇,愿竭驽骀,共脆凶逆。"(吴新田等讨奉通电,1925 年 10 月 24 日,阎锡山档案,微卷七,第 1938—1940 页。)吴新田此举未必代表段祺瑞态度,但多少反映出许多军阀对奉系的不欣赏,一因张作霖出身"胡子",二因其与日本明显的关系。

② 汉口曹步章(倬云)、梁汝舟电阎锡山,1925 年 11 月 22 日,阎锡山档案,微卷八,第 1926 页。一般多说张作霖因郭松龄反戈而与吴佩孚联合,看来双方的联合要更早也更主动。

部分别看待，并非无因。冯玉祥就曾自别于国民二军，他致电阎锡山说，"二军份子复杂，唯利是图，久为世人所诟病"，与冯氏自己"十数年心血教练而成"的一军不可同日而语；并力辩自己不仅未参与国民二军对山西的军事，且曾屡次劝阻之。[①] 而胡景翼、孙岳皆曾参与同盟会反清革命，自视与纯北洋出身的冯玉祥不同，反与也曾加入同盟会反清的阎锡山同属"民党"。就在国民军与奉、晋开战前不久，国民二、三军的代表谷仲言曾与阎在北京的代表联络，对"山西与冯合作而不与民党之二、三军携手，深致不满"。他强调，二、三军的"军队虽极复杂，军官确系民党主义，以主义与之拉拢，必可奏效"。故"山西应以民党关系，脱开冯方，与二、三军切实合作"。[②]

可知国民一、二、三军之间的关系确不十分和谐，而胡景翼去世后接掌国民二军的岳维峻与"民党"无瓜葛，他不仅联孙传芳讨奉，且亦公开列名于拥戴吴佩孚出山的通电之中。[③] 这样，国民军内既不

---

① 冯玉祥致阎锡山，1925年3月7日，阎锡山档案，转引自曾华璧：《民初时期的阎锡山，民国元年至十六年》，第110页。

② 温寿泉、苏体仁、潘连茹电阎锡山，1925年11月3日，阎锡山档案，微卷九，第421—422页。但当时不久就有"陕县敌军约近一师，刻以山西军务长景梅九名义密印安民布告"（马洪电阎锡山，1925年12月4日，阎锡山档案，微卷七，第1964页。按马洪似为茅津县知事，确否待考）；旋有属于国民二军的樊钟秀大举攻晋，而景梅九、樊钟秀亦皆老"民党"，故阎锡山此时对这类历史联系不能有太多的实际考虑。另一方面，尽管国民二、三军的主官皆出身同盟会，理论上应与南方更亲近，但在苏俄眼里（或许也反映部分国民党人的观念），却是比一军更不可靠的部队。莫斯科一度相当担心广东方面北伐可能导致国民革命军和国民军的军事冲突，驻华武官处的特里福诺夫曾问加拉罕，"一旦广东军队向北推进"，他是否确信国民"第二军和第一军不会进行抵抗"？加拉罕认为，当有着共同的敌人吴佩孚和张作霖时，至少国民一军和广东军队"会找到共同语言并创造一些因素和条件，使他们能够避免发生这样的冲突"。但北伐军与国民二、三军相遇，则"可能发生误会"，也许需要像解除许崇智粤军武装那样将二、三军缴械。〔苏〕加拉罕：《在联共（布）中央政治局使团会议上的报告》，1926年2月，《联共（布）、共产国际与中国国民革命运动（1926—1927）》（以下径引书名），上册，中共中央党史研究室第一研究部译，北京图书馆出版社1998年版，第90页。

③ 按冯玉祥也暗中与孙传芳联络，赞成其反奉，然自己不出兵，参见杨文恺：《孙传芳反奉联奉始末》，《文史资料选辑》第35辑，第104页。

和，外将面临与奉、晋、直三方同时作战的不利局面，形势相当不妙。恰在此时，奉军郭松龄于 11 月 22 日（即阎锡山得知直、奉联合的当天）正式发出反奉通电，此举对国民军的存亡有重大意义。据勃拉戈达托夫对国民二军的观察，该军"只能对付土匪"，实"无力同正规军作战"。若与奉军战，恐难取胜。"多亏郭松龄采取了行动，才将部队从困境中拯救了出来。"① 这一观察或许有些过分，二军中李济才、李云龙部皆甚有战斗力；② 且如冯玉祥所言，国民一军的战斗力应超过二、三军；但总体上国民军并不具备同时和多方作战的实力。

尽管郭松龄反奉对国民军非常有利，冯玉祥仍拒绝了苏俄顾问提出的以骑兵援助郭松龄的建议，认为郭"自己完全能应付"。国民军的所有军事行动均涉及地盘：国民一军出兵接管了热河，这还算是对付奉方地盘；同时国民一、二、三军又联合进攻支持郭松龄的李景林"地盘"，这一"违约"行为导致李部由支持郭而转向"中立"，继则转向支持张作霖而向冯宣战。勃拉戈达托夫认为冯玉祥"没有充分利用"郭松龄反奉的"有利局面"而在作战上"及时援助郭松龄"，冯后来也承认"他低估了自己敌手李景林的力量"，竟将一半的军队留在远距离的后方。③

其实冯玉祥和苏俄顾问所认知的大到战略利益小到"有利局面"皆

---

① 〔俄〕A. B. 勃拉戈达托夫：《中国革命纪事（1925—1927 年）》，李辉译，第 88—90 页。

② 参见丁文江：《民国军事近纪》，第 360 页。

③ 参见〔俄〕A. B. 勃拉戈达托夫：《中国革命纪事（1925—1927 年）》，李辉译，第 90、99 页。冯玉祥虽支持郭松龄反对其上司，双方的合作却不够成功，很大程度上实即因打李此举。这一点冯玉祥自己也承认，他后来也说这次进攻友军是"反友为敌，以私演公，开出了一场莫明其妙的战争"。见冯玉祥：《我的生活》（下），第 441 页，转引自王宗华、刘曼容：《国民军史》，第 115—116 页。关于冯玉祥不援助郭松龄而打李景林，参见同书第 108—115 页。

不一致，^①冯恐怕恰是在"充分利用"他眼中的"有利局面"，试图占领与自己最接近的地盘，以解决其兵多地少的矛盾。从冯部与奉军终不能不一战的战略眼光看，若冯玉祥真出大力援郭而推翻张作霖，则不论是郭松龄拥张学良主政或其自主，皆必致力于巩固东北，暂无暇顾及关内，国民军在华北的地位会相当优越。直鲁联军南有孙传芳虎视眈眈，是否能自保尚成问题，不能对国民军构成太大的威胁；此时以优势兵力再图直隶地盘不迟，并挟中央政府以与势力尚松散的吴佩孚战，胜负实难逆料。

　　不过，冯玉祥那时仍在强化其对西北的控制。1925年8月执政府刚任命他兼任甘肃督办，冯即派主力之一的刘郁芬师出征甘肃。^②10月间，阎锡山派往冯部的代表观察到，"冯军连日向西开军队甚多，向东开只昨日有骑兵二连"。^③究竟冒险逐鹿华北还是确立其对西北的控制，这恐怕才是冯玉祥面临的最大战略抉择。郭松龄不过奉军之一部，其反奉能迅速取胜大概很少会在时人事先意料之中，故真正援郭反奉可能需要倾国民军全力以赴，而胜败尚难逆料，具有相当的冒险性；若进兵西北则所遇对手实力相对较弱，且冯具有中央任命的督办职务，可以说是在自己属地进行"内部清理"，以当时军政运作规范言，颇具

---

① 郭松龄反奉一事涉及复杂的国际关系，过去一般多注意日本在此次战斗中扮演的角色，其实郭松龄反奉大概也与苏俄有关。据北伐前夕被任命为驻日使馆代办的白思多夫斯基说，远东司长梅尔尼科夫1926年4月告诉他，郭松龄的妻子是哈尔滨贸易学院（俄办？）的学生，加拉罕曾许诺支持郭松龄。后郭军事吃紧时加拉罕要求苏俄出兵齐齐哈尔以逐吴振中（音）回沈阳，得到梅尔尼科夫支持，但政治局怕触怒日本而不批准。张作霖逮捕中东路局长伊万诺夫时，加拉罕又要求苏俄出兵哈尔滨，并得到伏罗希洛夫支持，兵已发至中苏边境，但齐切林在征询了驻日大使意见后，估计日本会立即占领长春并派兵至哈尔滨，政治局乃决定撤兵。参见Grigory Bessedovsky, *Revelations of a Soviet Diplomat*, tr. by Mathew Norgate, reprint ed. Westport, Conn.: Hyperion Press, 1977, pp. 123—124。到1926年5月，驻日大使柯普（Kopp）也告诉白氏，苏俄支持了郭松龄反奉及其与冯玉祥的联合，参见同书，第134—135页。

② 参见曹之杰：《冯玉祥部国民军入甘纪略》，《文史资料选辑》第27辑，第21—23页。

③ 孙焕仑电阎锡山，梅焯敏电阎锡山，1925年10月21日，阎锡山档案，微卷七，第2452页。

正当性。比较而言，在其他主要军事力量竞争华北甚至东北之时，倾全力以控制西北，是比较稳妥的现实选择。

然冯玉祥计不出此。他不援郭或因其对全国性战略地位竞争的冒险性考虑较多，但他又不想放弃当时华北的有利局面，也没有真正全力西进。也许他想让郭松龄与张作霖两败俱伤，自己则一面巩固西北，同时抓住可乘之机在华北据地（以国民一、二、三军之间的矛盾及各自意图的不同，此时或也不完全能由冯决策）。这一战略选择的结果几乎是毁灭性的，郭败而国民军不得不面临奉、直两系的夹击，而且还加上新近转向的阎锡山。山西的总兵力并不甚强，却最接近国民各军的实际地盘，具有非常直接的威胁；阎的出兵随时可将国民军在华北前线和陕西、河南的部队分隔开来，使其无法集中兵力对付奉、直任何一方，而不得不同时分别与奉、直、晋三方作战。国民军处于这样的劣势，很大程度上实因冯玉祥在郭松龄反奉时缺乏战略眼光而太顾及眼前地盘利益所致。①

在郭松龄兵败被杀的 1925 年 12 月 24 日，国民一、二、三军联合进攻李景林取胜，并占领天津。次日，段祺瑞循冯玉祥之意任命孙岳为直隶督办，据说这引起国民一军内部不满，数日后冯玉祥通电下野，移居平地泉，拟赴苏联考察。② 勃拉戈达托夫多次表述了对冯玉祥在部

①　即使不从战略角度而仅从地盘角度看，由于郭松龄失败后其残部魏益三军转为国民四军，必须有地方安置，冯玉祥反不得不将保定一带让给魏益三部，使原已不够的地盘更加吃紧。且魏部无论在对直对奉的战事中都未必能起实际作用，也未必愿意卖力拼命。

②　冯的战略眼光似较其一军部属为高，盖国民军即将面临各路围攻，若此时多顾一军利益，必影响其整体团结，难以共同对敌。退而言之，此时直隶乃众矢之的，直接面临各军之锋矢，能否守得住还是个问题。真能稳据，孙岳也不能不倾其全力，则国民一军很有可能从甘肃入据陕西；若战而不胜，孙岳本曾隶属于直系，似较易解决善后问题，而受损失的也是国民三军。三军的何遂曾说，他和孙岳早就认为直隶、河南皆四战之地，乃各方争夺的焦点，三军实力不足以据之，而"甘肃以西没有一支新式军队"，易于发展，故拟定了向西北发展的计划。但这一计划与冯玉祥自己的西北计划冲突，盖"冯把甘肃当作他发展势力的地区"，反对三军向西北扩张，而力促孙岳重返直隶。后来国民二、三军皆瓦解，结果使"国民军变作冯玉祥的西北军"。参见何遂：《关于国民军的几段回忆》，《文史资料选辑》第 51 辑，第 73—75 页。

队面临奉、直夹攻而最吃紧时宣布脱离军队远赴苏联一点不理解，然冯或自有其算计。他认为"吴佩孚和张作霖是'死敌'"，不可能有认真长久的合作；他显然希望这两个"死敌"面对面的接触会导致实际利益的冲突，从而爆发战斗，自己则置身事外，坐山观虎斗，待其两败俱伤后再回来收拾残局。[①] 这也不无所见，但当时奉直双方恐怕都已视冯为更可怕的敌人，[②] 如果不是北伐这一新因素的迅速改变局势，直奉间"不可避免的冲突"多半只会爆发在冯部被基本"解决"之后。

对国民军尚有利的，是奉、直、晋三方内部也有类似国民军的自身困难，其相互配合显然不足。先是李景林由中立转而通电讨冯后，阎锡山即连电其驻汉口代表探询吴佩孚是否真与奉方结合，不久即得"津李、鲁张、汉吴、苏孙确已联络对付国民军"的确信。阎锡山于是提出，冯李既然开火，"玉帅非速动不可，否则张［宗昌］、李［景林］不支，更无办法"。但他很快发现吴佩孚其实指挥不动其名下的军队，尤其实际控制湖北的萧耀南与吴之间"感情日恶"，萧并不实际支持吴的对北作战。[③] 不过，这一障碍因萧耀南在 1926 年 2 月中旬突然因病逝世而解决。

更直接的困难是已表示接受吴统辖的岳维峻在河南不动，盖当时

① 参见〔俄〕A. B. 勃拉戈达托夫：《中国革命纪事（1925—1927 年）》，李辉译，第109 页。并参见王宗华、刘曼容：《国民军史》，第 110—114、125—131 页。

② 据说吴佩孚和张作霖由敌手变为同盟并全力灭冯，即因吴从郭松龄联冯反奉这一"叛乱相寻"现象看出反叛上司已成北洋趋势，乃提出与奉方对反叛者"共张挞伐"。（刘以芬：《民国政史拾遗》，沈云龙主编近代中国史料丛刊，第 68 辑，台北文海出版社 1971 年版，第 83 页。）李剑农也有类似记载，参见其《中国近百年政治史》，台北商务印书馆 1959 年版，第 673 页。

③ 阎锡山电汉口曹步章，1925 年 12 月 6、9 日，阎锡山电贾济川（镇嵩军师长，时在运城），1925 年 12 月 9 日，曹步章电阎锡山，1925 年 12 月 26 日，阎锡山档案，微卷八，第1965、1967—1968、1974、2000—2001 页。当然，萧虽不欲实际支持作战，大概仍希望吴能离鄂北上，免除其对湖北的辖制，故其对吴之北向作战，恐怕是取一种"半肯半不肯"的态度。

欲谋豫督地位者众，在岳氏看来，"战之胜败，豫之地盘均非所有"，故不欲北上。"吴对岳极悲观，无办法。吴之鄂豫旧部以岳失信，欲以兵力压迫，吴不允。"[1] 这一困难竟由国民军无意中代为解决：那段时间段祺瑞几次试图下野不成，执政府益受占据京津的国民军操纵；在萧耀南病逝后，吴佩孚任命了临时继承人，段则循冯意另任卢金山、刘佐龙为湖北军民两长，并正式下令卢、刘讨伐吴佩孚，命岳维峻等"督饬部队会同进剿"。[2] 吴佩孚的部队"借道"河南北上不成，直接攻打岳维峻又显得正当性不足，此时反有直取河南的理由了。

在各方的夹击攻势下，国民军与直奉晋三方皆边打边谈，在作战的同时尝试与各方和平解决的联络始终不断，景象相当奇特。[3] 1926 年3 月中旬王士珍等北洋大佬提出和平息争主张（详后），冯部将领迅速在 3 月 20 日通电表示接受，愿意"将所部队伍撤回原防地，专力开发西北，不欲内争"。[4] 国民军并于 4 月上旬在北京逐段祺瑞而释曹锟，希望获得吴佩孚谅解；直系内部也有主张容纳冯部的主张和实际的努力，但遭吴拒绝。此时军事上集中于消灭冯玉祥已成为直奉晋三方高层的共识，阎锡山连电吴佩孚，主张迅速合力灭冯，他说："合肥既去，政治上不成问题。鄙见根本上歼敌计划，总应贯彻到底。极盼转电雨帅，迅电前方各军，勠力同心，灭此朝食。"在得到吴、张"所见相同、主

<hr>

[1]　曹步章电阎锡山，1925 年 12 月 26 日，阎锡山档案，微卷八，第 2000—2001 页。

[2]　李新总编，韩信夫、姜克夫主编：《中华民国大事记》，第 2 册，中国文史出版社1997 年版，第 434 页。

[3]　参见王宗华、刘曼容：《国民军史》，第 152—167 页。这段时间国民军与直奉晋三方的谈判和文电往来以及直奉晋三方自身的文电往来未必仅限于当时当下的实际利益，更揭示出各"军阀"对实际政治军事及更一般的政治军事"规则"的一些常规认知，还可深入挖掘，特别是两方文电中对第三方的描述（因"第三方"随时在转换中，可资对比处极多），非常有提示性。

[4]　张之江等通电，1926 年 3 月 20 日，原载《国闻周报》，收入章伯锋、李宗一主编：《北洋军阀》（以下径引书名），第 5 卷，武汉出版社 1990 年版，第 345 页。

张一致"的确讯后,阎一面指出"敌虽狡猾善变,必无幸存之理",一面
更强调"彻底灭敌,务绝根株"的必要性,希望吴佩孚"旌麾北上,就近
指挥,于战胜攻克,收效尤大"。[1]

4月中旬,国民军被迫退出北京,但各军围剿国民军的战斗并未停
息。稍后张学良到京,再次"向齐燮元陈述目前先急军事,政治后题"
的方针。[2]5月17日,冯部将领又一次宣言表示愿意保境安民,努力开
发西北。[3]次日却以晋军阻断其退路为由,分六路大举攻晋,占据了晋
北大部分地区,至6月在雁门关一带与晋军形成相持局面。[4]5月底至
6月底,直奉双方分别罢免了各自内部倾向于联合国民军的靳云鹗和李
景林,吴佩孚和张作霖于6月底在北京会晤,由吴佩孚亲自指挥南口一
线直奉联军与国民军的决战。至8月底,国民军全线溃退,各军星散。[5]

就在国民军前途堪忧之时,北方不甚重视的国民革命军北伐却取

---

[1]　阎锡山电吴佩孚,1926年4月13、14日,阎锡山档案,微卷十一,第0323、0334页。
按一旦国民军与直系或奉系和解,则热河、直隶、河南皆将归奉、直,山西靠近察、绥和陕西
的地盘很可能成为各方与国民军妥协的筹码,晋阎大概也了解这一可能,故如此积极也。

[2]　钱桐电阎锡山,1926年5月4日,阎锡山档案,微卷十一,第2206页。按钱氏的
报告中也说到"直方甚不满意",但此"直方"或齐个人意见,盖吴佩孚正有类似主张,而齐
则已无兵力,自多着眼于"政治"也。

[3]　参见《西北将领之宣言》,《申报》,1926年5月20日,第4版。

[4]　苏联方面认为国民军进攻山西有物质利益或地盘方面的动机,因为从战略上言,
"向山西进军只会促进中国反动势力的结合",加拉罕曾千方百计不厌其烦地劝说冯玉祥的
外交代表唐悦良,希望能"放弃这次进攻"。但"丧失富饶都城地区的国民军的极其困难的
物质状况迫使它不顾各种劝告"仍然进军山西。参见〔苏〕索洛维约夫:《向联共(布)中央
政治局中国委员会提出的关于中国形势的书面报告》,1926年7月7日,《联共(布)、共产
国际与中国国民革命运动(1926—1927)》,上册,第330页。按直奉双方皆有主张与国民
军妥协的一派,国民军攻晋有可能得到其默许,徐新六1926年6月报告说:"西北军事当有
一番表示,终恐仍归于和。大概大同人于西北之手,京绥在握,暂行实做'西北'二字,对
方恐亦只能就此了事。"(徐新六致丁文江,1926年6月12日,台北"中研院"史语所藏丁
文江档案,卷10,件5,承杜正胜所长惠允使用。)按此系徐从上海到天津搜集消息后的报
告,或者更多反映孙传芳较接近的主张。

[5]　参见《国闻周报》第13卷第12—31期关于这段时间战局的综述,收入《北洋军
阀》,第5卷,第332—345页;王宗华、刘曼容:《国民军史》,第175—181页。

得了超出多数人预料的迅速进展,结果不仅冯部未能彻底消灭,直奉集全力于北方战事的方针反成为战略上的败笔,确非先前所能逆料。[①]国民军充分利用了南军北伐的机会,在败退中尚能肃清甘肃,保存了再起的基础;尽管直奉夹击之下的国民军主力出陕使刘镇华复起占据陕西大部,国民军李云龙(字虎臣)、杨彪(字虎城)仍能固守西安,直到北伐开始后冯玉祥从苏俄返国,1926 年 9 月誓师五原,新的国民联军逐渐重新据有陕甘。[②]

细核国民军 1926 年春夏各通电,有一个值得注意的新现象,即其一再表示愿致力于"开发西北"。这意味着他们终于有了自己后退的"地盘",并在此基础之上确立了他们的区域认同——当时的谈判和各方往来电报中,不仅国民军自身以"西北方面"自称,他方也多以"西北军"称之,报刊舆论亦然。在陕甘再起的冯部虽一度自称国民联军,不久且正式并入国民革命军,后来一般仍称其为"西北军",就是其自身军人也如此。[③]

简言之,在第二次直奉战争因冯倒戈促成吴垮台后,段虽出山,皖系并未能再起,北洋中后起的奉系成为大主角;原较边缘的西北各军应运而出,颇能影响国是,而阎锡山的晋军也在这段时间日益活跃。吴佩孚的复出未能挽救正崩解中的直系,此时中原争夺的主要角色是奉军(北伐后改称东北军)和国民军(形成中的西北军)。北伐后还能长期存在的北方军事力量正是东北军、西北军和阎锡山的晋军三部分,在北洋系统内可以说皆非正统。故北伐结束后所发生的情形其实早已形成

---

①　参见本书《地方意识与全国统一:南北新旧与北伐成功的再诠释》。

②　参见王宗华、刘曼容:《国民军史》,第 203—249 页;来新夏等:《北洋军阀史》,第 1008—1015 页。

③　如冯部的凌勉之和孙桐萱在后来回忆"中原大战"时,对已成国民革命军一部分的冯玉祥部,皆以"西北军"称之。参见凌勉之:《中原大战前的冯玉祥》、孙桐萱:《韩复榘叛冯投蒋纪略》,均载《文史资料选辑》第 52 辑,第 134—140、141—150 页。

势头，说此后十年的军事格局大体奠定于此时，或亦不为过。

三、"反赤"旗帜下北方军政的整合尝试

在此混战期间，五卅后出现的"反赤"倾向一度给北洋体系提供了新的整合机会，在此旗帜下北方政治和军事皆曾有实际的整合尝试，但基本未能成功。尤其奉军利用"五卅事件"这一机会进驻上海，破坏各方原先达成的上海不驻兵的协议，凸显了奉方觊觎江南的野心，是江浙反奉战争的直接起因之一，也使北方在"反赤"旗帜下实行非武力整合的希望相当渺茫。不过，在政治活动中有意识地运用民族主义已渐成当时中国政治的一个倾向。如前所述，杨荫杭在 1922 年就注意到，"近人滥用'卖国'字，凡异己者，即以此头衔加之"；各派军阀所发文电在"攻击他党"时，便常指责对方"卖国"。[①]

由此视角看，"反赤"至少是一个可资利用的政治口号。[②] 如前引李景林通电讨冯玉祥，指责他"利用赤化邪说，以破坏纲常名教之大防"，便以"赤化"与"纲常名教"的对立来隐喻中外矛盾。郑孝胥看出

---

① 1922 年 2 月 26 日、12 月 21 日《申报》，收入杨荫杭：《老圃遗文辑》，第 530、696 页。

② 民初的中国，列强实际已成中国权势结构的一个组成部分。1925 年的"五卅事件"向国人提示了帝国主义侵略的现实存在，本有助于正在中国大力鼓吹反帝的苏俄；但苏俄本身首先也是个外国，当时一般人并不很能区分"反帝"与"排外"的差异，强调反帝很容易使人产生排外的观念，在一定程度上致使北方舆论对国民党和国民军的联俄予以较前更多的关注。说详本书《中外矛盾与国内政争：北伐前后章太炎的活动与言论》。据共产国际的维经斯基观察，"反赤"是在 1925 年春兴起的，他注意到"反赤"与民族主义的关联："几个月前由帝国主义者、军阀和部分中国民族主义分子（买办分子、国民党右派和具有沙文主义情绪的青年）发起的大规模反赤色运动现在几乎消声匿迹。"〔苏〕维经斯基：《给联共（布）驻共产国际执行委员会代表团核心小组的信》，1926 年 7 月 18 日，《联共（布）、共产国际与中国国民革命运动（1926—1927）》，上册，第 345 页。非常有意思的是，具有阶级分析思想武器的维经斯基把"买办分子"算作"中国民族主义分子"的一部分，而一般中国人眼中，买办显然是个最不具民族主义的社群。

"此极好题目，惜吴佩孚不解出此"。不论吴佩孚是不解还是有意不用，在别的军阀通电中，以"反赤"为其军事行动正名者确日见增多。①

那时"反赤"舆论在北方也确有一定的威慑力，国民军就一方面努力从俄国获得武器弹药，一方面试图淡化其"赤色"。国民二军的岳维峻在 1925 年底对苏俄顾问斯卡洛夫说："很多人都认为我是一个共产党人（？）〔原文如此，盖表执笔者之疑问态度也〕，这对工作是有害的，会使敌人借口同以我和冯为代表的'赤色危险'做斗争来网罗反对派。"若说岳维峻本非民党，身为国民党员的国民三军军长孙岳也对俄国顾问说，我"不能让你们到部队中去，因为人们可能猜疑我这个直隶督军同情红党。你们是不是最好去北京？"他明言："我们在思想上是朋友，但现在不是表露这一点的时候。"故孙岳也曾拒绝出席苏联驻天津领事的宴会，并对苏俄顾问利沃失解释说："这是因为不想让敌人找到攻击我们亲近的借口。"②

有时"讨赤"似有助于反国民军各方的军事整合，据说直奉晋等各方 5 月 10 日在北京成立了"讨赤各军联合办事处"，各派驻一全权代表，以"谋军事上之统一，以期彻底的讨伐赤化"。③由于直奉双方基本认可先军事后政治的方针，故军事整合相对容易，而政治整合就困难得多了。先是段祺瑞政权因与国民军过于密切的联系而渐失直奉两方的拥戴（尽管本来也更多是名义上的），张作霖在 1926 年初已正式宣

————————

①　参见本书《中外矛盾与国内政争：北伐前后章太炎的活动与言论》。

②　孙岳并对苏俄顾问允诺："等我们打败了敌人，我们在北京举行一个盛大宴会，庆贺我们的友谊。"而河南督军岳维峻甚至对苏俄顾问说："等战事结束以后，俄国顾问就能够开展工作。"这是单纯的往后推托还是真认为俄国人将来在非军事领域可以有所作为，待考；但他们都不愿张扬其与苏俄的关系，认为这会招致攻击的意思则非常明显。参见〔俄〕A. B. 勃拉戈达托夫：《中国革命纪事（1925—1927 年）》，李辉译，第 71、104—105 页。

③　《申报》，1926 年 5 月 12 日，第 5 版。这是该报引东方社电，机构名原译为"赤化讨伐各军联合办事处"，与当时通行中文不顺，故改。按《申报》本身在此前后并无相关报道，疑此机构即使存在，也最多是联络性质，不具有多大的实际作用。

布不受命于执政府,实行东三省自治;[①] 在段祺瑞在 2 月下令讨伐吴佩孚后,吴氏也于 3 月通电讨伐段祺瑞和冯玉祥。但真要达成政治解决,段祺瑞的政治地位仍是一个棘手的问题。国民军自己驱段释曹,为各方的政治解决扫清了一个障碍。

在这样的思想环境和政治背景下,北洋元老王士珍等在 3 月中旬曾出面发起全国和平会议,倡导北洋内部息争,各军停战后退,划直隶、京兆、热河为缓冲区,各不驻兵。处于劣势的国民军一再表示接受响应和平通电,但张作霖要求国民军还直隶、热河于奉,方可停兵。由于各方反应并不理想,国务总理贾德耀率阁员于 3 月 25 日再次通电主和。这一通电经王士珍等修改后发出。有意思的是,内阁通电初拟递达者有冯玉祥而无吴佩孚,电文中并有"雨帅焕帅,国家柱石"等语。王士珍等认为冯已下野,不应列名,吴则应加入,遂改电文为"雨帅玉帅,国家柱石";原电说"执政委托聘老诸公主持和议",亦以免除"其他误会"为由删去"执政委托"四字。[②]

一日之间的电文更易,最足见当时势力消长盈虚之瞬息万变。冯、吴的一退一进,直接反映出军事形势的异变。而贾德耀本出身皖系,王士珍等却有意要切断与段祺瑞执政府的关联;尤其贾氏不久前曾附署讨伐吴佩孚的通电,今忽又通电改称其为"国家柱石",不仅贾氏个人甚感难堪,当时"内阁"之几无地位亦可见一斑。

王士珍等和平息争的主张终因各方实际利益冲突太甚而收效甚微,这批元老只是在国民军退出北京到新内阁成立期间起到了维持治

---

① 张作霖通令(大意),1926 年 1 月 25 日,收入《中华民国史档案资料汇编》,第三辑,《军事(三)》,第 400 页。

② 《晨报》,1926 年 3 月 26、27 日,均第 2 版。按段祺瑞在 1925 年 12 月底已被迫改组临时执政府,增设国务院,由国务总理负责国务会议,实际上是一种责任内阁制。而其善后会议系统中有军事善后委员会,王士珍即任职其间,这一委员会也成为这段时间主和的主要推动机关。

安的作用。且"其他误会"也未能免除，段祺瑞的影响虽被消除，吴佩孚又猜测和议是出于冯玉祥的主张，以为"聘老言和，系受赤党所包围，非其自由主张"。① 的确，在直奉晋三方联合讨冯之时提倡北方息争，当下的实际受益者首先是国民军，吴佩孚有此认知实不足怪（但这也可能只是他拒绝息争而不正面对抗王士珍等大佬的推托之辞而已）。

直奉双方对政治问题也一直在讨论，但在"护宪"还是"护法"这一问题上的不妥协立场使政治解决的达成相当困难。② 当时的政治情形相当复杂，直系主张"护宪"，即承认曹锟任总统时所颁布的"宪法"，然可以接受让曹退位，即所谓"旧法新选"；另有不少人主张以更早的"约法"为国家基本法（当然也就不承认"宪法"），是谓"护法"。两者都进而牵涉已不存在的国会问题。③ 奉系先前曾"讨伐贿选"，现在若承认曹锟宪法，则与此前的行为有冲突，故张学良对阎锡山的代表"面称护法不护宪"，致后者得出"政局恐一时难有办法"的结论。④

昔日的老民党章太炎此时也颇致力于"恢复法统"，试图拥黎元洪复位；盖黎氏为武昌首义正宗，又是当选副总统，其复位后再据《约法》新选国会，最能体现"法统"之恢复。从这个角度言，太炎与不赞

---

① 吴佩孚电阎锡山，1926 年 4 月 4 日，阎锡山档案，微卷 11，第 0209 页。

② 关于这段时间北京政局的演变，胡霖（政之）当时有较仔细的描述，参见政之：《北京政局蜕嬗记》，原刊《国闻周报》，收入《北洋军阀》，第 5 卷，第 343—368 页。

③ 据说吴佩孚本不赞成曹贿选，吴再起时已被释放的曹有意复位，吴却要求其主动辞职。王士珍即指出："这个门楼虽然破旧，可是，一经拆除，再想盖起来就不容易了。"（李炳之：《吴佩孚之再起与溃败》，《文史资料选辑》第 41 辑，第 168 页）按王有识见，曹锟任总统虽出于贿选，至少名义上是选举出的总统，多少有其象征意义。此后直到北伐统一，北京政府再无总统名目。到 1927 年 6 月，张作霖开府北京，任海陆军大元帅。郑孝胥注意到："宪法、约法皆废除，共和民国以今日亡。"《郑孝胥日记》，第 4 册，第 2149 页。

④ 钱桐电阎锡山，1926 年 4 月 28 日，阎锡山档案，微卷 11，第 2149 页；李庆芳电阎锡山，1926 年 4 月 28 日，阎锡山档案，微卷 11，第 2165 页。关于当时的"护法"与"护宪"之争，还有许多可深入探索之处，其中也包括明显的国际影响，法国因金佛郎案、日本因西原借款等案，皆牵涉实际利益，故不欲倾向于直系的政府上台。参见徐新六致丁文江，1926 年 6 月 12 日，丁文江档案，卷 10，件 5。

成"护宪"的奉系主张相对接近。他曾于 1926 年 4 月下旬函杨宇霆商拥黎事,杨复函支持,但不愿公开主张,仅欲"观成"。太炎以为即此也足,故觉"甚为满意"。[①] 其实黎元洪能否重新出山正取决于究竟有无实力派的真正支持,在直系明确主张"护宪"之时,奉系虽主"护法",其仅欲"观成"的态度显然不足以恢复黎元洪的地位,结果吴佩孚坚持的以颜惠庆内阁摄政获得成功。

颜内阁摄政虽然只是个过渡性的安排,仍表明直奉双方在政治上确实有所合作。在北京地区奉系军事实力远大于直系的形势下,奉系在政治方面对直系显然有所退让。若将南方发展中的变化计入长远考虑,北洋系统此时真能携手,其实对大家都有利。但那时北方尚少有人认真顾及南方军事格局的变化,他们的眼光仍多关注于北方,且各方成见皆已较深而相互信任不足,其大致共同之处,即集中全力先消灭国民军。

章太炎反对颜内阁摄政而未果,其设想的由黎元洪任命一新国务总理在南方摄政也不为北方有实力者所接受,但他仍强调继续"反赤"的优先性,以为国内各事可于"南北二赤次第荡定"之后徐议之。[②] 盖太炎以为中外矛盾大于国内政争,护宪、护法和倒段题目虽大,仍不如打倒"赤化"重要。过去的战争是内部之争,今日之战则已掺入外力。由于牵涉国家主权,与以往历次战争有根本的不同。[③]

到 1926 年 4—5 月间,章太炎与各类在野士绅组织起"反赤救国大联合",旨在联合全国各界"同志"起来"共除国贼"。从"赤化"角度看,当时本存在所谓"南北二赤",即北方的国民军和南方的国民党,

---

① 章太炎致李根源,1926 年 5 月 7 日,《章太炎年谱长编》,下册,第 864 页。

② 章太炎致李根源,1925 年 12 月 6 日,《近代史资料》总 36 号(1978 年第 1 期),第 146 页。

③ 参见本书《中外矛盾与国内政争:北伐前后章太炎的活动与言论》。

后者"赤化"的程度远超过前者。当时直奉之反赤者地域意识甚强，更多瞩目于"北赤"；太炎与这些北方军人最不同之处即在于他将"南北二赤"共同看待，实际越来越更看重"南赤"上升中的力量。

　　或许预见到其"拥黎"的努力难以成功，太炎从1925年末就提出，处于"赤化时代"的中国大势"宜分而不宜合"，故"不如废置中央，暂各分立"，分别反赤。[①] 他在1926年初解释"恢复法统"之义说，"吾所主者，不在去段一人，而在否认北京之政府"。自袁世凯以后，"国政听于骄帅之言"渐成北京政治常态，"所谓政府者，即近畿军阀之差遣"。本来"总统国会，法之所当有；而非法之总统国会，则法之所不许。故暂缺中央政府者，所以尊法，非违法毁法也"。如果大家都"反赤"，即使实行区域分治，或也比有名无实的统一更有效率。[②] 到1926年5月，太炎仍主张，如果吴佩孚一方能退让，则"暂缺中央，任王士珍等维持治安"，形成一种三分之局，也可以接受。待解决南北二赤之后，可以再议进一步的处置方式。[③]

　　这样一种先解决"南北二赤"再及其余的主张与奉直双方先军事后政治的方针在思路上有接近之处，但许多实际掌军权者并未接受"先反赤后内争"这一行事次序，他们在落实"先军事"之时甚至可能借"反赤"之名而争夺地盘。而且，即使各地分别"反赤"，也需要较大规模的跨省跨派系军事行动，这与区域分治多少有些矛盾。随着"反赤"的重点逐渐从言论口号转向实际的行动，这些问题很快凸显出来。

　　① 章太炎致李根源，1925年12月6日，《近代史资料》总36号（1978年第1期），第146页。

　　② "太炎论时局"，《民国日报》，1926年1月21日，收入《章太炎年谱长编》，下册，第846—848页。按太炎所谓"政府即近畿军阀之差遣"其实是稍晚近的事，至少当在徐世昌被迫退位之后。关于在中华民国名义下可以"割据"一语，部分也可视为太炎的雄辩之辞，实际他后来也劝孙传芳应回避割据之名。

　　③ 章太炎致李根源，1926年5月4日，《近代史资料》总36号，第148页。

到北伐军已占据江南、直逼北方后，奉直各方的关注才越来越转向南方；直到吴佩孚在湖北大败于北伐军，所有剩余的"反赤"力量才真正开始联合起来；但其联合的一个重要基础，倒未必是章太炎所期望的"以夏攘夷"，恐怕更多是中国国内的南北之分。[①]

简言之，1924—1926 年间，北洋军阀体系的新陈代谢造成的权势更迭相当快速激烈，出现正统衰落、边缘兴起的趋势。类似趋向也体现在前述北洋体系演化的地缘分布之上，第二次直奉战争促成直系垮台，皖系并未能再起；北洋中原较边缘的西北各军和阎锡山的晋军应运而出，与后起的奉系和新兴的国民军成为大主角，北伐结束后仍长期存在。后来的北方军事格局，可以说先已奠定。"五卅"后出现的"反赤"倾向虽然给北洋体系提供了新的整合可能，北方的政治和军事也确曾在此旗帜下有实际的整合尝试，但并不成功。

可知第二次直奉战争是一个转折的关键。共产党人瞿秋白稍后即认为那次战争表现出军阀"开始分化和崩溃"，而北方国民军的形成则是"中国军阀战争史中最重要的现象"。在"中国军阀之中，居然发现一派较与民众接近的武力——虽然他们不能直接算是国民的武力，然而他们在四围复杂的环境里，全国民众的反帝国主义和反军阀的要求里，不能不如此表示，始终可以说：即使不是民众武力的形成，至少也是军阀武力的崩溃；即使不是民众方面增加一部分武力，至少也是军阀方面减少一部分武力"。因此，"这是中国革命史上一个较重要的关键"。[②]

前面说过，在北洋两大派系相持的均势下，各中小军阀虽不断转移

---

　① 参见本书《地方意识与全国统一：南北新旧与北伐成功的再诠释》。

　② 瞿秋白：《国民会议与五卅运动——中国革命史上的一九二五年》，《新青年》第3号（1926年3月），人民出版社1954年影印本，第2—3页。值得注意的是瞿秋白此时仍将国民军视为"军阀"的一部分，实际上他对国民军的正式表态是否代表其"衷心"尚持怀疑态度。

其立场，却无伤大局（同理也适合于南北双方的均势）。冯玉祥和郭松龄的先后倒戈直接导致了北方均势的瓦解，到两极体系中一方具有明显优势时，居弱势的一方可能有意识地努力寻求体系内外的同盟，以取得平衡甚或转为优势。同时，危迫的局势也可能促使居弱势的一方采取一些非常规的行动方式。惟政治规则即使在对付敌手时也不宜随意"突破"，只要先例一开，用以对敌之方略随时可能转而对己。

南方固曾试图在北洋体系中寻找可以联络的对象，北洋方面也可能往南方寻求支援。吴佩孚等在直系倒段祺瑞时已开始有意识地利用南方的力量，在北洋内争中引入了外力。后来直系力量占优势时，奉、皖两系也曾联络在南方开府的孙中山一系，同时吴佩孚也曾试图联合与孙中山对立的陈炯明。[①] 第二次直奉战争的大规模杀伤毁掉了北洋体系的元气，此后新主政的段祺瑞和张作霖不得不将国民党视为重要力量而加以联络，邀请孙中山北上谈合作，使当时所谓"三角同盟"进入实际运作层面。虽仍对立的南北既已互相援引利用，南北之间的均势也逐渐名多于实了。

在一定程度上，如前所论，第二次直奉战争可以视为北洋军阀内部武力统一的最后一次尝试，而其后的"善后会议"及大约同时各种召开"国民会议"的要求则是南北双方各政治力量和平统一的最后一次努力。国民党 1925 年 5 月发表的《时局宣言》说："总理既怀与人为善之诚，躬自北行，与之商决国事。倘使北京临时执政肯以诚意与本党合

---

① 吴佩孚与陈炯明的"联合"究竟到何种程度，还可以深入探讨。陈炯明特别提倡联省自治，而吴佩孚主张武力统一，两人在政治观念上有根本的冲突。陈炯明在 1924 年 5 月对吴稚晖说，当时的军事形势，国民党"本来具有与敌对抗之局势及其能力（即反直派大联合，最少限度亦以西南奉浙为主干）。惜孙先生不取，必以广州局面而当之，不独徒劳无成，行且同归于尽。孙先生及其谋者如果觉悟，及今图之，尚未为晚"（陈炯明答吴敬恒书，1924 年 5 月 13 日，收入陈定炎编：《陈竞存（炯明）先生年谱》，台北李敖出版社 1995 年版，第 1157—1158 页）。似乎三角同盟事本陈所提出，孙初不赞成，后来才接受。无论如何，陈炯明此时仍提倡"反直派大联合"则不误。

作,接受总理所提倡之开国民会议及废除不平等条约两大原则,本党敢信,不但中国之政治的统一早已实现,而国民革命进步,亦必以一日千里之势克底于成。"① 孙中山的逝世可能是这次和平统一努力不能成功的一个重要因素,② 没有南方参加的善后会议本已大减其影响力,而会议始开,河南镇嵩军和国民军已经开战,自然很难再谈什么和平建国(于此益可见那时原较边缘的"西北"对大局的影响)。

两次统一努力的失败不仅促成北洋体系的崩散,也更使时人感觉到北洋政府统治合道性的丧失,故后来的北伐军在长江流域取得出人意料的大胜后,不少读书人便产生出"有道伐无道"的想法。③ 同时,北洋新陈代谢的结果和南北既对立又互相利用这一局面的出现,使局势进一步复杂化。北伐前夕的一般舆论所说的"北方"实与前已有较大的差异,而"南方"的变化或者还更大,至少是更明显。可以说,北伐前数年的"南北"双方都有些今非昔比。下面侧重考察这段时间湖南与广西的军事整合进程,借以分析南北攻守势易的关键性转变。

四、"教而后战":北伐前夕的南方军事整合

由于这段时间北洋内争规模不断扩大,无暇顾及南方,国民党及亲近的粤军乃能从容以新武力统一广东;李宗仁等新桂系以武力取代旧桂系控制广西后,两广新兴军事力量进而联合在三民主义旗帜之下;适唐生智在湖南驱逐赵恒惕,虽未得全省也占有湘南,并与两广势力联

---

① 《中国国民党对于时局宣言》(1925 年 5 月 22 日),《中华民国史档案资料汇编》,第四辑上,第 118 页。

② 从阎锡山档案中的许多文电看,段、孙妥协当时似已基本达成,而孙中山逝。其余在京国民党人的威望恐怕对内对外均不足以确保与北方的协议得到落实,其中不少人的个人态度似也更不倾向于和平解决问题。

③ 参见本书《地方意识与全国统一:南北新旧与北伐成功的再诠释》。

合。结果，南方形成比原来集中得多的三个新兴政治军事集团，并造成一个国民政府治下相对统一的数省势力范围，与北方的四分五裂适成对照。

这一北分南合的趋势是后来北伐能够成功的一个重要因素，同时也是"南方"自身权势转移的结果。从地理视角看，民初北洋的对立面有一个从"西南"向"南方"转换的过程，这一应该说是显著的转变过去却不十分受人注意。若仔细考察，稍早的"西南"称谓实际地反映了其实力的构成，即以滇黔桂三省的军事力量为主（四川部分因为其与滇黔驻军的矛盾，稍后起者更多偏于北洋一边），而国民党所在的广东虽然也在"西南"集团之中，却不仅有互不统辖的各类粤军，还多为"西南"范围内各省失势军队的避难所（当然也就意味着广东地盘的进一步划分），实在只是所谓"西南"的外围而已。[①]

粤、桂、湘三省的军事整合从根本上改变了"西南"的军政格局，基本统一的两广和湘南三者都拥戴国民党的新领导核心，大致成为一体，并于 1925 年击退滇军的进犯，意味着"西南"之中的"西部"衰落而"东部"兴起。[②] 最能追随时势的舆论之表述即明显可见在"西南"范围内由西向东移动，逐渐以"南方"代替"西南"来称谓北洋的对立面。更重要的是，南方军政集中的趋势提示出武装统一全国的可能性，对久乱思安定的中国社会，这是颇具吸引力的。而北洋政府表现出的"失道"现象，又反衬出国民革命的合道性，遂为北伐的取胜打下了基础。

---

①　参见陈训正：《国民革命军战史初稿》，卷二，第 35 页，沈云龙主编："近代中国史料丛刊"第 79 辑，台北文海出版社，未著出版年。

②　这一格局的形成还受到另外一些因素的影响，例如原来在"西南"中最活跃也最具军事实力的云南因唐继尧、顾品珍内部争权之战而实力大损；在联省自治运动兴盛而"西南"各省纷纷宣布"自治"时，云南也曾有类似宣告，此虽无实质性的约束力量，多少也使其干预他省事务不那么名正言顺；当然最关键的转折还是 1925 年的滇桂之战。关于联省自治，参见李达嘉：《民国初年的联省自治运动》，台北弘文馆 1986 年版；胡春惠：《民初的地方主义与联省自治》，台北正中书局 1983 年版。

　　三省军事整合的一个共同倾向，即都由当地层次相对偏低而又较"新"的力量取代偏"旧"的既存上层势力。这里所谓"新旧"的一个明显特征，即带兵者是否受过新型军事教育。前述军队中排斥军校毕业生的现象不仅存在于北方，在南方的两广及湖南，保定军校及与之相关的所谓"四校"系统的毕业生在既存军事系统中不仅不易得到升迁，有时甚至找不到工作，即或找到也多非实际带兵的工作。[①] 这样一种体制和实际社会需求的疏离正是南北"旧军阀"系统的问题所在，也成为南方新军事力量得到整合的一个重要契机。

　　前述保定军校 1922 年的风潮期间去广东的少数人中，即包括钱大钧和黄琪翔，他们稍后都成为国民革命军的重要将领，而黄埔军校许多教官也来自保定军校。湖南的唐生智、广西的黄绍竑和白崇禧也都是保定军校毕业生，另一广西主要军事首领李宗仁则是陆军小学堂毕业，他们的主要干部队伍即是在既存体系中受到排斥的"四校"系统毕业生。[②] 可以说，南方军事整合的成功很大程度上在于其比北方更注重利用清季以来新型军事教育的成果，适应了民初作战方式日益"现代化"的实际需求。

　　孙中山很早就注意到保定军校的作用。1916 年夏，孙中山在上海与任职滇军的革命党人李宗黄谈话，希望李氏将保定军校学生组织起来，由他们练成一支劲旅来推翻北洋军阀。李介绍说，清季开办的陆军

---

　　① 所谓"四校"，即清季开办的陆军小学堂、陆军中学堂（拟设四所：一北京清河、二西安、三武昌、四南京，然西安实未办），入民国后各地陆小停办，已办的陆军中学改为陆军军官预备学校，再加上保定军官学校。这"四校"皆清季开始创立的新式军校系统，注意其有意识地区别于各地讲武堂、武备学堂一类军事培训机构的自我认同，其实讲武堂等也是新型的"教而后战"思想的产物。

　　② 参见李宗仁：《李宗仁回忆录》，政协广西文史资料委员会，1980 年；黄绍竑：《新桂系的崛起》，《文史资料选辑》第 52 辑，第 2—4 页；尹承纲：《李宗仁起家经过》，原刊《广西文史资料选辑》第 7 辑，收入《新桂系的崛起》（《广西文史资料选辑》第 29 辑），上册，第 18—20 页。

小学、中学等学生多文武兼具，且不少向往革命，入民国后更经保定军校系统培训，必堪大用，而北洋军阀则对军校生嫉视和排斥。孙乃提出可将陆军小学、中学和预备学校学生一并包括在内，于是李宗黄开始筹组"陆军四校同学会"，后于 1918 年 2 月在上海正式成立，然该会主要的发展却不在北方而在西南各省。①

在孙中山和段祺瑞、张作霖联合反对直系而有所谓"三角同盟"期间，段祺瑞派前保定军校校长曲同丰到广州联络，李宗黄在广州四校同学会（成立于 1923 年 3 月）举行的欢迎会上说，北洋政府以 11 年的时间和大量人力财力，训练出六千余名军官，但由于北洋军阀对保定生不予重用甚至排斥，而孙中山却对他们信任关怀，结果这些学生泰半投向革命阵营，以与北洋军阀战，真是莫大的讽刺。②"泰半"或不必是准确数字，但保定生在北洋体系中少得重用而在南方新军队中却能迅速崛起这一基本事实大致不差，且李所指出的北洋斥资训练大量军官而自身不用，反为对手所用以与己战，虽带讽刺意味，的确有据可立。

苏俄顾问勃拉戈达托夫稍后即注意到保定军校毕业生在北伐军中的影响，他发现，"由于保定军校的关系，第四军同第七军互有来往。新建的第八军加入了这一派"。③鲍罗廷在 1926 年 5 月也承认，第四、第七和第八军是国民革命军中的"保定派"。④第四军主要是许崇智、李济深等指挥的建国粤军改编而成，据李宗黄观察，其"团以上的军

---

① 参见李宗黄：《李宗黄回忆录：八十三年奋斗史》（二），台北中国地方自治学会，1972 年版，第 324—328 页。按孙中山重视军校学生的一个例证是，当时广州大总统警卫团的三位营长薛岳、叶挺和张发奎皆四校同学。见李宗黄：《李宗黄回忆录》（三），第 33 页。

② 参见李宗黄：《李宗黄回忆录》（二），第 333 页；《李宗黄回忆录》（三），第 36 页。

③ 〔俄〕A. B. 勃拉戈达托夫：《中国革命纪事（1925—1927 年）》，李辉译，第 190—191 页。

④ 他将新加入的贵州袁祖铭部也算入此派之中。〔苏〕鲍罗廷：《给加拉罕的信》，1926 年 5 月 30 日，《联共（布）、共产国际与中国国民革命运动（1926—1927）》，上册，中共中央党史研究室第一研究部译，第 281 页。

官,几乎无一不出身陆军四校";第七军即"新桂系"部队,从军长、纵队司令以下,"所有的团、营、连长,一律全是四校同学";而第八军则为湖南唐生智部,其军官也从上到下几乎全是四校同学。这些新兴军事力量皆非黄埔系统,是北伐的主力。其实黄埔军校不少教官即来自保定军校,且在黄埔系统的第一军中,也只有中下级干部才是黄埔军校早期毕业生,上级军官则"俱为四校出身"。①

这样,许多北洋体系的"弃才"却为南方各新兴军事力量所充分利用,北洋系统自身不甚重视的军事教育实际起到了为南方培训军事骨干的作用。不过,上述军校学生带领的南方新兴武装也大多是在与当地既存军事力量的斗争中成长起来的。广东的情形由于以英、俄为代表的外国势力及各省"客籍"军队的卷入而呈现出特殊性,将另文专论,②下面仅简单考察湘、桂两省的军事整合进程。

1920年,湘军在直系吴佩孚的默许下驱逐皖系张敬尧,实现所谓湖南自治。谭延闿短暂掌权后于年底被部下赵恒惕所迫出走,由赵接任湘军总司令,实际控制湖南直到1926年初,赵又被其部下唐生智迫走。两次权力转移的共同特点是最具军事实力的部下迫走上司而自己基本以和平方式接任。这样一种相对和平的权力转移大概因为20世纪20年代前期的湖南主要为湘人自治,省内各地则实行半独立的防区制,各镇守使在其防区内握有大权,省最高领导的易位对各防区实际控制的转换影响较小。③

---

① 李宗黄:《李宗黄回忆录》(三),第38页。李宗黄注意到,谭延闿的第二军、朱培德的第三军、李福林的第五军和程潜的第六军就较少任命四校同学。这四个军并非北伐主力,战斗力较弱且组织方式也相对偏旧,可知当时北伐军内部的新旧之分也是很明显的。

② 参见本书《国际竞争与地方意识:中山舰事件前后广东政局的新陈代谢》。

③ 参见姚大慈:《赵恒惕上台的阴谋和血手》,《文史资料选辑》第30辑,第145—156页;陶菊隐:《记者生活三十年》,中华书局1984年版,第85—113页;黄士衡:《赵恒惕的省宪活动》,《文史资料选辑》第30辑,第157—164页。

　　这段时间湖南权势争夺情形比较复杂,其中当然包括参与者政治观念的差异;且湖南虽然"自治",仍一直受到南北两大势力对峙格局的影响(湖南提倡"自治"的一个重要考虑就是希望避免成为南北交锋的战场);同时流亡在外的老革命将领程潜也不断纵横捭阖其间,遥控其所属派系参与竞争。可以说湖南省内的权力争夺主要在程潜、谭延闿和赵恒惕三派军人中进行,尤以曾同属一派的后二者势力较强,其间的斗争也更激烈。

　　当事人赵恒惕后来回忆说:"湘军分新旧两派:新派多为保定军校出身,水准较齐,知识亦较高";"旧派则分子复杂,有湖南速成学堂、武备学堂卒业者,有学兵,亦有行伍出身者"。[①]此说大致不误。时任职湘军的保定军校毕业生李品仙也说军官分新旧两派,"高级的将领以旧派居多,拥谭就是这批人物;新派大部都是保定军校的学生,多数担任旅、团、营长",都是拥赵的。盖赵恒惕为部下信赖,湘军军官多是"经他手里训练乳育起来,旅团长以下的干部大多数都是拥戴他的"。[②]

　　另一位任职湘军的保定军校毕业生龚浩的回忆稍不同,赵、李所说的"旧派"在他看来是"士官派,都是年纪较大的军人";而新派又可细分为二:一是"保定派,都是保定学生";一是"干部派,是广西干部学堂出身,赵恒惕的学生"。保定派和干部派联合拥赵,士官派及其他无所属的则拥谭。龚浩特别指出,保定派"当时已有十六个团长,此外都担任营连长等中级干部",而拥谭派则"部下官佐素质较差"。[③]若不

　　① 郭廷以等,"赵恒惕(炎午)先生访问纪录",台北"中研院"近史所档案馆藏"赵恒惕先生档案",档号58-003-002-001,第23页。
　　② 李品仙:《李品仙回忆录》,台北中外图书出版社1975年版,第56页。时在湖南任记者的陶菊隐也回忆说,"当时论者认为,谭派军人多为师长或镇守使级",而"赵派军人多为旅团长级"。见陶菊隐:《记者生活三十年》,第95页。
　　③ 沈云龙等:《龚浩先生访问纪录》,《口述历史》(台北"中研院"近史所),第7期(1996年6月),第89页。

计细节的差异,当时湖南军官有新旧之分,且新派以保定军校毕业生为主是大家的共识。

赵恒惕以为,当年"新派军官因程度较高,遂渐成湖南军政之重心"。1923年,谭延闿受南方政府命由粤入湘,旧派谋拥谭重握政权,唐生智等新派中坚认为:"如以旧派军官为中心,拥谭出任省长,则新派军官必遭排除。"事实上,"湖南历次之得以靖乱自保,多赖新派军官之效力,旧系军人实不足以言安定内部而御外侮也"。后两派终开战,是为"护宪战争"或"谭赵之战",由于"新派军官之学识较胜于旧派",战争以新派获胜结束,拥谭的鲁涤平等退出湖南撤到广东。①

此次战争后湘军重新整编,由二师扩为四师,唐生智升任第四师师长。赵恒惕似将其注意力集中于"省内的各项建设,主要在轻徭薄赋与民休息"。在军事方面,未曾继续"扩充部队,武器装备也没有什么增购"。但唐生智则不然,他先已在龚浩建议下联络全省十六位担任团长的保定同学,结拜兄弟,所有同谱兄弟家庭无论本省外省都由他接济,形成以唐为领袖的团体,"有举足轻重之势"。此时更致力于军队的训练和充实。整编后湘军各师均辖二旅,独唐生智的第四师辖三旅,"在兵力上比其他的师几乎多一倍";其他三师各只有枪七八千支,而唐部有枪一万多支;再加上驻防衡阳,"防地广、财源足(军饷有廿多万,其他各区不过十几万)",又尽量从各处添购武器,终"成为湖南最大的势力"。②

赵恒惕已指出新派军官"学识较胜于旧派",而唐部军官更是"清一色保定同学",并因此与保定前校长蒋方震(百里)结下长期的联系。蒋百里本认为"湖南是中国的普鲁士",对唐生智也特别看重,因

① 郭廷以等:"赵恒惕(炎午)先生访问纪录","赵恒惕先生档案",第24—25页。
② 本段与下段,李品仙:《李品仙回忆录》,第58—59页;沈云龙等:《龚浩先生访问纪录》,《口述历史》第7期,第89—91、103页。

唐的关系而成为"湖南新力量的指导,大家奉之若神明"。实际上唐
生智还真求助于神明,他"在军队中宣扬佛法作为精神教育,并令全
体官兵一律入教",尊奉顾和尚为师。长期任其参谋长的龚浩对此很
不以为然,他认为"唐信任顾,也是少读书之故。最初的动机,只想
效法北方的基督将军冯玉祥,也来个佛教将军",以巩固其对军队的
控制。①

　　湖南地处南北之间,不仅北方的冯玉祥成为效法对象,南方的两广
也成湖南模仿的榜样。为打破湖南的防区制,时任赵恒惕参谋长的龚
浩"建议仿照广西办法,将军财统一"。赵表示只要唐生智赞成就可以
办。于是龚浩找到唐,得其同意后召开会议,"决定军队核实点验,每
师派一团到省城接受训练,并仿行广东革命军的办法,请刘文岛为政治
部主任。税收方面,由省统一办理,第一个月各师由省发饷,第二个月
起由省收税发"。②

　　龚浩本是唐的谋士,拟请来的刘文岛亦保定毕业生,曾受过唐的馈
赠,后来更任唐生智驻广东代表;当时赵恒惕已有让位于唐的表示,若
唐接位,这些"军财统一"的措施也对他控制全省有利,但赵、唐之间
的互不信任已较强,唐在会议之后又违反前言,两人之间的冲突乃无法
避免。这里一个重要原因,即唐已和两广、特别是广西新政权有了较密
切的接触。

　　先是赵恒惕派旅长叶琪于1925年冬访问广西,意在居粤之湘军
程、谭两部,希望进则助广西攻广东,顺便消灭在粤湘军,退亦求广西

_____

　　① 按唐生智后来投入国民党仍主张"佛化革命",其军队号称"大慈大悲军队",有
"佛化省政府""佛化省党部"之说,曾引起教育会和通俗报馆等机构的反弹,此事尚未见
专门研究,可参见李品仙:《李品仙回忆录》,第59—62页;陶菊隐:《北洋军阀统治时期史
话》,卷三,生活·读书·新知三联书店1983年重印三卷本,第1589页;《晨报》,1927年7
月15日,第3版,10月18日,12月20、27日,1928年2月24日,均第6版。

　　② 沈云龙等:《龚浩先生访问纪录》,《口述历史》第7期,第91页。

在以后湘粤交战中保持中立。但此时广西已正式加入国民革命阵营，故一面以各种"新气象"予叶琪以深刻印象，一面四处散布叶琪是代表唐生智来商谈湘粤桂合作的消息，[①] 并拉叶琪参加广西方面在梧州为国民政府代表汪精卫、谭延闿举行的欢迎会，最后叶还与谭一起访问广州。叶琪也是保定军校学生，此行本带有唐的书信，一些人大概也就弄假成真。其实在 1926 年 2 月中旬，唐生智自己也密派代表至粤，与国民政府联络。不久唐正式电请广西方面在他进兵讨赵时派兵遥相呼应，并得到广西的允诺。[②]

赵恒惕外受南北压力（在双方对立日益明显的情形下湖南要保持"自治"并置身事外越来越困难），内为强势部下之"兵谏"所迫，乃于 1926 年 3 月初下令任命唐生智代省长；但长沙随即出现国民党推动的要求废除省宪、彻底改造湖南政局的市民游行。游行的举措提示着两广的新兴政治方式已传入湖南，也表明唐生智不接受"不彻底"的安排。[③] 赵恒惕终不得不辞职出走，唐生智于 3 月中旬入主长沙。在下旬的军事会议上，唐生智逮捕二、三师师旅长等五人，杀其中三人，终导致湘军其他师的军事反弹。复因唐生智公开联合广东政府（3 月 25

---

① 这一宣传大致是成功的，《申报》1926 年 3 月 5 日第 9 版一篇署名铜驼的广州通信（2 月 24 日）就说叶琪是唐生智的代表。陶菊隐即说当时"我们在长沙所闻，叶琪确系唐生智的秘密代表"。参见其《记者生活三十年》，第 108 页注二。但叶琪的访问和所谓梧州会谈都比李宗仁所述更为复杂，后面还会论及。

② 参见李宗仁：《李宗仁回忆录》，第 276—284、290—292 页。李宗仁并说，复起于湖北的吴佩孚对唐生智讨赵也持默许态度。以蒋百里与唐的特殊关系，当时又任职吴之总部，应能撮合此事。关于唐生智密遣代表至粤，见毛思诚编：《民国十五年以前之蒋介石先生》，香港龙门书店 1965 年重印本，第 620 页。

③ 《赵恒惕出走前之湘局》（3 月 10 日长沙通信），《申报》，1926 年 3 月 15 日，第 9 版；陶菊隐：《记者生活三十年》，第 109—113 页。不过，蔡和森则认为，国民党提出废除省宪的口号不但没有帮助唐生智，反而可能将唐"推向反动派方面"。参见蔡和森：《在远东书记处 1926 年 4 月 27 日会议上的报告》，1926 年 4 月 24 日，《联共（布）、共产国际与中国国民革命运动（1926—1927）》，上册，第 230 页。

日两广代表白崇禧、陈铭枢已到长沙公开活动），反唐湘军得到吴佩孚的军事支持，唐生智在夹击下迅速败退，在广西援军的支持下才立足衡阳，保持其对湘南的控制直至北伐。[①]

当时广西全境已在李宗仁、黄绍竑和白崇禧为首的"新桂系"控制之下，李是广西陆小毕业，黄、白皆保定军校毕业，三人在旧桂系军队中仅至营连长级，不甚得志。后李、黄各带千余人的小部队起家，两次结合，其部军官以陆军四校同学为骨干，作战能力强，发展壮大较快。其势力兴起的转折点在 1923 年，先是黄绍竑部于 1923 年春与广东革命政府联络，受任为广西讨贼军，是年冬李宗仁部改称定桂军，两者名义上都以广西全境为目标，气魄上已非小区域割据之主。当年末，两军在驻防西江的粤军李济深部支持下消灭陆云高部，控制邻近广东的西江上游地区，成为沈鸿英和陆荣廷两大势力外的广西第三大力量。1924 年春，陆荣廷和沈鸿英为争广西而战，李、黄、白等采取联沈倒陆的策略，乘陆、沈激战于桂林方向时一举占据南宁，不久肃清陆荣廷残部，正式组成统一的定桂讨贼联军，据地颇宽，在广西形成与沈鸿英对峙的局面。[②]

然而孙中山在北上与段祺瑞会谈前于 1924 年 11 月任命在粤桂军

----

① 参见李品仙：《李品仙回忆录》，第 66—70 页；李宗仁：《李宗仁回忆录》，第 292—295 页。关于白崇禧、陈铭枢在长沙的活动，参见黄嘉谟编：《白崇禧将军北伐史料》，台北"中研院"近史所 1994 年版，第 1—9 页；《各公团欢迎陈、白两代表盛况》，《大公报》（长沙），1926 年 3 月 29 日，第 6 版。

② 本段与下两段，参见李宗仁：《李宗仁回忆录》，第 165—272 页；黄绍竑：《新桂系的崛起》，《文史资料选辑》第 52 辑，第 1—63 页；尹承纲等人的多篇回忆文章，收入《新桂系纪实》，上册，第 18—132 页；郭廷以等：《胡宗铎先生访问纪录》，《口述历史》第 7 期，第 63—68 页；莫济杰、陈福霖主编：《新桂系史》，第 1 卷，广西人民出版社 1995 年版，第 35—105 页；Diana Lary, *Region and Nation: The Kwangsi Clique in Chinese Politics, 1925—1937*, Cambridge: Cambridge University Press, 1974, pp. 43—63; Donald S. Sutton, *Provincial Militarism and the Chinese Republic: The Yunnan Army, 1905—25*, Ann Arbor: The University of Michigan Press, 1980, pp. 284—285。

将领刘震寰为广西省长，令其率部返桂。李、黄、白等派胡宗铎赴广州向代元帅胡汉民表示强烈反对，黄绍竑也于11月到广州参加国民党，胡汉民乃以大元帅名义任命李宗仁为广西绥靖督办、黄绍竑为会办、白崇禧为参谋长。实际上，广东客军林立的状况不仅使广州政府号令不行、名实不副，更是广东不能安宁的重要原因：滇、桂、湘等省主政的军人都因有该省失势军队在粤而觊觎广东，总思一举解决后患。刘震寰和杨希闵两部是击退陈炯明拥孙中山返回广州的主力，故与孙关系密切，但他们与少壮新领导的关系就相对疏远。胡汉民告诉胡宗铎，对刘震寰的任命"不过是名义而已。我们不让他去，你们不让他来，就行了"。而驻扎西江的粤军李济深部本是李、黄、白的后盾，刘虽有图桂之心，却不能越李部而过，于是一面联络沈鸿英，一面邀约云南唐继尧。

唐本有意出兵广东解决（征服或收服）当地滇军，更思在孙中山北上后控制大元帅府，遂决定进兵广东，曾数派代表与李、黄、白部联络"借道"之事，并许以厚报，未得同意。沈鸿英则于1925年初主动向李、黄、白部发起进攻，反被后者于2月中旬攻占桂林。3月中孙中山逝世后，唐继尧通电就任广东政府副元帅，号称要到广州视事。先期入广西的滇军龙云部已于2月下旬不战而据有南宁。至4月下旬，李、黄、白部基本肃清沈部，乃回师攻击龙云，经昆仑关激战后将南宁包围。此时滇军唐继虞部又逼近柳州，李、黄、白部主力转向柳州迎击，于6月4日在沙埔血战，击溃唐部主力。滇军兵力虽众，然两路不能结合，终被各个击破；到7月下旬滇军全部退出广西，至此广西全境为李、黄、白部所控制。

"新桂系"能在这样短的时间里以少胜多、屡破强敌而统一广西，出乎多数人的意料。广东方面此前除粤军李济深部对"新桂系"的军事行动一直予以实际支持外，大约并未十分认真对待这支力量。① 广西统一后，湖南赵恒惕和贵州袁祖铭的代表迅速到达广西，广东也于 1926 年 1 月派出以国民政府主席汪精卫和谭延闿、甘乃光为首的高规格代表团到梧州"慰劳"，与"新桂系"领导人会谈。这次"梧州会议"外间传言甚多，各人所见不同，李宗仁等散布叶琪代表唐生智来谈合作的做法虽较成功，但在广东方面看来，这恰证实了"新桂系"倾向联省自治的印象（据说叶琪随汪、谭到广州后还因鼓吹联省自治与三民主义的共性而遭其保定同学邓演达面斥）。②

在叶琪和非国民党势力看来，这样的讲话应代表着湘粤桂三省合作的意向，而在邓演达等广州国民党人看来，这显然意味着不够革命的妥协倾向。的确，广西新当局在 1925 年曾专门派副官长吕竞存到北京联络段祺瑞，李宗仁也多次坚持要求"督办"的头衔，这都让广州的少壮国民党人感觉其与旧式军阀的接近。③ 但"新桂系"也确有其"新"，如叶琪对广西的群众运动便甚感新颖，尤其在群众大会上演讲获得热烈掌声和欢呼，使他颇受感动，体会到了什么是"革命运动"。④ 可知当时从"旧军阀"到激进的革命"新军人"之间有许多层次，在广东革命军人眼中仍偏"旧"的"新桂系"在湖南军人眼中已相

---

① 蒋介石在 1925 年 4 月 27 日即认为，由粤入桂与唐继尧军作战的滇军范石生部将"全军覆没。唐可能取胜。范军残部有的将投诚唐继尧，有的将四处逃散。李、黄二将军的队伍，其命运也是如此，所不同的只是他们的士兵有的将解甲归田，有的将加入土匪群"。见〔苏〕加伦：《广东战事随笔（1924 年 12 月—1925 年 7 月）》，中共中央党史研究室第一研究部编：《共产国际、联共（布）与中国革命文献资料选辑（1917—1925）》（2）（以下径引书名），北京图书馆出版社 1997 年版，第 670 页。

② 参见黄绍竑：《新桂系的崛起》，《文史资料选辑》第 52 辑，第 35—37、49—50 页；陈雄：《新桂系形成时期亲历忆述》，《新桂系纪实》，上册，第 95—96 页。

③ 尽管黄绍竑已在 1924 年 11 月亲赴广州参加国民党，苏俄军事顾问加伦将军在 1925 年初仍视其为军阀，他的军事报告说："广西东部为两个军阀所瓜分，一个在西江以东，一个在西江以西，双方对广州都持友好中立态度。"这"两个军阀"即是李宗仁和黄绍竑。〔苏〕加伦：《军事政治形势》，1925 年 1 月 10 日，《共产国际、联共（布）与中国革命文献资料选辑（1917—1925）》（2），第 636 页。

④ 参见李宗仁：《李宗仁回忆录》，第 278 页。

当新奇了。

"新桂系"之"新"更多表现在军事方面,即各级军官以军校毕业生为主,注重军事训练和战术运用。这是他们与旧桂系最大的区别,也是广东方面一些人从很早起即对其另眼相看的重要原因。李、黄、白在广东的主要支持者是李济深部粤军,尤其是其中的保定等四校同学。[①]李宗黄说,白崇禧等最初到广州谒见孙中山,"从事前的联络,届期安排,一切都由四校同学会为之代办"。广西驻粤代表陈雄便是保定军校毕业生,也是广州四校同学会会员。[②]邓演达在黄绍竑部初下梧州时即向孙中山报告说,该部"虽原有基干仅千余人,而其干部均系学生为多,皆青年有志之士,自命为广西陆军正派,目沈鸿英、林廷俊(俊廷)等人直为土匪流氓而不肯与为伍"。[③]

这样的身份认同和强烈的"正邪之分"感觉固因其所接受的新型军事教育,也源自旧桂系对他们的排斥。正因此,"新桂系"在推进军队新陈代谢方面有着较强的主动感,他们还在与滇军作战时就多次致电广东国民党中央领导,要求以军事手段取缔在粤滇军杨希闵和桂军刘震寰,并表示愿抽调军队入粤助战。后广州的杨、刘之役出乎意料地在数日内顺利解决,广西军队又协助广东以武力解决了由湘西转入广东的建国川军熊克武部,[④]并积极参与对粤南邓本殷和驻钦廉之桂军申葆藩之战,协助以少壮派为主的新广州政府确立对广东的全面

---

①　参见黄绍竑:《新桂系的崛起》,《文史资料选辑》第52辑,第2—4页;尹承纲:《李宗仁起家经过》,《新桂系纪实》,上册,第18—20页。

②　李宗黄:《李宗黄回忆录》(三),第37页。

③　邓演达致孙中山,1923年7月29日,转引自莫济杰、陈福霖主编:《新桂系史》,第1卷,第54页。

④　值得注意的是,在1925年4月底广东国民党核心圈子的讨论中,老同盟会员熊克武率领川军入粤被认为是唐继尧图粤的第五纵队。〔苏〕加伦:《广东战事随笔(1924年12月—1925年7月)》,《共产国际、联共(布)与中国革命文献资料选辑(1917—1925)》(2),第678—679页。

控制。①

在此基础上，白崇禧和黄绍竑在 1926 年初先后到广州谈判，终于在 3 月中旬达成协议，正式对外公布了两广的统一，使刚刚获得对广东真正控制的广州国民政府管辖范围扩大到两个省。两广的统一与北方的混战适成鲜明对照，其实也是象征意义超过实质意义。广西方面成功地保持了军事、党务、政务的基本独立，但其希望与广东实行财政统一借以"沾光"的设想也被否决，同样不得不"自理"。后者使广西方面相当失望，因广西的天下基本是他们自己打下的，现在拱手"送"给中央，所得回报甚少。被任命为广西军务督办的李宗仁后来认为，迫使广西财政自理的先例使"国家法度全失"，此后经济丰裕的省份如湖南等在纳入国民政府治下时也循例要求自理，"闹出各省割据之局"，而始作俑者竟是中央政府自己！②

在各自都外临强敌的情形下，两广的统一对双方的自保都有明显的好处；从南北对峙的视角看，两广统一对外的象征性威慑作用尤其不可低估。不过，那时大概很少有人能预计到不久后国民政府北伐能迅速取胜，所以广州未必具有充分的中央政府心态，仍更多关注广东一省，而广西也并不完全服从和依赖其拥戴的中央。在正式参与国民革命的同时，广西方面也在努力与云南唐继尧修好，并联络自 1926 年

---

① 参见李宗仁：《李宗仁回忆录》，第 258—261 页；黄绍竑：《新桂系的崛起》，《文史资料选辑》第 52 辑，第 45—47 页；郭廷以等：《胡宗铎先生访问纪录》，《口述历史》第 7 期，第 67—68 页；莫济杰、陈福霖主编：《新桂系史》，第 1 卷，第 106—113 页。鲍罗廷充分肯定了广西军在南征中的作用，他认为如果没有广西援助，"结局对我们来说可能是凄惨的"。〔苏〕鲍罗廷：《在联共（布）中央政治局使团会议上的报告》，1926 年 2 月，《联共（布）、共产国际与中国国民革命运动（1926—1927）》，上册，第 141 页。

② 参见黄绍竑：《新桂系的崛起》，《文史资料选辑》第 52 辑，第 51—57 页；李宗仁：《李宗仁回忆录》，第 284—289 页。其实党政等"自理"对以党治国的国民政府"法度"至少是同样的挑战，李氏晚年的总结更多反映出其当年失望极深，也伏下"新桂系"后来与中央疏离的潜因。

春实际执政贵州的周西成,在湖南则"因唐方多是同学"而明确支持唐生智。①

尽管存在这样一些带分裂性的因素,两广和湘南的结成一体终意味着南方的军事新陈代谢告一段落,李宗仁、唐生智部先后成为国民革命军第七、八军,基本受国民政府节制。在广西和湖南的军事新陈代谢中,保定军校毕业生为主的军事领导人作用相当明显。随着各地新兴少壮军人的崛起,过去的"西南"色彩也基本褪去;广西已无旧桂系,有功劳势力大的在粤客军纷纷被灭,过去作用不大力量较弱者反得以保存。② 此前的"西南"无论怎样与北洋系统对立,其上层人物与北方仍有许多割不断的联系;新兴的"南方"少壮领袖与北洋较少瓜葛(两广尤少),南北军政联系远不如前,利于战而不利于和。

五、"有道伐无道"的形成:南方的军事整合及南北攻守势易

南北大小军阀形成占地而治的局面,中央政府失去驾驭力,是近代中国政治一个前所未有的新现象。由于以北洋内斗为主的"军阀混战"久战而无确定胜者,武力统一在北方已被表述为破产的"迷梦"。然而对久乱的中国来说,统一恰是代表着许多人愿望的广泛社会要求,已成为温和、保守与激进的社会各阶层和各政治流派一个相对共同的目标。对当时任何有意逐鹿中原的军政力量来说,是否提倡统一并证明其统一的能力,意味着是否能适应全社会的时代要求,也影响着此后数年以

① 参见黄绍竑:《新桂系的崛起》,《文史资料选辑》第52辑,第62页。
② 存留的客军主要是湘军,然后来也均逸出广东,且因与唐生智有约在先,皆未能染指湖南。

至许多年中国政治局势的演变。①

在一般人心目中，相对宁静安定的生活乃是一统局面下的题中应有之义，至少来自"兵"或"匪"方面的骚扰可以大大减轻。中国共产党在1922年就提出："现在最大多数中国人民所要的是什么？我们敢说是要统一与和平。为什么要和平？因为和平的反面就是战乱，全国因连年战乱的缘故，学生不能求学，工业家渐渐减少了制造品的销路，商人不能安心做买卖，工人农民感受物价昂贵及失业的痛苦，兵士无故丧失了无数的性命，所以大家都要和平。为什么要统一？因为在军阀割据互争地盘互争雄长互相猜忌的现状之下，战乱是必不能免的，只有将军权统一政权统一，构成一个力量能够统一全国的中央政府，然后国内和平才能够实现，所以大家都要统一。"②

随着以北洋为主的"军阀混战"进一步加剧，战争规模越来越大，民生被严重扰乱。胡政之在北伐开始后得出与中共几年前的见解非常接近的看法，他分析说，过去多年"虽乱而未甚，虽恶而可忍"，各行业之人尚能苟安。至内乱加剧，"商不能商，工不能工，农不能农；甚至官亦不能官，教亦不能教，于是全国各业之人虽欲偷生苟安、忘大义取小利而不可能"。结果"全社会之态度一变"，而"统一意识与全国意识兴矣"。③

中国传统向主"思不出其位"，但其前提是至少要有可以苟安于其

① 自袁世凯弃世后出现的分裂局面，北伐前有两三次真正实现统一的机会，主要因各方面"存异"的实际考量超过了"求同"的愿望而错失（有时也受一些偶然因素的影响），然而统一的社会要求始终存在。从长远看，北伐的进行以及此后的蒋、桂战争和蒋、冯、阎大战恐怕都是袁世凯弃世后为填补中央权势空缺的各军政势力较量的继续。这里有两个关键性的变化影响了竞争的进程，一是国民党在改组后成为一种中国历史上前所未有的新型政治力量，一是日本帝国主义的直接入侵造成外患压倒内忧的大格局。

② 《本报宣言》，《向导》第1期（1922年9月），汇刊本，第1页。

③ 记者（胡政之）：《国庆辞》，《国闻周报》，1926年10月10日（该刊无统一页码，故不引页数）。

位的社会条件。到天下大乱,则庶人要议政,匹夫有责于保天下,是思不出其位而不可能。这样一种因思出其位而产生的全国意识,乃是一种思变求变且极富能动性的焦虑思绪。其建设性的一面,是促进了全国性思想言说的形成,并寻求一种全国性的解决;其破坏性的一面,是对既存政权的否定性判断,即判定其已"失道"或失去了统治的正当性,这对于任何当局者都是不利的。

时人对怎样获致统一怀有矛盾的心态:一方面,武人当政是造成民初社会混乱的原因之一,故文人多倡"弭兵";但历史上最常见也有效的统一方式,正是使用武力,这又可能意味着武人当政的延续。一些读书人或仍主"弭兵",而厌乱者已思能以任何方式统一之人。杨荫杭在1920年已提出,如果军阀能统一全国,也是可以接受的,更好的则是"不战而能统一"。① 对不少人来说,久乱之后,目的逐渐重于手段,统一是否以武力达成变得不那么重要了。

当时武力统一的主张在北方不得人心,多因持此论者无此能力。力既不足,在此寻求全国性解决的思绪形成之时,北洋军阀恰失去了统一全国的信心。由于中枢的自毁,遂给处于边缘者造成了机会。如前所述,第二次直奉战争是北洋军阀内部最后一次武力统一的尝试,而其后的"善后会议"及大约同时各种召开"国民会议"的要求则是南北双方各政治力量最后一次和平统一的努力,两次统一努力的失败为此后的北伐预留了先机,主张且能够实行武力统一的新来者,仍有尝试的余地和成功的机会。

在1925年的一系列"统一广东"战役之前,已较长时间开府广州的国民党实际上连"偏安"之局也未能充分实现。1923年底开始的国共合作引进了苏俄式的紧密组织起来的政治团体,使中国整个政治运

---

① 1920年6月14日、1921年8月25日《申报》,《老圃遗文辑》,第17、393页。

作状况发生了根本的革命性改变。改组后的国民党以三民主义为既定意识形态，又有接近苏俄模式的政党组织扮演动员民众及沟通军政、军民等因素的整合角色；新型政治带来的动员整合力量大大推动了国民革命军这一新型军事力量的形成，[1] 再加上孙中山逝世后国民党新领导核心通过东征等一系列军事行动真正控制广东，南方三个新兴军政集团基本受国民政府节制，两广和湘南的结成一体也提示了以武力实现全国统一的可能性。

实际上，国民革命的一个主要感召力未必像以前许多人认为的那样在其反帝的一面，而恰在其主张统一，并以军事胜利证明其具有这方面的能力。[2] 不过，尽管国民党已成为当时唯一一个既有统一愿望又有相当实力的政治军事力量，其长期居于边陲毕竟使其在一般认知中带有明显的地域色彩，此前使用的大元帅名号也表明其本非"正统"。1925 年成立的国民政府虽然可能有着某些权宜之计的考虑（比如可以借此断绝唐继尧以副元帅身份入主广东的正当性），到底表现出其自信心的增强，敢于以中央政府自命，凸显了国民革命事业的全国性，但国民政府足以统治全国的合道性仍需建立。

针对当时中国社会的愿望，国民党在 1925 年 5 月发表《时局宣言》，指出大军阀"把持中央政柄，藉统一之名义以迷惑国人"；小军阀则"割据地方，藉联省自治之名义迷惑国人"。稍后的《国民政府监察委员就职宣言》说："中国军阀，凭藉帝国主义之后援，割据自雄；或揭武力统一之名，或标联省自治之号"。[3] 可知国民党和国民政府充分认

---

[1]　参见本书《地方意识与全国统一：南北新旧与北伐成功的再诠释》。

[2]　过去许多中外研究，尤其是西方的中国研究比较重视国民党的民族主义面相，而说到民族主义时则多想到其因抵御外侮而起的救国观念及卫国运动，但民族主义从来就还有国家建构（nation-building）的一面；自北洋时中国处于实际的分裂局面后，中国民族主义这建构一面的主要反映就是国家的统一。

[3]　《中国国民党对于时局宣言》，1925 年 5 月 22 日；《国民政府监察委员就职宣言》，1925 年 8 月 1 日，均收在《中华民国史档案资料汇编》，第四辑上，第 120、41 页。

识到"武力统一"和"联省自治"都是能够"迷惑国人"的口号,由于北伐实质上仍是一种"武力统一",广东当局既要针对带有"西南"特色的"联省自治",又要区别于北方的"武力统一",故特别致力于树立其"革命"的合道性。①

北伐出师前,国民党"郑重向全国民众宣言"说:"中国人民一切困苦之总原因,在帝国主义者之侵略及其工具卖国军阀之暴虐。中国人民之唯一的需要,在建设人民的统一政府。"② 蒋介石也强调,中国统一,"除了中国国民党以外,也再无别个团体可以胜任",因为只有国民党是有"主义"的团体。③ 他稍后就任总司令时进而说:"曩昔革命之失败,皆由于我军人不知革命之需要,不明战争之目的,不求牺牲之代价,尤不知主义为救亡唯一之生路,迷信武力为统一中国之张本,受军阀至微薄之豢养,而甘为帝国主义者效死命。"如今"国民革命以主义为依归,绝不同于军阀武力统一之梦想"。④

同样是"武力统一",有"主义"的一方便既正确也能够胜任,"主义"的功用真是神奇。从实用层面看,民初的中国社会,因政治鼎革造成整体性的制度转换,加上传统的崩坏,一统的意识形态不复存在,结果是各种新兴的"主义"起而填补思想领域的空白,并出现各类西方主义以中国为

①　当时一位热血青年曾广莘看到"中国现时专凭武力以征服敌人,不是以武力扶持正义,以致世道人心只知趋附强权而蔑公理",乃决定弃医改学军事,希望今后能"以武力扶持正义",大致体现了社会上对武力正当性的某种期望。参见曾广莘致曾济宽,约1925年秋冬,引自曾济宽:《读过了日本东京寄来一封信后的感想》,孙文主义学会编:《国民革命汇刊》,第1卷(1926年1月),第98—99页。按曾广莘应为四川人,是郭廷以在河南读中学时的同学,关于曾从日本读士官回来后的经历,参见张朋园等:《郭廷以先生访问纪录》,台北"中研院"近史所,1987年,第182—186页。

②　《中国国民党为国民革命军出师北伐宣言》,1926年7月4日,罗家伦主编:《革命文献》第12辑,未著出版机构,1956年,第51页。

③　蒋介石:《在国民政府公宴上的演讲》,1926年1月4日,节录在毛思诚编:《民国十五年以前之蒋介石先生》,第588—589页。

④　《蒋总司令就职宣言》,1926年7月9日,《革命文献》第12辑,第56页。

战场的现象。^① 当年比较成功的军阀,多少也有些"主义"用以整合其部队。与思想界多采西方观念不同,军阀中除冯玉祥以基督教统一部属外,吴佩孚是以关羽、岳飞精神号召全军,唐生智则有"佛化"的军队,到北伐时还曾临时出现孙传芳军系的"三爱主义"和奉鲁军系的"四民主义"。^②后两种"主义"显然是模仿三民主义,提示出国民党运用"主义"的成功。

　　这的确是那时南北双方治军方略不同之所在,1924 年初伍朝枢代表孙中山访奉时,曾问担任接待的何柱国:"你们奉军的官兵信仰不信仰三民主义?"何答曰否。伍乃"用一种异乎寻常的目光盯住"何追问:"官兵不知道为什么去死,怎么会打仗呢?"何回答说:"我们奉军讲的是爱国,有的是义气",一样能打仗。张学良知道后,"满不在乎地说,'他们自然有他们的一套,我们也有我们的一套,各不相干'"。^③各有各的"一套"是个很形象的说法,但后来北伐时北方试图学习南方的现象说明国民党那"一套"似更起作用。

　　蒋介石就认为:"军阀有必败之道,致败的原因甚多,最大的,就是他们内部自相冲突。"这都是"因为无主义做中心,一切都以自己利害作主体。所以无论军队,无论什么,都须有主义、讲主义"。^④除了"主义"的有无,南北军队另一个明显区别就是南方有仿苏式的国民党组织,这一新因素虽然在一定程度上使南方的政治复杂化,同时对整合军队也起了较大作用。蒋稍后解释"为什么要有党"说:"党是有主义的,

---

^①　参见罗志田:《西方的分裂:国际风云与五四前后中国思想的演变》,《中国社会科学》1999 年第 3 期。

^②　参见 Hsi-sheng Chi, *Warlord Politics in China*, 1916—1928, pp. 54—56, 95—100, 115, 中译本,第 49—50、87—92、106 页;唐生智事见前,余可参见《晨报》,1927 年 5 月 6 日、6 月 15 日,均第 2 版;6 月 16 日,第 3 版;7 月 18 日,第 7 版;8 月 7 日、12 月 2 日,均第 3 版;1928 年 1 月 1 日,第 2 版。

^③　何柱国:《孙、段、张联合倒曹、吴的经过》,《文史资料选辑》第 51 辑,第 9 页。按何柱国并非信口开河,北伐时奉军方面确曾提出"爱国党主义",参见本书《地方意识与全国统一:南北新旧与北伐成功的再诠释》。

^④　蒋介石:《在国民政府公宴上的演讲》,1926 年 1 月 4 日,节录在毛思诚编:《民国十五年以前之蒋介石先生》,第 589 页。

运用主义的。没有主义,固然没有党;没有党,也不能运用主义。"[1] 党的存在,有助于消弭当年南北皆存的文武之间的紧张和疏离,起到整合文武双方的功用,促进了南方的军政结合,使北伐军成为中国历史上第一支军事政治并行的军队。[2]

　　不过,主义、政党一类新因素的效力当时还在证明的过程中,国民革命的"合道性"很大程度上毋宁是由北洋方面的"失道"所反衬而成。伴随着北洋体系老成凋谢和未受或少受教育及职业军事训练的一批新军阀兴起的,是其行为准则的转变。特别是张宗昌、张作霖等一反北洋对文人忍让的旧则,随意捕杀记者、学生,严重损毁了北洋政府的统治基础。[3] 其中影响最大的当属 1926 年 3 月的"三一八惨案",不论此事究竟该由哪一部分军警负责及其负有多大的直接和间接责任,[4]

---

　　[1]　蒋介石:《湖南省党部欢宴大会讲演词》,收入文砥编:《蒋介石的革命工作》,下册,上海太平洋书店 1928 年版,第 299 页。

　　[2]　顾维钧后来回忆说,国民党以政治组织支持军事这样一种"前所未有的新因素",极大地决定了北伐的胜利(《顾维钧回忆录》,第 1 册,中华书局 1983 年版,第 297、303 页)。并参见本书《五代式的民国:一个忧国知识分子对北伐前数年政治格局的即时观察》。

　　[3]　日本的芥川龙之介在 1921 年告诉胡适,他觉得"中国著作家享受的自由,比日本人得的自由大得多,他很羡慕"。胡适以为:"其实中国官吏并不是愿意给我们自由,只是他们一来不懂得我们说的什么,二来没有胆子与能力可干涉我们。"(《胡适的日记》,1921 年 6 月 27 日,中华书局 1985 年版,第 206 页)此语很能表明几年前的民国政府大体尚秉承着历代朝廷对读书人的"忍让",与此时直接捕杀的行为方式大不相同。

　　[4]　该案的直接行为者虽然是段祺瑞的执政府卫队,当时北京的治安却是由冯玉祥部负责的。"中国全国国家主义团体联合会"当时即提出,"北京现状,完全在冯系军人控制之下",故"冯系军人对北京治安应负绝对的责任"。该会注意到"在此事发生前一星期,冯系军人张之江曾有'整顿学风'的通电;所谓'整顿学风',实即防止赤化,取缔共产的修辞。该电由章士钊转段祺瑞,冯系军人李鸣钟亦表示赞成,愿以军警为后盾,故段氏始有屠杀民众的决心"。参见《中国全国国家主义团体联合会宣言》,原载上海《商报》,1926 年 3 月 25 日,收入江长仁编:《三一八惨案资料汇编》(以下径引书名),北京出版社 1985 年版,第 208—209 页。今人刘敬忠、王树才也认为国民军此时"追随段祺瑞政府公开反对群众革命斗争",对"三一八惨案"负有一定的责任。参见其《试论冯玉祥及国民军在 1925—1927 年的政治态度》,《历史研究》2000 年第 5 期,第 105—106 页。关于"三一八惨案",可参见李健民:《北京三一八惨案(民国十五年)》,《中央研究院近代史研究所集刊》第 16 期(1987 年 6 月),第 297—319 页。

若将其与稍后4月间《京报》被封、名记者邵飘萍被负责治安的奉军杀害联系起来共观，便体现着某种类似而连续的行为模式。

学生运动是民国的新事物，中央政府以这样的方式杀学生前所未见，连江南的北军孙传芳也认为政府应为此负责。他和陈陶遗联名通电说："政府早日既疏于化导，临时又过于张皇，枪杀多命，演成惨剧。谁无子弟，能不痛心！"且"年来政府对于学界举动，禁纵无常：利用则借为前卫，反对则视同大憝"。这是相当敏锐的观察，日益热心政治的"学界"当时已成为一股颇具影响力的社会和政治势力，连中央政府有时也试图"利用"而使"是非淆乱"，故"邪说异端，相因而至"；这一次就是因为"兵争不戢，驯至与学子为仇"。孙、陈希望"当局诸公，早知改图。平时教督防护，当负相当之责任；对于此次主使及行凶两方，必须实行公平之惩罚，勿徒以一纸空文，涂饰耳目"。若处置不当，则可能导致"上下乘[乖]离，祸至无日"的结果。①

孙氏等对学生运动的"主使"一方也主张实行惩罚，多少还站在北洋体系的立场上。他们对政府的批评虽已相当严厉，毕竟仍承认既存中央政府的地位。梁启超则认为，"这次惨案显然是卫队得在上的指使惨杀无辜的青年"，故必须"赶速督成严密的法律的制裁；上自居最高位的头儿，下至杀人的屠夫，一概不予幸免"。②这已露出否认执政府之意了。上海商界表述得更直接，其致全国公电明言："自段氏窃据首都，述其所为，对外则一味奉承，对内则动辄压迫；今竟听令卫队惨杀爱国运动者至百余人之多，如此媚外残民，罪恶滔天，实全国之公敌，亦法律所不容。除即应驱令下野外，我全国人民宜急起监视其行动，或

---

① 《孙传芳、陈陶遗对惨案通电》（1926年3月23日，原载《益世报》1926年3月26日），《三一八惨案资料汇编》，第215—216页。

② 徐志摩记：《梁任公对惨案的谈话》（1926年3月30日，原载《晨报》1926年3月31日），《三一八惨案资料汇编》，第221页。按梁启超当时正住院治病，他审慎地指出了其评论和判断是据其听闻而出。

设法拘禁,以待国民会议之公判。"①

　　梁启超与上海商界的表述虽稍异,其观念大致相类,即基本否定执政的段祺瑞,然尚大致承认民国这一法统。北京国家主义派的立场则更进一步,他们认为,过去的"军事协约、参战借款、唆使和利用国奉的战争等等事件"已证明,"段祺瑞和他的爪牙媚外卖国,残民以逞"。此次更"穷凶极恶,用枪炮大刀将无辜民众杀死了这样多,这种样人不但是毫无法律,简直是毫无天良"!该派明确宣布:"我们不去希望法律式的制裁——固然被难的家属们仅[尽?]可以去告状——因为法律对于军阀早已失了效力;并且法律式的解决究使生出效果,也不痛快。"②

　　此次事件本因外国军舰封锁大沽口而起,孙传芳和陈陶遗已注意到"外侮"与"内争"的关联,他们就认为这次"外侮之来,亦由内争所召"。③重要的是这使一些人将此次惨案与不久前的"五卅事件"相比,结果更凸显出北京政府的失道。梁启超评论说:"试想去年五卅的血案还是现鲜鲜的放着,那时我们全国人民怎样一致的呼吁反抗,我们也取得国际间一部分真挚的同情。谁知紧接着英国人的残杀行为,我们自家的政府演出这样更荒唐的惨剧!这正当各国调查法权的时候,我们这国家此后还有什么威信可讲,什么脸面见人?"④

　　北京国家主义派更认为,这样的人在中国当执政,"不但是国家之羞,而且是人类之耻";必除掉以"为国家人类雪了羞耻"。⑤当时正被国家主义派攻击的中共,其见解也非常相近,其告全国民众说:"爱国

---

　　① 《上海各路商界总联合会致各方要电》(1926年3月22日,原载《申报》1926年3月23日),《三一八惨案资料汇编》,第214页。

　　② 《国家主义青年团北京部对惨案宣言》(1926年3月28日,原载《国魂周刊》第10期,1926年3月25日),《三一八惨案资料汇编》,第209—210页。

　　③ 《孙传芳、陈陶遗对惨案通电》,《三一八惨案资料汇编》,第215页。按这一判断与胡适、丁文江等的观念接近,或受丁之影响。

　　④ 徐志摩记:《梁任公对惨案的谈话》,《三一八惨案资料汇编》,第221页。

　　⑤ 《国家主义青年团北京部对惨案宣言》,《三一八惨案资料汇编》,第210页。

同胞死于帝国主义者之手，已足使人愤不欲生；今爱国同胞为爱国示威而死于自称中国执政之手，全国民众又将何如？段祺瑞早已不是中国人民的执政，现在又变成彰明较著的卖国凶犯"，这样"杀人的卖国凶犯"当然应该讨伐。[①]

爱国者死于本国政府之手，且其惨烈更甚于帝国主义，这在民族主义情绪高涨的年代对北洋统治合道性的打击实在太大。梁启超等还希望依靠既存体系的法律制裁，国家主义派和共产党在许多问题上立场对立，却皆得出以革命的方式推翻现政权的结论。这两个政治团体在当时都没有足以将造反落实到行动上的军事力量，结果这一局势最有利于正与共产党合作的国民党，后者不仅有自己的军队，且已取得区域性的政治控制。

北洋政权的"失道"行为从反面衬托出国民革命的合道性，使北伐在一定程度上带有汤武"革命"那种"有道伐无道"的意味。当年一些知识精英的态度颇能提示出国民党在几年间从政治边缘走向中心的进程。任职清华的张彭春在1925年分享着社会对"统一权力"的期盼，他对"国家到这步田地，没有创造的、中国的、可以统一全国精神的方略和领袖人物出现"甚为感叹，认为"无论什么能统一的权力总比没有好。社会这样不安宁，什么实业、教育都不能发展"。到当年11月张氏已发现"北京国民党得势"，这大概与冯玉祥对北京政局的影响相关；不久他进而感到"共产主义快到临头，必须研究它了"，于是"专看俄国革命书"。[②]

张彭春或因当时国民军利用郭松龄反奉攻占天津而感觉共产主义

---

①　《中国共产党为段祺瑞屠杀人民告全国民众》（1926年3月20日，原载《向导》第147期，1926年3月27日），《三一八惨案资料汇编》，第143页。

②　张彭春：《日程草案》（即其日记，原件藏美国哈佛燕京图书馆，我所用的是台北"中研院"近史所的微缩胶卷），1925年6月29日、10月25日、11月30日、12月27日。

将临（这从一个侧面反映出北方"反赤"的部分"成功"，即学界中有人已接受冯部"赤化"的宣传），故预为适应"新朝"做准备。但国民军之得势带有回光返照的意味，其很快就败退西北，倒是更加"赤化"的南方国民党愈来愈显现出"得道"的趋势。倾向自由主义的胡适在1922年尚与人共同表示"我们不承认南北的统一是可以用武力做到的"，他后来却承认："民十五六年之间，全国多数人心的倾向中国国民党，真是六七十年来所没有的新气象。"[①] 胡适自己就是这些人中的一个，他那时对"新俄"和国民革命的积极赞许恐怕还超过一般读书人。[②]

对很多新老知识精英来说，当时并未出现一个足以使其从内心折服的政治力量。他们多以"两害相权取其轻"的心态来因应时局。前引沈刚伯的回忆说胡适1926年秋在英国为国民党说好话，即因为当时"中国所急需的是一个现代化的政府，国民党总比北洋军阀有现代知识"。如果"他们真能实行三民主义，便可有利于国"，应该得到一般读书人的支持。[③] 最初反对后又转而支持北伐的共产党人陈独秀也分享着类似心态，他认为"与民众合作的军事势力"即使造成军事独裁，"比北洋军阀的军事独裁总要开明一些"。尽管这"只能造成统一的中国"而"不能造成民主的中国"；但统一意味着战乱局面的结束，可以为一个民主的中国打下基础。[④]

简言之，中国当时政治局势的错综复杂实有增无减，南北双方虽皆主张统一，其实自身就很难统一。故要先能统一内部，然后可言统一全

[①] 胡适等：《我们的政治主张》，《努力周报》，第2期（1922年5月14日），第1版；胡适：《惨痛的回忆与反省》，《独立评论》第18号（1932年9月18日），第9页（两刊皆用岳麓书社1999年影印本）。

[②] 参见本书《个人与国家：北伐前后胡适政治态度之转变》。

[③] 沈刚伯：《我所认识到的胡适之先生》，转引自胡颂平编：《胡适之先生年谱长编初稿》，第2册，台北联经出版公司1990年修订版，第664—665页。

[④] 陈独秀：《革命与武力》（1926年11月），原载《向导》，收入《陈独秀著作选》，第2卷，第1144页。

国。苏共中央考察中国状况的布勃诺夫使团总结其对中国的观察说,北方(包括华中)和南方"存在着两种基本上不同的政治局势":南方"已经度过了某些中国军阀(军事买办)连绵不断的武装冲突时期",日益强化的国民政府在发生作用;而北方的情形正"与此相反",那里作为"独立的社会政治力量"的"各派军阀之间的战争仍接连不断"。①这一观察基本看到了北分南合的发展趋势,特别是两广和湘南的结合已形成一个相对统一的数省势力范围,而其政府的领导作用也强过北方。

当然,这在那时主要是指发展倾向而言,即南方比过去呈现出更集中的态势,而北方则明显较前更趋于分裂。其实北方也不乏"集中"的因素。从表面看,北方也形成了各辖有数省地盘的几大势力集团,且各自的兵力多胜过整合后的南方全部;然奉系甫经郭松龄反叛的打击,直系吴佩孚虽受拥戴而号令难行,新兴的孙传芳部看起来最具朝气,惟其外来征服者的"暴发户"意味太明显,辖区内的地方军队与其貌合神离,后来成为致其败落的重要因素。②

重要的是,北方此时仍具有中央政府的名号,理论上正应号令行于天下,若号令不行则罅漏立显;而南方虽也自诩正统(许多受国民党影响的史学论述实际也如此叙说),时人一般仍多视其为"造反"者,地位完全不同,其整合的成功处反易为人所见。也就是说,国民革命的合道性部分是由北洋政府的失道作为"反证"出来的。其实南方的军事政治整合虽皆取得一定成效,仍尚不足以结合成一个相对稳固的整体,

---

① 《布勃诺夫使团的总的结论和具体建议》,1926年5月,《联共(布)、共产国际与中国国民革命运动(1926—1927)》,上册,第246—247页。

② 冯玉祥部对北洋体系的挑战及其引发的大战是北方"分裂"最明显的表征,我们不能据国民党的后见之明把冯玉祥部视为"南方"势力,时人当然已注意到"南北二赤"的共性,然冯部固北洋正宗(其正统性还超过奉系),也一直被视为"北方"之一部分(实际上北方尤其是直系内一直有"收回"冯部的主张)。

其内部也不免矛盾重重。在一定程度上，广东政府鼓吹甚力的北伐也是一种解决内部矛盾的权宜之计。军事力量方面的北强南弱是当时南北多数人的共识，广东方面恐怕很少有人真以为近期即可统一全国。[①]对那时国民革命阵营各方面言，北伐本身有着颇不相同的意义。

共产国际的维经斯基分析说，对蒋介石而言，北伐有利于其大权独揽；而"广东的政治工作也都是由其余所有人以准备进行北伐的这场革命进攻战的名义进行的；我们在邻近省份的组织也都在等待广州军队的到来，要反对这种情绪将是极其困难的"。在广州，不同的人围绕着北伐都有着自己的打算："右派希望蒋介石率领军队北上，部分左派和部分共产党人鉴于有必要对群众进行革命的动员，幻想把恢复原来局面的希望同战争联系起来。蒋介石则指望利用这场战争把反对派将领派到华北去和筹集资金。"中共中央对北伐的"态度一度摇摆不定"，直到派往广州调查中山舰事件的使团6月返回，其"总的情绪又主张进行北伐，认为是使广州摆脱内外威胁的唯一出路"。[②]

以北伐求生存本是广东革命根据地一个长期存在的思路，孙中山1924年北伐的主要考虑即是"在粤有三死因"，故不得不"舍去一切，另谋生路。现有之生路，即以北伐为最善"。[③]中共中央1926年

---

① 身与北伐的李品仙后来回忆说："国民革命军誓师之初，虽号称十万之众，实际上不过五六万人。而势如破竹，所向披靡，竟以前后不过八个月的时间，领有长江以南，真非始料所及。"参见李品仙：《李品仙回忆录》，第83页。李氏的话应能代表当时南北多数人的共识。实际上，北洋方面确因不重视南军北伐而错过了战机。文公直认为，吴佩孚在北伐初起时"藐视革命军，轻离其根据地之武汉，率其比较能战之直系旧军北上而攻南口，舍己耘人，其愚孰甚"。（文公直：《最近三十年中国军事史》，第三编，第255—256页）文氏本站在南方立场上写作，无意中却说出了吴氏"舍己耘人"的真相。

② 〔苏〕维经斯基：《给联共（布）驻共产国际执行委员会代表团核心小组的电报》，1926年7月1日，《联共（布）、共产国际与中国国民革命运动（1926—1927）》，上册，第320—321页。

③ 孙中山致蒋介石，1924年9月9日，毛思诚编：《民国十五年以前之蒋介石先生》，第301页。

2月在北京召开的特别会议上,即主张广东政府"只有向外发展的北伐……才能维持自己的存在,否则必为反动势力所包围而陷落"。[①] 蒋介石自己在许多年后也回顾说,当时俄共谋夺在广州的政权,"所以我们必须突破这限于广东一隅的危局,实行出师北伐"。[②] 双方所认知的在广州的危险虽迥异(一为"反动势力",一为"俄共"),其以北伐求生存的思路则相同。且其忧虑的重点,都在革命阵营自身。[③] 故北伐的发动,实亦有不得不为的苦衷。

在国民党对外宣传中,北伐是以统一全国为号召的,然而所有上述具体思虑没有一种与"统一"相关,很能体现北伐对许多人来说的确是一种解决内部矛盾的权宜之计;但这一权宜之计能够提出并付诸实践,正由于国民党尚存统一全国的愿望。后来北伐渐得人心,在很大程度上即因国民党长期坚持对武装统一的正面提倡,适应了久乱思安定的社会需求,并以军事胜利提示了实现全国统一的可能。北洋已消极,而国民党正积极(皆相对而言);北洋的失道,更使国民党的北伐不再是地方对抗中央,反成为有道伐无道。攻守之势既易,北伐胜利的基础已经奠定了。

（原刊《史林》2003 年第 1 期、《中国社会科学》2003 年第 5 期）

①　转引自顾群、龙秋初:《北伐战争在湖南》,湖南人民出版社 1986 年版,第 10 页。

②　蒋介石:《苏俄在中国》,台北"中央文物供应社"1978 年再版,第 168 页。

③　勃拉戈达托夫从另一侧面观察到:"所有的人都把北伐看成是缓和广东紧张的经济局势的机会。"〔俄〕A. B. 勃拉戈达托夫:《中国革命纪事(1925—1927 年)》,李辉译,第 198 页。这仍是一种借北伐以解决其他问题的思路。

国际竞争与地方意识：
中山舰事件前后广东政局的新陈代谢

1925 年孙中山逝世后，广州政权在不长的时期内进行了带根本性的权力重组。在围绕确立新领导中心的权势竞争中，苏俄因素的重要性毋庸置疑，然却不仅因其对中共和所谓"国民党左派"[①] 的支持和操控，同时更体现在其与近在咫尺的香港之英帝国主义的国际竞争（包括意识形态的和国家利益的对立）；当时加入国民党的共产党人在广东权势竞争中扮演着重要的角色，但仍有不少超出国共之争和国民党左右派之争的因素需要考察，地方意识就是一个时常起到举足轻重作用的关键因素。[②] 而英俄国际竞争与广东地方意识在国民革命事业中已纠结在一起，对当时权力争夺影响甚大。以下试从两者互动的视角出发，分析中山舰事件前后广东政局的新陈代谢。

---

① 国民党"左派"和"右派"在当时言说中和后来的研究中都是非常习见的标签，不过，在当年苏俄、中国共产党和国民党本身三方的认知中，包括领袖层次在内的"左派"和"右派"的人员构成并不完全相同，而且一直处于波动变化之中。在承认其确实存在的前提下，使用这一术语尚须谨慎。同时还要认识到，那时的"左"和"右"本身就是相对的和多层次的，即使在特定一方的认知中，通常"左派"和"右派"的内部也都还有进一步的左右之分。

② 当然，国共和国民党左右派在意识形态对立基础上的斗争，共产国际和苏共中央之间、其在华的各机构各人员之间以及在上海的中共中央和中共广东地方组织之间的观念、政策和具体举措的歧异，都还有许多可探讨之处，这些方面较近的研究可参见杨奎松：《中共与莫斯科的关系（1920—1960）》，台北东大图书公司 1997 年版。

引言:从狭义到广义的土客矛盾

1925 年 7 月,蒋介石在军事委员会分析当时的局势说,全国整体上有南北之分,在南方有革命军与反革命军阀之分,在广东内部还有真革命军和假革命军之分。帝国主义惯用其买中国人打中国人之策,当时已"愈用愈精了,不但是他们买北军来打南军,买反革命的军阀来打革命军,还要买假革命军的军队,来打真革命军"。[①] 从国民党立场言,这一分析对各种力量的划分可以说相当清晰,但有一重要的遗漏,即回避了(也可能是正式演讲中不便言及)广东内部当时非常明显的土客矛盾,长期以来各种不同类型的"客籍"因素聚集于这一革命基地,造成了广东局势特殊的复杂之处。

当时广东不仅有互不统辖的各类粤军,还多为"西南"各省失势军队的避难所。陈训正描述广东"客军"林立的状况说:那里不仅有正宗的革命党,"凡富有革命性或与革命领袖有渊源之军队,亦相率而来此土;甚至假革命反革命之部队,亦冀暂图生存,徐谋发展,揭革命之旗帜而来,混迹其间。以故同一区域,同一革命队伍,乃竟有粤军、湘军、滇军、桂军及鄂军、豫军等等不同之旗帜"。[②] 这一概括已相当形象,实际情形还更复杂,在这些以地域命名的客军中,来自同一地域者也常有不同系统不相统辖的军队,如驻粤湘军便有程潜系和谭延闿系两部,皆各立一军。

"客军"林立不仅使广州政府名实不副、号令不行,它本身就是广东不能安宁的重要原因:云南、广西、湖南等省主政的军人,都因有该

---

① 蒋介石:《在军事委员会讲演》,1925 年 7 月 26 日,收入贾伯涛编:《蒋中正先生演说集》,上海三民出版部 1925 年版,第 100 页。

② 陈训正:《国民革命军战史初稿》,卷二,沈云龙主编"近代中国史料丛刊"第 79 辑,台北文海出版社,未著出版年,第 35 页。

省失势军队在粤而觊觎广东，颇思一举解决这一后患。^①同时这一状况也意味着广东有限地盘的进一步划分，蒋介石在 1924 年即看出，"今日驻粤客军，日谋抵制主军，以延长其生命，跋扈之势已成"。对此"如不谋所以消弭之道，未有不可为吾党制命伤者"。故粤局"不患在外敌之强，而患在内部之杂"；国民党"不患在对外之难，而患在治内之艰"。他那时向孙中山提出的对策即"姑不必就全国着想，而当为粤局急筹补救之方"。^②

困难的是这些"客军"都打着"革命"的旗号，致使蒋介石早在 1923 年 8 月已认为，中国革命"不能藉今日南方之革命军为主力军"，因为这些军队"囿于一城，已成为地方军队，不惟无革命之精神，而且借革命名义以谋其私人之权利。流弊至极，其障碍革命之为害，实甚于北方军阀之抵抗吾革命"。^③孙中山也分享着既存"革命军"不可靠的观念，他稍后说：中国革命十多年不能成功，就是因为"只有革命党的奋斗，没有革命军的奋斗"。尽管"现在同我们革命党奋斗的军队"并不少，他却"不敢说他们是革命军"。在苏俄顾问的提议和资助下，孙中山决心通过黄埔军校的开办来创立国民党自己的武装。^④

包括联俄在内的国民党改组（1923—1924 年）使其成员组成和领导核心发生较大的改变，国民党第一次在中央委员会里设置了青年部，凸

---

① 如 1925 年云南唐继尧进兵广东，便不仅想在孙中山北上后以副元帅身份入主大元帅府，同时也希望借此解决（征服或收服）在粤之滇军。说详本书《北伐前南北军政格局的演变，1924—1926》；Sutton, *Provincial Militarism and the Chinese Republic: The Yunnan Army, 1905—25*, pp. 284—287.

② 蒋介石致孙中山，1924 年 3 月 2 日，蒋介石致廖仲恺，1924 年 3 月 14 日，均收入毛思诚编：《民国十五年以前之蒋介石先生》，香港龙门书店 1965 年重印本，第 238、242 页。

③ 蒋介石："致苏俄党政负责人员书"，1923 年 8 月 5 日，台北"国史馆"藏蒋中正档案，档号 2010. 10/4450. 01-001-1。

④ 孙中山：《陆军军官学校开学典礼的演说》，《孙中山全集》（10），中华书局 1986 年版，第 291—299 页。

显了对知识青年的重视，在接受共产党集体加入的同时成功地吸收了大量边缘知识人，[①] 黄埔军校的学员和学兵主要即由这些人组成。边缘知识青年从全国各地涌入广东这一革命基地固然增强了国民党的全国性，也使前述广东"客籍"成分林立的状况进一步复杂化，以黄埔校军为基础的国民党党军实际也是一种地域色彩不明显的新型"客军"（详后）。

那时广东还存在着更具广义的客籍成分：毗邻的香港在经济上与广东已渐成一体，然港英当局又提示着帝国主义的具体威胁；苏俄的顾问和援助带来明显的"世界革命"意味，也是外国势力在广东的直接体现。1925 年的"五卅事件"和 6 月"沙基惨案"影响了广州的政局，外患的深化增强了"一致对外"的必要性，促使国民党的权势竞争尽快达成一个结果；[②] 两次事件促成的民族主义情绪显然有助于国民党权力争斗中偏于激进的一派掌权——反帝的要求愈迫切，苏俄援助的重要性就愈得到凸显。[③]

---

① 关于边缘知识人，参见罗志田：《近代中国社会权势的转移：知识分子的边缘化与边缘知识分子的兴起》，《权势转移：近代中国的思想、社会与学术》，湖北人民出版社 1999 年版，第 236—237 页。

② 陈独秀当时就注意到，革命阵营内对讨伐杨、刘之战有不少"误解"，在此基础上"发生一个共同的错误见解，即是：五卅惨变起广州政府即应停止内争一致对外"。持此主张者并进而"拿一致对外的理由来非难广州政府讨伐杨、刘"。他解释说："当外人压迫我们之时，在理论上，我们一致对外是必要的，是应该的；这时不去对外，反以武力对内扩张自己的势力与地盘，当然是万分混账"；但杨、刘等"在内的敌人"却"要勾结外人一致对内"，如果"杨、刘叛军得了胜利，迎来滇唐占据广州，即是英日势力占据了广州，则南方的爱国运动不是根本消灭，便是大受屠杀"；只有平定杨、刘，"国民党政府才能够支配广州，广州才能够变成了与上海同样是中国反帝国主义的两个重镇"。故此时说"什么'停止内争一致对外'便是帝国主义奸细的宣传"。这样费尽周折地陈述"攘外必先安内"，恰凸显出"一致对外"口号在那时造成的压力。参见陈独秀：《广州战争之意义》，《陈独秀著作选》，第 2 卷，上海人民出版社 1993 年版，第 889—891 页。

③ 蒋介石对此有充分而清晰的认识，他在 1926 年初论联俄的意义说，"现在中国问题，完全是一个世界问题"，故"中国革命完全是世界革命；我们要中国革命成功，一定要联合世界的革命同志，才能打倒世界的帝国主义"。由于"苏俄是世界革命的策源地，亦是世界革命的中心点"，故联俄就是"联合世界革命党"。蒋介石：《再论联俄》，1926 年 1 月 10 日，《蒋校长演讲集》，（广州）中央政治军事学校，1927 年版，第 13—14 页。

这么多饱含冲突对立的外国和外省的新老因素聚集于广东一隅并相互纠缠争夺,使广东在某种意义上变成他人之战场,凸显出外来者的"客籍"共性;同时这些外来因素又与原处竞争中的各类新旧本土因素(粤军派系的复杂不亚于各类客军,历次讨伐"反叛"粤军时多有另一部粤军参加)产生了矛盾。鲍罗廷就注意到粤籍军政人物中一个长期流行的观点,即"广东人的广东"。孙中山和陈炯明的一个主要矛盾即孙始终考虑全国问题,而陈则侧重广东一地,主张先把广东建成模范省,然后再考虑其他地区。[①] 当时正是各省"自治"主张流行的时代,[②] 广东人的地方意识绝不弱于他省。在此基础上产生的各类"土客矛盾"既曾为国民党所利用,也成为其树立中央政府权威的障碍,更是考察当年广东军政格局演变的一个切入点。

一、1925 年广东军事的新陈代谢

在孙中山逝世后的大半年中,广州的新政权一直致力于努力巩固其对广东的控制,广东权势演变的大趋势即以国民党和黄埔军为核心的新型"客籍"势力击溃相对偏旧的"客军"和本土军,用蒋介石的词语表述就是"真革命军"打垮了"反革命军"和"假革命军"。这一控制的取得通过了一系列的军事行动,包括两次东征陈炯明,肃清杨、刘等客军,驱逐熊克武军,南征邓本殷和收缴改编梁鸿楷等部粤军。

在过去明显受国民党意识形态影响的历史叙述中,这些作战都是以"革命"讨伐"反革命"为基调的;其实从陈炯明到刘震寰、熊克武

---

① 参见〔苏〕鲍罗廷:《在联共(布)中央政治局使团会议上的报告》,1926 年 2 月,《联共(布)、共产国际与中国国民革命运动(1926—1927)》(以下径引书名),上册,中共中央党史研究室第一研究部译,北京图书馆出版社 1998 年版,第 108—110 页。
② 参见李达嘉:《民国初年的联省自治运动》,台北弘文馆 1986 年版;胡春惠:《民初的地方主义与联省自治》,台北正中书局 1983 年版。

等，皆从同盟会时代就参加"革命"，杨希闵也从"二次革命"时便进入革命阵营，在国民党"一大"上当选为中央委员，其革命资格并不算浅。这些"反革命"或"假革命"力量虽不时与北洋方面联络，然在外间特别是北方人看来，恐怕还是"革命"的一面偏多。杨、刘等以客军身份驻扎广东，时常不免因资格老势力大而以客凌主，且其治军方式偏旧，故若将东征，杨、刘事件，驱逐熊克武，讨伐邓本殷等一系列作战合观，其一个共相便是以军校学生为核心的新兴军队以武力取代旧式军队，或也可视为南方革命阵营自身军事的新陈代谢。

1924 年底孙中山北上后，陈炯明有意重返广州夺权，广州大元帅府决定主动实施东征。作战开始前孙中山尚在世，杨希闵素得孙信任，其所部滇军实力也最强，被任命为联军总司令，担任左路进攻，桂军刘震寰担任中路，而许崇智部粤军和黄埔校军为右路军。因左、中两路并不积极，实际作战主要在右路进行。出乎多数时人预料的是，小规模的黄埔校军（仅两教导团及学生队约三千人）和部分粤军竟能大破陈炯明军主力。从 1 月下旬到 3 月下旬，右路军连战连捷，基本控制了东江地区。[①] 蒋介石被任命为潮汕督办，是为国民党中央真正"染指"的第一块"地盘"。黄埔校军也正式扩编为国民党"党军"第一旅，何应钦升任旅长。[②]

杨希闵和刘震寰长期以来对陈炯明部采取的是养虎自重策略，故多次参与讨陈而屡不积极。然而这一策略的要点是"虎"的存在，一

---

　①　东征能取胜的一个重要原因可能是苏俄军事顾问在整体作战部署方面的指导。孙科在很多年后认为，当年苏俄援助的顾问（咨询参谋）作用超过其军火及货币的物质支援。（这是孙科在 1966 年一次采访中对研究北伐的美国学者朱丹所说，参见 Donald A. Jordan, *The Northern Expedition: China's National Revolution of 1926—1928*, Honolulu: University of Hawaii Press, 1976, p. 302, note 6。）

　②　本段与下段，参见文公直：《最近三十年中国军事史》，第三编，台北文星书店 1962 年影印，第 233—252 页（下段引文在第 234—235 页）；陈训正：《国民革命军战史初稿》，卷一，第 125—292 页；毛思诚编：《民国十五年以前之蒋介石先生》，第 370—425 页。

且陈部受重创而虎威不再，则杨、刘本身的存在价值也就锐减。东征初胜，以黄埔校军和粤军结合的右翼东征军声威大震，适孙中山弃世而"三角同盟"废，继任的国民党新军政领袖不仅与北方的军政联系剧减，其与驻粤客军的关联也相对疏远，乃挟战胜之威，回师攻击杨、刘。后者本是 1922 年击退陈炯明、拥孙中山返回广东的主力，孙若在世或不致决裂；反过来，杨、刘自恃功高势强，孙在世时已呈尾大不掉之相，对孙之继任者更不放在眼里。其东征之役采取引而不发之势，已是无视大元帅府之举；更重要的是，在云南唐继尧表明入粤夺权之意后，刘震寰公开表示了对唐的支持，希望能借此返桂掌权。[①]

　　本来杨、刘对唐继尧入粤夺权态度不同，杨希闵是滇军顾品珍的部下，原与唐继尧对立，且解决杨部恐怕还是滇唐入粤的重要动机。然而在国民党内部却始终担心杨部会与刘震寰部一起在广州以政变方式夺权，然后配合唐继尧（以副元帅身份）统治广东，对杨、刘有着整体的不信任。本可分而对付甚至使杨、刘对立的局势却未加利用，也表明国民党新领导群在东征初胜后自信上升。在 4 月底的讨论中，蒋介石和廖仲恺都主张与唐继尧妥协，让其入主广州，而将革命根据地东迁至粤东，以巩固新获得的地盘（蒋明确指出让已得地盘的将领离开防地去打一次无希望的仗非常困难），并向闽南发展。待唐继尧与留驻广州一带其余客军和粤军发生内讧时，再回来收复广州。但鲍罗廷反对这一计划，主张在唐继尧逼近广东前倾全力击溃在粤之滇桂军。蒋、廖被说服后，许崇智又反对，仍主向福建发展。但鲍罗廷的意见最后获得通过，并确定了此役由蒋介石指挥。[②]

---

　　① 　本段与下段，参见 Sutton, *Provincial Militarism and the Chinese Republic: The Yunnan Army, 1905—25*, pp. 285—287。

　　② 　本段与下段，参见〔苏〕加伦：《广东战事随笔（1924 年 12 月—1925 年 7 月）》，收入中共中央党史研究室第一研究部编：《共产国际、联共（布）与中国革命文献资料选辑（1917—1925）》（2），北京图书馆出版社 1997 年版，第 669—691 页。

正像杨、刘讨陈不积极而丧失其地位一样, 许崇智对讨伐杨、刘的消极态度成为其后来失去军事指挥权的重要潜因——蒋败自然无话可说, 许既得地盘也保留了与各方斡旋的余地; 若蒋胜则功勋与声誉俱增, 局势就将完全不同。值得注意的是, 当时所有各方皆预计唐继尧会轻易消灭广西军队并迅速抵达广州。可知新桂系击败滇唐大军是整个南方局势至关重要的大逆转, 它决定了北洋的对立面由"西南"向"南方"的地域转变, 促进了广东新兴力量解决杨、刘的决心并确保其在没有外敌威胁的形势下完成。到 5 月初, 范石生发回的电报表明广西军事发展与所有人预料的相反, 新桂系正取得胜利。在唐继尧的威胁不复存在后, 苏俄顾问及其支持者提出肃清客军以扩大地盘、增加税收、实现广东人统一广东的口号, 以区域意识和物质利益为讨伐杨、刘的驱动力。[①]

6 月初开始的讨伐杨、刘之役顺利得出人意料, 实际战斗不及十天就以大元帅府方面的完胜结束。[②] 杨、刘两部本身未必行动一致应是其失败的重要原因, 而地方意识也起了相当重要的作用。黄埔校军的宋希濂观察到, 广州市民久受客军盘剥, 闻其败而奋起, "多有持铁棒、菜刀、扁担等为武器, 将其击毙, 为数颇多"。身逢其事的滇军将领李

---

① 过去国民党及受国民党影响的史学叙述多称杨、刘"叛乱", 实际上讨伐杨、刘的决策早在 4 月初已制定, 实在杨、刘有"叛乱阴谋"之前, 此役更多可视为革命阵营内部的新陈代谢和权势转移。蒋介石当时说: 打倒杨、刘, "岂止为他们把守地盘, 把持财政, 最要的原因, 他最大的罪恶, 还是因为他们联络北方军阀段祺瑞、勾结云南土酋唐继尧, 还要与香港政府勾通, 甘心做卖国奴, 服从香港帝国主义者命令来推翻我们革命根据地"。蒋介石:《在军事委员会讲演》, 1925 年 7 月 26 日,《蒋中正先生演说集》, 第 100—101 页。其实主要是因为杨、刘不听命于新政府, 刘震寰也有配合唐继尧夺权之意, 再次则确为把守地盘和把持财政。其余两项是今日多数史学论著关于此事的基调, 然而香港不过为这些人开会的地点, 联段则孙中山比杨、刘有过之而无不及, 谈不上多大"罪恶"。

② 参见《陆海军大元帅大本营公报》第 14 号的各项文件, 黄季陆主编:《中华民国史料丛编》, 第 12 册, 台北"国民党中央党史史料编纂委员会"印, 1969 年, 第 6549—6748 页; 陈训正:《国民革命军战史初稿》, 卷一, 第 298—301 页; 毛思诚编:《民国十五年以前之蒋介石先生》, 第 429—451 页。

宗黄更形象地描述说，广州市民因"近几年了受够了客军盘踞欺凌压榨的恶气，一旦有了可乘之机，无不怒眉横目……揭竿而起，但知泄忿雪耻，见到了戴红边军帽的滇军是一拥而上，挥刀猛砍，甚而至于用牙齿一口口咬死人"。[①]

　　杨、刘的覆灭使广东军政局势发生根本的改变，党军利用杨、刘溃散后的兵员军械，一举由一旅扩编为两个师。有此基础，大元帅府随即要求统一广东民、财两权（即要各军交出其所控制的地方行政权和财权），并正式决定成立掌管全国政务的国民政府、废除地方军称号而改组为统一的国民革命军。国民政府于 7 月 1 日正式成立，得到苏俄顾问支持的汪精卫担任主席，对讨伐杨、刘不积极的代元帅胡汉民退居外交部长，许崇智任军事部长，然已失去实际统兵权。数日后成立了由八人组成的军事委员会，主席仍是汪精卫。[②] 以具有正式国家政府名义的国民政府取代临时性的大元帅府当然有其长远的建设性意义，但在当时恐怕也是着意于告别"大元帅"体制的一种权宜举措——"大元帅"体制既然不复存在，唐继尧欲以副元帅入主广东之正当性也随之而逝。

　　不过，统一财权对参与讨伐杨、刘各军来说意味着原来用以作为驱

---

　　①　宋希濂：《大革命时期统一广东的斗争》，《文史资料选辑》（我所用的是中国文史出版社 1986 年合订本）第 77 辑，第 96 页；李宗黄：《李宗黄回忆录：八十三年奋斗史》（三），台北中国地方自治学会，1972 年，第 112 页。按李宗黄时任滇军范石生部参谋长，留守广州。因范石生部主力在广西参与对抗唐继尧之战，李部本身未受打击，但李还是在事变后随即避难上海。毛思诚所编书也记载了类似情形，黄埔军本也结红领带，因避民怨株连乃不得不取消。蒋介石对此甚为愤怒，与宋希濂基本以赞扬的口吻叙述此事态度相当不同，他或许已感觉到广东地方意识同样可以延伸到针对黄埔军。参见《民国十五年以前之蒋介石先生》，第 451 页。

　　②　组建国民政府和军事委员会的一系列法令均收入《中华民国国民政府公报》第 1 号（1925 年 7 月 1 日），国民政府秘书处编、文官处印。参见陈公博：《苦笑录》，李锷编注，香港大学亚洲研究中心，1979 年版，第 22—29 页；曾庆榴：《广州国民政府》，广东人民出版社 1996 年版，第 135—141 页；陈训正：《国民革命军战史初稿》，卷一，第 301—303 页。

动力的税收等物质利益落了空,而杨、刘的消失使作为另一驱动力的地方意识也转换了针对目标,因为"客军"的定义可以是广泛的,与其讨伐对象陈炯明粤军相比,黄埔军本身也不脱"客军"意味,只是没有其他客军那样鲜明的地域色彩罢了。① 未曾参与讨伐杨、刘的许崇智已基本失去兵权,他和梁鸿楷、魏邦平等原在孙、陈之间亲孙中山的本地土军将领都具有危机感,遂在"土军排斥客军"的口号下结合在一起。他们对再次东征陈炯明并不积极(这也可能是师法杨、刘"养虎自重"的策略),甚至不排除与陈炯明部联合的可能,因陈部亦土军也。②

　　在此背景下,我们一般史学论述中主要视为国民党左右派斗争的廖仲恺被暗杀事件就与土客军之争发生了密切关联,而争夺的核心利益正是消灭杨、刘之后如何支配广东的"财权"。当时就敏锐地注意到这一"土客矛盾"及财权问题的鲍罗廷说,梁鸿楷等粤军将领为实现"广东人的广东",自消灭杨、刘后即"试图夺取政权。对他们来说,政权首先表现在财权上。政治委员会任命的财政部长是廖仲恺,这就是说需要排除廖仲恺,于是他们就把他干掉了"。但"客方"在这一次的权势争夺中显得更高明,他们利用许崇智和胡汉民两位粤人的矛盾,以放逐胡的方式换取许对解除粤军梁鸿楷部的默许,于1925年8月成功地将梁部缴械。③

----

　　① 　陈独秀在解释广州讨平杨、刘之战并非"粤军排斥客军之战争"的"误解"时举例说,这次"参加讨伐杨、刘的,不但有谭延闿所统率的湘军和蒋介石所统率的教导团,并且还有朱培德所统率的滇军,这绝对说不上是什么排斥客军的话"(陈独秀:《广州战争之意义》,1925年7月,原载《向导》,收入《陈独秀著作选》,第2卷,第889页)。此语实已明确了黄埔军的"客军"性质。

　　② 　本段与下段,参见〔苏〕鲍罗廷:《在联共(布)中央政治局使团会议上的报告》,《联共(布)、共产国际与中国国民革命运动(1926—1927)》,上册,第108—116页,下段引文在第111页。

　　③ 　尽管廖仲恺亦粤籍,但他此时更多代表着国民党和国民政府"中央"的利益,亦即在"土客矛盾"中站在"客"方一边。

　　梁鸿楷部有上万人的兵力,是当时国民政府治下粤军中最强者。与此同时,黄埔军在李济深(李济琛)部粤军的配合下,将东莞郑润琦部、石龙莫雄部、广州梁士锋部粤军缴械;梁、魏等被捕,失去基础的许崇智被迫出走。党军利用粤军力量再次扩编一个师,不过数月的时间,黄埔军从东征开始时的两个团扩充为三师九团。[①]许、梁、魏等的失势意味着广东驻军的新陈代谢以激烈的方式又迈进一大步,当地军事形势完全改观。梁鸿楷部等被缴械后数日,新成立的国民政府正式组建国民革命军五个军,党军为第一军,蒋介石任军长,除李福林军之外的粤军组成第四军,李济深升任军长,这两军是国民革命军的主力。

　　1925年秋,以第一第四两军为主进行了二次东征,至年底完全占领东江地区,陈炯明余部溃退入福建。其间国民政府在新桂系军队支援下首先解决了新近从湖南退入广东的熊克武建国川军,10月,又以朱培德第三军、第四军陈铭枢师和谭延闿第二军一部组织南路军,在广西军队的配合下讨伐邓本殷和驻钦廉之桂军申葆藩,至1926年初南征结束,国民政府第一次真正控制广东全省。昔有功劳而势力大的在粤客军多被歼灭,过去作用不大力量而较弱者反得以保存(主要是湘军)。粤军在一定程度上也有类似的演变,许崇智所属各部除一直亲黄埔的陈铭枢旅成建制地转入第四军扩充为第十师外,余多被"消化",反倒是非核心而实力有限的李福林部保存较久。[②]

―――――――――

　　① 关于土客矛盾及解决粤军,并参见宋希濂:《大革命时期统一广东的斗争》,《文史资料选辑》第 77 辑,第 98—104 页。

　　② 最缺乏"革命"性的李福林部从未得到国民党中央和国民政府的信任,从 1925 年讨伐杨、刘之前开始,长期被列入拟缴械消除的名单之中,然其实力太有限,每次都因重要性不足而暂予保留,直到北伐仍存在。参见〔苏〕加伦:《今后南方工作展望或曰 1926 年国民党军事规划》,1925 年 9 月(按据内容看,写作时间应为 6 月),《联共(布)、共产国际与中国国民革命运动(1926—1927)》,上册,第 197—202 页;〔苏〕鲍罗廷:《在联共(布)中央政治局使团会议上的报告》,同前书,上册,第 109 页。

　　以两次东征为核心的一系列争战在许多方面都是重要转折点，最能体现广东革命阵营内部的新陈代谢。从地域视角看，它代表着地域色彩明显的"客军"从广东军政事务中淡出（余下的区域"客军"基本不具备挑战政府的能力，多半也无此愿望，但图自保而已）；从军事角度看，它标志着黄埔军声誉的确立和一批军校训练的广东少壮将领的兴起；[①] 就国民党及其主导的整体革命事业言，它见证了孙中山时代的结束（这一结束是广泛的：孙本人的弃世及国民党新领导层的形成是一方面；更直接的转变是孙的最大挑战者陈炯明势力的终结以及与孙、陈相争有关的一系列反陈军人、包括粤军内部的许崇智和客军的杨、刘，皆随之退出权势争夺第一线）和后孙中山时代的开始。所有这一切转折中的新兴因素都与蒋介石多少相关，他不久即在国民革命事业中疾速上升，显非无因而至。

　　然而这一系列权势转移发展得实在太快，数月间权力核心的人事更迭和军事将领的新陈代谢频繁得使人眼花缭乱，其一个直接社会后果即造成大量从政者和军人突然"失职"，尤其是军官（数万客军和数量相近的粤军在短期内"消失"，积累下来的"闲散"军官为数甚众）。许多客籍军政人士本避难于粤土，不易返回故地；更重要的是不论本土还是客籍，这些人鲜有其他谋生特长，主要的希望就是以某种方式"复职"。更因"世界革命"落实在广东一隅，港英方面非常乐于以各种方式支持这批"失职"军政人员，以扰乱甚至威胁新兴的国民政府，后者支持的省港大罢工直接影响着香港经济，且有着鲜明的共产革命色彩，在港英当局眼中多少代表着苏俄利益。

　　当年的"土客矛盾"中隐伏着一个潜在但至关紧要的大问题，即究

---

　　① 　北伐时期粤军出身的名将如邓演达、陈铭枢、张发奎、叶挺、薛岳等在东征时为旅团长级骨干，然皆未见于丁文江叙述到1924年底的《广东军事纪》（收入《近代稗海》，第6辑，第431—458页）。

竟哪一方面才具有统治广东的正当性。大元帅时代的广东是所谓非常时期，可以不言法度。而国民政府却正式举起"国家中央政府"的大旗，以中央政府名义而号令不过刚及广西，且因不允广西在财政方面"沾光"而自失"国家法度"，其统治的正当性原本有限。国民党曾利用广东人的地方意识讨伐客籍的杨、刘，但当其需要树立中央政府的权威时，广东地方意识却成为其统治正当性的一个强力障碍。与此同时，国民党本身的新陈代谢也围绕着新领导中心之确立在进行，苏俄顾问和共产党人的直接参与增强了这一权势竞争的多元性，但仍有不少超出左右之争和国共之争的因素需要考察。

二、中山舰事件前的广州政治权势竞争

1926 年初南征结束后的几个月间，广州一直处于相当复杂的权力斗争之中。持不同观念的各种团体或派系的关系至为曲折，而其分合也常常转瞬即变；主要特征是各方都既联合又斗争，每次联合或斗争多是相机而动，未见十分明显的持续性。这里当然有明显的意识形态即"主义"的分歧和冲突，这也是过去史家关注较多者；但左、右两派的主义之争并不能涵盖当时权力斗争的全部，有时甚至不一定是主导因素。关键是新从杨、刘和陈炯明等手中夺来的广东仅一省之地，而各方皆欲染指，或试图掌握全部权力，或至少分一杯羹；不仅失意或失职者力图恢复昔日的地位，新兴者或仍在努力想要兴起者为数并不更少。

这些权力斗争的一次大爆发就是 3 月 20 日的中山舰事件，关于这一事件的研究已较深入，[①] 但整体上都相对忽视那些不能以

---

① 关于中山舰事件，参见《蒋介石日记类钞·党政》，1926 年 1—5 月，《民国档案》1998 年第 4 期，第 7—10 页；毛思诚编：《民国十五年以前之蒋介石先生》，第 617—658 页；周恩来：《关于 1924 至 1926 年党对国民党的关系》，《周恩来选集》，人民出版社 1980 年版，

"左右之争"来涵盖的因素，比如前述的"土客矛盾"及以此为基础的"蒋李交恶"，便应得到进一步的重视。[①] 当年京沪各报如《晨报》《时报》和《申报》上常见关于蒋介石和李济深"交恶"的报道，其具体的陈述或时有误差（特别是因对广东复杂的派系关系认识不足而区分双方的"敌友"失误），[②] 惟"蒋李交恶"之事大致是存

（接上页）第112—124页；包惠僧：《中山舰事件前后》，《文史资料选辑》第2辑，第40—53页；陈公博：《苦笑录》，第57—78页；张国焘：《我的回忆》，香港明报月刊出版社1971年版，第489—526页。相关专题论文有Tien-wei Wu（吴天威），"Chiang Kai-shek's March Twentieth Coup D'etat of 1926"，*Journal of Asian Studies*，27（May 1968），pp. 585—602；蒋永敬：《三月二十日事件之研究》，《中华民国初期历史研讨会论文集》，台北"中研院"近史所，1984年，第159—184页；杨天石：《"中山舰事件"之谜》，《历史研究》1988年第2期；裴京汉：《中山舰事件的真相和汪精卫出洋的原因》，《民国研究》第4辑（1998年6月）；余敏玲：《蒋介石与联俄政策之再思》，《中央研究院近代史研究所集刊》第34期（2000年12月）；杨奎松：《走向"三·二〇"之路》，《历史研究》2002年第6期；相关著作较多，主要有Leang-Li T'ang，*The Inner History of the Chinese Revolution*，New York: E. P. Dutton, 1930, pp. 241—249; Harold R. Issacs, *The Tragedy of the Chinese Revolution*, Stanford, Calif.: Stanford University Press, 1951, pp. 91—96; Chung-gi Kwei, *The Kuomintang-Communist Struggle in China, 1922—1949*, The Hague: Martinus Nijhoff, 1970, pp. 37—42。

① 黄埔军其实也是地域色彩不明显的"客军"，这意味着其走出广东的潜在必要性；稍后包括黄埔军在内的所有"客军"皆参与北伐，先后离开广东寻求发展，多少也受到上述土客矛盾的影响。且黄埔军和粤军之间的"土客矛盾"一直延续下去，1927年中共发动的广州起义在国民党内被认为是"粤方委员"支持张发奎所致，此后1930年蒋介石在南京扣留李济深解除其兵权，终造成李济深在1933年末联合粤籍将领蒋光鼐、蔡廷锴等发动福建事变，以及1936年陈济棠反蒋的两广事件，多少都与此相关。这一矛盾直到抗战爆发才在外患的压力下缓解，但日渐边缘化的粤军那不平之气仍未熄灭，可参见第四军纪实编纂委员会：《第四军纪实》，广州怀远文化事业服务社1949年版。

② 以今日的后见之明看，《晨报》和《时报》的报道相对近真，《申报》的则参差不齐。当年沪报的外埠通讯员各色人等都有，有的确实能获悉当地内情，有的不过据道听途说以为谋生之计，且某地通讯员未必即驻当地，如驻汉口者即可能兼顾湖南、四川（参见陶菊隐：《记者生活三十年》，中华书局1984年版，第27—28页），故所报消息未必准确。如《申报》一位署名铜驼的虽专言广东事，其人似乎并不在广州，语多隔膜，参见《广州政局骤变之内幕》（铜驼3月21日通信），《申报》，1926年3月28日，第7版；《广州事变之经过与内幕》（铜驼3月25日通信），《申报》，1926年3月31日，第9—10版。但道听途说亦不妨其时有所得，至少可告诉我们当时传言如何，这也同样重要。同时，《申报》也有一些通讯员的报道大致准确，基本经得起今日后见之明的检验。

在的。①

　　两次东征胜利后蒋介石的个人地位有了根本的提高,他自己说,东江打下之后,"从前许多学生敢来规劝我、责备我的,现在都没有了,当作我是一个特殊阶级看待。所以我想以党来做中心的,而今反以我一个人来做中心;所谓团体化、纪律化的方针,完全做不到,这是非常惭愧的一件事。大家要晓得,我们革命党的危险就是在这个地方! 要是大家不赶紧觉悟,仍旧是认人做中心,那末,校长一死,这中心就失掉了"。② 这一新出现的"个人中心"最初主要还是在党军系统之中,在整个广东党政军体系中,蒋的资望实不够;不过,每次清洗掉一些老资格,他的地位就提高一次,到中山舰事件前蒋介石在国民党内已实际居于第二位,这样的快速窜升引起许多人的侧目。③

---

　　① 沈雁冰回忆说,毛泽东在中山舰事件后主张对蒋持强硬态度,其依据之一即第二至第五军"都与蒋介石面和心不和,李济深与蒋还有宿怨"。茅盾:《我走过的道路》,上册,人民文学出版社 1997 年第 2 版,第 342 页。从毛思诚所编蒋介石年谱摘录的蒋日记看,蒋对李济深其人印象相当不佳:1926 年 2 月 21 日,与李济深谈两广统一事,"客去,悁恍殊甚。既而曰:'人惟在于自强。安乐难共,乃人情之常,吾何怪彼哉'"。(按次日李济深就被正式任命为参谋总长,这次很可能谈及此事。)同年 4 月 4 日,"黄绍竑、李济深来辞行。公谓:用人难,察言尤难。天下惟狡诈人不可用,察狡诈人之言更难,吾为之惧"。毛思诚编:《民国十五年以前之蒋介石先生》,第 620—621、642 页。按此句原稿为"天下惟狡诈人不可用,听狡诈人之言更宜注意,否则未有不为所败者,吾为此惧"。则原稿对李之猜忌更加明显,参见中国第二历史档案馆编:《蒋介石年谱初稿》(以下径引书名,按本书是毛思诚编《民国十五年以前之蒋介石先生》一书的稿本,以下凡内容相同者仍引正式出版本),档案出版社 1992 年版,第 559 页。
　　② 蒋介石:《黄埔同学会成立纪念训话》,1926 年 6 月 27 日,《蒋校长演讲集》,第123—124 页。
　　③ 陈洁如在其回忆录中有多次述及蒋的快速窜升以及他人的敌视态度,参见 Chen Che-yu, "My Memoirs", collected in the Chang Hsin-hai Papers, Hoover Institution, Stanford University, pp. 259—260 (按 259 页有加页,即 290b-c,实为 3 页),278—279、294—296。这一回忆录有中译本,名为《我做了七年蒋介石夫人——陈洁如回忆录》(团结出版社 1996 年版,相应内容在第 167、179、191—193 页)。该书"出版说明"称此书是从得自陈洁如女儿的英文原本全文译出,然前面的中文书名却很可能是译者妄加,中译本的内容与我所用的英文本偶有不甚同处,不排除是另一文本,但有些几乎可肯定是有意的(也许是善意的)修改,如回忆录中将邓演达和徐谦误忆为黄埔学生(第 258—259 页),中译本将 students 译为"助手",并将 young men 径译为"人"而略去"年轻"二字(中译本 165 页),译者大概是希望这样更接近"历史真相",却反使"回忆"本身异化了。

其实李济深也是新近才疾速窜升为粤军领袖的。广东久为革命根据地,本土革命军在此长期奋斗;尽管粤军自身的争斗不断,但各次内斗主要是将领的兴衰,下层的兵员仍多在内部"消化"(讨伐"反叛"粤军时往往有另一部粤军参加,通常比他部更易接收本土溃兵),特别是与许崇智长期不和的李济深,其部在讨伐杨刘后历次解决"反叛"粤军(尤其是第二次东征和南征)都积极参加,所获最丰,实力陡增数倍,已成为国民革命军中兵力最强的一军。李氏以广西人而任职粤军,在粤军内部多少也有些"客"的意味,但在粤军与中央政府的"土客"竞争中,李济深此时已成长为本土军的代表人物。再加上李因其广西人的关系长期支持新桂系,广西统一后屯兵西江上游的新桂军反过来又成为李氏的有力后盾,更强化了其在广东的地位。

作为东征主力的黄埔军和粤军,在联合中也有竞争,取胜之后权力分配问题更日益凸显。国民党新中央真正控制广东后,在军事、政治、财政等方面都提出"统一"的要求,这对基本据有防区全权的粤军是直接的"侵犯";过去中央政府和梁鸿楷等的矛盾再次出现,不过这次落在李济深身上了。东征后何应钦以军功升第一军军长,蒋介石被任命为革命军总监,军事"统一"对他有利,当然支持;蒋既身处中央,其余的"统一"他也不能不支持。有时李济深等既得权力受到的挑战并不直接来自蒋,但也往往被认为与蒋一致。比如宋子文试图"统一财政",意味着李部交出驻区财权,就并非蒋欲得利;[1]又如汪精卫任全军总党代表,并命令各军一律由中央党部派任权限甚大的党代表,也

---

[1]　罗加乔夫稍后认为,"把从军队手中接管的整个财政机关移交和集中到财政部手里"这一措施受到商界的欢迎,并以对广州政府"给予全面的支持"作为回报。〔苏〕罗加乔夫:《关于广州1926年3月20日事件的书面报告》,1926年4月28日,《联共(布)、共产国际与中国国民革命运动(1926—1927)》,上册,第235页。但此举显然使新获得"财权"的李济深等军人极为不满。

是蒋表面支持而暗中头痛的问题;[①] 而南征后李济深接管了原邓本殷的地盘,中央所派南路行政委员甘乃光以"统一政治"之名撤换李所任命之县长而代以新人,甘本亲汪,从派系言也更多反映汪的扩充势力而已。[②]

　　军事方面的蒋李之争,蒋也不很占先。尽管李济深在东征时曾为蒋之下属,据说他对蒋被任为总监颇感不服和不满,谭延闿、朱培德也不表态支持蒋。[③] 国民政府面临的困难在于,黄埔军虽是国民党之党军,其他各军利益也不能不考虑。曾负责参谋团的苏俄顾问罗加乔夫分析说:"为了所有其他军的利益,就不能允许蒋介石搞独裁。"他特别指出,各军之中最需要顾及的是"由广东人组成的第四军",盖在广东人眼中,"蒋介石本人及其军队都是北方人"。故中央政府在推行"军事集中管理"时相当注意"土客矛盾"和平衡各方利益,军事委员会即在这样的原则下调整:参谋团改为参谋部,李济深任总长;升军需监为部,朱培德为部长;谭延闿则自许崇智离粤后即任国民政府军事部长。他们担任中央级职务后皆仍兼军长,独蒋基本为空衔(总监虽预示着可能改为总司令,然其职责及管辖范围当时并不明确),仅兼广州卫戍司令。罗加乔夫承认,蒋在此前一直受到俄方特别优待,这次的安排却

----

　　① 鲍罗廷后来发现,蒋介石削弱党代表在军队中的地位得到军官的支持,因为"指挥官一直讨厌政治委员、政治指导员和一切其他'人手'",他们对蒋介石的行动感到"非常高兴"。〔苏〕鲍罗廷:《给加拉罕的信》,1926年5月30日,《联共(布)、共产国际与中国国民革命运动(1926—1927)》,上册,第281—282页。

　　② 又如实行军民分治,很可能就反映先后主持广州市政的伍朝枢和孙科支持之意,仍与蒋无关。所有这些矛盾参见执中:《粤省蒋李交恶之因果》,《晨报》,1926年3月25日(3月12日稿);执中:《蒋李交哄与粤局》,《晨报》,1926年3月28日(3月15日稿);维岳:《广州市风云之一瞥》,《时报》,1926年3月30日,第1版。《广州民国日报》的社论也指出,在军政、民政、财政统一等"革命之形势进展"下,"失败军人和无聊政客"等反革命派深感不幸,乃制造蒋、李交恶的谣言以"挑拨离间"。献声:《可哂之无意识的谣言》,《广州民国日报》,1926年3月10日,第2版。可知上述矛盾的主要渊源正是军、政、财的"统一"。

　　③ 参见维岳:《粤省最近之政局》,《时报》,1926年3月8日,第1版。

"使蒋介石权力受到削弱"。①

　　有报道说，"蒋李交恶"的一个原因即蒋认为参谋部隶属总监，而李则认为两者平级。② 实则只要没有隶属关系，即使蒋的总监等级更高，也因不直接带兵而多少有些失势的感觉。这样的"军事统一"显然使蒋不满，他一面设法扩大卫戍司令部规模，希望以此为基础改编为总监府（此虽报纸传闻，大致可信。2 月 6 日，由粤军改编的黄埔教导师改称第二十师，划归卫戍司令指挥）；③ 同时于 1926 年 2 月 9 日辞去黄埔校长外一切军职，正式表达其不快。但蒋以辞职表抗议的方式未得预期反应，其辞呈被汪精卫留中不退。④ 2 月 22 日，蒋介石又单独呈请解除东征军总指挥职，这或有暗示李济深的南路总指挥亦不必存在之意，同时又似乎意味着前之总辞职已部分取消，仍可以总监身份执事。⑤

---

　　① 〔苏〕罗加乔夫：《关于广州 1926 年 3 月 20 日事件的书面报告》，《联共（布）、共产国际与中国国民革命运动（1926—1927）》，上册，第 233—234 页。按参谋团改组时撤换了过去直接担任长官的俄人，蒋介石将此作为他主导的一项措施记录在案（毛思诚编：《民国十五年以前之蒋介石先生》，第 619 页），但从蒋、李竞争看，实际获利的是李济深。在中俄关系方面，由于俄人在很大程度上仍以顾问身份掌握着总部各部门，苏俄方面对此无强烈反应。并参见执中：《粤军界四头争雄》，《晨报》，1926 年 3 月 18 日（3 月 4 日稿），第 5 版。

　　② 参见《粤省北伐声中之暗潮》，《申报》，1926 年 3 月 16 日（木庵 3 月 9 日通信），第 6 版。

　　③ 参见《申报》，1926 年 3 月 3 日（约 2 月 24 日通信），第 9 版。

　　④ 蒋介石对其辞职未得到他所期望的关注和反应耿耿于怀，且辞职后身份尴尬，倘不管事非其所愿，继续管事又似乎不那么名正言顺。他在 3 月 9 日即发现，"吾辞职已认我军事处置失其自动能力，而陷于被动地位者"（《蒋介石日记类钞·党政》，1926 年 3 月 9 日，《民国档案》1998 年第 4 期，第 7 页）。稍后在其 1926 年 4 月 9 日致汪精卫函中，再次指责汪对其辞职"滞迟延搁，既不批准，使弟不能辞责引退；而又留中不发，使弟又不能负责整理。卒之军纪废弛，整顿无方，以致三月二十日之事，一发而不可收拾"。见蒋介石致汪精卫（稿），1926 年 4 月 9 日，南京第二历史档案馆，全宗号 3041，卷号 85。

　　⑤ 本段与下段，参见毛思诚编：《民国十五年以前之蒋介石先生》，第 617—621 页；《申报》，1926 年 3 月 3 日（约 2 月 24 日通信），第 9 版；杨奎松：《中共与莫斯科的关系（1920—1960）》，第 79—81 页；李云汉：《从容共到清党》，台北中国学术著作奖助委员会，1966 年，第 488 页。

2月24日，国民政府与广西达成两广统一事项，在原有的六个军的基础上，留出第七军名义，而改编广西军队为第八、九军。[①] 此时广东方面若组建第七军，以卫戍司令部所辖第二师和第二十师为宜，两师皆有较大的粤军成分，则以本为粤军出身的第二师师长兼卫戍司令部参谋长王懋功任军长似较顺理成章。但在外间纷杂的传言中，王懋功已被卷入"蒋李交恶"的旋涡之中。有说李济深部下师长陈济棠反蒋甚力，曾拟联合王懋功部反，因谭延闿、朱培德中立，李不肯发；有说王联络何应钦欲反，被周恩来提醒。[②] 更复杂的是王懋功同时还牵涉国民党和黄埔军队内的左右之争以及蒋介石和苏俄顾问季山嘉的矛盾。

蒋在中山舰事件后就指责汪精卫和季山嘉试图诱王叛蒋。[③] 其实汪等试图拉拢扶植王懋功大约是实，然看不出有倒蒋之意。就王本人而言，他较早参与黄埔军校事务，从入伍生总队长做起，其后颇得蒋信任，屡膺重任。王本许崇智部下，时人多认为他积极参与倒许，他自己也承认蒋在倒许前"曾一度见商"，他"力劝慎重，并言须得政治同情"，可知确曾出谋划策。[④] 以此背景看，那时若在蒋、汪之间选择，他

---

① 关于两广统一议决事项，参见"中华民国国民政府令"第124号（1926年3月19日），收入《中华民国国民政府公报》第27号，第23—25页。

② 关于王懋功与何应钦相关而不稳等说法，可参见《时报》1926年3月12日"本馆专电"之香港3月9日电，第1版；维岳：《广州市风云之一瞥》，《时报》，1926年3月30日，第1版；《晨报》，1926年3月11、12、13、17日，均第2版，3月28日（执中3月15日稿），第5版；《王懋功解职后之东江问题》（3月10日铜驼通信），《申报》，1926年3月20日，第9版。

③ 蒋介石在1926年4月9日致汪精卫函中，举例十项指责汪精卫受季山嘉影响而不能自主，其中两项涉及拉拢王懋功叛蒋，一是预留第七军长一缺以为报酬，一是更改军事委员会议决的经费预算，从黄埔军校经费中减去三万元而拨给第二师。当蒋提出质问时汪则顾左右而言他。见蒋介石致汪精卫（稿），1926年4月9日，南京第二历史档案馆，全宗号3041，卷号85。稍后在对第一军党代表的演说中，蒋又不指名地重复了这两项指责。参见蒋介石：《关于中山舰案对全体党代表演说词》，1926年4月20日，收入《蒋介石先生最近之言论》，北京民社1926年版，第20—22页。

④ 王懋功致张静江，1926年3月7日，中国第二历史档案馆编：《中华民国史档案资料汇编》，第四辑上，江苏古籍出版社1986年版，第360页。

未必肯定站在汪一边。不过，有实力的部下"叛上"已成当时南北军界的流行模式，王虽未必有意背叛，外在诱惑力若增强，难保其不受影响；同时王在第二师内部也坐不稳，那时该师内孙文主义学会反王倾向很甚，已导致部队的不安定。[1]重要的是黄埔军主力在东征后仍留潮汕，仅王懋功率领的第二师留驻广州。蒋当时已辞广州卫戍司令职，虽未批准也未不准，身份尴尬，而王以参谋长身份理论上还可指挥最近划归卫戍司令属下的第二十师。

在这样的情形下，王懋功一身实为许多不稳定因素的结合点，尤其黄埔第二师和卫戍司令部是蒋在广州唯一可依靠的力量，也是蒋继续发展壮大其势力的凭借，不能不予以特别的重视；若去王，则各种可能致乱的因素皆散而难聚。蒋介石于2月26日断然撤去王之第二师师长职，以副师长刘峙接任，次日即将王押送上海。蒋在将王懋功押送上海后自认："凡事皆有要着。要着一破，则纠纷不解自决。一月以来，心坎憧忧，至此略定。"[2]其实这一"要着"只是稳定本阵营的预防性措施，它并未使外在的"纠纷不解自决"，但毕竟为蒋采取进一步行动奠定了基础。

蒋的另一预防性措施也与防止"叛上"相关，即落实何应钦的态度。以潮梅绥靖委员身份率第一军主力驻防东江的何应钦那时也算获得了"地盘"，一定程度上面临与李济深等相类的问题，他恐怕未必欣赏"统一"民、财两权的措施。当时各报言反蒋事扯上何应钦的不少，何对蒋个人态度虽不必与李济深等同，从那时起多少有些若即若离则

---

[1]　鲍罗廷即注意到孙文主义学会在第二师中力量甚大，与一些团营长相关。见〔苏〕鲍罗廷：《在联共（布）中央政治局使团会议上的报告》，《联共（布）、共产国际与中国国民革命运动（1926—1927）》，上册，第140页。王懋功自己也说，孙文主义学会曾劝说他入会，王未允，该会"继则散布非学会份子不能指挥第二师之言"，与其极为对立。参见王懋功致张静江，1926年3月7日，《中华民国史档案资料汇编》，第四辑上，第358—360页。

[2]　毛思诚编：《民国十五年以前之蒋介石先生》，第621—622页。

不差。时任何部秘书长的李仲公说，蒋介石在中山舰事件前曾密电何应钦，说广州有要人联合重要方面反对他，欲避而无容身之地，愿何赐教。何乃誓言忠诚，为蒋后盾，必要时请蒋到汕头指挥。[①] 这一密电往来恐不像李仲公诠释的那样两人"完全一致"，而是意味着蒋对何不放心，两人之间的关系已到需要"核实"的程度。[②]

逐去王懋功及何的表态为蒋可能采取的行动增加了安全系数，后防基本稳定的蒋介石当时可以有多种选择，首先他可以进一步联俄。苏俄在国民党和政府中的影响有目共睹，同时意味着当下和以后源源不断的物质援助，其在军事技术方面的指导正使中国与欧洲的新战术"接轨"；[③] 更重要的是面临帝国主义威胁的中国革命必须是"世界革命"的一部分，俄援乃是后者最鲜明的体现。此前蒋一直被认为是联俄最积极者之一，其部所得到的俄援也最多；鲍罗廷在中山舰事件前夕就认为蒋不但"左"，甚至可说"极左"。反之，李济深长期驻扎西江地区，不仅个人显露头角稍晚，且显然与苏俄顾问保持着相当的距离，以致鲍罗廷到1926年2月似乎根本不知有此人，他在一份重要报告中两

---

① 参见李仲公：《我所知道的何应钦》，《文史资料选辑》第36辑，第208页。

② 按据蒋日记，他在3月19日确曾"准备回油休养"，半路上想到"对方设法陷害，必欲使我容身无地"，又决定回去采取镇压行动（《蒋介石日记类钞·党政》，1926年3月19日，《民国档案》1998年第4期，第8页）。这说明蒋介石大致信任何应钦，但在路上想到"容身无地"而折返，仍有些耐人寻味。

③ 勃拉戈达托夫考察国民二军河南军校时发现，学员们进行军事训练所依据的规章还是辛亥革命前制定的，"很明显，这些规章都是从日俄战争期间的日本规章翻译过来的，因此，它们没有反映出第一次世界大战的经验"（〔俄〕A. B. 勃拉戈达托夫：《中国革命纪事（1925—1927年）》，李辉译，第83页）。这是一个很重要的观察，中国军校训练的确特别受日本影响，而日本基本未参与第一次世界大战，因而也就缺少直接的"经验"，更多是间接获得欧洲新的军事观念。恰好中国此后较多依赖自身的军校，于是连间接的新军事观念也接受较少。遍观当年苏俄军事顾问的回忆录，一个最显著的观点即中国军队的训练和作战方式基本仍受日本过去的影响，在战术上已落后于欧洲；相反，在改造沙俄旧军队基础上组建的苏联红军则充分吸收了第一次世界大战的新型战术，故苏俄顾问所带来的训练和作战方式的确更"先进"。

次把李济深说成是另一粤籍将领吴铁城。[1]

但蒋若强化联俄，需要苏俄方面也有类似意向的"配合"，季山嘉在苏俄顾问内争中的胜出基本断绝了这一可能性。与久在欧洲帝国主义阵营里进行革命的鲍罗廷不同，季山嘉倾向于苏联红军那种更加直接的处事方式，且在与鲍罗廷的竞争中占了上风，而蒋最能接受的加伦先已离开广东。[2] 当时苏俄明显在加强对谭延闿和朱培德之第二、三

---

[1]　鲍罗廷1926年2月说，放逐胡汉民和许崇智后，广州政权的首领是"始终最忠诚最积极的汪精卫、明确表示自己是国民党左派信徒，甚至可以说是极左派信徒的蒋介石、和湘军将领谭延闿"。〔苏〕鲍罗廷：《在联共（布）中央政治局使团会议上的报告》，《联共（布）、共产国际与中国国民革命运动（1926—1927）》，上册，第116页；关于鲍罗廷把李济深说成是吴铁城，参见同一文件，第113、141页。按鲍罗廷等对蒋的认知不能说是"受蒙蔽"，蒋那时思想上确实"左倾"。1926年3月初，当邓演达表示中国革命的结果是"本党必归于乌有，而以共产派起而代之；吾军惟有领导青年左倾，共图国民革命之成"时，蒋"亦以为其判断之有所见"（《蒋介石日记类钞·党政》，1926年3月4日，《民国档案》1998年4期，第7页）。另外，当时为争取苏俄信任（其潜在因素当然包括俄援），国民党与共产党在"革命性"方面竞争渐成常态。苏俄的穆辛即担心"极左倾向不仅可能在中国共产党中存在，而且也可能在国民党左派的某些人士中存在"，后者实际上"多多少少已有表现"。他观察到，"国民党左派首领经常热衷于玩弄左的和极左的革命词藻，似乎试图以此来表明自己在'革命性'上超过中国共产党"。〔苏〕穆辛：《关于中共在广州的任务的提纲》，1926年4月24日，《联共（布）、共产国际与中国国民革命运动（1926—1927）》，上册，第213页。其实岂止国民党左派如此，一般认知中的"右派"胡汉民在莫斯科主动提出让国民党加入共产国际，更是显例。

[2]　可以认为鲍罗廷在1926年初的北上（原拟回国述职，后因中山舰事件返回广东）是为季山嘉所迫，后者在1926年1月自称近来与鲍罗廷"很少争吵，因为他在我的强大攻势下认输了，基本不再干预我的工作"。但他仍以为鲍罗廷能力已尽，"以后会跟不上事态和形势的发展"，主张将其撤换。〔苏〕古比雪夫（季山嘉）：《给叶戈罗夫的信》，1926年1月，《联共（布）、共产国际与中国国民革命运动（1926—1927）》，上册，第15—16页。而鲍罗廷自己则拟回国寻求支持，他强调，尽管当时的实际工作的确以军事为主，但还是应该有"一个人为全部工作负责"。他在行前明确对汪精卫保证，谁是苏俄在粤领导这个问题会在一个月后得到比较确定的解决。〔苏〕鲍罗廷：《在联共（布）中央政治局使团会议上的报告》，《联共（布）、共产国际与中国国民革命运动（1926—1927）》，上册，第142—144页。按苏俄在粤顾问的内斗牵涉至为宽广，非本文所能详述。它首先与苏联驻华使馆中加拉罕与武官处之间、再往上则更涉及联共（布）中央和共产国际、斯大林和托洛茨基对于中国局势的观念歧异。大体而言，尽管加拉罕和鲍罗廷也有不少矛盾，他们仍共同代表着一个从"世界革命"即国际角度思考中国问题的取向，其一个代表性的表述即加拉罕指出的，

军的工作,这意味着物质援助的分享,蒋对此也不满意。① 联系到上述军事委员会的人事安排,1926 年初苏俄工作的整体形象是对黄埔军的重视较前降低,而更注重其他各军。在这样的情形下,进一步联俄显得不那么切实可行,何况还有蒋与季山嘉的个人恩怨横亘其间。

　　然而,在一般人眼里,蒋介石又恰是联俄的主要象征之一。在 3 月20 日行动相对准确的消息披露之前,京沪各报关于蒋捕王懋功的传闻大都说王是孙文主义学会成员,可知蒋被外间视为孙文主义学会的对立面。也有说陈济棠联合李福林、吴铁城、何应钦等通电要求蒋宣布"反赤"宗旨、召回胡汉民、裁削赤俄军官实权、释放"反赤"政治犯等。甚至有报道说蒋拟辞职赴港,而俄籍军官和军校学生劝蒋以武力解决,蒋为所动,乃在黄埔设行营,集中各处党军准备采取行动。② 这些虽为传闻,多少也事出有因,尤其最后所述蒋几乎赴港事,陈立夫曾多次述及,视为秘闻;③

（接上页）当土耳其的凯末尔枪杀共产党人时,苏联仍对其提供物质援助,因为凯末尔正在反帝;也应该以同一思路来处理中国问题（〔苏〕加拉罕:《在联共（布）中央政治局使团会议上的报告》,1926 年 2 月,《联共（布）、共产国际与中国国民革命运动（1926—1927）》,上册,第 69—70 页）。根据这一思路,广东不如北方重要,国民革命军不如国民军重要。这一取向为苏共中央派出的布勃诺夫使团首肯（虽然布勃诺夫尽量采纳了从使馆武官处到驻粤军事顾问团的主张）,也大致得到斯大林的支持。这是莫斯科一再反对广东北伐的重要出发点,因为北伐非常可能导致国民革命军和国民军的军事冲突,而在国民军打败后又可能妨碍苏联正与张作霖进行的谈判（这可以从前书整个"第一部分"的一系列文件中看出,参见第 13—297 页）。关于莫斯科反对北伐,并参见杨奎松:《中共与莫斯科的关系（1920—1960）》,第 74—78 页。

　　① 过去俄援基本为黄埔军所垄断,蒋介石明显不愿他军多得。斯切潘诺夫曾说季山嘉负责时苏俄曾秘密帮助云南、广西,并保守秘密不令蒋介石知,然终为蒋所悉,并以此责备季山嘉反对北伐。按此若指杨、刘,时间稍早,且与其他文献所述冲突,疑翻译有误,大概是指对朱培德军等帮助较多,待考。参见斯切潘诺夫:《关于三二〇事件后广东情况的报告》,1926 年 4 月,中共中央党史研究室第一研究部编:《共产国际、联共（布）与中国国民革命文献资料选辑（1926—1927）》,上册,北京图书馆出版社 1998 年版,第 157 页。

　　② 参见《王懋功解职后之东江问题》（铜驼 3 月 10 日通信）,《申报》,1926 年 3 月20 日,第 9 版;《晨报》,1926 年 3 月 12、17 日,均第 2 版。

　　③ 最近一次是在他的回忆录中,参见陈立夫:《成败之鉴:陈立夫回忆录》,台北正中书局 1994 年版,第 52 页。

要么蒋类似的反复有多次，要么此事在中山舰事件前早已外传，故为报人所探知；这一传闻说蒋之几乎出走是为右派所迫而得到左派及俄方支持，相当能体现广东以外地区对蒋介石政治倾向的认知。

外在的认知当然有来自广东本地的渊源，既然鲍罗廷也视蒋为极左派，在李济深等人眼里，统一财政等强化中央权力的举措多少与蒋相关，也较正常。当时广东关于"蒋李交恶"的谣言颇盛，到3月上旬已出现第四军的讨蒋文电，兼及李济深部下师长陈铭枢（据说陈与李不和而亲蒋），至少以传单或揭帖形式在广州一带散布，上有第四军主要军官姓名，李济深本人未署名，然在广州政府说李部通电是挑拨时，李初不表态；后经汪精卫调停，同意李部所辖西江和南路之财政行政暂不"统一"，仍由李支配，李部党代表由其荐任等；陈铭枢本人也到广州面见李济深，李遂表示要通电辟谣。此意甫露，《广州民国日报》立即以社论方式宣布蒋、李或李、陈"交恶"乃失职军人之谣言。数日后李济深正式率第四军将领（包括陈铭枢）通电，电文历数一、四两军的友谊，宣称"只知有革命反革命之分，并不知有军与军之别"。①

"蒋李交恶"的化解只是表面的妥协，此事的产生、发展及"解决"透露出不少当日政治运作的消息：各方的矛盾显然更多是实际利益的冲突和权势争夺，后来的妥协也侧重此；但其表述却基本回避实质性的内容，而是诉诸民族主义等更为高远的政治理念，在思想上与当时北方的"反赤"运动隐相呼应（作反蒋宣传者与北方实际的联系或不能说没

① 献声：《可哂之无意识的谣言》（社论），《广州民国日报》，1926年3月10日，第2版，相关报道在第3版，李之通电全文载该报1926年3月15日第3版。并参见《晨报》，1926年3月11、12、13、17日，均第2版，3月28日（执中3月15日稿），第5版；《粤省军界暗潮续闻》（木庵3月11日通信）、《粤省军界暗潮又趋和缓》（毅庐3月15日通信及铜驼未署日期之通信），《申报》，1926年3月18、21日，均第9版。陈铭枢可能叛李之事又是那时南北皆流行"叛上"行为模式的一例，不论陈是否有意，当事人及解读时局者多会有此想。此事当时流传较广，俄人勃拉戈达托夫也提到蒋介石试图拉拢"右派"陈铭枢。见〔俄〕A. B. 勃拉戈达托夫：《中国革命纪事（1925—1927年）》，李辉译，第190页。

有，然更多仍只是观念上的借鉴）。苏俄及其"赤化"的外国特性被有意渲染，提示着以香港为基地的港英舆论的积极参与和推动；"赤化"既是外来的，联俄也就随之带有不够"独立自主"的潜义，后一观念的兴起却是在中国鼓吹反帝的苏俄所促成。这样，以实际利益为基础的"土客矛盾"因俄、英的卷入而国际化，地方因素和国际因素的奇特结合使广州政局的纠葛更加错综复杂，而其解决似也不能不与外国在粤存在相关。[①]

现在尚不清楚汪精卫对李济深的让步是否得到蒋介石的赞同，但从后来蒋指责汪"离间各军感情"看，[②] 汪的处置显然让蒋不满，尤其在他渐悉广东出现"反蒋运动"之时。还在送走王懋功的次日，蒋即注意到"忽又发生一件戒心事，无法解决，最后决用强制手段，否则为害于党国，不可名状"。此事究何所指尚待考证，观其次晨即"与邓演达议处置军械办法"，则多半与军事相关。[③] 现虽不清楚蒋拟实施的"强制手段"是什么，但他此时应已准备做出较大的举动。3月7日，蒋从刘峙和邓演达那里得知"有人以油印传单分送各处，作反蒋宣传，此心反得安适"。这应非故作镇定，此前数日他曾感自身处境如"单枪匹马，前虎后狼，孤孽颠危"；此后两三天他发现，"近日反蒋运动传单不一，疑我、谤我、忌我、诬我、排我、害我者，亦渐显明"。[④] 则其心"反得安适"或是弄明白了反蒋者究为何人之后的感觉。

---

① 部分由于"世界革命"直接表现在广东一隅，当时广东政治的"国际化"已深入不少人的思维之中。从蒋介石在那段时间的日记、演讲以及他人对蒋的观察可以看到，他相当关注法国大革命和不久前的土耳其革命，不时借助这两次外国革命的现象对比和思考中国正在进行的革命，详另文。

② 参见《蒋介石日记类钞·党政》，1926年3月28日，《民国档案》1998年第4期，第9页。

③ 参见《蒋介石年谱初稿》，第540—541页。据当时任海军民生舰舰长的舒宗鎏说，该舰在中山舰事件前确曾受命到黄埔将大宗苏俄援助的军械（计三八式步枪一万支和俄式重机枪二百挺）搬运上舰，蒋介石亲往查看，并指示无其本人命令不得交给任何人。这大概即此前蒋与邓演达所议之事。参见覃异之：《记舒宗鎏等谈中山舰事件》，《文史资料选辑》第2辑，第54—55页。

④ 《蒋介石日记类钞·党政》，1926年3月7日、5日、10日，《民国档案》1998年第4期，第7—8页。

　　这样,2月底那件"戒心事"有可能指各方的"反蒋运动"。今日不少史家多据蒋介石后来的叙述,似接受这些反蒋宣传来自中共方面;[①] 其实由上文可知,应基本来自粤军方面。而广州更早就出现过指责蒋"左倾"的"倒蒋口号",更可能出自孙文主义学会方面。[②] 有意思的是蒋从"反蒋运动"中认识到,从前在政治组织方面不曾用心,"完全信任同志",如今始知"事事非精明审虑,皆为人之傀儡"。[③] 这时他已有"上当"的感觉,且其不满并非指向反蒋者,却是让他作"傀儡"的汪精卫;这一思路预示着他后来以相当奇特的方式处置"反蒋运动",即先不直接反击"作反蒋宣传"之人,而是釜底抽薪,使反蒋者不再能攻击他亲俄左倾。

　　由于黄埔系统内左右矛盾日益尖锐,在季山嘉主政的前提下,进一步联俄对蒋又不够现实(这也意味着他无法依靠中共),在当时的状态下他就不能不向"右派"靠拢了。鲍罗廷后来也说,夹杂在左派、中派

---

　　① 曾庆榴是少数持不同看法者,他认为"这类传单不可能是中共方面散发的"。参见其《广州国民政府》,第343—344页。

　　② 王懋功在1926年3月给张静江的信中说,孙文主义学会曾拟鼓动军人武装游行,反对国民党二大选出不少中共党人,同时"广州市内发现倒蒋口号"。时东征刚结束,蒋尚未回到广州,王以师长兼代卫戍司令部事,乃奉蒋、汪命采取"严重制裁之手段,解此危难"(王懋功致张静江,1926年3月7日,《中华民国史档案资料汇编》,第四辑上,第358—359页)。从王信看,此"倒蒋口号"当然是指责蒋左倾,大致应出自孙文主义学会方面。按孙文主义学会在中山舰事件前活动确实非常积极,尤其在第二师中力量甚大,但该学会起初本未必具有反共性质,与其对立的青年军人联合会最初也不是纯"左派"组织。当时情形相当复杂,以黄埔学生为主的青年军人联合会本是面向驻粤各军的讲武堂学生,原来所针对的大概是"四校同学会"那样的组织(后来成立的黄埔同学会也因实际停办的四校同学会试图复起而不得不解散),蒋介石自己最初也很支持,后来黄埔生中又有孙文主义学会产生,鲍罗廷说其一个主要领导人(编者注说可能是贺衷寒)曾八次申请加入共产党,皆遭拒绝。鲍罗廷向中共询问原因,也没有获得令他满意的答复。他认为:"这是个错误。如果让他加入共产党,他会对这个学会产生另一种影响,然而他却被拒之门外。"可知青年军人联合会和孙文主义学会之间演变成左右冲突有一个过程。参见黄雍:《黄埔学生的政治组织及其演变》,《文史资料选辑》第11辑,第6—8页;曾扩情:《黄埔同学会始末》,《文史资料选辑》第19辑,第169、182页;〔苏〕鲍罗廷:《在联共(布)中央政治使团会议上的报告》,《联共(布)、共产国际与中国国民革命运动(1926—1927)》,上册,第140页。

　　③ 《蒋介石日记类钞·党政》,1926年3月10日,《民国档案》1998年第4期,第8页。

和右派之间的蒋介石那时处境"极为困难,他必须对孙文主义学派或对共产党人采取措施"。[①] 研究北伐的朱丹以为,中山舰事件时蒋若不出而站在右翼一方发挥领导作用,则年轻的孙文主义学会分子也会照样动手,甚至可能连蒋一起扫除。[②] 按朱丹未作进一步分析,亦未引证材料,似有些夸大孙文主义学会的力量,然其大致把握到当时那种箭在弦上、不得不发的情景。[③]

这样一种紧张的态势部分是人为所造成。从杨、刘之役到梁鸿楷部等粤军解散后之失职军人甚众,成为出产"谣言"的温床。广州当局在中山舰事件前就已采取措施,大量拘捕失职军人,并将非粤籍者押登沪轮,递解出境。惟利用和传播"谣言"造势似已成为当时广东政治的一个特色,邹鲁就曾告诉陈公博,中山舰事件前蒋对汪的猜疑是伍朝枢有意编造谣言所促成。[④] 其说未可全信,但仍从一个侧面揭示出造谣

---

① 〔苏〕鲍罗廷:《给加拉罕的信》,《联共(布)、共产国际与中国国民革命运动(1926—1927)》,上册,第282页。

② Donald A. Jordan, *The Northern Expedition: China's National Revolution of 1926—1928*, p. 40. 又朱丹相当看重省港罢工在国共关系中的作用,他认为中国共产党视罢工委员会为基地以与国民党争,故这是中山舰事件的重要原因之一(第35—39页)。此说或无意中受索克思影响,后者认为十万有组织、有政治理念并被中国共产党领导的工人已成为广东具有控制性的政治力量,中国共产党常利用此力量来操纵广州政府(George E. Sokolsky, *Tinder Box of Asia, Garden City*, N. Y.: Doubleday, 1932, pp. 334—335)。但目前所见中国共产党领导人关于此事件的论述,似未将省港罢工放到这样重要的地位,后之革命史家亦然。

③ 对蒋来说威胁更大的恐怕仍是各军不稳的传闻,主要的当然是李济深部的敌视传单,同时也包括李福林和吴铁城等粤军拟以武力支持"反赤",以及广西李、黄屯兵梧州阴助李济深等(参见前引京沪粤各报的通讯);与作为"北方人"的黄埔军相比,所有这些军队都带有本土性,这样的一致性在"土客矛盾"尖锐化时更会得到凸显。在这样严峻的形势下,黄埔军内部的"统一"就更为急迫了。

④ 参见陈公博:《苦笑录》,第77—78页。按邹鲁之说的核心是关于蒋介石访俄事,此事现有蒋介石日记及其致汪精卫书等众多材料,可证明邹说不确,至少漏洞颇多。但中山舰事件前右派相当活跃,而且预见到大变在即,确有些踪迹。据说已成为"西山会议派"的前共产党沈定一在事前就告诉郑望道:"广州不出十日,必有大变。"柳亚子据此判断广州"反动派的阴谋,是和上海通声气的"。柳亚子致柳无忌,1926年4月1日,《柳亚子家书》,上海图书馆历史文献中心近代文献部编,岳麓书社1997年版,第373页。

传谣是当时广东政治运作的一种流行方式。到中山舰事件后鲍罗廷与蒋介石再次合作,仍感觉有必要就此达成协议,"采取最严厉的惩罚手段,根除有人经常在省内散布恶毒谣言,以破坏政府的威信、稳定和财力的现象"。其具体做法就包括逮捕吴铁城和驱逐伍朝枢,这或者是伍朝枢始料未及的。①

蒋介石在事后认为,汪精卫"始以利用王懋功背叛不成,继以利用教育长陷害又不成,毁坏余之名节,离间各军感情,鼓动空气,谓余欲灭某党、欲叛政府"。② 这里最核心的两点就是"各军感情"已不佳,而蒋与"某党"的关系也可能出问题。蒋并正式指责说:汪在三月初旬召集孙文主义学会及青年军人联合会员训话时,曾说"土耳其革命成功,乃杀共产党;中国革命未成功,又欲杀共产党乎? 此言也,不知兄何所指? 而军官听者,无不惊骇,皆认兄此语是引起共产党与各军官之恶感,无异使本军本校自相残杀也。所以三月二十之事一触即发,以为共产党员闻兄之言必有准备,所以各军官亦不得不出于自卫之道"。③ 杨奎松以为,"不得不出于自卫"一语"表面上是说各军官,其实正是蒋这时心理的写照",④ 确有所见。

---

① 参见《广州市之弭谣办法》(铜驼 3 月 18 日通信),《申报》,1926 年 3 月 26日,第 9 版;〔苏〕鲍罗廷:《给加拉罕的信》,《联共(布)、共产国际与中国国民革命运动(1926—1927)》,上册,第 275 页。偏左的柳亚子在事发后就希望"蒋此次如能彻底觉悟,把反动派乘机解决一下,倒是'未知非福'"。柳亚子致柳无忌,1926 年 4 月 1 日,《柳亚子家书》,第 372—373 页。

② 《蒋介石日记类钞·党政》,1926 年 3 月 28 日,《民国档案》1998 年第 4 期,第 9 页。关于"利用教育长陷害"一事尚不清楚,既存研究中山舰事件各家对此语焉不详,待考。

③ 蒋介石致汪精卫(稿),1926 年 4 月 9 日,南京第二历史档案馆,全宗号 3041,卷号 85。不知蒋介石是否熟知苏联对凯末尔的政策是即使杀共产党人也要支持,若已知,则其所为正可检验苏俄是否对中国也如此;若不知,则他实在是"歪打正着",后来的发展表明,苏俄对中国革命采取的是同样政策。

④ 杨奎松:《蒋介石从"三·二〇"到"四·一二"的心路历程》,《史学月刊》2002年第 6—7 期连载,我看到的是作者的原稿,谨向杨先生致谢。

　　一方面来自各方的压力确实很大,另一方面蒋也做了采取行动的准备,中山舰的调动乃成"事件"发生的导火线。既存的研究已不少,尤其近十多年的研究使我们对史实的了解进一步深入,[①] 但现在仍不能确证究竟是谁"发动"了这一事件。看来事件因误会而起的可能性极大,然既不排除确有针对蒋的某种"阴谋"存在,[②] 也不排除蒋介石利用中山舰的调动以发难。[③] 事从海军而起似也有些前因,据陈洁如回忆,她处理的蒋介石密信中有一函称,对蒋的"快速窜升"取敌视态度的人中,以海军司令部之人为最。海军曾由苏俄人员直接管理,在被中国军官替换后又是当时国民党内左右斗争冲突最激烈的场所之一,从3月上旬起海军主要领导更迭频繁,与"蒋、李交恶"一起成为各报最关注的两个焦点。[④]

三、中山舰事件后的广州政局

　　3月20日事件过程各家叙述已详,此不赘。当时上海各报对事件的认识进程却值得关注:《申报》到3月30日(据3月23日港讯)仍

---

① 特别值得提请注意的是前引杨天石、裴京汉和杨奎松的研究。

② 陈洁如说事前陈璧君多次打电话确有其事,使蒋介石感到有阴谋。Chen Che-yu, "My Memoirs", pp. 300—301;中译本,第193—195页。而陈公博的叙述提示着陈璧君确有嫌疑,因为汪精卫虽然身体不好,但3月18日晚还表示不会请假休息,次日却因陈璧君不肯放其出门而不再办公。这正是事件的前一日,即汪的突然不出门还在蒋采取行动之前,多少让人怀疑。后来蒋介石明确对陈公博说汪精卫那次是要谋害他,陈不久"将此事面质汪先生,汪先生愕然了半天,只能答:'公博,你信不信?'"如果这是汪的全部回答,似不能像陈自己那样理解为"极力否认"。参见陈公博:《苦笑录》,第58—59、72—73页。

③ 尽管陈公博试图暗示蒋介石策划和"发动"了中山舰事件,他所举出的依据并不能证明其假说。参见陈公博:《苦笑录》,第73—76页。

④ Chen Che-yu, "My Memoirs", pp. 278—279;中译本,第179页。并参见前引京沪各报的通讯报道。实际上关于海军的纠葛还有超出左右之争的复杂因素,它牵涉黄埔系统这一陆军试图控制海军的努力以及久已自成系统的海军对此的抵御,这些问题只能今后再详考了。

说事件乃李之龙试图组织工人政府失败，[①] 次日发表毅庐发自 3 月 21、
23、25 日三封长篇通信，算是了解到事件乃是"民党左派分裂"，蒋介
石转变了信任共产派态度，依靠左派打击极左派。[②]《时报》之报道则
仍说何应钦和王懋功是孙文主义学会首领，并联络李济深、朱培德、谭
延闿等欲采取行动，蒋为其所迫，乃派兵搜索各右派要人住宅。但因党
军中本有两派，出发后各派均借机搜捕对方（故实际发生的一系列针
对左派和苏俄顾问的行动皆被说成是孙文主义学会矫令行事），及搜得
之文件表明左派将在北伐开始后发动政变夺权，"蒋氏察悉共派阴谋，
态度复立变"而转为反共。[③] 这些本非"事实真相"的叙述说明，对一
般外人而言，要接受一贯亲俄左倾的蒋介石突然反共，实在相当困难，
故不得不努力搜集各方传言，以圆其说。

　　事稍平息后，3 月 22 日召开的国民党政治委员会"决议令俄顾问
主动引去，第二师党代表撤回，对不规军官查办"。[④] 这是一个妥协的
决定，最后查办"不规军官"一条至少部分是针对包围苏俄顾问团等行
动，它既可为逮捕李之龙的行为正名，也为后来逮捕欧阳格埋下了伏
笔。[⑤] 从国民党改组以来，蒋介石的一贯态度就是革命阵营内部应尽

　　[①]　参见《广州政局急变之内幕》（3 月 23 日港讯），《申报》，1926 年 3 月 30 日，第
9 版。

　　[②]　参见《广州事变之经过与内幕》（毅庐 3 月 21、23、25 日通信），《申报》，1926 年
3 月 31 日，第 9 版。按毅庐明确了李之龙是在睡梦中被捕，可知消息来源相当可靠。

　　[③]　维岳：《广州市风云之一瞥》，《时报》，1926 年 3 月 30 日，第 1 版。有意思的是
当时各报刊载关于中山舰事件之内容甚众，独此一篇被全文收入《中华民国史事纪要（民
国十五年）》（中华民国史事纪要编委会编，台北中华民国史料研究中心，1978 年版，第
247—249 页）之中。按此文所说党军各部矫令行事也非全然无据，蒋介石自己就承认："军
队不出动则已，如一出动即不能事事制止，必有自由及不轨之行也，以后戒之。"《蒋介石日
记类钞·党政》，1926 年 3 月 21 日，《民国档案》1998 年第 4 期，第 8 页。

　　[④]　《蒋介石日记类钞·党政》，1926 年 3 月 22 日，《民国档案》1998 年第 4 期，第 8 页。

　　[⑤]　两人后均释放也说明中山舰事件偶发的可能性甚大，即使真有"阴谋"或"预
谋"，不论出自哪一方，应都不在海军和中山舰这一层次。

可能妥协，①尤其黄埔系统内左右双方都是他借以兴起的部下，俱难轻易舍弃。蒋在 3 月 21 日即觉"人才缺乏，实无改造一切之工具，孤苦伶仃，至于此极，可堪痛心"。二十天后，他仍感"对于退出军队之共产分子甚难为怀"，因为这牵涉"以后政治方针究应如何决定"。但蒋也认识到，自 3 月 20 日的行动后，"团体分裂，操戈同室，损失莫大焉。二年心血尽于此矣"！这应是发自内心的老实话。团体已分裂的现实迫使蒋不得不在二者中选择依靠其一。鲍罗廷以为，蒋在采取了 3 月 20 日行动后就"只能（违背自己的意志）反共"，这一观察大致接近真相。②

此前苏俄推动的军事改革限制了蒋介石的权力，这一次蒋也借中山舰事件削弱苏俄在军内的实际控制权。对此苏俄方面基本接受，苏共中央代表布勃诺夫到广东后承认，中山舰事件的确有苏俄方面的错误，特别是"军事工作中的过火行为"非常明显，主要体现在设置参谋部、军需部和政治部等"军事集中管理搞得太快"，引起军官上层暗中反对。他认为，上述三部及党代表和顾问就像"给中国将领脖子上套上了五条锁链"，当俄国（即外国）顾问对中国将军表现专横时，等于

---

① 蒋在 1924 年国共合作之初就对孙中山进言："吾党自去岁以来，不可谓非新旧过渡之时期，然无论将来新势力扩张至如何地步，皆不能抹杀此旧日之系统。何况新势力尚未扩张，且其成败犹在不可知之数，岂能置旧日系统于不顾乎？"蒋介石致孙中山，1924 年 3 月 2 日，毛思诚编：《民国十五年以前之蒋介石先生》，第 235—236 页。

② 参见《蒋介石日记类钞·党政》，1926 年 3 月 21 日、4 月 10 日，《民国档案》1998 年第 4 期，第 8、9 页；〔苏〕鲍罗廷：《给加拉罕的信》，《联共（布）、共产国际与中国国民革命运动（1926—1927）》，上册，第 282 页。按蒋介石稍后对汪精卫说，黄埔出身之军官对共产党行为固多不满意，"谓其有杀共产党之心，则弟保其绝无之事。盖一般军官皆知革命战线之不能撤［拆］散，与其杀共产党，不如谓其自杀也"。参见蒋介石致汪精卫（稿），1926 年 4 月 9 日，南京第二历史档案馆，全宗号 3041，卷号 85。这话在那时不能认为是虚伪，蒋确实希望黄埔学生能超越于国共之上，以收鱼与熊掌兼得之效，他后来要黄埔军中的共产党员退党而以国民党左派身份继续效力就是这一愿望的体现；但早已不满的共产党方面决不会接受这一方式，尽管蒋与中共的合作还要持续一段时间，双方的矛盾却不能不以决裂告终。

提醒中国军人的民族主义情绪；过去曾发生让中国主官或军校校长在队列前向俄国顾问报告的情形，实在过分，简直是"反革命行为"。布勃诺夫强调，必须认识到中国的"国民革命军不是工农红军"。① 苏共中央政治局的中国委员会后来也同意，"蒋介石将军的3月20日行动是由我们军事顾问们的错误引起的"。②

在这样的认识下，苏俄方面自然希望继续与蒋介石合作。一度担任广州苏俄临时负责人的索洛维约夫从北京到广州前已与加拉罕取得共识，"蒋介石能够留在国民政府内，也应该留在国民政府内；蒋介石能够同我们共事，也将会同我们共事"。他注意到，蒋在3月20日态度不很合作，但在24日得知布勃诺夫使团要走而鲍罗廷尚不知何时返回后，主动表示要与布勃诺夫面谈。谈话的结果强化了上述共识，尽管"使团决定迁就蒋介石并召回季山嘉，是将此举作为一个策略步骤，以便赢得时间和做好准备除掉这位将军"；索洛维约夫却以为，既然错处主要在苏俄方面，"现在我们应当设法以自己受点损失和作出一定的牺牲来挽回失去的信任和恢复以前的局面"。这需要人际关系中的"个人威望"，只有鲍罗廷具有这种威望，因为"蒋介石和汪精卫都信任他，

① 〔苏〕布勃诺夫：《在广州苏联顾问团全体人员大会上的报告》，1926年3月，《联共（布）、共产国际与中国国民革命运动（1926—1927）》，上册，第168—172页。按这里所说的参谋部原书译为"司令部"、军需部原书译为"后勤部"，据内容看应是军事委员会的参谋部和军需部。类似的观点也见于〔苏〕布勃诺夫：《给鲍罗廷的信》，1926年3月27日，同前书，第186—187页；苏俄内部相反的观点则见于〔苏〕拉兹贡：《关于广州1926年3月20日事件的书面报告》，1926年4月25日，同前书，第222—225页。关于布勃诺夫使团对事件的看法，并参见〔苏〕亚·伊·切列潘诺夫：《中国国民革命军的北伐》，中国社会科学院近代史研究所翻译室译，中国社会科学出版社1981年版，第372—376页。

② 除季山嘉等的过火行为外，俄方承认的"错误"还包括在黄埔军校讲授马列主义而不讲授三民主义。这些行为造成的"满腔怒火被国民党右派所利用，蒋介石这时就成了他们的客观工具"。〔苏〕索洛维约夫：《向联共（布）中央政治局中国委员会提出的关于中国形势的书面报告》，1926年7月7日，《联共（布）、共产国际与中国国民革命运动（1926—1927）》，上册，第332页。类似的见解也见于穆辛在关于中国共产党在广州任务的提纲，参见〔苏〕穆辛：《关于中共在广州的任务的提纲》，同前书，第210页。

他能胜任这个任务"。[1]

索洛维约夫反映的是不少在粤苏俄人员的共识,美国记者索克思恰在中山舰事件后不久到广州,他在舞会上与俄国人交谈,后者以为一切都完了,中共党人多藏匿或逃逸,反共势力兴高采烈,扭转局势的唯一可能是鲍罗廷返粤。[2] 鲍罗廷受命立即从北方返粤,这意味着他在与季山嘉的竞争中最后胜出。4 月 29 日鲍罗廷抵达广州,未见中共而先往见蒋。张国焘闻讯到鲍府等候,显然不满鲍罗廷的态度。数日后鲍罗廷告诉张,蒋介石和孙中山都是国民党中派,且都有较强的反共意识。若孙中山在,也会采取某种步骤来限制中共的活动。张国焘发现,鲍罗廷最关切的是苏俄与国民党的关系及苏俄是否会因此被迫离开广东,而视国共关系和汪精卫的地位等为次要问题。鲍罗廷并确信自己有维持与国民党关系的办法,那就是他手中有钱。[3]

在以往蒋介石与在粤各军的资源争夺中,鲍罗廷始终支持黄埔军,后者是俄援的主要接收者,[4] 这是蒋、鲍关系尚好的基础。同时老革命家鲍罗廷算计甚深,他带回了久已离粤的胡汉民。[5] 胡在莫斯科时屡有相当激进而左倾的表述,若蒋介石不与苏俄妥协,鲍罗廷也可尝试拥

---

① 〔苏〕索洛维约夫:《给加拉罕的信》,1926 年 3 月 24 日,《联共(布)、共产国际与中国国民革命运动(1926—1927)》,上册,第 177—179 页。索洛维约夫的意见得到了布勃诺夫使团的确认,参见〔苏〕布勃诺夫:《给鲍罗廷的信》,1926 年 3 月 27 日,同前书,第 188 页。

② George E. Sokolsky, *Tinder Box of Asia*, p. 336.

③ 参见张国焘:《我的回忆》,第 512—515 页。按物质援助的确是任何国民党主政者之所必需,不过以此为基础的关系,其延续性也视双方在供需上的相互满足而定,一旦鲍罗廷的钱不足以满足国民党所需或其找到足以取代的财源,这样的关系便未必能持久。

④ Vera V. Vishnyakova-Akimova, *Two Years in Revolutionary China, 1925—1927*, tr. by Steven I. Levine, Cambridge, Mass.: Harvard University Press, 1971, p. 220.

⑤ 据伴随胡汉民的朱和中回忆,莫斯科最初打算将胡汉民召回苏联,是鲍罗廷决定将其带回广州。但胡汉民在广州日子并不好过,观望月余,其外交部长职也被陈友仁代理,遂于 5 月 11 日避走香港。蒋永敬:《胡汉民先生年谱》,台北国民党党史会,1978 年,第 373—378 页。

胡汉民任领袖；若蒋逼俄退出而使国民党右转，他本人将立刻面对资望高于他的胡氏，后者本国民党"右派"代表，在反"左派"方面尤具"政治正确性"（political correctness）。[①] 同时，包括物资弹药和军事技术的俄援是黄埔军力量的重要支柱，失去俄援则黄埔军力量顿减。而中共和左倾的青年军人在黄埔军中的潜势力仍不可小视，宋子文、谭延闿等新老中间派均持调和态度。这样，不论文斗武斗，蒋在中山舰事件后均无独自胜出的把握，除联俄外也别无出路。

其实蒋介石在逐王懋功后与汪精卫谈季山嘉专横时，已"料其为个人行动，决非其当局者之意"。3月22日，当苏俄参议来问蒋中山舰事件的作为是"对人"还是"对俄"，蒋"答以对人"。俄参议表示"只得此语，心已大安"，并称要将季山嘉等遣送回国，[②] 结果双方很快达成继续合作的协议。

蒋介石与苏俄的妥协当然不仅着眼于权势之争，他是那时较少认真考虑了帝国主义威胁和攘外与安内关系的国民党领袖。如果中国革命与帝国主义的基本矛盾甚至正面冲突是无法避免的，任何一个革命领导人都不能忽视苏俄援助的重要性，包括物质的和心理的。蒋介石早在1925年7月就认为，沙基惨案的发生表明"英帝国主义者与我实际上盖已入于交战状态"，故"我政府亦惟有认英帝国主义为当前之大敌"。[③] 在面临帝国主义近在咫尺的直接威胁时，革命事业也有邻近的大国援助这一象征作用并不低于物质的和军事技术的援助。

---

① 柳亚子当时分析说："报上又载胡归代汪的谣言，其实此时的汉民，比精卫还要左些（旅俄华人创办的《前进报》，屡有胡言论制制）。反动派又想拥胡制汪，这是梦想而已。"柳亚子致柳无忌，1926年4月1日，《柳亚子家书》，第373页。

② 《蒋介石日记类钞·党政》，1926年2月27日、3月22日，《民国档案》1998年第4期，第7、8页。陈洁如则说，事发后俄方曾有人来问蒋介石此举是针对汪精卫还是针对苏俄，蒋介石答是针对汪精卫。Chen Che-yu, "My Memoirs", pp. 302—303; 中译本，第195—196页。

③ 毛思诚编：《民国十五年以前之蒋介石先生》，第464页。

蒋介石的民族主义情绪原本较强,他在 1924 年谈及联俄时就对一些"中国人只崇拜外人,而抹杀本国人之人格"表示不满。[①] 这样的民族主义情绪既可针对俄国人,也可针对任何外国人。对多数中外观察家来说,蒋本人正是联俄的主要推动者和直接受益者。他自 1925 年以来表现出的强烈民族主义情绪及其对收回主权的激进主张颇令各国担心。《纽约时报》驻华记者亚朋德后来回忆,"1926 年时的蒋介石是以从内心里讨厌所有外国人而著称的",[②] 这或能反映那时多数外国人对蒋的观感。

蒋的表现与"五卅事件"后全国民族主义情绪高涨的外在大环境非常合拍,在政治活动中有意识地运用民族主义成为当时中国政治的一个日渐流行的倾向。如前已引述的士人观点,"无论中国怎样一个军阀,敢和外国抵抗,是我们十分钦佩的;不幸抵抗外国而失败,是我们十分惋惜的"。[③] 在民族主义情绪高涨的时代,敢与外国人一战,胜负还在其次,却可获得民心。那时北方一般军阀对此认识不足,南方的蒋介石却表现出更敏锐的政治识力,已意识到对外作战不论胜负,皆可得人心。

据报载,1926 年 2 月,广东政府因粤海关案与列强对峙。在决策会议上,蒋介石力主与外人一战。据他分析,列强对粤用兵甚难,未必因此动武。即使动武,广东有六七万新胜之兵,且"有俄员之指挥,俄械为之接济",大可一拼。若幸而战胜,就成为东方第二土耳其;若不幸战败,最多也不过将政府退迁韶州。而"因此一战影响,已博得全国排外者之同情。目前虽稍吃亏,而将来声势必从此更为浩大。盖能与外国人开仗,其地位已增高不知几许也"。谭延闿和孙科认为,以一战

---

① 蒋介石致廖仲恺,1924 年 3 月 14 日,毛思诚编:《民国十五年以前之蒋介石先生》,第 244 页。

② Hallett Abend, *My Life in China, 1926—1941*, New York: Harcourt, Brace, 1943, p. 20.

③ 杨汝楫:《奉告东省同胞》,《现代评论》第 3 卷第 56 期(1926 年 1 月 2 日),第 19 页。

博取国人同情，"将来之价值未必得，而目下之地盘先不保"，实"以大局为孤注"，故极力反对。陈公博和谭平山等支持蒋，而李济深、伍朝枢、宋子文等则附和后一见解；汪精卫初偏于蒋，后"为谭、孙所战胜，亦表赞同"。结果会议决定向海关税务司妥协，蒋即"突然辞职，宣言不问政治"。①

这一会议的情形目前虽仅见于报纸，但与蒋介石那时的一贯识见相通，他更早就认识到攘外可以安内，主张在政治中有意识地运用民族主义。蒋在1925年7月初上书国民政府说："中国革命，其浅近目标，固在军阀。舆论皆谓内政不修，无以对外。实则内政之坏，大半由于军阀得帝国主义强力之助，方敢肆行无忌。"故"今后革命目标，应注重此点，认定帝国主义为当然大敌，誓与奋斗。盖必先杜绝帝国主义与军阀勾结之途径，则军阀不攻而自倒。故今日革命，以对帝国主义为主要目的，而对军阀不过为一枝叶问题耳"。因此，与英帝国主义战，"无论胜负谁属，皆足引起全国及全世界革命群众之注意"。②

到7月下旬，蒋介石在军事委员会的讲演中进而阐述说，打倒帝国主义不仅是必要的，也是可能的："即使英帝国主义真与我们开起战来，我们据大陆与他相持，他未必能离开海岸线制胜我们。"英国所恃为军舰大炮，只要离海岸线一百里，军舰即失作用；除铁路沿线外，中国一般道路狭小，大炮难以移动，其余军用品也输送不便，只要再离开铁路，英军便难取胜。有意思的是蒋的表述中也有一些晚清观念的"再生"，他列举的英军可以战胜的原因也包括吃面粉的英军不能在吃米的南方持久，以及英军"穿不惯草鞋，走不了山路蹊径"等，③大致是当年

---

① 维岳：《粤省最近之政局》，《时报》，1926年3月8日，第1版；执中：《粤战未起前之局面》，《晨报》，1926年3月16日（3月1日稿），第5版。两则报道内容相近，后者较详。

② 毛思诚编：《民国十五年以前之蒋介石先生》，第464—465、468页。

③ 本段与下段，蒋介石：《在军事委员会讲演》，1925年7月26日，收入《蒋中正先生演说集》，第99—112页。

夷狄离不开大黄、腿直不便走山路等说法的现代翻版。

在蒋看来，中国革命"是今日世界帝国主义与反帝国主义一场最后的大激战"，军阀不过是帝国主义的傀儡，"吾党革命目标，与其革军阀的命，无宁先革北京东交民巷太上政府帝国主义的命。擒贼先擒王，所以吾党革命当自打倒帝国主义始"。只有"我们能打倒帝国主义，才为革命的真成功；我们敢同帝国主义作战，方为革命的真起首"。他说："人之爱国，谁不如我？北方军人必有爱国者，西南军人亦必有爱国者"，若大家团结在国民党周围"共同救国"，就可以逼迫帝国主义"本国自己的军队直接来同我们打仗"，革命军就是"希望同外国帝国主义者直接来打一仗"！到"外国与我们革命军开仗的时候，我们革命军成功的日子就不远了"。这是因为，无论中国"哪一省一处与帝国主义开仗，就是燃着了中国大革命成功的导火线，亦就燃着了世界大革命成功的导火线。世界革命一起，帝国主义再没有幸存的道理"。

从这些言论看，前述报载关于粤海关案的争论中蒋介石的发言基本符合其一贯主张，他的确希望通过与帝国主义直接开战而获取全国的支持；并且他也认为，如果在中国内地打持久战，帝国主义未必不可战胜。苏俄带来的"世界革命"观念进一步武装和提升了蒋介石的思想，既然中国革命是世界帝国主义与反帝国主义之战，则中国任一军队与帝国主义开战，不仅可以博得全国同情和政治支持，更能点燃"世界大革命成功的导火线"，这就意味着世界革命基地苏俄的卷入和参与。由此看来，国民党领导的革命不能没有苏俄的援助，蒋介石此时不与苏俄决裂，所思虑者应较为深远。①

---

①　到国民党占领长江流域大部之后，一方面其控制地域的广阔使得苏俄物质援助显得数量渐少因而也就不那么重要（同时国民党也开始从中国金融中心上海以各种方式直接摄取钱财），另一方面列强在北伐军占领武汉后竞相做出亲南方的政策转变，致使实际层面的"帝国主义威胁"大大减轻，以蒋介石为首的国民党派系乃能决定与苏俄以及中共决裂。详另文，一些初步的讨论参见本书《北伐前期美国政府对中国国民革命的认知与对策》。

若前述关于粤海关案的争论属实，则不仅与中山舰事件有所关联，且反映出广州当时权势之争的某些面向，尤其各类人物的分野值得注意。在讨论中支持蒋的谭平山和陈公博皆粤籍少壮新锐，谭乃共产党，中山舰事件后仍未失势（直到整理党务案提出后才与其他共产党一起退出政府）；而陈也是前共产党，他回忆说，中山舰事件后不久，蒋介石让邓演达找到他，"说要组织一个左派的核心，因为一面要防备右派，一面限制共产党，因此不能不有一个坚强的组织"。其成员有 12 人，蒋、邓、陈外，还有谭延闿、朱培德、何香凝、陈果夫、邵力子等，并在何香凝家里开过一次会。①

不过这一"左派核心"还缺少当时广州政治中一个重要团体，即作为孙中山亲戚的宋氏家族。不久孔祥熙夫人宋霭龄第一次请蒋介石夫妇吃饭，陈洁如多年后仍记得蒋对此大感兴奋，表现得非常激动，盖其"从未想到"能有机会与这样的名流共餐，真是"妙得难以置信"。蒋告诉陈，"这些年来我与领袖〔孙中山〕的关系一直不如我所希望的那样密切"，现在终有机会接近他的亲属；与宋氏家族的亲近非常重要，可以说是建立"重大功业的开端"。②此事若与前引陈公博说蒋组织"左派核心"的聚会共观，则其重要性更高，两次聚会都参与者确有一直左倾的何香凝。从陈洁如对当时气候甚热的描述中，可知这次吃饭应在前次"左派核心"的聚会之后。在旁人看来已大权在握的蒋介石尚乏充分的自信，他也相当清楚广州的实际权力核心在哪里。

若把中国共产党及其在国民党中的同情者作为左派，则陈公博所说的"左派核心"加上宋氏家族，恰好是那时广州温和而偏左的中间

---

① 参见陈公博：《苦笑录》，第 66 页。按邵力子似与鲍罗廷同时于 4 月 29 日抵粤，则此会召开应在此后。

② Chen Che-yu, "My Memoirs", pp. 305—318，引文在第 305—306 页；中译本，第 197—208 页。

派。① 可见此时温和而偏左的中间派已隐居主流，中山舰事件后正是这些人出来收拾局势，调解各方。其中谭延闿、朱培德和宋子文三人是那段时间几乎每份关于广东局势的苏俄文件都要提到的人，既说明三人的活跃，也无意中印证了苏俄对二、三军的持续关注。在蒋介石自己的日记中，那段时间他也是不时与谭、宋、朱三人议事。在 3 月 26 日蒋又一度辞职出走时，就是宋子文漏夜赶往虎门将其挽留。② 这里一个重要的例外是第四军的李济深，他在苏俄文件中仅偶尔被提到，在蒋的记述中更几乎不及李济深，偶尔碰面也只说点场面话，体现出"蒋、李交恶"其实余波未息。

不过，上述温和而偏左之人虽已显出结合之势，其思想观念和实际利益等各方面都差距甚大，更群龙无首。正因此，蒋才得以倚靠此派力量分击左右两派，同时将此派逐渐置于其控制之下。周恩来后来总结说，中山舰事件时，鲍罗廷和加伦均离粤，陈独秀也不在，左派除汪精卫外群龙无首，当时各方军政力量皆不欲蒋得势，惟无人牵头，致蒋坐大，并击败左右两方，其权力基础乃得以巩固。③ 此说基本符合当时的实际情况，特别凸显出汪精卫临阵逃避对事态发展的影响。

蒋介石早就感觉到胡汉民、汪精卫等人有着与"旧势力"瓜葛太深和魄力不够等"书生"缺点。事发后汪隐匿不出，蒋即认为"此种不负

---

① 在穆辛当时的分类中，就视蒋介石为一方，而汪精卫、谭延闿、朱培德和宋子文为另一方。他虽认为双方的关系已破裂，但仍将两者皆看作"国民党左派"，主张"客观地把蒋介石看作是革命运动方面的一个重要力量"，以团结包括汪、蒋在内的整个左派。〔苏〕穆辛：《关于中共在广州的任务的提纲》，《联共（布）、共产国际与中国国民革命运动（1926—1927）》，上册，第 210—211 页。但穆辛认知中双方关系的"破裂"显然有误，破裂的只是蒋、汪关系，蒋成功地维持了与其余诸位的合作关系。

② 参见《蒋介石日记类钞·党政》，1926 年 3 月 26 日，《民国档案》1998 年第 4 期，第 8—9 页。

③ 参见周恩来：《关于 1924 至 1926 年党对国民党的关系》，《周恩来选集》，第 119—121 页。

责任之所为,非当大事者之行径也。无怪总理平生笑其为书生"。① 不过,汪精卫那时也有其困窘之处。索洛维约夫一面指出汪有遇事不够理智的性格弱点,同时也承认,在汪已感觉在蒋介石面前丢脸之时,苏俄向蒋让步更使汪感到受委屈,尤其循蒋之意召回汪竭力要保留的季山嘉使他感觉受了侮辱,故而隐匿不出。②

汪精卫在 3 月 20 日当天曾说:"我在党有我的地位和历史,并不是蒋介石能反对掉的。"③ 蒋在 4 月给汪的信中也承认,"一年以来,吾兄对党对国之功绩,为总理逝世后之第一人,此不论何人不能否认"。④关键在于当时广东政治行为模式已大变,党内的"历史"早已不那么受重视,基本被当下的事功所压倒:不过几个月前,是否积极参与东征决定了杨、刘的命运,是否积极参与讨伐杨、刘更决定了胡汉民、许崇智等几位在党内同样有"地位和历史"之人的退隐。汪本人正是在这讲究事功而轻视党内"地位和历史"的趋势中上升到党政军第一的位置。然若论那段时间的具体事功,汪似不如蒋,其上升在很大程度上依靠苏俄的支持。一旦苏俄据事功之需而定取舍,失去支持的汪精卫自然也难以仅靠革命"历史"以维持其"地位"。

蒋介石在中山舰事件期间的作为似乎也不能完全视作个人争权,对国民党领导的国民革命事业来说,蒋确实代表着国民党改组以来相

---

① 《蒋介石日记类钞·党政》,1926 年 3 月 31 日,《民国档案》1998 年第 4 期,第 9 页。反之,蒋自己早在 1924 年尚未得势时就表示,他"虽不能料敌如神,决胜千里;然而进战退守,应变致方,自以为有一日之长。断不致临时纷乱,以陷危境"。参见蒋介石致孙中山,1924 年 3 月 2 日,毛思诚编:《民国十五年以前之蒋介石先生》,第 235 页。

② 参见〔苏〕索洛维约夫:《给加拉罕的信》,《联共(布)、共产国际与中国国民革命运动(1926—1927)》,第 178 页。并参见杨天石:《中山舰事件之后》,《历史研究》1992 年第 5 期。

③ 陈公博:《苦笑录》,第 60 页。

④ 但蒋同时又指出汪的"优柔寡断"使其"大权旁落,竟使事事陷于被动地位"。蒋介石致汪精卫,1926 年 4 月 9 日,南京第二历史档案馆,全宗号 3041,卷号 85。

对蓬勃向上的少壮力量,而且是那时位居前列又不具地方色彩的领导人当中唯一的军人。蒋介石并不欣赏的罗加乔夫就看到了蒋的独特之处:"作为同孙逸仙联系最密切的人和作为最有军事素养的人",他是"指挥北伐的唯一候选人",故应该"为国民革命运动留住蒋介石"。①尽管苏俄方面一直注重对二、三、四军的工作,他们仍然清楚,论及与孙中山的关系,谭、朱、李均不能与蒋竞争,而汪、胡则缺乏军事素养。在"革命"主要意味着武装夺取政权时,军事素养是一项非常重要的参考因素。

鲍罗廷敏锐地观察到,"对蒋介石来说,北伐是他3月20日行动的基础。他指责汪精卫反对北伐",以此为"汪的主要罪状"。在看见蒋"已把自己的命运同北伐问题紧密地联系在一起"之后,鲍罗廷也只能一面指出北伐的不易成功,一面表示将给蒋以"一切可能的支持"助其北伐成功。②1926年初蒋介石在多大程度上真正将北伐列为最近就要实施的要事恐怕还可推敲,但这无疑有助于使军事总监变为总司令;更重要的是,一旦战事成为中央政府主要的政略,就必然大大增强军方在决策中的重要性,包括对财权的整体支配。这就牵涉当时国民革命阵营内部的文武之争,在这方面蒋介石和李济深利益基本一致,故李在事件中既不支持蒋,也不支持汪精卫。

蒋介石自己就发现,事前并不赞成他对苏俄顾问采取行动的谭、朱、李各军长,在3月22日获悉他对俄顾问及共产党的处理后,"皆赞成余意"。③这里各军长赞成的大概就包括前述限制党代表权限的内

---

①　〔苏〕罗加乔夫:《关于广州1926年3月20日事件的书面报告》,《联共(布)、共产国际与中国国民革命运动(1926—1927)》,上册,第234页。

②　参见〔苏〕鲍罗廷:《在同共产国际执行委员会远东局委员会会晤时的讲话》,1926年8月,《联共(布)、共产国际与中国国民革命运动(1926—1927)》,上册,第369页。

③　《蒋介石日记类钞·党政》,1926年3月22日,《民国档案》1998年第4期,第8页。据蒋日记,谭延闿在3月20日明确对他的举动不以为然,蒋则认为这是其"书生浅见"。《蒋介石日记类钞·党政》,1926年3月20日,同前刊前页。

容。其实蒋、李之争仍在继续，蒋对握有军权的"地方主义"也不能不有所让步。他在 4 月 11 日呈请设置中央军校副校长，以李济深兼任。同日日记中便"深思广东现局甚难处置，党务军事裂痕已明，右派与共产派两者之间固难调融，土匪与地方主义更难消除，实无善后之策"。① 这里很明确地将"地方主义"作为比左右派分裂更难解决的困难，非常能呈现他内心关注之所在。

　　不过，蒋至少在文官方面成功地打击了广东的"地方主义"，经过 3 月的中山舰事件和 5 月一般认为向右派"妥协"的国民党二届二中全会，实际的结果是张静江任中央政治委员会主席，同为江浙籍且曾参与西山会议的邵元冲、戴季陶、叶楚伧等参与广州政权的领导工作；与广州孙文主义学会关系密切的广东人伍朝枢、吴铁城等或被逐或被捕，孙科在表态与这些人分手后才免于被放逐的命运（当然也因为他是孙中山之子）。用朱培德的话说，以广东人为主的既存政治"重心"已失。鲍罗廷更明言："除少数例外，广东人不适合作革命者；其他省的国民党人只好利用广东的基地，把广东本地人排除在外。"②

　　在两三个月的时间里，蒋介石成功地利用中山舰事件巩固了自己的领导地位：左倾的汪精卫被驱逐，右倾的胡汉民一度返回广州又失意离去，在逮捕吴铁城驱逐伍朝枢等偏右领导人后，国民党有竞争力的主

---

　　① 《蒋介石日记类钞·党政》，1926 年 4 月 11 日，《民国档案》1998 年第 4 期，第 9 页。毛思诚所编书改为"广东现局，右派与共产两者之间显树敌帜，土匪与地方主义常伏暗礁，深用焦虑"。《民国十五年以前之蒋介石先生》，第 645 页。

　　② 邵元冲等的回到中央是蒋介石和鲍罗廷妥协的后果之一，当邵受命担任国民党青年部长、戴受任中山大学校长时，大多数真正的国民党左派试图抵制，而多数共产党人则因略知真情而先有了思想准备。参见〔苏〕鲍罗廷：《给加拉罕的信》，《联共（布）、共产国际与中国国民革命运动（1926—1927）》，上册，第 272—278 页。按本段所说广东，原件均译为广州，疑为误译，径改。又孙科一度被派往浙江联络孙传芳，蒋介石告诉未及与闻此事的谭延闿，此事"是弟提议，彼即赞成，并催其速行"（蒋介石致谭延闿，1926 年 4 月 10 日，蒋中正档案，2010. 10/4450. 01-001-6），但在伍朝枢被驱逐后得以继任其遗下的广州市长。

要领导人都从广州"消失"，蒋的地位明显提高。[1] 1926 年 4 月，谭延
闿致信蒋介石商量军事预算问题，蒋复函说："本月预算似应确定，请
由吾公主持一切，不必事事商量，使弟更不安于心。"但蒋随即"贡献"
了三条具体处置意见，虽然他最后又说"未知尊意如何？请与益之、任
潮二公核定，弟无不遵照决议"，然前面三条口气相当直接，并无太多
商量余地。[2] 可知蒋此时已大权在握，代理汪精卫的谭延闿宁愿"事事
商量"（几天后蒋才于 4 月 16 日正式当选军事委员会主席，谭当选为
政治委员会主席）。到 5 月下旬，蒋自己也忍不住说："我近来听许多同
志谬奖说，黄埔军校已成为党的重心。"[3] 黄埔军校与蒋的个人关联众
皆知晓，"近来"二字尤说明问题。

结　语

　　1925 年 3 月孙中山弃世意味着国民党革命事业之孙中山时代的结
束，经过一年多"后孙中山时期"的短暂过渡，中山舰事件最重要的后
果是开启了蒋介石时代，确立了以孙中山的少壮幕僚和家属为核心的
派系在党和政府中的领导地位。不久前获得正式领袖地位的胡、汪转
瞬即淡出权力中心是非常重大的代际转折，后来所谓的蒋、宋、孔、陈
"四大家族"此时皆开始出现在前台；他们中除蒋介石外皆能说英语，
故能与仍处权力核心的鲍罗廷直接交流，孙科和陈友仁以同样原因此
时至少与宋、孔一样重要，邓演达则能操德语故可与苏俄顾问中高阶的

---

　　① 　关于蒋介石这段时间的作为，还可参见杨天石：《中山舰事件之后》，《历史研究》
1992 年第 5 期；杨奎松：《蒋介石从"三·二〇"到"四·一二"的心路历程》，《史学月刊》
2002 年第 6—7 期。
　　② 　蒋介石致谭延闿，1926 年 4 月 11 日，蒋中正档案，2010.10/4450.01-001-7。
　　③ 　蒋介石：《中执委全会闭会演词》，1926 年 5 月 22 日，收入《蒋校长演讲集》，第
81 页。

铁罗尼对话,也是权力核心的成员,凸现了俄国顾问的势力仍相当强大。[1] 这些皆是孙中山的幕僚和亲戚,绝大部分相当年轻,在1927年"四一二事变"前他们基本偏左。[2]

但蒋介石掌权的道路还不平坦,鲍罗廷观察到,蒋提出"整理党务案"本希望"使军队保持平静,实际结果却适得其反。左派更生气了",而孙文主义学会则要求蒋采取进一步措施来限制共产党;蒋"成了他们的俘虏",以"保持军内团结"为由要求军内共产党人退党,以国民党身份工作,于是共产党更怀疑他"右倾"。蒋介石"每天都向我抱怨,说什么共产党人和左派都不相信他,不相信他是愿意为革命而献身的"。[3] 其实蒋在与鲍罗廷达成妥协后即以捕吴铁城逐伍朝枢并公开宣言反对西山会议派表明其已再向左转,鲍罗廷的回报是承认蒋所获取的权力并支持北伐。[4]

此时新败于湖南的唐生智正式加入了国民革命军,外在形势的变化促使北伐进入实施阶段。盖唐部若被消灭,则两广将立刻受到北军

---

① 李宗仁于1926年5月到广州,仍发现那里崇俄风气仍甚,"俄国顾问们在广州真被敬若神明,尤其是鲍罗廷的公馆,大家都以一进为荣。一般干部如能和鲍某有片语交谈或同席共餐,都引为殊荣"(《李宗仁回忆录》,第322页)。李宗仁的观察相当敏锐,实际上这个权力核心本身也是一个不随意开放的社交圈子,得以参与其中确实有助于政治竞争的上升,参见前引陈洁如所述宋霭龄第一次请蒋介石夫妇吃饭使蒋大感兴奋事。

② 相对而言,这些人中只有孙科通常被认为是右派,然孙科多次主持广州市政,在民、财两权的"统一"方面主要是站在中央政府一边。而且,在所谓右派之粤籍人士中,向有以孙科为首的"太子派"和以胡汉民为首的"元老派"之分,两者势同水火。"太子派"的聚会地是当时广州有名的南堤俱乐部,胡汉民派不敢入内,而廖仲恺和宋子文倒是常客。可知少壮的"太子派"本相对亲近左派。参见赖泽涵:《孙科与广州市的现代化》,张玉法主编:《中国现代史论集》,第7辑,台北联经出版公司1982年版,第97—98页。

③ 〔苏〕鲍罗廷:《给加拉罕的信》,《联共(布)、共产国际与中国国民革命运动(1926—1927)》,上册,第282页。

④ 美国人约翰·M.鲁茨(John M. Roots)在1926年夏天曾访问广州,会见了不少国民党要人,也见到鲍罗廷。他于是年秋在英国告诉胡适:鲍罗廷"极有见地,极有勇气;广州人士谈及他,无不竖起大拇指称赞他"。他并转述鲍罗廷的话说,蒋是一个好革命家(《胡适的日记(手稿本)》,1926年10月14日,台北远流出版公司1991年版,原书未标页)。可知到中山舰事件又数月后,蒋、鲍之间至少维持着尚可的工作关系。

威胁；唐如果退入广东或广西，这一新增的"客军"会使当地形势更为复杂。从全国看，北洋军正倾全力攻冯玉祥，在南方的兵力较弱，此时不出兵则冯败后南方亦势孤。尽管广东政局仍不稳定，这些因素致使本可安居广州以巩固其地位的蒋介石做出迅速进兵的决定。如前所述，战事既然成为主要政略，军方在决策中的重要性即大大增强。蒋在6月5日被任命为国民革命军总司令，一个月后即出任国民党中常会主席，正式确立其领袖地位。

　　不过，在北伐誓师之初，蒋并未让黄埔军出击，[①]而是派出李济深的第四军和广西第七军先行。[②]素以不怕死著称的黄埔第一军并未安排在北伐第一线是个相当耐人寻味的现象，它提示着蒋介石一直鼓吹北伐或不过希望借此营造一种引而不发的态势，或并未充分认识到战机已至，仍试图进一步巩固其在广东的领袖地位，然后再定是否北上。这一方略后来证明对蒋相当不利[③]，但北伐的最终取胜（尽管并非完胜）表明，"后孙中山时代"政治新陈代谢的结果对国民党和国民革命是有利的。

（原刊《历史研究》2004 年第 2 期）

---

　　①　第一军的一二两师作为总预备队留在蒋身边，这既增强了蒋的安全感，也削弱了军长何应钦直辖的力量。何应钦只能率领第一军余部驻守其潮汕地盘，同时防备可能来自福建方面的攻击；后因北伐出乎意料地顺利，在整体格局激变后改为向福建、浙江方向主动进攻，是为北伐的东征军。参见《东路军北伐作战纪实》，台北史政编译局编印，1981 年版，第 10—15 页。

　　②　据李宗仁的回忆，第四军先出兵是在他鼓动下由李济深主动提出的，而其动员李济深的言辞相当值得玩味："第四军乃广东的主人翁，主人且自告奋勇，出省效命疆场，驻粤其他友军系属客人地位，实无不参加北伐而在广东恋栈的道理。"李济深听了不禁"脱口而出，连声说赞成此一办法"（《李宗仁回忆录》，第 310 页）。这一分析的思想基础正是广东的"土客矛盾"，主人出省乃是迫使客军离粤的先发制人手段，很能体现一些时人的心态和思路。

　　③　蒋大约未曾预料到湖南作战取胜会那样神速，故长沙攻克时他的总司令部尚滞留广州未发。待蒋急趋长沙时，则发现唐生智已在那里巩固自己的势力。身为总司令的蒋，不久即被迫放弃胜算在握的湖北战役的指挥权，不得不领偏师去进攻江西实力更强的孙传芳部。

地方意识与全国统一：
南北新旧与北伐成功的再诠释

北伐前后的那几年，可以说是中国现代史上最关键的转折时期。后来在中国政治舞台上唱主角的国民党和共产党，都是在那段时期奠定了自己的政治军事基础。1949 年的国共隔海分立虽标志着两党争夺中国控制权的攻守势异，仍未能充分打破北伐时形成的政治格局。前已引述，胡适认为北伐时"全国大多数人心的倾向国民党，真是六七十年来所没有的新气象"。[①] 假如此话不错，则这一新气象不仅开拓了后来六七十年来的大格局，还可反溯回到 19 世纪中叶所谓"同治中兴"时期，颇近于法国年鉴学派第三代提出的"中长时段"（区别于布罗代尔的"长时段"观念）的意见。[②] 而北伐后这六七十年的格局，又因北伐前后那几年的"短时段"而产生。

北伐战争的结果，人力物力财力均处劣势的国民革命军一举战胜处于优势的北洋军阀，颇出时人意料之外，亦令后来的学者困惑。辛亥以来，多见北军南伐取胜，鲜闻南军北伐成功。特别是孙中山领导的两次北伐，无不以夭折告终。故一般人以为 1926 年的北伐亦会如此。当时北军将领固讪笑"若辈年青人不畏死"，不啻寻死；[③] 即使南军将领

---

① 胡适：《惨痛的回忆与反省》，《独立评论》第 18 号，第 9 页。

② 参见〔法〕伏维尔（Michel Vovelle）：《历史学和长时段》，收入〔法〕勒高夫（Jacques le Goff）等编、姚蒙选译：《新史学》，上海译文出版社 1989 年版，第 130—167 页。

③ 第四军纪实编纂委员会：《第四军纪实》，广州怀远文化事业服务社 1949 年版，第 74 页。

自身,亦少有能见及将迅速取胜者。李品仙回忆说:"国民革命军誓师之初,虽号称十万之众,实际上不过五六万人。而势如破竹所向披靡,竟以前后不过八个月的时间,领有长江以南,真非始料所及。"[①] 李氏的话,颇能代表当时南北多数人的共识。

美国军事情报人员当时即已分析说:"在中国的军事角逐中,兵员和装备的优势未必是决定的因素。"[②] 但到底是哪些因素导致北伐军的以弱胜强,时人和后来的学者见仁见智,颇有差异。其中有的说法,实在只是迷思(myth),而且有的迷思即萌芽于北伐的当时,却迄今未获满意的诠释和澄清。

这中间一个重要原因,即一般多重视有形的力量和因素,却忽视无形的影响力。在 1988 年台北的"北伐统一六十周年学术讨论会"上,蒋永敬先生已提出,北伐统一,"军事是有形的力量,党务是无形的力量。而无形的力量,又往往超过有形的力量"。蒋先生并进一步将"党务"界定为"实含组织、宣传、民众运动"。[③] 张昭然先生在同次讨论会上对国民革命军和直系军队作战力比较时,也特别注意到"无形战力"。[④] 这都是可喜的转变。可是蒋先生所说的组织、宣传和民众运动等的作用,以及张先生所主张的北伐军在军事训练上优于直军等,恰是各种关于北伐的成说中迷思成分最重的部分,恐怕还需要进一步检讨。

尤其是过去的研究对彼时中国的政治思想言说(discourse)与战争的关系,对作战和指挥作战以及支持作战的各类人员的心态等注意较

---

① 李品仙:《李品仙回忆录》,台北中外图书出版社 1975 年版,第 83 页。

② *United States Military Intelligence, 1917—1927*, multi-volumes, with introduction by Richard D. Challener for each volume, New York: Garland, 1978 (以下简作 *USMI*), vol. 26, p. 11821.

③ 蒋永敬:《关于北伐时期党务的综合报告》,《北伐统一六十周年学术讨论集》,北伐统一六十周年学术讨论集编委会(台北),1988 年,第 554 页。

④ 参见张昭然:《北伐前夕国民革命军与直系军队之战力比较》,《北伐统一六十周年学术讨论集》,特别参看第 74—81 页。

少。本文则认为恰恰是这些被忽视的无形因素起了影响有形因素的作用，故对北伐的理解必先回复到当时南北双方当事人共同关注的问题。本文即期在重建时人的关怀和思想言说的基础上，试对北伐的胜利作一广义的再诠释，同时也希望能纠正一些关于北伐的迷思。

一、北伐前的南北局势①

国民党在民国二年后因宋教仁被刺及其他主要领袖被迫流亡国外，一度与国内的政治文化主流疏离。在1915年"二十一条"的群众运动期间，国民党人在民族矛盾和国内政争之间处于两难境地，内部意见存在分歧，基本上置身事外。及至次年的护国之役，乃由进步党唱了主角，国民党只起到辅助的作用。②

同样，在新文化运动期间，国民党大体上仍在运动之外。吕芳上先生近年的研究表明，国民党与新文化运动的关系之密切程度远超出过去的认知。③若从民初社会广义的新旧之分角度看，国民党与新文化运动无疑都在新的一边。但是这广义的同并不能改变改组前的国民党与新文化运动是有着许多重大思想歧异、基本社会组成也极不相同的两个运动这一事实。国民党人虽然在上海办杂志呼应新文化运动，但从广为引用的孙中山《致海外国民党同志函》中对新文化运动的那段评论看，先说北大学生和出版界一二觉悟者，然后才说到"吾党"要借

---

① 本文写作在本书《北伐前南北军政格局的演变，1924—1926》之前，本节的分析现已详见于该文，故多有删削，不过为行文顺畅，一些基本观念不能略过不提，故仍有重复，敬祈谅解！

② 参见本书《救国抑或救民："二十一条"时期的反日运动与"辛亥""五四"期间的社会思潮》。

③ 参见吕芳上：《革命之再起——中国国民党改组前对新思潮的回应（1914—1924）》，台北"中研院"近史所，1989年。

此运动的东风,分明是在运动之外评说的。①

　　这样,改组前的国民党,在地域上既未能偏安于一隅,文化思想上亦基本疏离于新文化运动这一主流,实处于一种非常边缘的地位。这种边缘地位的最明显表征,就是国民党领袖孙中山此时对时局"拟取消极态度"而"暂不过问"。②再加上国民党人的分裂,不仅一些人到北京政府做官而成为所谓的"北方国民党",在南方也是内斗频仍。故国民党本身也给人一种老旧的感觉,对青年,特别对边缘知识人缺乏吸引力。

　　但是国民党之疏离于新文化运动,亦使其少受该运动西化反传统倾向的影响。傅斯年曾说孙中山在安身立命处是完全没有中国传统坏习气的新人物。可是正像大多数安身立命处仍是旧的传统的中国士人如胡适、傅斯年等的思想却向往西方一样③,更西化的孙中山反能看到传统的重要。故广东革命政府虽也提倡妇女解放运动,同时又不时颁发命令褒奖贞妇、孝妇、节妇、寿妇等。在军务甚繁忙的东征北伐时期,每一褒奖状的措辞还要由中央五常委来讨论决定,足见重视的程度。④

　　钱穆曾指出:"中国人的民族主义,虽在上层知识分子们之脑筋里是早已失去了的,但在一般民众中间,是依然存在的。"⑤此说对上层知识

　　①　参见孙中山:《致海外国民党同志函》(1920年1月29日),中山大学孙中山研究室等编:《孙中山全集》,第5卷,中华书局1985年版,第210页。

　　②　孙中山致孙科,汪兆铭致梁士诒,均转引自吕芳上:《革命之再起中国国民党改组前对新思潮的回应(1914—1924)》,第22页。

　　③　傅斯年的话引在胡适1929年4月27日的日记,《胡适的日记(手稿本)》,台北远流出版公司1989—1990年版(以下简作《胡适日记》并加日期)。

　　④　国民政府批件,第201号(1925年10月16日)、49号(1926年1月25日)、73号(1926年2月8日)、91号(1926年2月11日)、411号(1926年6月11日)、525号(1926年7月20日),《中华民国国民政府公报》,广州国民政府办公处,1925—1926年。

　　⑤　钱穆:《中国思想史》,香港新亚书院1962年版,第177页。

人或有不公，但至少以表现形式看，从义和团、反"二十一条"、"五四"到"五卅"这四次大的群众运动，均表明民间大众政治文化的主流是抗议型的民族主义，与新文化运动面向西方的表现形式适成对照。孙中山多年与会党打交道的经历大约也使其易于注意到民间大众的抗议型民族主义倾向。故国民党在中国思想言说中的边缘地位恰隐伏了与民间大众文化汇合的大潜力。

同样重要的是，随着清季民初中国知识人边缘化的进程，边缘知识人已渐渐成为中国政治生活中最重要的社会团体。边缘知识人一方面身心徘徊于城市乡村之间，同时亦脚踏于知识人和不能读写的大众两大社团之间，在民初城乡及士人与大众的疏离进程中，起着举足轻重的中介作用。同时复因边缘知识人在社会变动中上升的困难，而更迫切需要寄托于一种较高远的理想，庶几可成为社会上某种更大事业的一部分，故其对社会政治的参与更为强烈。白话文的推广既扩大了边缘知识人的队伍也增强了其影响，"五四运动"更使社会各界注意到学生力量的重要。到 20 世纪 20 年代，边缘知识人恐怕是唯一一个参与意识既强，其数量又大到足以左右其所在政治运动的社会群体（知识人参与意识强而数量有限，工农人数多而参与意识不强）。①

在这样的背景下，1923—1924 年的国民党改组和联俄容共从根本上既改变了国民党在全国的形象及其在全国思想言说中的地位，也改变了其成员组成和领导核心。为吸引更多边缘知识青年，国民党首次在中央委员会里设置了青年部，凸显了对青年的重视。

联俄一点，是胡适等一些西化自由主义者肯定国民党之处。胡适是把苏俄算作西方之一部分的，故孙中山的"以俄为师"正符合中国向

---

① 参见余英时：《中国知识分子的边缘化》，《二十一世纪》（香港）第 6 期（1991 年 8 月）；罗志田：《近代中国社会权势的转移：知识分子的边缘化与边缘知识分子的兴起》，《开放时代》1999 年第 4 期。

西方学习的大方向。胡适以为,由于中国人一向缺乏组织聚合能力,国民党从俄国学到的组织方法是"极为卓著和重要的",是中国走上向西方学习的道路以来第一个认真的成果,实具有里程碑性质。正是苏俄的帮助使国民党人"把一个老旧的政党在新的基础上组建起来"。国民党在容共的同时吸收了大量的边缘知识青年,胡适特别强调这些人是受新文化运动思想而不是左倾思想的影响。故胡适正式把国民革命纳入他所谓的"中国文艺复兴"之中,将其视为新文化运动的发展和继续。[①]

国民革命提出的"打倒列强除军阀"的口号正是"五四运动""外抗强权内除国贼"口号的直接传承,亦切合民间大众的民族主义情绪。结果,国民党在政治文化上既保持与民间大众的沟通,又与五四新文化运动主流部分汇合,开始从边缘走向中央。

同时,由于组成人员的变化,国民党的领导核心亦有所改变。大量新文化运动青年的注入,使早已不怎么在党内活动的新文化运动文人如蔡元培、吴稚晖、李石曾等影响大增,北伐期间更发挥了举足轻重的作用。[②]另外,由于国民党元老大多反对联俄容共,故主动或被迫逐渐疏离于党的权势核心。结果在广州出现一个由孙中山的文武幕僚及亲戚组成的新领导核心:胡汉民、汪精卫、蒋介石、陈友仁和邓演达均是

---

①　这些言论多见于胡适在英国和美国的演讲,主要有《胡适日记》1926 年 10 月 8 日和 11 月 26 日所收的剪报;Hu Shih, "Address at the Royal Institute of International Affairs", Nov. 9, 1926, *Journal of Royal Institute of International Affairs* (London), V(1926), pp. 265—283; and Hu's speech before the Foreign Policy Association, New York City, February 26, 1927, in *Forward or Backward in China?*, Beijing: Peking Leader Press, 1927, pp. 5—12, 39—44. 并参见《走向"政治解决"的"中国文艺复兴"》,《近代史研究》1996 年第 6 期;罗志田:《前恭后倨:胡适与北伐期间国民党的"党化政治"》,《近代史研究》1997 年第 4 期。

②　蔡、吴、李等因"容共"而影响上升,继在"清共"时起重要的推波助澜作用,"清共"后复因新文化运动青年的大量流失而影响锐减,不久即再次先后脱离国民党权势核心,这样一个诡论性的发展过程将另文探讨。

孙的文武幕僚,孙科、宋子文和孔祥熙则是孙的亲属。除了一个徐谦因与冯玉祥的关系貌似显赫外,广州武汉时期的核心人物均不出此圈子。在联俄容共之前,这些人大多不过是孙中山身边工作人员而已。其在党内的地位,多因与孙的关系而致。改组后则资格较老的胡、汪已渐走出幕僚范围,但代表更"新"的一代的蒋、宋则随着国民党的变新而上升尤速。

在北方,北洋体系在两次直奉战争期间内斗空前,渐呈崩裂之象。以前北洋军阀的内斗,向有"电报战"之称,战争双方往往通电多于交战,说得多、做得少。但两次直奉战争则动员的兵力是此前的数倍,而伤亡更数十倍之。[①]尽管如此,仍未能产生出一个确定的赢家。结果是北洋内部及民间对于一个有力军阀可武力统一中国的信心丧失。前引孙传芳把中国局面的糟糕归咎于蒋介石和吴佩孚,即因两人均有武力统一中国的决心。而自吴佩孚式微之后,北洋方面即没有任何军阀再有统一全国的雄心。

实力最强的奉系张作霖虽控制北京,其心目中仍以东北为第一考虑,并不曾摆脱客居的性质。张虽开府于北京,其子张学良即公开表明,张之所以任大元帅而不就总统,"即表示其为临时的位置"。[②]此时北京的读书人已在民间讨论武力统一是不是"迷信",即最能表明武力统一观念的没落。[③]

――――――――――

① Hsi-sheng Chi (齐锡生), *Warlord Politics in China, 1916—1928*, Stanford Calif.: Stanford University Press, 1976, pp. 137—141. 关于第二次直奉战争,参见 Arthur N. Waldron, *From War to Nationalism: China's Turning Point, 1924—1925*, New York: Cambridge University Press, 1995。

② 《晨报》,1927 年 7 月 20 日,第 2 版。

③ 参见许仕廉:《武力迷信的心理危机》《再论武力统一》《三论武力统一》;砚贻:《武力统一的观念是迷信吗?》;许仕廉:《论武力答砚贻先生》,先后载《晨报副刊》,1926 年 4 月 27 日,第 1—2 版;5 月 11 日,第 3—4 版;5 月 18 日,第 3—4 版;5 月 25 日,第 4 版;7 月 20 日,第 2—3 版。

不仅统一全国已不再是北洋目标,就是北洋体系自身的统一,也基本放弃了。各方所争,已不再是积极地想要一人一阀独大,而转为消极地防止任何一人一阀独大。前引社会学教授许仕廉所谓目下中国"无英雄可崇拜",各大小头目"谁也不崇拜谁"[①],确是形象的描述。北京政府已失去统驭能力,北洋体系分裂日甚,阀下有系,系下有派,各不相让。打"翻天印"、临阵独立、倒戈等现象频仍。有鉴于此,北洋元老王士珍在北伐前夕曾出面倡导北洋内部息争团结。但终因群龙无首,收效甚微。北洋体系已是名存实亡。

北洋内斗的结果,上层军校毕业一辈老成凋谢,新兴起来的是基本未受过教育的张作霖、张宗昌、冯玉祥等。他们的共同特点是不甚顾及北洋自身的传统行事准则。有"倒戈将军"之称的冯玉祥,对其所有上司和同盟者,皆有不同程度的倒戈行为。他最后也因部下倒戈而失势。奉、鲁二张,特别是鲁张,一反北洋对文人忍让的旧则,随意捕杀记者文人学生,更使北洋政府统治基础尽失。

由于北洋内斗规模的扩大及战争的日益现代化,战斗多发生在交通发达可迅速调动军队的东部各省。近代中国虽是内忧外患频仍,东部江浙一带自太平天国以后基本未受战争骚扰,第二次直奉战争却以江浙战争为导火线。结果是中国最富庶的地区受战争之创伤也最重,严重扰乱民生,大伤社会元气。[②]

前引胡政之的分析说:过去是乱而未甚、恶而可忍,各行各业尚可苟安。到内乱使"商不能商,工不能工,农不能农;甚至官亦不能官,教亦不能教",于是全国各业之人连偷生苟安也不可能,而"统一意识与全国意识兴"。[③] 这一分析甚有意义。"思不出其位"的前提是至少要

---

① 许仕廉:《再论武力统一》,《晨报副刊》,1926 年 5 月 11 日,第 3—4 版。

② Hsi-sheng Chi, *Warlord Politics in China 1916—1928*, pp. 135—137.

③ 记者(胡政之):《国庆辞》,《国闻周报》,1926 年 10 月 10 日(该刊无统一页码,故不引页数)。

有可以苟安于其位的社会条件,一旦天下大乱,则自然思出其位。因此而产生的全国意识,是一种思变求变的极富能动性的焦虑思绪。虽形成了具有建设意味的全国性思想言说,有助于寻求一种全国性的解决;但也有破坏性的一面,就是判定既存政权已失去了统治的正当性。更重要的是,正是在这种寻求全国性解决的思绪形成之时,北洋军阀失去了统一的信心。

中枢的自毁给处于边缘者造成了机会。与北洋内部提倡和平团结相反,南方采取的是武力整合的方式。北洋军既无暇顾及南方,国民党乃能从容以武力统一广东,再加上李宗仁等新桂系的统一广西和唐生智在湖南驱逐吴佩孚支持的赵恒惕,南方形成三个集中的新兴政治军事集团,与北方的四分五裂适成对照。一个积极的国民党面对消极的北洋,北分南合的趋势已经出现。同样重要的是,国民党恐怕是此时唯一尚有统一全国信念的政治力量。北洋的失道使国民党的北伐成为有道伐无道,而不再是地方对抗中央,奠定了北伐胜利的基础。

这只是今日凭借"后见之明"的优势得出的见解,时人则对南方潜居优势一点缺乏清楚的认识。北洋军阀固未将北伐军放在眼里,或尚在等待蒋介石重复孙中山的败绩。就是在南方的国民党和共产党也同样未能见到自己的优势。共产党对北伐的态度固数度反复,国民党本身也举棋不定。关于北伐前国共双方支持或反对的讨论已多,史实大体清楚,本文不拟重复,仅就过去注意较少的地方略加讨论。

大体而言,北伐虽然经过相当时间的准备和计划,其最后的决定实因为唐生智的突然加盟,并非完全是谋定而后动的有计划的作战。即使主战之人,所见到的时机也只是北洋正倾全力攻冯玉祥,故无力南顾,且此时不出兵则冯败后南方亦势孤。同时,主战者的一个共同倾向乃是以北伐求生存。孙中山1924年北伐的主要考虑即是"在粤有三死因",故不得不"舍去一切,另谋生路。现有之生路,即以北伐为最善"。①

1926 年主张北伐最力的蒋介石亦有类似的考虑。蒋在"中山舰事件"时及其稍后虽然极为凌厉地打击了左右两边的权力挑战者,但其领导地位尚不巩固。国共两党中许多文人和黄埔系以外的武人对蒋不满者、欲推翻蒋者、或觊觎蒋之权位者大有人在。蒋自己后来回顾说,当时俄共谋夺在广州的政权,故不得不"突破这限于广东一隅的危局,实行出师北伐"。② 同样,中共中央也认为广东政府要"维持自己的存在"而不"为反动势力所包围而陷落",就"只有向外发展的北伐"。③ 双方所认知的具体危险虽异,但忧虑的重点都在革命阵营一边,且都欲以北伐求生存。可知北伐的发动也有不得不为的一面。

北伐军自身一开始并未估计到可迅速统一江南,遑论全国。蒋介石的《北伐动员令》所提的具体战略是"先定三湘,规复武汉,进而与友军会师,以期统一中国"。④ 足见初期的计划只是占两湖而援冯,再看以后的发展。同样,后来由福建占浙江的东路军,最初也只是对福建取守势,并无向浙江发展的宏图。⑤

蒋介石本人大约亦未曾预料到湖南战斗的胜利会十分神速,故长沙攻克时他的总司令部尚滞留广州未发。待蒋急趋长沙时,则发现唐生智已在那里巩固自己的势力。身为总司令的蒋,不久即被迫放弃胜算在握的湖北战役的指挥权,不得不领偏师进攻江西实力更强的孙

---

① 孙中山致蒋介石,1924 年 9 月 9 日,毛思诚编:《民国十五年以前之蒋介石先生》(以下径引书名),香港龙门书店 1965 年重印版,第 301 页。

② 蒋介石:《苏俄在中国》,台北"中央文物供应社"1978 年再版,第 168 页。

③ 转引自顾群、龙秋初:《北伐战争在湖南》,湖南人民出版社 1986 年版,第 10 页。

④ 《民国十五年以前之蒋介石先生》,第 682 页。

⑤ 参见《东路军北伐作战纪实》(以下简作《东路军》),台北史政编译局编印,1981 年版,第 10—15 页。

传芳部。这个发展对后来北伐的进行影响甚巨，却不在早期的计划之中。①

二、南北与新旧

国民党虽未能充分认识自身的优势，北伐的发动却与南方已潜居优势的大局相契合，故南北新旧之分的功用立即在战场上及战场外体现出来。过去说到北伐进展的神速，特别重视宣传及民众支持的作用。实际上，宣传对军事的推动作用，几乎不曾发生；而民众对战斗的支援，亦仅见于江南。反之，宣传在战场之外北洋治下的城市地区，却有极大的影响。而此影响的根源，即在南方的"新"。所有这些，与过去的认知都有相当的差距，应予一一厘清。

蒋介石在任北伐军总司令的就职宣言中曾向北方军人说，只要他们向义输诚，实行三民主义，则他即引为同志，"决无南北畛域之见，更无新旧恩仇之分"。② 无独有偶，张作霖就任安国军总司令时，也宣言他只知救国，而"绝无南北新旧之见"。③ 二者如出一辙，足见其正是时人关注之中心。双方宣称的"无"实是既存的"有"，南北新旧正是双方区别之所在；而双方均觉有必要且实际上力图掩饰这一区分的存在，恰反证出南北新旧之分的重要性，也提示了一条检讨北伐取胜的途径。

自先秦以来，中国文化显然有南北两大子文化之分。④ 老庄与孔

① 参见《民国十五年以前之蒋介石先生》，第 715—780 页；李宗仁：《李宗仁回忆录》，政协广西文史资料委员会，1980 年，第 356—359 页。

② 蒋介石：《就国民革命军总司令职宣言》，收入《蒋校长演讲集》，广州中央军事政治学校，1927 年，第 238 页。

③ 《张作霖宣言》，原载《大公报》（天津）1926 年 12 月 7 日，收入章伯锋主编：《北洋军阀》，第 5 卷，武汉出版社 1990 年版，第 384 页。

④ 参见陈序经：《中国南北文化观》，台北牧童出版社 1976 年版。陈氏的出发点及推论皆有偏执处，但亦搜集了不少时人关于南北之分的见解。

孟，颇代表两股不同的思想倾向。而随着气候的变迁，渐形成南人食稻北人食麦的大区分。主食的歧异从耕作到饮食，影响各地居民甚巨。故两千年的治乱兴亡，变化万千，南北之间或明或暗总存在某种程度的紧张。有差异而存紧张之南北却能统一于大中华之下，实赖传统文化的维系作用。儒道两家虽基本上一在朝一在野，却早就超越其产地而成为全国性文化主流。故饮食习惯和方言虽相差仍远，在"书同文"的基础上却一直存在一个全国性的思想言说。

以前不少学者受西潮影响，总想在中国历史上找到一个维系全国的统一商品市场，却总觉勉强。殊不知中国早有一个统一的思想意识市场，恰起着商品市场在近代西方的作用。但清季民初形成的尊西崇新的大趋势是以粉碎传统为代价的，传统既碎，同时有意识的"新的崇拜"虽成主流却未能完全压倒对传统文化的"无意识传承"，[①] 更未能替代传统文化的维系功能，故进入民国乃渐呈分裂之相，而南北之分的政治意味亦凸显出来。

民国的南北之称在不同时期有不同的指谓，但政治上大体渐成国民党势力范围和北洋势力范围的代名词。后来的学者率多以南北称谓北伐时的双方，但通常视为一众皆认可的习用成语，少有认真分析其具体作用者。陈志让先生是少见的注重南北之分的学者，他的《军绅政权》一书中有专章讨论"南北之分"。不过陈先生所分是严格按照军阀控制的地盘而言，有其特定的界说，与时人的概念不尽相同。[②] 本文

---

① 关于新的崇拜，参见罗志田:《新的崇拜: 西潮冲击下近代中国思想权势的转移》,《中华文史论丛》第 60—61 辑 (1999 年 9、12 月)。关于无意识传承，参见 Thomas A. Metzger, "Continuities Between Modern and Premodern China: Some Neglected Methodological and Substantive Issues", in Paul A. Cohen and Merle Goldman, eds., *Ideas Across Cultures: Essays on Chinese Thought in Honor of Benjamin I. Schwartz*, Cambridge, Mass.: Harvard University Press, 1990, pp. 263—292。

② 参见陈志让:《军绅政权》,香港三联书店 1979 年版，第 24—33 页。

所讨论的南北之分，乃是北伐当时人心目中的一种地缘文化观念。时人虽无十分严格的界说，但大体以长江流域及以南的稻产区为南方的范围。本文尤其注意的是当事人自身的地缘文化认同，例如北军驻湖南，则不仅湖南人不承认其为"南人"，北洋军人自身亦不认为其属于"南"。正是这样一种地缘文化的认同，对北伐战事起了决定性的影响。

北伐前的一个显著现象，即是南人的"经济北侵"和北人的"军事南伐"。盖民国时的金融经济组织已渐采西人经营方式，而南方开埠较早，此类人才较多。故即使北洋的财政巨擘交通系，其主要成员均为南人。而北方民间更是"各大都会最有势力的经济组织，都握在南方人的手里"。北方自军人主政，常思武力统一南方。其中一个原因，大约即是为国用兵乃军人干政的最好口实。结果是"南方驻防军队，乃多北人"。[①]

实际上，统治南方省份的北洋军自己就最讲究南北之分。齐锡生先生注意到，北洋军虽驻南方，兵员则仍从北方补充，并不招募南人。由于北人食面，故南方"各大都市的小本营生，如馒头点心店"则多为北人。北人在南方除当兵及连带的作官外，即以这些小本营生为代表。相比之下，与南人在北方的得意甚不相同。故北洋将领亦常以北方的地缘文化认同教育士兵，多警告其部属曰：老实的北方人与狡诈的南方人打交道，只有吃亏。[②]

直系军人李倬章在 1924 年任河南省长时曾说："自古以来，只有北方人统治南方人，没有南方人统治北方人。"[③] 颇能代表北洋心态。这正是主张联省自治的章太炎所强调及反对的。章氏在 1921 年指出，东

---

① 本段与下段，参见干：《杂评》，《东方杂志》第 23 卷第 21 号（1926 年 11 月 10 日），第 3—4 页。

② Hsi-sheng Chi, *Warlord Politics in China 1916—1928*, pp. 45, 75, 115.

③ 转引自陈序经《中国文化的出路》，商务印书馆 1934 年版，第 136 页。

南各省督军无一出于土著。要者,皆是"以客军之威力,制在籍之人民"。[1] 故北伐时有人即强调:"长江北洋派对于地方人民之态度,始终等于满洲驻防。全省大权在于督军,地方政柄,亦在军队。"[2]

以客凌主,正是北洋统治南方的关键。故北洋军人务强调自身的认同以巩固其内部,而章太炎站在南人立场,乃坚持长官必由土著出。正因为如此,章氏虽主张联省自治,对宣布自治的浙江督军卢永祥即以其为北人而"拒绝之"。其南北之分的立场十分鲜明。同样,当蔡元培在 1921 年主张南北停战息兵时,章氏即责蔡曰:"公本南人,而愿北军永据南省,是欲作南方之李完用耶?"蔡氏虽辩称"南人北人,同为中华民国国民,不能以李完用为喻"。章氏则以为中国之下,仍有南北之分,故云"南方之李完用"而不云"纯粹之李完用",亦颇相宜。[3]

有意思的是,北洋军阀中亦有人将蔡元培视为南方的细作。李倬章在 1924 年曾说:"北大校长蔡元培与南方孙中山最为接近。知南方力量不足以抵抗北方,乃不惜用苦肉计,提倡新文化,改用白话文,藉以破坏北方历来之优美天性……我们北方人,千万不要上他的当。"[4] 孙中山固与新文化运动不生关系,蔡元培一身兼国民党元老和新文化运动的监护人,的确提示了国民党与新文化运动的某种衔接。李氏的话恰好表述于国民党联俄容共后不久,颇能从不同的角度印证胡适关于联俄容共政策将国民党与新文化运动连接起来的判断。

同时,李氏将"新文化"与"历来之优美天性"相对立并分别与南

---

① 章太炎:《致川湘粤滇通电》,1921 年 3 月 11 日,载《申报》1921 年 3 月 15 日,收入汤志钧编:《章太炎年谱长编》(以下径引书名),下册,中华书局 1979 年版,第 611 页。

② 《东南时局感言》,《国闻周报》,1926 年 11 月 14 日。该刊不署名之评论,多出自编者胡政之手。

③ 参见章太炎:《关于浙江省宪之通电》,1921 年 6 月 11 日,及章氏次年与蔡元培来往函电,均收入《章太炎年谱长编》,下册,第 612—613、632—633 页。

④ 转引自陈序经:《中国文化的出路》,第 136 页。

北相连，实际上表达了一种南新北旧的时代认知。这个观念到北伐时几乎成了士人的共识，胡政之即以为北伐是"思想问题，演成战祸"。胡氏主办的《国闻周报》更指明："无论何人，要不能不承认"南方是能"统率民众支配民众之新势力"。①周作人也明言："南北之争"不是两地方的人的战争，乃是思想的战争。南北之战，应当改称"民主思想与酋长思想之战才对"。②

夫民主者，新而西也；酋长者，旧而土也。若周氏语尚含混，严慎予即已宣称北伐到长江乃"渐成新旧思想之真正接触"。而《晨报副刊》一署名百忧的作者更断言，此次战争是"新起的与旧有的两大势力的剧烈冲突"，故名之曰"新旧大战争"。③说这些话的人多为与南北双方尚无直接干系的留日生，后来胡、严均与国民党关系密切，此时则除周氏外，均尚未明确其亲南的色彩。他们的用语虽异，但南新北旧的认知实与李伯章同。

南北地域之分既与民初盛行的尊西崇新的大趋势相结合，双方的意识标帜也就渐与各自的地缘概念等同起来。南方之新既与其联俄容共有关，联赤反赤乃成划分新旧的重要标准。西化派知识人如胡适所欣赏赞扬者，正章太炎所鄙薄而北洋派所标榜反对者也。不过，虽然章太炎与北洋军阀都"反赤"，其所反之"赤"尚有区别。

前已述及，章太炎主张中外之别大于南北之分，故他本支持黎元洪联奉打吴佩孚，待见奉军之张宗昌部用白俄军队打中国人，即以为是"叛国之罪"，旋转而联吴反奉。北伐军兴，章亦因国民党军用俄国顾

---

① 记者：《国庆辞》；不署名：《中国时局与日本》，《国闻周报》，1926 年 10 月 10 日、12 月 5 日。

② 周作人：《南北》（写于 1926 年 10 月 31 日），收入《谈虎集》，上册，台北里仁书局 1982 年重印版，第 217 页。

③ （严）慎予：《赤化与复辟》，《国闻周报》，1926 年 9 月 12 日；百忧：《以科学眼光解剖时局》，《晨报副刊》，1926 年 10 月 5 日，第 1 版。

问,力主反赤,并支持北人孙传芳讨南方之"赤",颇不为南人所谅。到"九一八"之后宋哲元欲以共党分子之名制止学生运动时,章氏又转而认为"学生请愿,事出公诚。纵有加入共产党者,但问今之主张何如,何论其平素?"①态度似乎数变,而立场始终如一。

张作霖、吴佩孚也以"反赤"为标帜,但其要反的重点首先是北方联俄的冯玉祥。盖张、吴同时也认为与国民党的斗争是南北之争,故其"反赤"的取向是由内及外。章太炎则更有战略眼光,早就主张吴佩孚"以北事付之奉晋,而直军南下以保江上",但未见听。惟孙传芳地处南方,虽在北伐初期主张保境安民,却很快认识到其北人的认同实不利于其保境,故在章太炎的指教下改为保国安民,标举国家的认同。孙氏一面力图淡化南北意识,指责国民党"强分南北"以革中华民国之命;一面斥南方联俄为叛国,在南方意识的非本土性质上大做文章。故孙氏力主"此役非南北之争,乃非过激派防制过激派,乃中国人抵御非中国人"。②

可是无论孙氏如何努力淡化南北意识,终不能改变其以客凌主的实质。北伐军因其南方的地缘文化认同,在作战时颇获南方各省民众以及地方军队不同程度的支持。北洋军驻南方既类满人驻防,北伐之进展遂有辛亥倒清之势,其取胜自不能纯以军事因素而定。辛亥倒清,并未靠多少宣传。北伐成功,是否像以前所认知的那样依赖宣传之力呢?

---

① 章太炎:《复善后会议函》,1925 年 1 月 26 日,《致宋哲元电》,1935 年 12 月 21 日,收入《章太炎年谱长编》,下册,第 764、791 页。

② 章太炎:《电吴佩孚等》,1926 年 8 月 13 日;孙传芳:《通告》,1926 年 12 月 26 日,收入《章太炎年谱长编》,下册,第 878—779、881 页;章太炎:《致孙传芳电》,1926 年 9 月 4 日,载《晨报》,1926 年 9 月 10 日 3 版;孙传芳:《致蒋介石电》,1926 年 9 月 7 日,《致蒋介石书》,1926 年 8 月下旬,均载《国闻周报》,1926 年 9 月 2 日;参见 Hsi-sheng Chi, *Warlord Politics in China, 1916—1928*, p. 115。

孙传芳尝谓其在江西的战败，"最大的原因，就是革命军的宣传力太强"。[①] 北伐结束后，半独立的东北的《盛京时报》曾评论说："此次国民政府成功，虽三尺童子，亦知其为善于宣传之所致。"[②] 可见北伐取胜靠宣传乃是当时一般人的认知。这种认知的渊源，部分即始自国民党人自身。孙中山素重宣传，尝指出："革命成功极快的方法，宣传要用九成，武力只用一成。"[③] 1921年广东非常国会所成立的民国政府，即设有排列在各部之上的宣传委员会，这还是在联俄之前。国民党改组时，孙又说："这次国民党改组，所用救国方法，是注重宣传。"[④] 显然是重宣传胜过武力。联俄之后，苏俄也向以政治宣传见长。故外界产生北伐靠宣传取胜的认知，亦良有以也。

但宣传对作战起到多大的实际推动作用，却需要仔细观察。宣传对战事的帮助，必须落实于发动民众支援作战。这在广东的东征时，已见功效。但民众支持作战最明显而热烈的，还是在湖南。蒋作宾在湖南战役后总结说："此次我军胜利之快，实得人民之力居多。每次战争时，人民或组织敢死队，在我军进攻时，以扰乱其后方……敌人败退时，人民并指示一切：何者有危险物之埋伏，何者为敌人机关；并为响导，取捷径追敌。当我军进攻时，人民送茶送饭，络绎不绝。"[⑤] 这大体概括了湖南民众支援的情形。

---

① 《国军政工史稿》，上册，台北"国军政工史编委会"编印，1960年，第290页。按此语不像孙氏口吻，但意思或大致不错。

② 丐：《宣传》，《盛京时报》，1929年5月6日，第3版。

③ 转引自张培新：《北伐时期群众战之研究》，台北三民主义研究所，1988年，第106—107页。

④ 孙中山：《三民主义·民族主义》，《孙中山全集》，第9卷，中华书局1986年版，第184页。

⑤ 杨信孚：《北伐中之农民的实际行动》，国民党中央军人部，1926年，第8页，转引自张培新：《北伐时期群众战之研究》，第157页。关于湖南民众对北伐的支持，参见顾群、龙秋初：《北伐战争在湖南》，第58—65、84—91页；《第四军纪实》，第73—75页。

但湖南的局势有其特殊之处。一是湖南大部在唐生智治下时，已允许国民党（含共产党）搞农民运动。先有基础，故发动较易。但更重要的，乃是赵恒惕被唐生智驱逐后即引北军入湘，湘人对像清朝驻防一样的北军早已"恨之入骨"，不待宣传，也会起而助南军。早在1917到1918年的护法之役时，湖南人民对与北军作战的湘军已给予热烈支持，其实际情形与蒋作宾所述的北伐情形完全相同。李品仙身历护法与北伐两役，亲身体验到两次军民合作的相同。[①] 故湖南民众对北伐的支援，主要还是地缘文化的认同在起作用。

同样，何应钦率领的一支小规模的东征军之所以能在福建取胜，靠的也是南北之分的地缘文化观念的影响。先是蒋介石以双方兵力悬殊，曾电令何应钦务取攻势防御，切不宜急切进攻。何氏则以为兵力少正宜攻不宜守，并力陈福建周荫人部以北军而作战于南方的种种不利：福建多山，而北方人"不善行山路"，故"山地战乃其所短"。且北军竭力搜括，"闽民恨之入骨"，尤其"商民怨恨已极"。更重要的是，"福建内地，民军蜂起，到处扰乱敌之后方，破坏敌之交通，袭击敌之辎重，使其首尾不能兼顾，其败必矣"。结果恰如何应钦所料，北伐军一进福建，所向披靡，其中"闽省民军之策应支援，其功尤不可没"。[②]

后来到了浙江，何应钦亦有求稳心态，主张缓进。新到的前敌总指挥白崇禧则力主疾进。结果白部在浙江一往无前，取胜颇速。究其原因，主要还是靠的浙江地方军与孙传芳北军的矛盾。[③] 当时有识之士已指出：北伐军在江南获胜的第一理由，即为"东南一般人民反对北洋驻防"。盖"对于十余年北洋驻防长江之压迫，一般乡民，不平已

①　参见《李品仙回忆录》，第38—42页。

②　《东路军》，第15—41页，引文在第15、39页。亦见 Donald A. Jordan, *The Northern Expedition: China's National Revolution of 1926—1928*, Honolulu: University of Hawaii Press, 1976, pp. 203—205。

③　参见《东路军》，第56—84页；《李宗仁回忆录》，第448—450页。

久。……一旦战兴,彼宁能不助其语音相近似而纪律较佳之南军以驱逐其素所怨恨之人乎?"① 一言以蔽之,正是南北之分的地缘文化观念,而不是政治宣传,使北伐军一路顺风打到南京上海。

不过,关于宣传作用的迷思也就起源于北伐的当时。胡宗铎在占领长沙之后的庆功会上曾说:此次占领长沙,与其说是"军事战胜,不如直捷了当改云是民众胜利。因叶[开鑫]部之跑,不是打跑的,是民众在其后防故意恐吓赶走的"。② 湖南民众的支持固然显著,但若能将叶部恐吓赶走,唐生智何须投国民党,桂军亦不必进长沙了。胡氏为桂军将领,对湘人说话不免客气些。但此话既出自军人,又经国民党报纸转载,影响遂广。而民众之所以能在后方起而恐吓敌军,自然是敌后宣传之功,宣传功用的迷思遂广为人接受了。

美国学者朱丹(Donald A. Jordan)早已辨明在作战之前派大量宣传人员到敌占区去发动群众的说法是迷思。③ 实际上,宣传队只是尾随军队进发,甚少有先入敌后者。北伐时主管宣传的郭沫若曾回忆,由于北伐军事进展速度超过预料,他所率领的宣传队要跟上作战部队的前进已十分困难,遑论到军队之前去搞什么宣传了。④ 即使确有一些数量不多的宣传人员深入敌后,但一涉具体,他们所能为者,如《国军政工史稿》所言,即"敌后宣传,仅凭宣传人员一张嘴巴一支粉笔,到处演讲,到处书写而已。至多有时散发一些传单,张贴一些标语"。⑤ 这在城市,因白话文的推广,或确能使边缘知识人兴奋一阵;若在农村,则扰乱一下敌方的军队或有可能,要发动民众支援北伐军作战,可能性

---

① 《东南时局感言》,《国闻周报》,1926 年 11 月 14 日。

② 《民国日报》(广州),1926 年 7 月 30 日,转引自顾群、龙秋初:《北伐战争在湖南》,第 65 页。

③ Donald A. Jordan, *The Northern Expedition*, pp. 241—246.

④ 参见郭沫若:《革命春秋》,海燕书店 1947 年版,第 287—331 页。

⑤ 《国军政工史稿》,上册,第 288 页。

实在太小。

实际上，即使在北伐军已占领的区域，宣传的功效也比一般人所想象的要差许多。北伐军进入河南后，各部队政治部的报告均强调宣传的重重困难。这些政治部的报告说：河南社会以小农经济为主，"人民识字的程度非常低下，不及十分之一二。标语宣言，失其效力"。这是第一重障碍，而文字宣传的能力已减去十分之八九。其次则是"言语不通，莫论广东福建的语言，即是湖北话也不能通用"。更有甚者，"即直隶山东人说话，也不通行。非本地人不易收效"。这是第二重障碍，口头宣传的能力亦已基本减去。即使克服上述两重障碍，仍有困难，因"我们在武昌时所用的成语，如军阀、贪官、打倒等，亦须反复解释"。① 这是更要紧的第三层障碍，这才是关键。盖双方的心态和思想言说根本不在一个时段之中，没有共同语言。

若说"打倒"一词尚属新异，"贪官"则是通俗戏文中久用的字眼，何须反复解释？这里分明透露出河南民众自觉或不自觉地抵制北伐军宣传的消息。所以在这些北伐军政治工作人员看来，河南整个是"民智闭塞"。更因为"久受军阀压迫，反动宣传，久已注入他们的简单的脑筋中"，所以"大都封建思想蒂固根深"。② 问题在于，何以久受军阀压迫的河南人民要抵制北伐军的宣传，却反愿接受所谓"反动宣传"呢？这里的一个关键因素，即河南属北方，南人到此，地缘文化的优势一下变为劣势，与在南方的情形适成对照。可以想见，在已占领的区域里宣传尚如此困难重重，若要到敌后去发动群众，实不啻痴人说梦。

事实上，就在北伐军占领河南之后，也曾发生红枪会与北伐军大规

---

① 《第十一军政治部报告》，1927 年 6 月，《第十一军十一师政治部报告》，1927 年 4—5 月，《总指挥部政治部（唐生智部）报告》，1927 年 5 月，均收入曾广兴、王全营编：《北伐战争在河南》（以下径引书名），河南人民出版社 1985 年版，第 332、358—359、327 页。

② 《总指挥部政治部报告》，1927 年 5 月，《北伐战争在河南》，第 319 页。

模冲突的所谓柳林、信阳事件。据北伐军政治人员的调查，红枪会"分子复杂，乡土观念甚深……专以排外以及取得敌人之枪械为事"。这样，河南红枪会固然曾攻击外来的奉军和国民军，同样也攻击北伐军。不仅武装攻击，同时还"掘断铁路"阻止北伐军前进。更"反对农协，破坏党部"。[①] 这些积极反抗大约还是少数，更多的是消极的抵制。故北伐军总结其在河南的经历是"只见民众对于革命军之口头应酬，未见到行动上的援助，更谈不到物质上的救济了"。[②]

正如黄郛当时所认识的，长江流域及近海一带人民的乡土观念及"厌恶北军之心理，有助于国民革命军甚大"。一旦北伐军"出长江后，北上至黄河流域，这些有利条件逐渐冲淡，反之加强了北军的乡土观念，故用兵亦渐困难"。[③] 黄氏的认知大体是正确的。北伐军在河南作战之惨烈，的确为北伐以来所最甚。担任主要作战的第四军（此时包括从该军分出的第十一军）虽最后获战役之胜利，但死伤的惨重乃使这一支北伐前期功勋卓著的"铁军"元气大伤，在以后的作战中负多胜少，在中国军事史上再也未起到什么决定性的作用，竟渐退至二流地位了。[④]

另一方面，国民党的宣传虽然对其作战的帮助不大，对于造成全国性的舆论却作用甚大。而其之所以能造成全国舆论，又甚得力于北伐军的军事胜利。正像有人所说的，是拿破仑的军队将自由、平等、博爱推向全欧洲一样，北伐时期主要不是宣传帮助了枪，而是枪促进了宣传。胡适当时也十分注重国民党的宣传机构，他向美国人描述说，北伐

---

① 《总指挥部政治部报告》，1927年5月，《北伐战争在河南》，第315—316页。

② 《第十一军政治部在豫工作之报告》，1927年6—7月，《北伐战争在河南》，第351—352页。

③ 沈亦云：《亦云回忆》，台北传记文学出版社1968年版，第254页。

④ 参见《第四军纪实》。第四军的衰落，当然也有别的原因。如中共南昌、广州两次起义，实际上针对和破坏的均是一向维护中共的张发奎部的第四军主力。

军军行所至，宣传人员就通过张贴标语和散发传单小册子，到处宣传国民党的党义和党纲。这些传单小册子更成千上万地散布到全国。故胡适的结论是：北伐时期国民党这些宣传手段在造成舆论方面的作用已超过一般的报纸杂志。[①]

　　胡适所说的"全国"，自然只能是城镇，因农村识字率的低下使任何宣传品的功效甚微。但彼时一般所谓舆论，基本是指识字者言。故胡适所见，恰道出国民党宣传功效实际所到之处。同样，美国军事情报人员在 1926 年底也注意到国民党宣传在北方的成功，特别是其军事胜利对宣传效用的促进。[②] 美国军事情报人员的资讯很可能是来自说英语的中国人，这些人同样也是外国报纸在华记者的主要资讯来源。当外国通讯报道再译成中文而刊布在中国报纸杂志上时，说英语（或其他外语）的城市中国精英的观点就转了一个圆圈而回到本土。在尊西崇新的趋向下，由外国人口中说出的这些中国人的认知又更具影响力了。

　　正是在这样的情形下，一个半真实半迷思的党军"新"形象在北洋统治的城市地区形成。故宣传虽甚少在战区促进作战，却在非作战区帮助造成了党军的新形象。这中间虽然迷思成分颇重，却为国民党在全国的胜利埋下了重要的伏笔。

　　国民党的形象既然一"新"，北方有"新思想"的人自然或主动或被动地倾向于认同南方。据时人的观察，"此次大战，国内许多思想较新的人"之所以"集中于党军旗帜之下"，实亦因其"在北方确有点不能相容"。北洋政府随意捕杀文人的做法已迫使不少上层知识人南行。北伐之前陈独秀的被捕，即引起第一批新文化运动知识人南投。北伐

　　① *Forward or Backward in China?*, pp. 41—42.

　　② *USMI*, vol. 25, p. 11411; 有学者也观察到北伐军的声誉促进了其宣传在北方的作用，参见 Donald A. Jordan, *The Northern Expedition*, p. 246, 但他未注意区分城乡。

期间李大钊等人的被捕杀，更促成北大教授 29 人南下。实际上，即使不遭捕杀，这些人亦"因思想较新不见容于旧社会而生活受窘"。故即使为生活计，他们也不得不南投。[①]

但尤其引人注目的，是已树立上层地位的所谓"英美派"知识精英的主动南下。蔡元培早就认识到留学生替北洋政府"帮忙"的重要性，故主张若北洋政府不采纳其意见时，大家即应相率辞职，使政府"当不起"。这个意见在北伐前似很少为人所接受，此时则情形一变。1927年 3 月即有周鲠生、王世杰等一批留学英美的北大教授南投武汉。同年 7 月，报载《现代评论》派陈源等亦全数投入国民党合作。孙传芳当时曾言，许多人为国人所弃，却为党军所收。殊不知这一主动或被动的趋新知识人南向流动正是北方失败的一个重要原因。[②]

知识精英数量毕竟有限，更重要的乃是大量边缘知识人的南投。自黄埔开办，全国各地的边缘知识青年往广州投军者已络绎不绝。北伐军兴以后，这一南投趋势有增无减。据时人在 1926 年 10 月的观察："近一两月来各地知识阶级（包括学生言）往广东投效的踵接肩摩。……据报载，自北伐军占阳夏，由沪往粤投效者三日内达三百人，由京往粤投效者六百人，类皆大学生。"一个月后，吴鼎昌注意到南北学生投效革命军的势头不仅未减，而且"为数日多"。[③] 美国驻华军事情报人员也观察到同样的现象并立即写入其日常报告中。[④]

孙传芳曾攻击国民党"利用青年，为其替死。旬月以来，迭据各方

---

①　参见百忧：《以科学眼光解剖时局》，《晨报副刊》，1926 年 10 月 5 日，第 3 版。

②　参见蔡元培：《辞职宣言》，《东方杂志》，第 20 卷第 1 号（1923 年 10 月 1 日），第 45—47 页。知识人南投的报道见《晨报》，1927 年 3 月 9 日第 3 版、1927 年 7 月 7 日第 2 版。孙传芳语转引自百忧《以科学眼光解剖时局》。

③　百忧：《以科学眼光解剖时局》；前溪（吴鼎昌）：《智识阶级与革命》，《国闻周报》，1926 年 11 月 14 日。

④　*USMI*, vol. 25, p. 11394.

泣诉,年轻学子冒锋镝而死者,无虑万千"。孙本人的军队就报告说在数小时内毙敌人"幼年学生军二百余人"。这恰表明边缘知识青年南投的趋势。后来鲁迅到广州,也注意到原来在前线拼命的党军竟是学生。[①] 据当时对黄埔入伍生职业的统计,以中学生为主的学生约占总数的 60% ;以小学教员为主的教员约占总数的 19%。这些人基本为边缘知识人,合占总数的 78%。[②] 黄埔的正式学生要经过文化考试,其边缘知识人的比例应更高。

士人和边缘知识青年的南投,不仅大大增强了国民党的力量,而且体现了国民革命运动的全国性,是北伐"有道伐无道"性质的鲜明表征。此时的国民革命,以其"新"而得全国响应。故北伐之所向披靡,如胡政之所言,"实由人心厌旧,怨毒已深,对于新兴之势力,怀抱一种不可明言之企望"。[③]

三、南新北旧的具体检讨

既然南方的取胜主要不是靠兵员和装备的优势,则其制胜之道,除了地缘文化因素外,似可从南北体制的不同来探讨。这在北伐的当时,已是相当流行的思路。一般而言,南北体制的不同之处,也就是南方之"新"的具体表征。当时人注意较多的,除了前述的宣传外,主要有党的存在、主义的有无、政治工作和苏俄的援助等。这些因素究竟在何种程度上贡献于北伐的胜利,便是下文要检讨分析的。

---

① 孙传芳:《通电》,1926 年 9 月 7 日,《国闻周报》,1926 年 9 月 12 日;鲁迅:《庆祝沪宁克服的那一边》,《集外集拾遗补编》,《鲁迅全集》,第 8 卷,人民文学出版社 1981 年版,第 161 页。

② 参见伍生:《五四以后青年运动的倾向》,《入伍生周刊》,第 2 期(1927 年 5 月),转引自张培新:《北伐时期群众战之研究》,第 171 页。

③ (胡)政之:《主义与饭碗》,《国闻周报》,1926 年 10 月 10 日。

北伐军与北洋军最明显的一个区别就是前者有国民党的存在。虽然国民党军队从 1925 年 6 月起已改称国民革命军，但到北伐时不论南方北方，仍多以党军称之。^① 党的存在，虽然在一定程度上使南方的政治更加复杂化，但同时对北伐的成功也起了很大作用。北伐军虽实际上得益于南方地缘文化因素甚多，但当时统一安定是全国人心所向，若过分强调地方观念，必减少国民革命的吸引力。故蒋介石对孙传芳所谓"强分南北"的指责，立即驳回，并特别以国民党的青天白日满地红旗帜的象征来强调其全国性。^② 实际上，如前所述，国民党高出北洋之处即在于其尚存统一全国的愿望。

国民党党组织的存在，也有消解地方观念负作用的功能。国民党本系全国政党，虽从 1921 年放弃护法口号而开府广州，已渐有南方的地方色彩，但在北方治下的主要城市，也都设有党部。故国民党的成员虽以南人为主，至少象征性地有全国性质。^③ 相比之下，吴佩孚虽有统一全国之念，张作霖虽开府北京，却都不能摆脱其在世人观念中"直系"和"奉系"的认知。故"党"的存在，多少使国民革命和北伐在占尽南方地利的同时，兼具全国性政治运动的标帜。在民族意识上涨的 20 世纪 20 年代，特别是各界因内乱而不能苟安于本行而产生全国意识、对中国问题寻求一个全国性解决的情形下，国民党的全国性对北伐的成功是颇为有利的。

党的存在，同时也有助于消弭文武之间的紧张和疏离。北洋时期，文武之间的紧张是一全国性的问题。^④ 南人之反对北洋驻防，多少也

---

① 据《国军政工史稿》，军政训政时期都是党军，要到宪政时期才成为国军（第 35 页），则此时仍为党军无疑。

② 参见蒋介石：《致孙传芳》，1926 年 9 月 13 日，收入《民国十五年以前之蒋介石先生》，第 770 页。

③ 参见 Donald A. Jordan, *The Northern Expedition*, p. 289.

④ 参见本书《五代式的民国：一个忧国知识分子对北伐前数年政治格局的即时观察》。

有文人反对武人统治的意味。虽然南北双方都有相当数量的"尚武文人"支持军人的统治,但许多"尚武文人"派系色彩过于浓厚,渐失文人的独立身份。当军人主政者本身更迭频繁时,便需要一些相对独立于各派系的文人操持具体政务。如北方之顾维钧、罗文干等便是这样的人。但这样发展的结果,乃是北方之武人不仅凌驾于文人之上,同时也疏离于文人。文武之间既紧张又疏离是北洋统治失去正当性的重要因素。在南方,文武之间也有不同程度的紧张和疏离,但党的存在却能起到消弭紧张和整合双方的功用。①

理论上,党是属于文人一方的。宋子文即曾明言:"国民革命的主旨是以党治军,就是以文人制裁武人。"② 通常"维护党权"即是强调文人制裁武人的意思。但是党也并非完全认同于文人的,汪精卫在黄埔军校开学时即指出:过去国民党的失败,在"党自党,兵自兵"。今创办黄埔,"实欲合理与力为一致。办党者为理,办兵者为力。力以抵抗罪恶,镇压反革命,补理之所不及。故党与兵实相依为命。兵出于党,无党即无兵;党赖于兵,无兵即无党"。当时任职于粤军的叶剑英曾简言之为:"军以党化,党以军成。"③

仿苏俄政委制的党代表制正是为发挥党的特殊作用而设置的,其目的为"贯输国民革命之精神,提高战斗力,巩固纪律,发展三民主义之教育"。④ 这一制度是否真起到这样的作用,颇难估计。盖军事指挥人员与党代表间一直存在不同程度的紧张,后来许多军人支持清党,多

---

① 参见顾维钧:《顾维钧回忆录》,第 1 卷,中华书局 1983 年版,第 297 页。

② 参见胡适:《追念吴稚晖先生》,《自由中国》(台北),第 10 卷第 1 号(1954 年 1 月 1 日),第 5—6 页。

③ 汪的讲话原载于《民国日报》(广州),1924 年 6 月 22 日,收入广东革命博物馆编:《黄埔军校史料》(以下径引书名),广东人民出版社 1982 年版,第 43 页;叶剑英的话引自潘乔石:《革命洪流中的叶剑英》,《星火燎原》(双月刊,北京),1983 年特刊,第 8 页。

④ 《国民革命军党代表条例》,收入《黄埔军校史料》,第 139 页。

少有反党代表的意思。但党代表制在一定程度上确起到整合文武关系的作用，这正是北洋体系十分需要而又未能产生的。

引人注意的是自由主义者胡适曾大力赞扬这种军党合一的制度。胡适以为，各级部队设党代表和"全党也多少在军事纪律约束之下"使国民党的党和军队"实际上已成为一体，至少也是联锁式地结合起来了"。他认为这是"极为卓著而且重要的"。其结果，"这样组织起来的军队当然要打败没有组织的旧军队"。[1]胡适的看法有相当的代表性，蒋介石就注意到："现在帝国主义也看见了我们党的势力——它对于我们军事尚不重视——只想法子来破坏我们的党。"[2]

正是有了党，国民革命军乃成为中国历史上第一支军事政治并行的军队。《国闻周报》的时评说："党军长处，在能以军事政治并行。故师行所至，事半功倍。质言之，一举一动，皆有政治的意味。"这是军政疏离的北方所不能比的。《现代评论》的一篇文章说：北方不能用文人，"只剩下一个赤裸裸的武力"，而南方则"枪与笔联合起来，所以到处如入无人之境"。[3]服务于北方但又力图保持独立的顾维钧也有类似的见解。他后来回忆，国民党以政治组织支持军事这样一种"前所未有的新因素"，极大地决定了北伐的胜利。[4]

国民党政治工作的一个重要部分即是"运用主义"。前引蒋介石关于"为什么要有党"的解释即"党是有主义的，运用主义的。没有主义，固然没有党；没有党，也不能运用主义"，也就"不能革命"。[5]故

---

[1]　Hu, "Address at the Royal Institute of International Affairs", Nov. 9, 1926, *Journal of Royal Institute of International Affairs* (London), V (1926), pp. 278—279.

[2]　蒋介石：《湖南省党部欢宴大会讲演词》，收入文砥编：《蒋介石的革命工作》，下册，上海太平洋书店1928年版，第299页。

[3]　《斗力与斗智》，《国闻周报》，1926年12月15日；无名：《从南北到东西》，《现代评论》，1927年6月11日，第5页。

[4]　《顾维钧回忆录》，第303页。

[5]　蒋介石：《湖南省党部欢宴大会讲演词》，收入《蒋介石的革命工作》，下册。

"主义"的有无,是南北军队的又一大不同。

民初的中国社会,因政治制度的转换和传统的崩坏,不再存在一统的意识形态,结果是各种"主义"的兴起。人人都在"高谈这种主义如何新奇,那种主义如何奥妙"。[①]谈的人一多,"主义"就渐脱离其具体的思想观念,而兼具进一步的功能。平民教育派的周德之曾说:那些开口闭口言"主义"的人十分之九并非真诚,而是"有的为权,有的为利,有的为名,有的为吃饭穿衣"。[②]既然衣食名利权势皆可自"主义"中得之,人们又进而不再高谈这种那种既存"主义"的新奇奥妙,而是如马君武所观察的,"无论何种主张,皆安上'主义'二字"。[③]上引这些人对"主义"的泛滥均持反对态度,但一种东西能在社会上不胫而走,必有适合其的环境。"主义"在20世纪20年代的中国,确有其特别的社会和政治功用。

实际上,比较成功的军阀,也多少有些"主义",用以整合其部队。吴佩孚是以关羽岳飞精神号召全军,冯玉祥有基督教统一部属,唐生智更有所谓"佛化"的军队(他后来投入国民党,仍主张"佛化革命")。[④]但是这些军阀的运用"主义",都远不及国民党的成功;而北伐时作为北洋主体的奉鲁军阀,更连上述的"主义"都不曾有。故一般的看法,北伐军才是有"主义"的,北洋军则是无"主义"的。蒋介石即称:"我们是有主义的军队……北方军阀……是没有主义的。"[⑤]胡政之虽然对南方的"主义"本身颇有保留,但也指出:"主义之优劣是一事,主义之

---

① 胡适:《问题与主义》,《胡适文存》,卷二,上海亚东图书馆1920年版,第151页。

② 周德之:《为迷信"主义"者进一言》,《晨报副刊》,1926年11月4日,第1版。

③ 马君武:《读书与救国》,《晨报副刊》,1926年11月20日,第1版。

④ 参见 Hsi-sheng Chi, *Warlord Politics in China*, pp. 54—56, 95—100, 115;唐生智事尚未见专门研究,可参见《李品仙回忆录》,第59—62页;《晨报》,1927年7月15日,第3版;10月18日,第6版;12月20日,第6版;1928年2月24日,第6版。

⑤ 蒋介石:《对国民革命军宣传员训练班讲演词》,《蒋介石的革命工作》,下册,第278—279页。

有无又是一事。"胡氏以为，北伐时的南北相争，正是"无主义者与有主义者抗"。①

南方运用"主义"的成功，很大程度上要归因于党的存在和政治工作。所以总政治部的郭沫若发现，所有来归附的军队，最先请求的便是派遣政治工作员。"他们并不知道政治工作的真意，但很知道南军和北军在组织上的重要的不同处便是在这种工作的有无。有了这种组织的南军打了胜仗，就觉得这种东西是使军队强盛的良法，因而政治工作便成了一个时代的宠儿。"②

揆诸其他各方的看法，郭氏的观察大体是不差的。但其中已有迷思的成分。盖派遣政治工作人员乃是谈判"归附"时国民党一方的要求，当时凡是投诚的军队，其前提便是承认三民主义及同意在其辖区设党部等。这些军人无论是否真以为政治工作能使军队强盛，都不得不要求派遣政治工作人员。故政治工作之所以成为"时代的宠儿"，多少也有强制的因素在起作用。

实际上，南方的军政结合，较北方固然远胜之，但事实上的成绩，恐怕要打不少折扣。蒋介石在北伐结束后曾说："关于政治，则向者以急于铲除军阀之故，凡百精力，皆萃集于军事之故，而未能切实进行。或粗具规模，或徒有名目。"③北伐时期，实际是军事压倒政治，应是不争的事实。故关于党军政治成功的迷思，实已起于当时。

南北之间的另一大差异，便是南方有苏俄的直接援助。北伐军上述的诸多新因素，大半与俄援有关。如前所述，胡适是将俄援本身视为南方的"新"而加以鼓吹支持的。苏俄的军火援助和军事参谋人员所

---

① （胡）政之：《主义与饭碗》，《国闻周报》，1926 年 10 月 10 日。
② 郭沫若：《革命春秋》，第 393 页。
③ 蒋介石：《今日党员与政府军队及社会之组织惟一要素》（1928 年 8 月 7 日），《盛京时报》，1928 年 8 月 18 日，第 1 版。

起的作用,各方评价不一。在广东的东征时,苏俄的物质和战术援助,应有决定性的作用。北伐后战区较广,苏俄的物质援助所能起的作用也渐小。

在一定的意义上,俄援的重要恐怕是心理的多于实际的。自尊西崇新风气大兴以来,中国人自信心下降,各政治势力如无外援便少安全感。顾维钧曾注意到,"在中国,特别是在民国初年,不同的军事和政治派系有依附某一个外国势力"来"巩固支持其政治前程的普遍趋向"。[①] 国民党亦不例外,孙中山在 1922 年就指出,"中国革命的前途,和运用外交政策的是否有当,实有密切的关系"。而"在列国之中,有两个国家,尤其和我们休戚有关。这就是我们的近邻日本和苏联。假如这两个国家都成为我们的盟友,当然最好,如果不能,至少也要获得其一,我们的革命工作才能顺利进行"。[②]

而且,帝国主义支持军阀是当时许多人的共识。如日本支持皖系和奉系,尚有迹可循。但英美支持吴佩孚,本无根之谈,却也是南北许多士人共同的认知。[③] 国民党人一般认为北伐到最后关头,帝国主义必出而支持军阀。故蒋介石的对策,即是联俄以防列强支持军阀。蒋特别强调,并非军阀才联合外国人,革命军人也要联合外国人,只是联合的对象不同而已。[④]

后来反共的王柏龄回忆第一次俄援到黄埔时,"全校自长官以至于学生,无不兴高采烈。尤以一般要革命的学生,喜得无地自容,拍手打

---

① 《顾维钧回忆录》,第 397 页。

② "孙中山 1922 年在广州对国民党同志训话",转引自孙科:《中苏关系》,中华书局 1949 年版,第 26 页。

③ 国民党固一向攻击吴是英美的走狗,就是北方一些人亦有相近看法,参见隐之:《反对各国预闻内战》,《国闻周报》,1926 年 9 月 12 日;前溪:《注意国内与国际之变化》,《大公报》(天津),1926 年 9 月 5 日。

④ 参见《民国十五年以前之蒋介石先生》,第 636—637 页;蒋介石:《革命军人与军阀》,《蒋介石的革命工作》,上册,第 163 页。

掌……个个笑脸不收……无不欢天喜地"。王氏短短一段记述，反复出现这些兴奋的描述，很能体现一种心理上突获安全感的瞬间喜悦。王氏并云："这一次踊跃情形，决非第二次第三次所能及的。"[1] 何以如此？即因第一次更具象征意义也。故俄援的重要，固然在物质及组织方法等方面，但那种有一邻近强国为后盾的心理支持，尤不可小视。国民党后来的绝俄，在其已获大胜初具信心，特别是在列强明显改变其态度，转向亲南而弃北之后，亦良有以也。[2]

胡适尝认为，俄援最重要的是其组织方法。今日的美国学者，多同意这一看法。[3] 胡政之在北伐当时也十分强调俄式组织方式对国民党的重要性，他认为南方"自采用俄国式组织之后，全部民党，恍若节制之师。政治上之主张俨成宗教上之信仰，此为国民党胜人之处"。[4] 可见这一点大约是中外许多人的共识。

但即使对这一点，亦须再加以必要的界定。北伐时作战较多的第四、七两军，所受俄援明显比黄埔军要少。尤其是李宗仁的第七军，加入国民党一方的时间不长，对俄式组织方式亦无热情。该军的党代表政治部等人员设施，倘非其旧人，即形同虚设。可是四、七军在战场上的表现，却远胜过黄埔军。这说明即使是争议最少的俄式组织方式的作用，也有迷思的成分。

同样，最能代表南方各种新因素的黄埔军在北伐中表现却最差，颇能反映关于北伐的种种认知与实际的差距。有学者以为："黄埔生的素

---

① 王柏龄：《黄埔创始之回忆》，节选在《黄埔军校史料》，第71—73页。

② 关于列强态度的转变与国民党绝俄的关系，拟另文检讨之。

③ 参见《胡适日记》，1926年10月8日；*Forward or Backward in China?* pp. 43—44; C. Martin Wilber and Julie Lien-ying How, *Missionaries of Revolution: Soviet Advisers and Nationalist China, 1920—1927*, Cambridge, Mass.: Harvard University Press, 1989, pp. 416—417; Donald A. Jordan, *The Northern Expedition*, pp. 15, 302(note 6).

④ （胡）政之：《主义与饭碗》，《国闻周报》，1926年10月10日。

质从一开始就很高……黄埔军校的申请者比国内所有其他军校的申请者质量高,有时甚至比其他军校的毕业生质量还要高。"[1] 黄埔开办时,恰值北洋的保定军校停办。若仅以学校论,则两者不同时。而不计保定军校,以黄埔与南北军人自办之讲武堂训练班一类比,其素质更高大致是成立的。但若讲到作战,则保定毕业生正任职于全国。保定二期的何遂在 1926 年春的通电中说:"国内袍泽,半属同年学友。"[2] 北伐时正是保定毕业生鼎盛之时。虽然"素质"可有许多不同的界定,但若以军事素质而论,则黄埔生是绝对不能与保定生相比的。

　　保定生入学前要求九年的陆军小学和陆军中学教育,入校后还要学习整整两年。[3] 事实上,黄埔军校的许多教官即是保定毕业生。而黄埔生并不要求入校前的军事教育,入校后也只半年就毕业。黄埔生在校的半年期间,学习也不是十分正规的。孙中山在黄埔军校开学典礼的演说中明确提出:"革命是非常事业,不是寻常事业,非常的事业决不可以寻常的道理一概而论。现在求学的时代,能够学得多少便是多少。只要另外加以革命精神,便可以利用。"[4] 这正是黄埔教育精神的鲜明写照。关于黄埔生素质高的认知有可能是受了既存文献的误导。若从文献看,对黄埔生入学考试的要求的确很高。可是据后来许多黄埔生的回忆,实际的入学考试远不如文献所记载的那样严格。[5] 以当时属革命非常时期及南方对军事人才的急需,这些回忆大致是可

---

①　Hsi-sheng Chi, *Warlord Politics in China*, p. 112.

②　《晨报》,1926 年 3 月 26 日,第 2 版。

③　参见河北省和保定市政协文史资料委员会合编:《保定陆军军官学校》,河北人民出版社 1987 年版。

④　孙中山:《陆军军官学校开学典礼的演说》,《孙中山全集》(10),中华书局 1986 年版,第 297 页。

⑤　参见徐向前、宋希濂、覃异之、王大文、宋瑞柯、文强的回忆,收入政协文史资料委员会编:《第一次国共合作时期的黄埔军校》,文史资料出版社 1984 年版,第 214—222、237—260、271—291、303—345 页。

信的。

从另一方面看，黄埔生的"素质"正体现在其"革命精神"。民初社会变动甚剧，当兵"吃粮"已是一条生活的重要出路。但当兵既为"吃粮"，则作战时必以自保为目的。冯玉祥的队伍在北方号称能战，一个主要原因即是其不征召所谓"兵油子"，而仅收年轻人。[1] 黄埔生则不仅皆是年轻人，且多系各地主动投军的热血青年，故黄埔军与其他军队的一大差别即是不怕死。以北伐时期的军事装备和技术而论，不怕死常是决定胜负的第一要素。黄埔生不怕死的名声在广东的东征时既已树立。东征一役，黄埔生（一至三期）2327 人中战死者即达 217 人，约近十分之一。但自 1926 年春的中山舰事件后，许多共产党员被清除出军，实际是失去相当数量不怕死的青年，同时又使另外许多不明国共之争真义的战士思想混乱。结果是黄埔军的战斗力锐减，不怕死的精神亦不如以前。到 1927 年 4 月止，黄埔生一至四期近五千人在北伐中战死者为 101 人，约为 2%。[2]

北伐的规模比东征大得多，敌手也更强大，战死者反比东征少得多。是不是黄埔军的战斗技术大大提高了呢？不是的。蒋介石在 1926 年 10 月末说：黄埔军（何应钦率领的东征军除外）自北伐以来，"没有打过一次胜仗"。实际上，黄埔军在此后数月间的表现亦甚不如意。[3]

不过，黄埔军的表现不佳只是在南方内部为人所知较详。在外界和北方看来，四、七各军的胜利也都是在总司令蒋介石指挥下所得。故一般是将北伐军以整体视之。蒋介石在北伐军内部或遭到粤、桂、湘军

---

[1]　参见 *USMI*，vol. 26 所载美国军事情报人员以"中国军队"为题的长篇报告，收在 1927 年 1 月 22 日至 2 月 4 日的双周报告中，页码单列。

[2]　这些数字均引自《黄埔军校史料》，第 496—499、502—503、93、451 页。

[3]　参见《民国十五年以前之蒋介石先生》，第 855 页。该书第 716—895 页的大段篇幅中，常有蒋介石因黄埔军作战不力受人耻笑的痛心语。并参见 Hsi-sheng Chi, *Warlord Politics in China*, pp. 200—201。

将领不同程度的轻视,在外面却正因北伐的节节战胜而声誉日隆。

　　北方既视南方为一整体,而且颇以为南军的取胜是靠了主义、党和宣传等新事物所致,北方自己也很快就学起南方来了。与南军接触最多的孙传芳学得最快,孙不久即标榜"三爱主义"以对抗南方的三民主义。到1927年夏,张作霖一方也先后提出"爱国党主义"和"四民主义",即在孙中山的三民主义之上又加一个"民德主义",既对南方有所包容,又有自己的发展。同时,像张宗昌这样素以不通文墨著称的人也发表演讲,大力提倡国家主义以对抗南方的"世界大同主义"。不久,北方更成立了以潘复为中心的"新国家党"。①

　　同样,北方也学南方设立宣传机构。孙传芳的南京总部"特设宣传机关,日以印刷文件,传播各省";②在其辖区各县均设有宣传委员,专司宣传之责。奉军也设有宣传部,人员达数百人。奉军和直鲁军也都向前线派遣宣传队。但总的说来,北方在宣传等各方面均远不如南方成功。就孙传芳而言,其地处南方,地缘文化的不利使其宣传很少能生效。另外,北方的"主义"和"党"都名实不符,基本是仅具招牌。北方的一些宣传机构形同虚设,宣传的开展本身亦用力不足。再加上北方捕杀文人记者,失去了知识人和边缘知识青年的支持,宣传人员的来源本身就成问题。当时《国闻周报》即说北方虽知专恃武力不足济事,但"舍武力,讲宣传,东施效颦,正所以暴露弱点"。故北方学南方是学亦难,不学亦难,学又学不会。但无论如何,其试图学南方的趋势是明显的。③

　　最后,北方也认识到其"旧军阀帽子不脱必倒"。除孙传芳坚持中

---

　　① 参见陶菊隐:《北洋军阀统治时期史话》,卷三,生活·读书·新知三联书店1983年重印三卷本,第1589页;《晨报》,1927年5月6日、6月15日,均第2版;7月18日,第7版;8月7日、12月2日,均第3版;1928年1月1日,第2版;1927年6月16日,第3版。

　　② 《东南时局感言》,《国闻周报》,1926年11月14日。

　　③ 《斗智与斗力》,《国闻周报》,1926年12月15日;亦参见《晨报》,1926年10月15日,第5版;1927年2月1日,第2版;3月29日,第3版;1928年1月16日,第3版;3月13日,第7版;4月11日,第6版;5月28日,第3版。

国的青年已大半误入歧途，挽回浩劫之责"全在四十岁以上之智识界稳健人物"外，其余军阀，特别是奉系总思给国人以"新"的形象。杨宇霆对北京学界力辩过去"外间不察，多诋东北方面思想陈旧，军队暴烈。其实东北对于政治学术，纯抱革新愿望"。张作霖任职大元帅时，也宣言要改革政治，"务使百物一新"。①

很明显，北方在强调绝无新旧之分的同时，也渐认识到中国社会的趋新倾向和"旧"形象对其的不利。惟北方之求新，亦与其在"主义"、党和宣传等方面的作为一样，仍是一种学而不会的格局。但是，学得好不好是一回事，学不学是另一回事。北方之学习南方而求"新"的种种努力恰证明了新旧之分在北伐时期的重要作用和影响。

略具讽刺意味的是，北方之学南方多是在宁汉分立特别是"清党"之后，亦即在南方自身已部分放弃其"新"因素之后。"清党"期间的"白色恐怖"② 以及宁汉之间的武力斗争，颇令时人感觉南方也类似北方而对南方失望。蒋介石辞职又复出后，由于国民党左派已基本不复存在，右派（包括西山会议派和胡汉民派）也再次失势，南京新政府乃不得不大量援用政学系一类所谓"北方国民党"。结果是国民党进一步淡化其南方地缘文化色彩，既显得更加具有全国性，但也给人以南北相类似的印象。简言之，国民党所代表的"新"（包括事实上的新和人们期望中的"新"）也已大大地淡化了。③

---

①　《晨报》，1928年1月7日，第2版；1927年7月15日，第2版；12月19日，第7版；张作霖的《宣言》收入前引《北洋军阀》，第5卷，第383—384页。

②　George E. Sokolsky, *Tinder Box of Asia*, Garden City, N. Y.: Doubleday, 1932, p. 341. 白色恐怖一词由反共的索克思口中说出，特别发人深省。

③　这里所指"北方国民党"，也包括黄郛。黄虽不是正式的国民党员，但一般人均认其为国民党人。参见《亦云回忆》，第291—293页。黄氏的私敌郭泰祺就曾公开发表声明，警告北方旧官僚在国民党内影响日大的危险性。关于南北已类似的认知，参见《晨报》，1927年11月6日，第6版；12月15日，第2版；12月31日，第3版；1928年3月17日，第3版。

后期的北伐即是在这样一种南北新旧之分已淡化的局势下进行的。宁汉分立初期，双方尚能各自继续北伐。武汉一方在河南以血战击退奉军，南京一方也曾挺进到徐州。此时若宁汉未分裂，即可利用当时中国唯一一条东西走向的陇海铁路，集中兵力于任何一侧，本可轻易完成北伐。当时奉张已在做出关准备，但宁汉的内斗延阻了北伐的胜利。孙传芳乃乘间倾全力反攻南京。南京附近的龙潭之役是北伐在河南之外的又一大血战，此役黄埔军与桂军配合较洽，表现甚佳，终于彻底击溃孙传芳的队伍。[①]

从此北方乃完全失去向南方进攻的士气，此后除奉晋间北人与北人之战外，南北方之间没有什么大的战斗。最后一段的北伐，因日本出兵山东并造成济南事件，奉军在民族矛盾面前不能再与南军打内战，主动撤退出关。[②] 故南方虽已失去南北新旧之分的许多有利因素，却又因中外民族矛盾的尖锐化而得以基本不战而胜。日本人策划暗杀张作霖，进一步促进了东北的易帜归附。北伐终以全国统一在国民政府之下而结束。

余 论

美国学者朱丹以为，北伐军到底是"赢在战场上"。[③] 这话基本是不错的。从某种意义上说，北伐战争与旧时的"逐鹿中原"亦相类似，无非是争夺全国的政权。杜牧曾说：灭秦者，秦也；非六国也（《阿房宫

---

① 关于龙潭之战，参见《东路军》，第 99—118 页；《李宗仁回忆录》，上册，第 501—517 页；Donald A. Jordan, *The Northern Expedition*, pp. 137—141。

② 奉军因国难而主动撤退可参见张学良、杨宇霆和常荫槐在 1928 年 5 月 5 日至 7 日的往返秘电，原件藏南京第二历史档案馆的张静江文件中，档案号 3004/189。并参见本书《济南事件与中美关系的转折》。

③ Donald A. Jordan, *The Northern Expedition*, p. 287.

赋》）。这在一定程度上也适用于北伐。换言之，北洋体系在北伐之前已分崩离析。北伐军既因利乘便，其取胜亦渊源有自。但是，百足之虫，死而不僵。若从有形战力看，北方无论如何是强过南方许多的。故北伐军之所以能"赢在战场上"，恰恰是靠了无形战力的巨大作用。

在运动比赛中，常有一种"观众效应"，即一个弱队有时能在观众（通常是家乡观众）的鼓噪声中打败实力更强的对手。可以说，北伐的胜利即是在这样一种场外的鼓噪声中得来。南北的地缘文化意识、新旧的区分，特别是党、"主义"、宣传等新事物合在一起，给北伐军在战场之外造成一片支持的鼓噪之声。大概言之，是地缘文化因素推动了军事的进展，军事的成功又促进了宣传的功效，宣传的功效有助于造成战场之外的舆论，而舆论影响人心（这只是大概而言，具体的一时一事并不一定依此秩序，且各项之间每有关联互动的作用）。国民党正是在这样一种有道伐无道的声势下，才能势如破竹，一举打垮实力更强的北洋军阀。

但凡事有一利便有一弊。南北新旧之分，从根本上说是带有分裂性的因素。国民党在形式上统一中国之后，这些过去制胜的因素即因其分裂性而影响国民党对全国的统治，造成一种形式统一而人心不统一的局面。梁园东曾说，"由南方或由北方统一的思想"是不应有的，"根本是南北的畛域观念即不应有"。①

国民党在统一后定都南京，将故都北京更名北平，本有其特定的考虑。可是在北方人看来，这就有某种"征服"的意味。故"北人皆不以为然"。青年党的李璜在北伐后到北方，就发现国家虽然统一，但"在精神方面，北人对于南人，在此次国民革命之后，怀着一种嫉视的心理。革命而既以主义号召，而要称作'北伐'，这足使北人感到南宋之

---

① 梁园东：《现代中国的北方与南方》，《新生命》，第3卷第12期，转引自陈序经：《中国文化的出路》，第127页。

对金人,把北人当着异族看待。何况更将北京要改成'北平'呢?"李氏初以为这只是失意军人政客之见。及一调查,"乃知此一误解与怨言相当的普遍于北方社会"。① 南北之间的地缘文化差异,更因有意无意的人为因素而扩大了。

南北猜忌的一个直接后果,就是 1930 年的蒋、冯、阎中原大战,其战斗的规模远超过北伐之役。蒋介石在无法以己力战胜冯、阎的情形下,不得不以 1500 万元巨款买东北军入关"武装调停"。东北军与冯、阎,同属北方,故能不战移防。冯、阎对中央的威胁虽消除,蒋却不得不将北方政务托张学良"全权办理",南京对北方实际上已不能控制。"九一八"后,张学良在 1933 年被迫辞职,南京略能插手北方事务,但直到抗战爆发,北方的实权仍掌握在半独立的北方军人手中。②

另外,北伐结束后,蒋介石也不再讳言新旧之分,反而明确宣布:"吾党革命之真意,在除旧布新。……旧不能除,则新不易布。"在南新北旧的大格局下,这样的话北人听起来是不会很顺耳的。实际上,南方新贵对北方旧人也甚感难于处理。蒋介石说:"今之行政机关所最难者,不用一旧有人员,则手续多有不便。用一旧有人员,则旧有之积习,照随之而入。"新旧之分,显然已成为掌权之后的国民党的一个遗留问题。③

蒋介石主张的解决办法,是"行政机关军队化",故即使用旧有人员,"亦不至有输入旧习之患"。而且,蒋以为对中国问题的总的解决

① 李璜:《学钝室回忆录》,台北传记文学出版社 1973 年版,第 165—166 页。

② 关于蒋买张学良入关事,参见刘心皇辑注的《张学良进关秘录》中南京与其派往东北代表的来往秘电,特别是第 107、121、126—127、138、141、148、150、199 页;引文在第 168 页。关于南京不能控制北方,参见 Hsi-sheng Chi, *Nationalist China at War: Military Defeats and Political Collapse, 1937—1945*, Ann Arbor: University of Michigan Press, 1982, chapter I.

③ 本段与下段,参见蒋介石:《今日党员与政府军队及社会之组织惟一要素》(1928年 8 月 7 日),《盛京时报》,1928 年 8 月 18 日,第 1 版。

方法即是军队要党化，而党、行政、社会以至全民都要军队化。这样的方法是否能解决问题是一回事，但对许多国民党文人来说，国民革命本来是针对北洋军阀的军人统治，同时在国民革命运动内部也要以文人制裁武人。宁汉分立之时，宋子文已认为既然文人制裁武人的局面被推翻，革命已失去意义。[①] 今则一切都要军队化，是国民党已走上其革命对象的老路，且有过之。故唐悦良在1929年指出，许多人都认为"国民革命已经失败了"。[②] 北伐的胜利却与国民革命的"失败"几乎同时，这样一种诡论性的结局大约是出乎时人所料的。

（原刊《新史学》第 5 卷第 1 期，1994 年 3 月）

---

① 参见胡适：《追念吴稚晖先生》，《自由中国》（台北），第 10 卷第 1 号（1954 年 1 月 1 日），第 5—6 页。

② 唐悦良文刊在英文的《密勒氏评论报》（*China Weekly Review*），1929 年 6 月 15 日。国民革命是否"失败"，是需要专文讨论的，但当时许多人都有和唐氏类似的认知，也是事实。

下编　动荡时期的内与外

北伐前期美国政府对中国国民
革命的认知与对策

在我们的中美关系史研究中，20 世纪 20 年代一向是个相对薄弱的环节。比较起来，对北伐时期的中美关系研究还算稍多，但学术界对此似尚无一个广泛接受的共识。本文拟从当时当事人的认识与关注点去考察分析问题，希望能在美国政府对国民革命的认知与对策方面作一些史实的探讨与重建，或可使我们对这一问题的了解稍进一层。

一、几个背景因素

过去有些研究似倾向于从后来国共两党成为中国主要的政治力量的角度来反观历史，所以较少注意美国与北京政府的关系。其实，在国民党象征性地统一全国之前，对身处 20 世纪 20 年代的大多数中国人来说，北伐时政治军事方面主要的区分恐怕是南北即北洋政府与国民政府的对立，而国民党内部的派系之争，特别是国共之间的斗争，并不为许多人所了解，也未曾引起时人的充分注意。综观当时中外舆论，关注的重点显然是南北之争。关于国民革命运动的内部争斗，只是在武汉与南昌的对立出现后才渐为人所知。而当时报刊上最著名的"赤党"，实际上是活跃在台面上的徐谦与邓演达，对真正的共产党反而了解不多也注意不足。中国人不过如此，遑论对中国情形的了解终究要差一步的外国人了。故本文虽然侧重于美国与南方的关系，仍注意将其放在南北对峙的大框架中进行考察。

就国际环境而言，过去对 1921—1922 年华盛顿会议形成的列强在华合作的取向强调稍过，实则所谓"华盛顿条约体系"的合作取向一开始就颇有缺陷。首先，列强的合作政策基本上没有把中国作为远东国际政治的一个正面因素来考虑，因而也就低估了这段时期中国内部革命性政治变动的重要性。其次，所谓"华盛顿条约体系"并不包括德国和苏联，这两个大国在整个 20 年代推行着完全独立的中国政策，实际上形成对"华盛顿体系"的有力挑战。而国民党恰利用了这一缺陷，先后从这两国获得主要的军事援助。

实际上，"华盛顿体系"的列强合作精神到 1925 年"五卅运动"后的关税、法权会议期间已基本消失殆尽。最明显的例证就是在北伐前夕召开的修订治外法权会议上，日、英两国基本上没有严肃对待，只有美国还比较认真。美国向会议提交了 482 项涉及美国在华权益的案例，而英国只提出了很少的案例，日本则根本没有提交任何具体案例。这很能说明各国的态度。会议的决议报告基本是据美国的材料由美国人在实地调查之前就已写成，一向对外交条款斤斤计较的英、日外交官并未提出多少修改意见。[①] 这一切都说明列强间的合作大致已名存实亡。

同样需要重视的是，北伐时的中国局势以混乱多变为特征，尤其以变化的突然与急剧著称。在这样的情形下，任何外国除了大的原则外，实不可能有多么具体的政策，尤其不可能有预先制定的政策。北伐初起时，包括国民党人和共产党人在内的几乎所有南北政治力量，都未曾预见到后来急速的军事进展，在华外国人也同样如此。列强面临新的问题和变幻莫测的局势，只有不断调整其原有的政策原则，故北伐时主

---

① Wesley R. Fishel, *The End of Extraterritoriality in China*, Berkeley: University of California Press, 1952, p. 112; Strawn to Kellogg, May 12, 1926, *the John V. A. MacMurray Papers*, the Seeley G. Mudd Library, Princeton University.

要列强的对华政策与中国局势一样，是以多变为特征的。

就美国而言，另一个重要的背景因素是北伐期间美国驻北京使馆与华盛顿的国务院之间长期存在意见分歧。从 1925 年到任开始，驻华公使马慕瑞（John V. A. MacMurray）与国务院在从"五卅事件"到 1926 年 11 月的《中比条约》废除等几乎每一件较大的事件上，都不断发生政策争执。一再受挫后，他曾于 1926 年底致函国务卿凯洛格（Frank B. Kellogg），明确表示缺乏相互了解，要求回国面商，但他刚走到日本就因中国局势日见紧张而被召回任所。到 1927 年初，随着国务院远东司司长詹森（Nelson T. Johnson）晋升为负责远东事务的助理国务卿，而项白克（Stanley K. Hornbeck）出任远东司司长，马慕瑞与国务院的关系进一步恶化，因为他曾明确反对项白克的任命。马慕瑞在 1927 年 2 月 12 日写了封 15 页的长信给代国务卿格鲁（Joseph C. Grew），举出七个国务院拆他的台、使他出丑的例子，认为国务院对中国政策的指导是"犹豫不决和易变的"，是"放弃、消极主义和失败主义"的政策。[①] 直到马慕瑞离任，他和国务院几乎一直处于争论之中。

同时，驻华使馆与各领馆间也常出现不同意见，美国各级外交人员的意见不一致的情形是明显的。造成美国各级意见不一的最主要原因就是美国人对南方新兴的国民党内派系及国共两党关系（包括合作与斗争）的了解可以说从未达到准确的程度。实际上，美国人接触较多的是国民党中那些能说英语的领导人。这些人中的相当部分是孙中山的亲戚和幕僚（如孙科、宋家人和陈友仁），他们大部分较年轻，也因能说英语故与握有相当实权的鲍罗廷关系密切，在 1927 年的"四一二事变"前基本偏左。美国外交官员对南方的好感多得之于这些人，而其提出的偏向南方的政策也常常是有意无意针对这一势力。

---

① MacMurray to Kellogg, Dec. 30, 1926, MacMurray to Grew, Feb. 12, 1927, MacMurray Papers.

　　反之,多数美国人对蒋介石个人的观感一直不好。在很多中外观察家眼里,蒋介石既是联俄的主要推动者,也是直接受益者。由于蒋介石自 1925 年以来在国民党内争中不断变换立场,忽左忽右,马慕瑞对他的观感从来就不好,认为他太不可靠。关于美国外交官对蒋介石的认知,过去的研究基本忽视,故有必要作简短的史料考释。在中山舰事件之前,蒋介石并未受到美国驻华外交和情报官员的太多注意。正因为准备不足,美国驻华官员对在该事件中崛起的蒋认识相当模糊,缺乏定见。实际上,蒋在那次事件中的许多行为的确具有突发特征,他自己的日记就很能说明这一点。故即使是熟悉蒋的中国人,对他在那段时间变化多端的所作所为也不甚了了。[①]

　　在中山舰事件后的几个月中,美国驻广州总领事精琦士(Douglas Jenkins)对蒋介石的观感一直处于变化之中。[②] 到六月,精琦士终于有了初步的结论,即蒋就是"广州的政府",他不会容忍"不管来自温和派还是激进派的干涉和反对"。可以看出,蒋介石并非精琦士眼中的"温和派"。精琦士认为,蒋与共产党人和俄国人的暂时联盟不过是为了得到军火和资金。但他也在那次报告中明确指出,蒋本人正是以"排外而特别是反美"而著称的。[③]

　　蒋介石自 1925 年以来表现出的强烈民族主义情绪和对收回主权

---

　　① 　参见毛思诚编:《民国十五年以前之蒋介石先生》,香港龙门书店 1965 年影印 1936 年版,第 617—658 页。

　　② 　Jenkins to Kellogg, Mar. 27, Apr. 7, May 19, May 25, 1926, U. S. Department of State, Records of the Department of State Relating to Internal Affairs of China, 1910—1929, National Archives Microfilm Publications, No. 329 (hereafter as SDF, including Records of the Department of State Relating to Political Relations Between the United States and China, 1910—1929, National Archives Microfilm Publications, No. 339), 893. 00/7358, /7400, /7469, /7473; MacMurray to Kellogg, May 4, 1926, SDF 893. 00/7439. 此后的几个月中,精琦士对蒋介石的观感仍维持摇摆不定的状态。

　　③ 　Jenkins to MacMurray, June 11, 1926, SDF 893. 00/7522.

的激进主张颇令美国担心。1926 年春，美国《国民》杂志记者根内特
（Lewis S. Gannett）在广州采访蒋介石，蒋以各种问题了解了根内特的
观点后，得出根内特尚属"真诚"的结论。然后蒋介石宣称也要告诉根
内特从别人那里听不到的真话："中国有思想的人恨美国更甚于恨日
本。"因为美国人是两面派，虽然甘言笑脸，却和日本人行动一致。由
于蒋介石至少认为他自己是中国有思想的人，这个信息是非常明显的。
根氏后来成为名记者，当时虽尚未成大名，已初具影响。他与蒋的谈话
发表在颇有影响的《概览》杂志 1926 年 5 月的东西方专号上，自然不
会不引起美国国务院有关人员的重视（实际上此文正收在美国外交文
件中）。①

　　蒋介石的强烈民族主义情绪和激进外交主张并非特例，北伐时期
中国南北双方在对待列强的态度上都明显偏于激进而不是温和。任何
这段时期中外关系的研究都必须考虑中国内部政治斗争的"革命性"
发展对中外关系的直接间接影响。国民政府的（代理）外交部长陈友
仁在 1926 年告诉美国人：美国关于条约修订的政策是采"渐进"的取
向，而中国的实际情形却从根本上是"革命"性的，因而也就要求一种
"革命性的，亦即根本的解决"。那种一步一步地调整的"渐进"取向实
与中国的政治现实相违背。②

　　政治的"革命性"发展也引发整个思想界舆论界的"革命"倾向。
"革命外交"就是革命时代的一个典型产物。何谓"革命外交"？说到
底，就是不按或至少不完全按既存外交规则行事。曾在欧洲长期受教
的周鲠生在北伐期间发表《革命的外交》一文，提出"革命外交的第一

---

① Lewis S. Gannett, "Looking at America in China", *The Survey*, L (May 1926), pp. 181—
182.

② 陈的观点见 U. S. Department of State, *Papers Relating to the Foreign Relations of the
United States* (Washington, D. C., hereafter as *FRUS*), 1926，I, pp.851—852。

要义"便是"打破一切传习成见和既存的规则",即"对于既存的国际规则、惯例或条约的束缚,都要一概打破";而第二要义则是"利用民众势力",具体言之,就是不但不能"怕事",而且要能够"生事",以"遇事生风"和"小题大做"为外交的"要诀"。一言以蔽之:"革命的外交,决不能是绅士式的。"相反,"流氓的方法,实在是对待帝国主义列强政府最有效的外交方法"。[①]周氏学的是国际法,并以此成为名家,竟全然置其学者身份于不顾,公然号召不遵行国际规则、惯例及条约,而其文章又发表在自由主义知识精英所办的《现代评论》(一般均认为此刊物"温和"而不"革命")上,最能体现世风的激进。

在实际操作层面,北伐时南北政府主持外交的陈友仁与顾维钧都受过西方训练,尤其懂得怎样利用西方的"道理"来对付列强,最使列强头痛。1926 年 11 月 6 日,经过长期无结果的谈判,在代总理兼外交总长顾维钧的主持推动下,北京政府宣布废除已到期的《中国比利时条约》。[②] 这是自有中外不平等条约以来,中国人第一次主动废除与外国签订的条约。顾氏在主政期间的所作所为(包括在其他中外谈判中持强硬立场),实表明北方在外交实践的"革命性"方面,丝毫不比南方逊色。

在北京废除《中比条约》两个星期后,蒋介石在南昌举行记者招待会(这是北伐开始后蒋第一次会见外国记者),对北京政府的行动表示支持。他并宣布:"国民政府以前的中国任何政府同其他国家所签订的任何条约和协定,我们在任何时候也不会承认。"蒋介石进而指出:"这

---

① 　周鲠生:《革命的外交》,收在同名论文集,上海太平洋书店 1928 年版,第 1—11 页。周氏后来在中美解决南京事件的协定签订后,认为这是"外交失败",指出当时的形势是"军事前进而外交落后",从而提出"党化外交"的主张,其激进尤可见一斑。参见其《今后的外交》,《革命的外交》,第 74—84 页。

② 　参见顾维钧:《顾维钧回忆录》(一),中华书局 1983 年版,第 355—360 页;MacMurray to Kellogg, Nov. 9, 1926, *FRUS*, 1926, I, pp. 991—995。

是一场革命,不能取渐进方法。"只有废除不平等条约的特权,革命才算完成,国民党决心立即废除各种条约特权,而不考虑通过谈判修订条约的方式。①

正如马慕瑞观察到的:在中国人的民族主义观念中,有"两种对立的主义在进行斗争",特别是在对不平等条约的态度上,"一方主张采取渐进的方式,而另一方主张取革命的方式"(evolutionary or revolutionary)。②马慕瑞所说的"中国人",包括南北双方。顾维钧的行为和蒋介石的言论都直接印证了马慕瑞的观察。就南方而言,此时蒋介石尚无与列强发生直接交涉的经历,但他的言论表明他本人正是站在主张采取"革命方式"那一边的。自南昌与武汉的对峙开始到1927年春的南京事件,蒋的反帝言论如果不比武汉方面更厉害,也至少不弱于武汉方面。

蒋的前述讲话给西方人以强烈的印象。在华英文报纸《京津泰晤士报》(The Peking and Tientsin Times)在1926年11月29日的社论中警告说:蒋的坦率讲话揭示了国民党的对外政策是"决不妥协的"。美国的《芝加哥论坛报》(The Chicago Tribune)在1926年11月23日的社论中就把蒋介石列为中国的激进人物之一(英文的radicals在当时是有特定指谓的)。《纽约时报》记者亚朋德(Hallett Abend)后来回忆说:"1926年时的蒋介石,是以从内心里讨厌所有外国人而著称的。"③总的说来,不论蒋介石在中国的内争中有何表现,他在对外态度方面与当时激进的世风并无两样。但对美国在华外交官来说,北伐初期的蒋介石与整个国民革命运动都基本还是个未知数。

---

① 蒋与合众社记者施瓦茨(Bruno Schwartz)会见的内容见于 Hankow Herald, Nov. 23, 1926;美国驻汉口总领事罗赫德(Frank P. Lockhart)的报告中附有此剪报,Lockhart to Kellogg, Dec. 4, 1926, SDF 893.00/7993;并参见《民国十五年以前之蒋介石先生》,第910页。

② MacMurray to Kellogg, Nov. 19, 1926, FRUS, 1926, I, p. 999.

③ Hallett Abend, My Life in China, 1926—1941, New York: Harcourt, Brace, 1943, p. 20.

二、在列强竞争中美国向南方的逐渐倾斜

正是因为美国使领官员对蒋介石和中山舰事件后新崛起的广州当权官员了解不足，马慕瑞才于 1926 年 6 月派遣驻华使馆的第二把手梅尔（Ferdinand Mayer）到南方考察，以掌握第一手材料，从而可针对那里"惊人的事态发展"作出制定相关政策的推荐性意见。[①] 梅尔征求了美国驻广州、香港、汕头等地领事的意见，并与所到之处的国民党官员进行了较广泛的接触。他关于此行的报告长达 60 页，最主要的建议是对南方政府采取更现实和更灵活的政策。同时，梅尔提出一种双向的新举措：美国一方面在维护条约的神圣性方面对南方采取强硬立场，但同时又取消对现存北京政府的承认以取悦于南方，因为国民党方面肯定会认为这将削弱北方的力量。[②]

美国驻华公使支持取消对北洋政府承认的建议。尽管马慕瑞支持这一举措是出于"北京政权缺乏国际责任感"的认知，他也认为，美国不能"承认一个不被中国人民认为具有代表性的中央政权的虚假存在"。同时，美国也承担不起"站在与中国的政治发展进程相违背的立场"这一行为可能造成的损失。马慕瑞敦促国务院"顺应"中国政治发展的进程，建议美国应带头与英、日一起不承认北京政府。但他怀疑日本与英国是否会支持这样的政策，如果他们不支持，则美国应独立地采取此项行动。[③]

这是一向坚持与列强取合作态度的马慕瑞首次提出美国在中国采

---

① MacMurray to Kellogg, May 20, 23, 1926, Kellogg to MacMurray, May 21, 26, 1926, *FRUS*, 1926, I, pp. 706—709.

② Mayer's report of mission to South China, July 6, 1926, SDF 893. 00/7713.

③ MacMurray to Kellogg, Aug. 14, 1926（两函），*FRUS*, 1926, I, pp. 671—681.

取独立行动，而且这一建议得到相关官员的广泛支持。美国出席关税和法权会议的首席代表史注恩（Silas Strawn）也支持取消对北洋政府的承认。同时，马慕瑞的建议也得到国务院远东司司长詹森的首肯。[①]美国驻北京使馆、大多数领事馆和远东司的意见取得一致，在整个北伐期间都非常少见，这就是其中的一次。

但是一向愿意保持美国独立姿态的国务卿凯洛格这次却驳回了这一提议。他从更广阔的中国观念来看待这一举措，认为这是介入中国内政；且由美国来告诉中国人他们没有一个值得外国承认的政府，也是不明智的。两者都不符合美国的利益。凯洛格坚持中国的内政应由中国人自己来解决。而且，取消对北京政府的承认意味着退出（已停开但理论上仍未结束的）关税法权会议，这显然会触怒美国国内那些支持条约修订的势力集团，从而给执政的共和党带来麻烦。美国不能承担使关税会议破产之责，故即使北京政府不能履行其条约义务，美国也不带头干这种事。[②]

与此同时，北京美使馆对北伐的迅速军事进展密切关注。1926 年7 月，在梅尔刚回到北京不久，马慕瑞已在计划他本人对南方的访问。从 9 月中到 11 月初，马慕瑞访问了南方，其中包括到马尼拉进行短暂停留，但访问的重点是 9 月下旬的广州之行。这是 1925 年国民政府成立以来第一位外国公使进入广州，而美国在 20 世纪 20 年代中国的地位又非同一般外国，这本身就是一个不同寻常的象征。马慕瑞与许多国民党领导人进行了会谈，但接触最多的是能说英语的陈友仁和宋子文。从他们那里，马慕瑞得到"极为坚固的印象，即国民党的确愿意对列强采取温和的态度"。他完全确信"广州当局感觉到他们需要与

---

① Strawn to Kellogg, Sept. 16, 1926, SDF 500. A4e/652 1/2; Johnson's memo for Kellogg, Aug. 20, 1926, SDF 893. 01/228.

② Kellogg to MacMurray, Aug. 24, 1926, *FRUS*, 1926, I, p. 682.

列强维持友好关系"。马慕瑞与随行的使馆秘书裴克（Willys Peck）都注意到，国民党领导人"愿意通过谈判修订条约，而不是单方面地宣布废约"。①

但是，这样的乐观见解与后来的事态发展并不完全一致。在以后的几个月中，特别是《中比条约》的废除和蒋介石的相关讲话都表明，南北双方的主政者在对待列强的态度上显然仍偏于激进而不是温和。在中国南北双方的外交都颇具"革命性"的情形下，马慕瑞仍希望能努力将双方持"理性态度"的力量结合起来，以便美国可与之交涉。在1926年11月，他试探性地向国务院建议：列强应设法说服国民党人及中国其他政治力量将其对内部事务的分歧暂时撇开，而任命一个代表团与列强就关税问题谈判出一个"中国各政治势力都能批准的"协定。在此基础上，由于中国实际上存在两个竞争的政府，马慕瑞审慎地试图将国务院原来准备与"任何能代表中国的政府"谈判的主张转移到更灵活地与"任何能代表全中国人民的代表团"谈判的立场上来。②

此时美国国务院也受到前所未有的国内压力，要求调整美国对华政策。美国在华传教士及其在国内的本部是这一压力的主要推动力。传教士很可能是最有势力的在华美国社群：在资金上，美国在中国的教会资产"大于所有其他美国在华的产业"；在人数上，在华从事传教事业的人员也"远远超过其他所有行业"。而且，正如后来的国务卿史汀生（Henry L. Stimson）所说，这些传教士的观念通过其书信和报告"递

---

① MacMurray to Kellogg, June 16, 1926, SDF 893. 00/7532; MacMurray to Admiral Williams, July 30, 1926, MacMurray Papers; Mayer to Kellogg, Oct. 3, 1926, *FRUS*, 1926, I, pp. 868—869; memo of conversation between Peck and Sir Victor Wellesley, Dec. 9, 1926, SDF 893. 00/7981; *China Weekly Review*, Vol. 38(Sept. 25, 1926), p. 92;《民国十五年以前之蒋介石先生》，第792页。

② Mayer to Kellogg, Oct. 3, 1926, the State Department to the British Embassy, Oct. 5, 1926; MacMurray to Kellogg, Nov. 20, 1926, *FRUS*, 1926, I, pp. 868—869, 855, 855—858.

达生活在美国大地上几乎任何角落的大量人士"。到 1926 年下半年,传教士的影响力由于获得参议院外交委员会主席波拉（William Borah）的坚强支持而空前提高,而美国企业界也有诸如拉门德（Thomas W. Lamont）和美亚协会（The American Asiatic Association）代理书记诺顿（Henry K. Norton）等强势人物和机构,与传教士一样主张调整对华政策。[①]

所有这些力量加在一起,就形成一股极大的压力,致使国会很快就作出了反应。1927 年 1 月,美众院外委会主席波特（Stephen G. Porter）提出尽快放弃治外法权的提案,明确要求美国在对华政策上采取独立于其他列强的行动,尽快与"能代表全中国人民的政府所委任的全权代表"进行修约谈判。许多传教组织出席听证会支持。提案在众院以 262∶43 票的压倒多数通过,后虽被搁置在参院,仍对柯立芝政府带来相当大的压力。[②] 而且,美国国务院在此期间更受到强烈的外部压力,即列强修改对华政策所造成的挑战。

随着北伐的开始和不断进展,主要列强间早已是竞争多于合作。1926 年底到 1927 年初,英、日两国都较大幅度地修改了其对华政策,特别是修正了对新兴的南方势力的态度。受国民革命反帝运动影响最大的英国,早在 1926 年 11 月 13 日就决定取消对北京政府的法律承认（de jure recognition）,而对武汉政府则予以事实承认（de facto recognition）。新任驻华公使蓝普森（Miles Lampson）抵达中国后,首先到武汉将此信

---

① Warnshuis to Strawn, Dec. 16, 1926, SDF 893. 00/8058; William L. Neumann, "Ambiguity and Ambivalence in Ideas of National Interest in Asia", in Alexander Deconde, ed., *Isolation and Security*, Durham, D. C., 1957, pp. 135—138, 史汀生的话引在第 137 页; 关于波拉与诺顿,参见 Dorothy Borg, *American Policy and the Chinese Revolution, 1925—1928*, New York: Macmillan, 1947, pp. 189—190, 245—246; 关于拉门德,参见 Johnson to Kellogg, Jan. 12, 1927, SDF 711. 93/113。

② 波特提案全文见 *FRUS*, 1927, Ⅱ, pp. 341—343。

息送达国民政府。到 11 月底，英国外交部已确定了后来致送其他列强
的对华政策备忘录，即英国政府宣布改变其对华政策，不再坚持中国先
建立稳定政府然后才谈判修改条约的主张，意在支持南方政府。但这
一备忘录直到 12 月 18 日才向北京公使团公布，其目的就是要给其他
列强一个措手不及，显示英国政策的独立性。正如英国人自己指出的：
此举正是要"让全世界都知悉这一政策是我们的，而并不是反动的不列
颠不情愿地被开明的（liberal）美国和日本拖着脚步走"。[①]

的确，在中国树立一个"开明的形象"正是当时主要列强竞争目的
之所在。1927 年 1 月 18 日，日本政府也宣布了其政策改变，特别是向
南方的政策倾斜。[②] 英日声明对美国外交冲击很大，凯洛格显然不甘
落在英国人后面。当时正在纽约的凯洛格是看了《纽约时报》才得知
英国声明的，他对英国人封锁消息的做法极为恼怒，认为"英国人此事
的做法太不公平"，并当即指示詹森起草了一份给马慕瑞的训令。训令
指出：这次"英国有意要表现得比包括我们自己在内的列强更开明"，
为摧毁这一形象，国务院要马慕瑞立刻宣布，美国赞同"无保留地实施
华盛顿会议通过的关税附加税"。三天以后，凯洛格仍余怒未熄，还在
指责英国"为与美国竞争［在华］影响而不惜自我贱售"。[③]

---

① MacMurray to Atherton, Nov. 30, 1926, MacMurray Papers; MacMurray to Kellogg, Dec.
2 and 4, 1926, *FRUS*, 1926, I, pp. 902—906, Dec. 11 and 14, 1926, SDF 893. 00/7930, /7940;
memo of conversation between Wellesley and Peck, Dec. 9, 1926, SDF 893. 00/7981; Atherton to
Kellogg, Jan. 17, 1927, SDF 893. 00/8140; 详细的讨论参见 Edmund S. K. Fung, *The Diplomacy
of Imperial Retreat: Britain's South China Policy, 1924—1931*, Hong Kong: Oxford University
Press, 1991, pp. 81—99; Richard Stremski, *The Shaping of British Policy During the National
Revolution in China*, Taibei : Soochow University, 1980, chapters 7 and 8, 引文在第 103 页。

② MacWeagh to Kellogg, Jan. 17, Feb. 18, 1927, SDF 793. 94/1611, 893. 00/8392; Akira
Iriye, *After Imperialism: The Search for a New Order in the Far East, 1921—1931*, Cambridge,
Mass.: Harvard University Press, 1965, pp. 110—114.

③ Johnson to Grew, Dec. 20, 1926; Grew to MacMurray, Dec. 20, 1926; Kellogg to
MacMurray, Dec. 23, 1926, SDF 893. 512/7358, /472, /479, /484.

　　为了与英国人竞争，凯洛格已在考虑是否要在此时带头宣布美国愿意在废约方面"主动与中国人配合"。不到一个星期，他已给马慕瑞发去一份针对英国备忘录的声明草稿。但马慕瑞反对在此时对中国作任何进一步的让步，他虽然对英国备忘录感到恼火，但仍希望维持列强的合作。同时，马慕瑞坦率地指出，凯洛格的草稿与他本人对中国政策的认知存在着"根本的歧异"；他显然看出了国务卿的情绪，并向他提出警告：美国如果"显露出试图比英国人出价更高的形象，是很危险的"。[①] 而这正是凯洛格意之所在。

　　最后，还是詹森提出，美国不如干脆不理睬英国的备忘录，而抢在国会就波特提案采取进一步行动前面直接发布一项政策声明。凯洛格于 1927 年 1 月 24 日将声明要点发往驻北京使馆征求意见，但两天后又不等使馆提出意见就发送出正文，指令使馆于次日正式对外公布。可见其急切的心态，同时也说明华盛顿仍未充分重视驻北京使馆的意见。在凯洛格的声明中，美国表示愿意或者与列强一起，或者单独，与中国的任何政府或能代表中国人民的代表进一步谈判整个条约修订问题。国务院显然采纳了马慕瑞前此提出的灵活观念，并将其扩大到针对所有条约权利的谈判。这一扩大的立场成为此后两年间美国对华政策的一个指导性原则，虽然马慕瑞本人对这一扩大进行了长期而顽强的抵制。[②]

　　美国声明与英、日两国政策调整的一个明显不同即在于，英、日两国都明确表达了在南北之间更倾向于南方的立场，美国在这方面则并

---

　　① 　MacMurray to Kellogg, Dec. 28, 1926, Jan. 2, 1927; Kellogg to MacMurray, Jan. 5, 1927, SDF 893. 512/492, /501; Kellogg to MacMurray, Dec. 29, 1926, *FRUS*, 1926, I, pp. 930—934.

　　② 　Johnson to Kellogg, Jan. 19, 1927, the Nelson T. Johnson Papers, Library of Congress; Kellogg to Mayer, Jan. 24, 1927, Mayer to Kellogg, Mar. 26, 1927, SDF 711. 93/115A, /115B, /116。声明全文见 *FRUS*, 1927, Ⅱ, pp. 350—353.

无明确表白，只是暗示性地说道："美国政府欢迎中国人民在改组其政府系统方面的每一进展。"这样，华盛顿的政策取向是一方面与北京政府进行外交层面的谈判，一方面又试图对等对待竞争中的南北政府。[①]在此期间中美双方都曾进行过多次努力，试图将南北双方结合起来解决修约问题，但这些努力均未获得实质性的进展。[②]

　　有一点值得注意，即美国声明中有一句话明显是在影射英国："美国在中国没有任何租界，也从未对中国表现出任何帝国主义式的态度。"当时英国在九江的租界刚被国民政府借群众运动的力量收回，而运动中有针对性的"打倒帝国主义"的口号对许多人来说都记忆犹新，故声明这句话正是试图复制（reproduce）历史记忆的典范。声明同时指出："本政府愿意本着最开明的精神与中国交涉。""最开明"（most liberal）一语尤其道出英美竞争的消息。马慕瑞在十年后心境已较平静时，仍认为英美当时的确是争着向中国人讨好。[③]

　　但是，英美讨好中国的举动都不甚成功。英国政策声明发表后的数周内即发生了武汉政府对汉口九江租界的收回，最能体现其政策调适的悲剧后果。对美国人来说，虽然凯洛格认为他的声明是迈出了"激进的一步"，中国方面的官方反应却是冷淡甚而是负面的。在武汉方面，陈友仁对美国声明未置评论，而宋子文后来甚至说他根本不知道有此声明的存在。比美国新闻界还晚两小时才得到声明副本的北京政府驻美公使施肇基，不得不尴尬地对美国新闻界承认他对此事毫不知悉。但他私下告诉已回到远东司的裴克，凯洛格的声明措辞"含混"，

---

　　① Schurman to Kellogg, Dec. 22, 1926, Mayer to Kellogg, Jan. 25, 1927, SDF 893. 01/249, 893. 00/8132; memo of conversation between Kellogg and Sze, *FRUS*, 1927, II, pp. 52—55.

　　② 这个问题涉及较宽，拟另文详细探讨。

　　③ 马慕瑞后来的评论见其 1935 年为国务院写的著名备忘录 "Development Affecting American Policy in the Far East", published with the title "How the Peace Was Lost", ed. with introduction by Arthur N. Waldron, Stanford, Calif.: Hoover Institution Press, 1992, pp. 91—92。

甚至"不如英国的备忘录那么开明"。[1]

不过，主要列强对华政策的调整在其与苏俄竞争对华影响方面，却有不可忽视的潜在推动。首先，它显然减弱了提倡反帝的苏联外交的影响。假如帝国主义列强真的能够通过谈判吐出不平等条约带来的权益，许多中国人当然可以不必诉诸"革命"的方式。正如胡适和蒋介石都说过的，帝国主义列强要想减弱苏俄在华影响的方式只有一个，即学习苏俄放弃条约特权的榜样。[2] 换言之，只要列强真能表现出它们不像苏俄宣传所指出的那么"帝国主义"，苏俄的宣传自然不会那么有效。

更重要的是，列强特别是英、日两国的新政策表明它们并不像北伐军方面曾经设想的那样全力支持北京政府。对许多国民党人来说，"世界革命"或苏俄援助的象征意义正在于可以抵御其假想中列强对其"走狗"北方的支持（包括可能的军事支援）。随着北伐军占领地域的扩大，苏俄的援助早已是象征意义越来越大于物质意义，一旦列强对北方的潜在支持不复存在或不像以前所设想的那么坚固，则苏俄援助的意义即随之而降。对国民党或其中一部分人来说，与苏俄决裂的可能性已逐渐成为一项具有可行性的现实选择。[3]

从 1926 年下半年起，美国国务院就越来越多地接收到关于国民

---

[1]　Kellogg to Mayer, Jan. 24, 1927, SDF 711. 93/115A. 当马慕瑞在 1928 年 7 月告诉宋子文说美国政府早在十八个月前就已许诺与中国谈判关税自主时，宋回答说："不可能，我们从未听说过这回事。"（这当然也可能是宋故作姿态，但不排除是事实）见 Hallett Abend, *My Life in China, 1926—1941*, p. 94; memo of conversation between Sze and Peck, Jan. 27, 1927, SDF 711. 93/124。

[2]　参见《胡适的日记（手稿本）》，台北远流出版公司 1991 年版，1926 年 11 月 26 日（原书无页）; Lewis S. Gannett, "Looking at America in China", *The Survey*, L (May 1926), pp.181—182。

[3]　这个问题需要专题论证，关于蒋介石和顾维钧的相关观念，参见文砥（文公直）编：《蒋介石的革命工作》，上册，第 119、163 页，上海太平洋书店 1928 年版；《顾维钧回忆录》（一），第 397—398 页。

革命运动的内部分歧的报告。北伐军占领南昌后，以南昌为中心的总司令部与在武汉的党政中心的矛盾日渐明显。到 1927 年 2、3 月间，《纽约时报》已在不断报道这类消息；而国务院收到的相关报告也日渐增多，其中确有一些主张美国应支持国民党中的"温和分子"或"保守派"的建议。但这样的观点最高只到总领事一级，主要是出于与苏俄竞争在中国的影响；而谁是"温和分子"或"保守派"，却从未被清楚地界定和确认，特别是此时似尚未见将蒋介石列为"温和派"的文件。实际上，1927 年 3 月中旬在武汉召开的国民党（二届）三全会议对美国人来说提示着国民党内部竞争的暂时平息，因为蒋介石公开表示了对党的忠诚。[①]

　　1927 年 2 月，詹森获悉英国人有意向武汉政府派驻高级代表，而俄国也在准备正式承认武汉政府并派驻外交代表。同时，中国驻欧洲的使节集体转而效忠于国民政府，国务院了解到驻美公使施肇基在其中起了重要作用。看来中外观察家都已确认北伐将在当年夏天就以国民党的胜利而结束，而此时美国国内要求在对华政策上采取具体行动的压力有增无减。在此情形下，国务院开始明确地向南方倾斜。詹森于 3 月 14 日建议，美国应派一个以官方观察员及驻华公使马慕瑞个人代表身份的高级外交官进驻武汉，其具体的人选就是驻华使馆的第二把手梅尔。詹森明确指出，此举有可能得到武汉方面更大的重视，且既能"讨好国民政府"，又能向他们特别是"美国国内那些急于要同中国

---

　　① 杨天石主编（李新总编）的《中华民国史》（中华书局 1996 年版）第二编第五卷的第二章第一节对这段时期的国民党内争有详细而持平的论述；美国人的认知见 Anderson to Johnson, Dec. 29, 1926, memo by George Sokolsky, Jan. 1, 1927, Johnson Papers; Artherton to Kellogg, Jan. 17, 1927, Gauss to Kellogg, Feb. 5, 1927, Cole to Johnson, Feb. 1, 1927, Warnshuis to Johnson, Feb. 5, 1927, Jenkins to MacMurray, Feb. 16, 1927, Lockhart to MacMurray, Feb. 8 and 18, 1927, SDF 893. 00/8140, /8336, /8218, /8219, /8502, /8459, /8568; *New York Times*, Feb. 8, 1927, p. 4, Mar. 1, 1927, p. 1, Mar. 4, 1927, p. 4。

（不管南方还是北方）保持友好关系的人们"表明,我们正诚恳地尽最
大努力与中国各方面保持接触。凯洛格批准了这一政策调适,但马慕
瑞坚决反对,他指责国务院试图介入中国的内争,有意在南北之争中偏
袒南方。①

　　派代表驻武汉的决定是在国务院已获得许多关于国民党内争、特
别是武汉与南昌的对立后作出的。这清楚表明美国政府直到此时并无
在国民党内争中支持或扶助蒋介石一派的意愿。詹森的话表明,国务
院此举不乏与列强竞争在华影响及取悦国民党人的动机,但主要仍是
对美国国内的压力作出反应。凯洛格虽然没有坚持派高级代表驻武汉
的指示,但这一举措提示着国务院在对华政策上的"灵活"态度可以达
到什么样的程度。如果不是不久即发生的南京事件大大缓和了国内的
压力,国务院仍不得不对中国革命的进展作出类似的具体因应。

三、南京事件对美国政策的影响

　　1927 年 3 月 23 日,北伐军攻克南京,第二天南京城发生北洋溃军
和北伐军袭击外国人及其机构（包括领馆）的事件,英美两国军舰向
南京开炮,国民政府和列强间最严重的冲突爆发了。在如何解决南京
事件的问题上,马慕瑞再次与国务院发生严重的意见分歧。事件一发
生,马慕瑞即要求与列强合作封锁中国港口,当即遭到凯洛格否定。马
慕瑞又坚持要求以军事准备为后盾,与英日联合提出强硬的最后通牒。
凯洛格仍不同意。由于美国的反对,列强未向中国提出最后通牒,而是

---

①　Warnshuis to Johnson, Feb. 5, 1927, MacMurray to Kellogg, Feb. 15, 1927, SDF 893.
00/8219, /8251; Johnson to Strawn, Mar. 21, 1927, Johnson Papers; Johnson to Kellogg, Mar. 14,
1927, Kellogg to MacMurray, Mar. 18, 1927, MacMurray to Kellogg, Mar. 22, 1927, Kellogg to
MacMurray, Mar. 24, 1927, SDF 893. 00/8408, /8408A, /8420, /8428.

于 4 月 11 日向武汉政府和蒋介石总部递交内容一致的抗议照会：要求惩处有关指挥官、国民军总司令（蒋）道歉、赔偿损失、保障外国人的安全等。4 月 14 日，武汉政府外长陈友仁分别复照各国，同意赔偿除北洋军和英美炮轰以外的损失，并指出避免此类事件的办法是取消不平等条约。蒋介石方面未作任何答复。[①]

列强显然不满意陈友仁的答复，合谋进一步以最后通牒施压。马慕瑞也继续强调与列强一致采取强硬措施，但凯洛格同意詹森暂缓处置南京事件的建议，认为等待一段时间以观南方各势力的发展是明智的。凯洛格告诫马慕瑞说："外国人可以夺占中国领土或在贸易中用武力维护势力范围的时代已经过去了。"马慕瑞反对凯洛格的态度，指责国务院想走中间道路，实等于挖他的墙脚。凯洛格对马慕瑞的愤怒加以抚慰，但并不改变态度。由于凯洛格坚持不合作而持观望态度，列强未能在南京事件上进一步联合施压。[②]

马慕瑞提出的最有力的论据是，如果美国不与英日合作，则将使它们重新靠拢，结果是美国长期以来试图将二者分开的政策失败。但问题是英国在 1926 年末改变其对华政策时也并未事先知照美国，自然没有理由埋怨美国不与它一致。而日本在处理南京事件上显然持相对克制的态度。正如柯立芝总统所说：不同的国家在中国有不同的

① 关于南京事件的详细来往函件见 *FRUS*, 1927, II, pp. 146—236；国民政府方面的部分文件见于《革命文献》，第 14 辑，第 14、2378—2401 页；AKira Iriye, *After Imperialism*, pp. 125—130 有扼要而持平的讨论；并参见〔美〕伯纳德·科尔：《炮舰与海军陆战队：美国海军在中国，（1925—1928）》第六章，高志凯译，重庆出版社 1986 年版。到目前为止，尚无明确的史料证明这是一个有预谋的行动。在 1927 年 3 月 29 日的记者招待会上，美国总统柯立芝曾表示袭击外国人的是"暴徒"而不是"任何有组织的政府"。柯立芝的讲话载《纽约先驱论坛报》，1927 年 3 月 30 日头版，转引自〔美〕伯纳德·科尔：《炮舰与海军陆战队：美国海军在中国（1925—1928）》，高志凯译，第 111 页。

② 本段与以下三段的讨论参见 MacMurray to Kellogg, Mar. 28 and 29, Apr. 1 and 23, 1927, Kellogg to MacMurray, Apr. 25, 1927, *FRUS*, 1927, II, pp. 151, 168, 173—174, 209—210, 210—211；MacMurray to Kellogg, Apr. 2, 1927, SDF 893. 00/8528。

利益。① 对马慕瑞来说，采取独立的政策意味着美国放弃自华盛顿会议以来美国在中国事务上的领导地位；而对凯洛格来说，"领导地位既存在于强制行动中，也存在于克制行为中"。换言之，美国采取独立的克制行动，恰可以表现其在列强对华政策中的领导地位。马慕瑞对国务院拒绝采纳他的意见非常沮丧，他在给他母亲的信中说："他们或者撤我职或者逼我辞职的时候即将来临。"②

随着北伐军挥师北上，沪宁地区的局势渐渐和缓下来。而南京事件的爆发使美国国内在 1927 年春达到高潮的对中国的同情舆论和参众两院对行政方面的压力都大大缓和。③ 许多传教士在修订对华条约方面的态度显然不那么急切，有些人更转而反对修约。这样，在南京事件后，压力大减的国务院几个月来首次能够基本在外交的技术层面比较冷静地考虑其对华政策，此后直到 1928 年 5 月的济南事件，国务院基本实行了一种相对稳健的一面观望一面准备行动的政策。

观望意味着相对的消极，美国的观望政策最明显的表征即在于，1927 年 4 月的"四一二事变"及其后的清党不仅未引起美国政策什么改变，反而促成了美国观望政策的确立。助理国务卿詹森注意到蒋介石 4 月 12 日的政变，鉴于宁汉之间分裂已经明显，詹森认为对南京事件可暂缓处理，以观国民党内部斗争的结果。④

实际上，甚至"四一二事变"后的清党也未能在多大程度上改善蒋介石一派在美国人眼中的形象，在某些方面甚而有所恶化。20 世纪

① 关于日本的反应，参见 Akira Iriye, *After Imperialism*, pp. 128—133；柯立芝的话转引自 Borg, *American Policy and the Chinese Revolution*, p. 320。

② MacMurray to his mother, Apr. 24, 1927, MacMurray Papers.

③ 远东司长项白克承认南京事件使美国舆论和国会对国务院的压力大减，见 Hornbeck to MacMurray, July 3, 1928, the Stanley K. Hornbeck Papers, Hoover Institution, Stanford University。

④ Memo by Johnson, July 1, 1927, Johnson Papers.

20 年代中国南北双方都面临一个军人在政治活动中扮演主要角色的问题。在 1927 年春的清党开始以后，宋子文曾亲口告诉访问上海的哈佛大学教授赫贞（M. O. Hudson），以党治军，亦即"以文人制裁武人"，是国民革命的主旨。"现在都完了！文人制裁武人的局面全被推翻了。"这很能代表与"武人"保持距离的一些国民党文职官员的观念。赫氏自己得出的结论是，国民党的清党是一个大反动。[①] 陈友仁后来表示，清党后的国民党政权与北洋军阀并无两样。[②]

美国驻广州总领事精琦士早在 1926 年就报告了广州国民政府内文武势力的竞争，他自己显然倾向于文人一边。这不仅因为与"文人更容易打交道"，而且更因为他们"非常希望培植与美国的友好关系，并正在努力将两国关系维持在比较和谐的层面"。当然，精琦士也注意到，这些文职国民党人想取悦美国的举动是要把美国从其主要敌手英国方面争取过来。[③] 实际上，国务院在获悉许多关于国民党内争的信息后，仍发出向武汉政权派驻代表的指示，部分也因为武汉与南昌的争夺正具有文武势力竞争的意味。

美国记者根内特与宋子文的观点相近，他对清党以前和以后的蒋介石的看法迥然相反。在清党以前，他认为蒋有理想，有军事能力，但怀疑蒋能否与人很好地合作，尤其是担心他能否接受文人领导而不是谋求建立个人权威。在清党之后，根内特在为《国民》杂志写的社论

---

①　赫贞的话转引自胡适：《追念吴稚晖先生》，《自由中国》第 10 卷第 1 号（1954 年 1 月 1 日），第 5—6 页。胡适这些话虽是晚年的回忆，大致是可信的。1927 年与胡适同船从日本到上海的美国记者斯特朗记录下来的胡适谈话与此基本相符。参见〔美〕斯特朗：《千千万万中国人》（*China's Millions, the Revolutionary Struggle from 1927 to 1935*），中译本收入《斯特朗文集》，第 2 卷，新华出版社 1988 年版，第 30—31 页。

②　《晨报》，1927 年 9 月 17 日，第 2 版。

③　Jenkins to Lockhart, Oct. 1, 1926, cited in Warren W. Tozer, "Response to Nationalism and Disunity: United States Relations with the Chinese Nationalists, 1925—1938", Ph. D. dissertation, University of Oregon, 1972, pp. 61—62.

（1927 年 5 月 4 日）中，却正式攻击了蒋。他说，在华外国势力总是要寻找一个中国"强人"来解决问题，但这些"强人"都证明不过是稻草人。西方曾选择了清廷、袁世凯、北洋军阀作为其支持的"强人"，现在又试图选择蒋介石了。蒋固然与北洋的"胡子"军阀不同，但他背叛了他本应忠于的文职政府，且正欲建立一个独治的政府，与北方张作霖政府正复相类。蒋以残忍冷酷的方式对待其以前的文职盟友工会（这一点根内特有误解，上海的工会也有一定的武装），这已超过了（中国）所有以前向往个人权威的统治者。根内特强调：蒋迫害工会的行为不能以"镇压共产主义"来解释，"对一个自称是孙中山那民主式的民族主义的继承者来说，这是一个糟糕的纪录"。① 这样的社论出自著名的《国民》杂志，美国人对清党的印象绝不会好。

如果说根内特和《国民》杂志有自由主义倾向或稍偏左的话，明显反共的美国记者索克思（George E. Sokolsky）在这个问题上与宋子文的见解一致。索克思根本认为"清党"是"白色恐怖"；他虽然反共，但同时认为蒋在国民革命运动内争中的取胜意味着军人的胜利。从 1927年 5 月起，索克思开始撰文攻击"宁波邦"，到 7 月更点名攻击蒋为"宁波拿破仑"。索克思觉得，一个由蒋统治的中国与北洋军阀统治的中国不会有多大区别。更重要的是，他担心在军人统治之下，由国民党中亲西方人物所推动的西式现代化进程会因而夭折。②

索克思曾任孙中山英文秘书，与宋子文和马慕瑞私交甚笃，被认为是当时最了解国民党内幕的外国人。他的见解随时都在向美国使领馆

---

① 根内特曾将其关于中国的系列文章结集成书由《国民》杂志社出版，即 Lewis S. Gannett, *Young China*, rev. ed., New York: The Nation Inc., 1927。关于蒋介石参见第 27—31、55 页。

② George E. Sokolsky, *Tinder Box of Asia*, Garden City, N. Y.: Doubleday, 1932, p. 341；关于索克思对蒋的攻击，参见 Warren Cohen, *The Chinese Connection: Roger S. Greene, Thomas W. Lamont, George E. Sokolsky and American-East Asian Relations*, New York: Columbia University Press, 1978, pp. 139—141。到蒋与宋美龄结婚后，索克思又改变了对蒋的评价。

输送。他所担心的最后一点，反映了许多美国人的共同心态。他们当然都反对共产主义，但他们也观察到俄国人在中国的活动实际上有助于国民党中亲西方成分把中国引向一个接近西方的"现代化"未来，而武汉政权恰是中国有史以来最西化的一个政府。同样，美国政府希望看到一个统一（但未必是强大）的中国，国民革命的分裂和军人作用的增强使得中国有可能出现类似前些年的军阀混战局面，这并不符合美国的利益。因此，美国外交官员对中国前途持悲观态度。①

在国务院，以前曾是对华积极政策的主要推动者的詹森，其态度就明显比前消极，他与马慕瑞见解一致的时候开始增多。但凯洛格仍希望有所行动。宁汉的分立使得许多观察家原以为即将结束的北伐又显得前景不明，国务院对南方局势感觉不乐观的一个重要例证是美国再次开始努力促成一个南北双方的代表团来进行修约谈判。这一举措虽然又没有成功，但凯洛格的确指令詹森和马慕瑞做好修约谈判的所有技术性准备工作。正是由于准备充分，美国才得以在北伐结束后迅速与南京政府签订了中美关税新约，成为主要列强中第一个承认新的中国政府的国家。②

总体而言，"清党"之后，除日本人明确决定在国民党的内争中支持蒋外，其他主要列强的外交官更多是感到困惑，因为蒋介石忽左忽右，此前改变其政治立场已有数次。英国公使蓝普森的话也许代表了大部分西方外交人员的共同观感："我们中没有一个人知道这到底意味着什么。"③马慕瑞和蓝普森仍然觉得蒋既不可靠也不可信。尤其是马

---

① 参见 Akira Iriye, *After Imperialism*, pp. 149—150。

② Johnson to Momroe, May 16, 1927, memo of conversation between Johnson and Dr. Hume, Aug. 16, 1927, Johnson Papers; 参见 Akira Iriye, *After Imperialism*, pp. 150—151; Warren W. Tozer, "Response to Nationalism and Disunity", Ph. D. dissertation, University of Oregon, 1972, pp. 172—177。

③ 蓝普森的话转引自 Nicholas R. Clifford, *Spoilt Children of Empire: Westerners in Shanghai and the Chinese Revolution of the 1920s*, Hanover: Middlebury College Press, 1991, p. 258。

慕瑞,他一度对宁汉分裂基本不予注意,连国务院都对他竟然在报告中
"全然不提国民党的内争"这一点感到"有些奇怪"。至少就对外态度
方面,马慕瑞没有理由认为蒋介石是"温和派"。[1]

的确,从清党到蒋介石在 1927 年秋的下野,没有什么迹象表明他
在对外政策上有什么"温和"的态度;特别是相对武汉政权而言,南京
事件后武汉正实行鲍罗廷提出的外交"战略撤退",故蒋介石比以前稍
温和的反帝腔调与武汉方面同样的降调适成正比。蒋的真正"温和"
要到 1928 年 1 月他复出后,在 2 月份召开的国民党二届四全大会的宣
言称:"吾国革命之努力,唯一之根本目的,在于民族平等与国家的独
立,而废除不平等条约,则为达此根本目的之具体的方案……吾国民须
知一切反帝国主义之运动,惟有以实际之建设为真正手段者,乃得实践
之效果……生聚教训,为独立自强之始基。独立自强,为平等地位之根
本。"[2] 换言之,为达平等的根本目的,重点不在废除不平等条约上,而
在自身的建设上。这正是蒋介石领导下的国民党逐渐走上攘外必先安
内道路的先声。

但是,蒋要面临的外交局势并不轻松。国民党已在很大程度上清
除了英国在华南的势力,在 1927 年底的"广州起义"后,南京又以苏
俄外交人员参与暴动为由正式断绝了与苏俄的外交关系。随着国民党
统治区域的扩大,苏俄在中国的影响逐渐局限于满洲北部。而蒋在继
续北伐的路线上很快将与日本遭遇。鲍罗廷为国民党设计的分化帝国
主义的方针与中国传统的以夷制夷策略有相通之处,但以夷制夷的前
提是要有两个以上的"夷狄"活跃于中国。这样,在列强均无意轻易放
弃其在华权益的大背景下,而美国对华态度又趋消极之时,蒋介石领导

---

① Peck to MacMurray, Apr. 16, 1927, MacMurray Papers.
② 《革命文献》,第 69 辑,第 189 页。

的国民党将要面对的是一个态度未明但素以强硬著称的日本（日本政府对蒋的支持主要针对国民党的内争，在南北关系方面则尚未明确）。结果，正是日本的进一步入侵使南京政府认识到美国在华的重要作用，最终导致中美关系的转折。[①]

（原刊《中国社会科学》1997 年第 6 期）

[①]　关于济南事件后的变化，参见本书《济南事件与中美关系的转折》。

李锦纶使美与中美双方促进南北合作谈判修约的尝试，1927—1928

1927 年秋，南京国民政府外交部长伍朝枢派遣政务司长李锦纶（Frank W. Lee）作为政府代表使美。李氏以"非正式"的名义与美国国务院官员频繁会谈，实际开启了国民党与美国政府在华盛顿的官方接触，并推动了一项包括中国南北政府和美国三方共同参与的努力，试图组成一个南北联合的中国代表团与美国谈判条约修订。这一努力虽然为时不长也未获成功，但仍揭示出当年中国政治、外交和中美关系一些微妙的面相，并标志着美国对华关系的关注重心在北伐取得全面军事胜利之前已出现由北向南的转移。

引　言

20 世纪 20 年代的中国局势以混乱多变为特征，尤以变化的突然和急剧著称。若再将眼光向外扩展，邻近的俄国和日本也处于与中国相类的政治调整阶段，即旧政治体制已去而新政治体制尚未充分确立。三大国的内部政治大变动，虽然程度不同，大大增强了这一区域国际关系的不稳定因素。而中国的乱象又更明显，甚至不时缺乏一个名副其实的中央政府。在这样的动荡社会里，很容易出现非常规或超常规的主张和行为，而相关职能机构按常规决策和推行策略反时被忽视，甚至被颠覆,故中国政治行为的"革命性"(主要指既存规范的失效)又超过日、俄两国。华盛顿会议后列强对中国"让步"的迟缓,更使中外关系方面偏激进的主张易于为人所接受。①

要充分理解这段时间的中外关系,就必须将其置于革命性的国内政治斗争这个大语境之中。特别是那时如日中天的中国民族主义兼具御外和内部整合的两面性,任何中国政治力量都希望给人以"得道"的形象,以增强其在内部政治竞争中的正当性。有意识地运用民族主义已成为那时中国政治活动的一个倾向,修订不平等条约以恢复中国主权正是"得道"的最佳方式之一,南北两政府在这方面都不愿落后。另一方面,有些具体的条约修订,特别是华盛顿会议提出的关税提升,对中央或任何区域性的政府都意味着实际的收益,也鼓励了当政各方修约的积极性。

这段时间通常被称为"革命外交"的国民党外交政策,很大程度上与国内的权势斗争——包括南北之间的争夺和国民革命事业内部的斗争——纠缠在一起,故国民党的对外决策经常未必从外交利弊的技术层面考虑,而往往受制于内争方面的因素。再加上这段时间国民党的派系斗争极其复杂,各派系的外交取向并不一致;在不同环境下,各派在具体事件中不仅频繁转换立场,有时且转换得非常突然,更使其外交政策相当令人困惑。而北伐期间国民政府外交部并非始终掌握在主要当权派手中,这就进一步增加了要明确界定"国民党外交政策"的困难。

如此复杂的当地条件在很大程度上限定了帝国主义侵略的方式和特性,也制约着这一地区国际关系的走向。面临新的问题和变幻莫测的局势,任何列强除大原则外,很难产生什么预先制定的长远政策,反不能不依据在地局势的转变而不断调整其原有的政策,故当时主要列

---

① 本段及以下数段,参见本书《帝国主义在中国:条约体系的文化认知》《北伐前期美国政府对中国国民革命的认知与对策》及《济南事件与中美关系的转折》。

强的对华政策也以多变为特征。不过,从 1926 年底到 1927 年初,随着北伐战争那超出一般人预想的胜利,英、日、美等主要列强竞相试图在中国树立一个"开明的形象",并且都有偏向南方的举措,是那时的一个共相。

除具有上述中外关系的共同特点外,北伐时的中美关系还有一个自身的背景因素,即驻北京使馆与华盛顿的国务院之间长期存在意见分歧。驻华公使马慕瑞从 1925 年到任开始,几乎在每一件较大的事件上都不断与国务院发生政策争执。相对而言,身处中国的马慕瑞更多看到当地乱象对美国利益的威胁,他不甚倾向于对中国的民族主义要求让步,也不怎么看好国民党一边;而国务卿凯洛格领导下的国务院面临着美国国内对中国的同情舆论和参众两院对行政方面的压力(类似压力在 1927 年春达到高潮),相对更愿意因应中国内部局势的发展。

1927 年 3 月"南京事件"的爆发使美国内部的压力大减,同年 4 月的"四一二事变"及其后的"清党"导致宁汉分裂,使国务院大致形成一种对中国局势的观望政策。1927 年秋蒋介石下野后,国民党内形成"宁汉合流",胡汉民派的伍朝枢控制了外交部。伍氏对美国的重视显然超过蒋和国民党左派,他正式派政务司长李锦纶使美。李氏在华盛顿与美国政府有过一段频繁的接触,此事过去较少为人注意,美国方面研究不多,[①] 中文研究似更薄弱,[②] 还有进一步考察的余地。

---

①　参见 Warren W. Tozer, "Response to Nationalism and Disunity: United States Relations with the Chinese Nationalists, 1925—1938", Ph. D. dissertation, University of Oregon, 1972, pp. 168—170. 更早的名著 Dorothy Borg, *American Policy and the Chinese Revolution, 1925—1928* (New York: Macmillan, 1947) 也曾论及南北双方合作的尝试,参见第 386—392 页。

②　陶文钊先生的《中美关系史(1911—1950)》非常简略地提及此事,然对史事表述不够准确,如书中说"伍朝枢派遣外交部参事李锦纶在美国活动,希望能与国务院建立直接联系。当时,北京政府驻美公使施肇基仍享有正式的外交代表地位,国务院拒绝与李锦纶进行谈判。李锦纶询问詹森,可否将施肇基作为北京和南京双方的代表与美国谈判关税自主问题,也无结果"(陶文钊:《中美关系史(1911—1950)》,重庆出版社 1993 年版,第 128 页),就稍有失真之嫌,详后。

应该说,伍朝枢争取美国友谊的一个目的,或许是加强其本人和胡汉民派在彼时为桂系军人控制的南京政府中的地位;且伍氏之掌权既在此短暂的非常时期,其所作所为或只能代表国民党外交的一股支流。但李锦纶此次使美毕竟开启了国民政府与美国政府在华盛顿的官方接触,并推动了一项中国南北政府和美国三方的共同努力,即尝试组成一个包括中国南北双方的代表团来和美国谈判条约的修订。这一努力虽然为时不长,且可以说是以失败告终,但仍提示出当年中国政治、外交和中美关系一些微妙的面相。

一、李锦纶使美

关于组织一个南北双方的共同代表团来处理中外交涉的尝试早已开始,至少在 1926 年底,北京政府任命的驻美公使施肇基就告诉凯洛格,他或可能促成一个南北双方的共同机构来谈判关税事宜,而且英国和日本都表示了对此举的支持。[①] 1927 年初,英国公使蓝普森(Miles Lampson)在和梁士诒会见时,梁就说北方正试图与南方的右派结合,即使正式的结合不成功,也还可以"设一南北外交联合会,召集南北要人讨论对外一致"。蓝普森当即代表英政府表态说:"如此会能今日成立,吾人明日即可与之进行磋商";而"在此会成立之前,可双方同时进行交涉"。[②]

但南北联合外交的困难也是明显的:马慕瑞在 1927 年 3 月曾向北京政府外交总长顾维钧询问,施肇基是否真能代表统一的中国说话,甚或他这类努力是否能代表北京政府?顾的回答是,施可以反映中国人

---

① Memo of conversation between Sze and Kellogg, Dec. 7, 1926, SDF 711. 93/105.
② 岑学吕编:《三水梁燕孙先生年谱》,下册,台北文海出版社 1972 年重印版,第 504—505 页。

民的普遍愿望,但其努力肯定不是北京政府的正式行为。[①] 在南方,蒋
介石控制国民政府之时,不论是作为敌人还是朋友,美国都只有二流地
位。马慕瑞在 1927 年 2 月正确地认识到,"在中国人的对外关系中,他
们更看重英国和日本的作用"。[②]

　　国民党人主动接近美国始于伍朝枢执掌外交部之时。尽管伍氏
在 1927 年 4 月宁汉分立后就被任命为南京政府的外交部长(5 月上
任),但在蒋介石控制政府时期,他的权力相当有限。同年 8 月蒋辞职
后,当其他在位的将军们忙于内部权力的竞争和分配时,伍朝枢在国
民党内政和外交方面的发言权都有所增强。伍氏或许意识到,他在内
阁中的地位在很大程度上也取决于他在对外事务上的成就。由于感
觉到美国公使马慕瑞对南京政权的冷淡,伍朝枢开始尝试直接与华盛
顿打交道。通过太平洋关系学会(the Pacific Council of the Institute of
Pacific Relations)主席威尔伯(Ray L. Wilbur)和哥伦比亚大学教授孟
禄(Paul Monroe)等中间人的帮助,伍朝枢的代表韦愨(Sidney K. Wei)
于 9 月 13 日见到了新升任负责远东事务助理国务卿的詹森(Nelson T.
Johnson)。到 10 月间,詹森非正式地会见了南京政府赴美的正式代表
李锦纶。[③]

　　作为国民政府在华盛顿的最高外交官,李锦纶与詹森的会见也就
开启了南京与华盛顿的非正式官方接触。李锦纶的使命,首先是让美
国"了解国民政府的事业"。南京希望美国能了解,其所进行的"事

---

　　①　MacMurray conversation with Wellington Koo, in MacMurray to Kellogg, Mar. 24, 1927, SDF 711. 93/143.

　　②　MacMurray to Grew, Feb. 12, 1927, MacMurray Papers.

　　③　Sokolsky to MacMurray, Dec. 1. 1927, MacMurray Papers;《晨报》,1927 年 9 月 12 日,第 2 版;Wilbur to Kellogg, Aug. 19, 1927, Kellogg to Wilbur, Sept. 13, 1927, memos of conversations between Johnson and Monroe, Sept. 12, 1927, between Johnson and Wei, Sept. 13, 1927, SDF 893. 00/9401, /9416, /9417.

业"与苏俄布尔什维克无关,而是"为实现已牢固植入美国精神中的同样民主理想而奋斗"。其次,他应谋求美国对国民政府的承认,法律上或事实上的承认皆可。再次,李锦纶要推动美国与南京政府就全面的条约修订问题进行谈判。他应该竭力说动美国人,如果进行这样的谈判并"推进两国的友谊",美国将获得"显著的利益"。虽然没有直接提及"南京事件",李锦纶实际被授权告知美国人,南京愿意承担事件的全部责任。最后,政府也希望李锦纶便中探寻美国参与中国经济建设——其实就是对南京方面提供援助——的可能性。[①]

国民党人显然认识到美国政府尚未看好他们,故伍朝枢也指示李锦纶与北京政府任命的驻美公使施肇基合作,组成一个南北联合外交委员会与美国进行谈判。这一精神大致符合美国国务院当时的策略,1927 年秋回到华盛顿的马慕瑞在检讨中美关系时,曾主动提出"越过中线"去与一个包括南北双方的中国代表团谈判关税事宜。马慕瑞基本上自己起草了国务院给他的指令,授权他去推动中国方面组成一个这样的联合代表团并与之谈判。[②]

考虑到马慕瑞对中国局势的悲观以及他一向不喜欢国民党人,他能提出这一方策既显示了他的职业素养,也表明了他希望与国务卿凯洛格合作的意愿;这甚至可能是他的一个战术,即希望从华盛顿那里赢得对中美谈判的决定权。马慕瑞起草的指令强调,他在谈判中应持坚定的立场;然而在究竟什么是坚定的立场这一点上,他和国务院之间缺

---

①　"伍朝枢致凯洛格",1927 年 7 月 29 日,"伍朝枢致施肇基",1927 年 7 月 30 日,"伍朝枢给李锦纶的指示",1927 年 7 月 29 日,国民政府档案,藏南京第二历史档案馆,全宗 18,卷号 996(这几份文件皆是英文)。

②　Memo by MacMurray, Oct. 21, 1927, Department of State, Foreign Relations of the United States (Washington, D. C., 1942, hereafter cited as *FRUS* with year and volume), 1927, II, pp. 363—365. 在马慕瑞文件中,还有好几份这一训令的前几稿,可以看到他起草过程中思路的发展及如何斟酌其见解,可以参阅。

乏共识,很快发展成双方的相互不满。无论如何,在李锦纶访美时,伍朝枢关于组成一个南北共同代表团与美国谈判修约的建议的确得到了美国和北京两方面的积极回应。

驻美公使施肇基的态度有些微妙,他先前就曾帮助安排南方代表韦悫与助理国务卿詹森的会面。北方中国报纸关于李锦纶使命的消息先说是来自施肇基的报告,但北京政府外交部随即否认曾就此事与施公使联络,并表示政府"对于此事尚不甚注意"。[1] 实际上,施肇基此时的确在与李锦纶合作,两人很快成为南北联合外交的推动者。根据美国记者索克思的说法,施肇基本人更是联合外交的最主要策动者(索克思当年以熟知中国政治内情而著称)。基本上,北方类似的态度是持续的。后来奉军总参议杨宇霆在寻求与美国军事合作时,也曾表示希望美国能"废弃不平等条约并与中国南北双方谈判新约"。[2]

李锦纶和施肇基很快产生出一个以施肇基为首,包括李锦纶和余日章的三人委员会。余日章是上海著名的基督徒,也是太平洋关系学会的成员;[3] 他在上海的涉外知识精英社群中十分活跃,而且与宋氏家

---

① 《晨报》,1927 年 9 月 27、29 日,均第 2 版。

② H. Bucknell, memo of conversation between Sokolsky and MacMurray, Feb. 25, 1928, MacMurray Papers; H. Powell to Bristol, Feb. 15, 1928, the Mark L. Bristol Papers, Library of Congress; memos of conversations between Johnson and Lee, Nov. 17, Nov. 30, Dec. 13, 1927, MacMurray to Kellogg, Jan. 11, 1928, SDF 895. 00/9609, /9654, 711. 93/156, /165; memo of conversation between Johnson and the Japanese Ambassador, Jan. 23, 1928, *FRUS*, 1928, II, pp. 403—405. 按索克思曾任孙中山英文秘书,与宋子文和马慕瑞私交甚笃,被认为是当时最了解国民党内幕的外国人。关于索克思与中国的关系,可参见 Warren I. Cohen, *The Chinese Connection: Roger S. Greene, Thomas W. Lamont, George E. Sokolsky and American-East Asian Relations*, New York: Columbia University Press, 1978.

③ 关于余日章和太平洋关系学会,可参见张静:《国民外交的一次尝试——中国代表参与太平洋国际学会之前后》,收入中国社科院近代史所:《青年学术论坛》(2003 年卷),社会科学文献出版社 2005 年版,第 397—421 页。

族有着密切的关系，但并未正式参与国民革命事业，相对中立于南北两方。伍朝枢立即批准了三人委员会的成立，并同意任命施肇基兼代表南京政府，对此连李锦纶都感到惊讶。施肇基继而提出北京方面可能还会任命其他一些代表团成员，这意味着北方不仅担任代表团首领，而且可能在其中占据多数席位。伍朝枢再次迅速同意了施肇基的要求，体现了强烈的合作意向。①

施肇基和李锦纶对国务院说，由于国民党实行清共并与苏联决裂，国民政府非常需要外交支援；而与北方联合开展外交的取向在南京政府内正受到激进分子的严厉批评，他们希望美国能通过公开表示愿意谈判修约，给中国方面的主动行为予以鼓励。詹森的态度比较谨慎，避免做出任何确切的承诺；但凯洛格似乎被施、李二人体现出的南北合作精神所感动，他致电马慕瑞说，如果这个代表团真正联合了南北双方，他愿意兑现自己在1月声明中提出的与中国人谈判的允诺。凯洛格乐观地指出，美国表示出与中国联合代表团谈判的意愿可能带来好些光明的前景：一、导致中国的南北双方进一步接近，为结束中国内战打下基础（这是李锦纶提供的观点）；二、缓和中国人的排外情绪；三、使那些给国务院施压要求向中国让步的美国人感到满意。②

几天后，李锦纶报告了组成南北联合代表团的新进展。事情在华盛顿似乎进行得相当顺利。但是马慕瑞立刻提出抗议，认为凯洛格没有向中国人表达清楚：一、谈判仅限于关税事宜；二、"谈判应在中国进行"。马慕瑞强调，这两点都是本质性的要点，后者尤其关系到政府对驻外使节的信任问题（即谈判不在中国进行可能意味着马慕瑞已失去

①　Memo of conversation between Johnson and Lee, Dec. 13, 1927, SDF 711. 93/156; memo of conversation between Johnson and Lee, Dec. 22, 1927, *FRUS*, 1927, II, pp. 367—368.

②　Kellogg to MacMurray, Dec. 18, 1927, *FRUS*, 1927, II, pp. 366—367.

国务院的信任）。在这样的情绪下，当一个北京官员到马慕瑞那里要求核实关于美国将与联合代表团谈判的消息时，马慕瑞消极地告诉他，他获得的消息并不能证实此事，凯洛格不过是愿意"考虑"组成联合代表团的要求而已。①

但是，还没等马慕瑞寄出他的抗议，中国的局势已经完全改变了。伍朝枢在获取美国友谊方面的进展似乎未能对他在国内的政治竞争起到多少帮助作用。1928年初，蒋介石在黄郛等相对偏右的所谓"北方国民党"和多少仍偏左的宋子文及宋氏家族成员（宋庆龄除外）的支持下取得内部斗争的胜利而正式复出，伍朝枢被派往美国担任改订条约的特使，而且他还是先从报纸上看到对自己的任命。② 从这一任命可以看出，蒋介石此时仍未特别重视对美关系，且他也不认为在华盛顿推动进行的联合代表团能马上收到实效（如果真有迅速获利的可能，蒋显然不会让伍朝枢独享其成）。

虽然伍朝枢被告知他仍担任外交部长，而暂以郭泰祺代理外交部部务，但这一位置很快落到黄郛手里。一方面，据说黄提出了这一要求作为重新参与蒋政治团体的代价；更重要的是，正在筹划重新北伐的蒋介石需要一个能与日本打交道的外交部长。詹森对伍朝枢新使命的反应是正面的，他告诉李锦纶，如果南京政府派其外长来华盛顿谈判，会被视为具有诚意的表现。但伍朝枢没有接受这一前往华盛顿的任命，他和胡汉民、孙科等权力斗争的失败者（基本是国民党右派，多数是广

---

① Memo of conversation between Johnson and Lee, Dec. 22, 1927, MacMurray to Kellogg, Dec. 28, 1927, *FRUS*, 1927, II, pp. 367—368, 368—370.

② 伍朝枢致国民政府，1928年1月4日，国民政府档案，藏南京第二历史档案馆，全宗号18，卷号1004。按伍朝枢的电报开始即说："今日沪报载：钧府议决特派外交部长伍朝枢任赴美国改订条约特使，不审确否？"报纸已获悉的消息，被任命的政府现任部长自己却不知悉，不得不向政府核实报纸的消息，充分说明他当时已成局外之人。

东人）一起转道前往欧洲。[1]

二、国民党内争与中美关系

胡汉民、孙科等广东籍右翼人士的被迫出走，意味着国民党内权力竞争又一个回合的结束。由于广州武汉时期的国民党左、右翼先后失势，新的南京政府中很快即出现以外交部长黄郛和财政部长宋子文为首的新一轮派系之争。黄郛本人虽未加入国民党，但向被人视为"北方国民党"的核心人物。他多次参加北京内阁，在冯玉祥"北京政变"时曾一度主持内阁，这些在北方活动的经历及其与国民党内"老官僚"的关系有助于建立某种南北之间的工作关系，但在南方那些被索克思称为"有新思想的中国人"眼中，这却是负面的因素。[2]

在某种程度上或可以说，黄、宋之间的竞争是国民党内左右翼斗争的继续，但这次的"右翼"几乎全由新的成员组成，而残存的"左翼"也比以前温和太多。两派之间既是国民革命事业之内的新旧之争，也是留美派和留日派之间的竞争（类似的竞争也存在于全国范围的政治、

---

① Sokolsky to MacMurray, Dec. 1. 1927, H. Bucknell, memo of conversation between Sokolsky and MacMurray, Feb. 25, 1928, MacMurray Papers；"蒋介石致谭延闿等"，1928 年 2 月 13 日，《历史档案》1984 年第 2 期，第 66 页；memo of conversation between Johnson and Lee, Jan. 5, 1928, *FRUS*, 1928, II, pp. 401—402; Lee to Johnson, Jan. 25, 1928, Paxton to Kellogg, Feb. 24, 1928, SDF 793. 00/196, /199. 按陶文钊先生说："前任外长伍朝枢被派往美国作为谈判修约的全权代表。但美国政府拒绝与伍朝枢进行正式谈判。"（《中美关系史（1911—1950）》，第 129 页）该书此句无出处，不知何据，可备一说。不过伍朝枢被派时仍是"现任"而非"前任"外长，黄郛上任是 2 月间的事了。伍氏实际赴美是在济南事变之后，他于 5 月间主动请缨由歇赴美，得到南京政府批准，那已是在国民政府转变外交重心而黄郛即将下台之时了。其后伍朝枢和李锦纶与美国国务院的接触和谈判不论是否"正式"，却是有实际成效的。参见吴翎君：《美国与中国政治——以南北分裂政局为中心的探讨，1917—1928》，台北东大图书公司 1996 年版，第 248—249 页。

② Memo of conversation between Sokolsky and MacMurray, Feb. 25, 1928, MacMurray Papers; MacMurray to Kellogg, Jan. 11, 1928, SDF 711. 93/165.

金融、思想和教育等领域之中)。双方的纠葛异常错综复杂,故虽然宋常被视为"亲美"而黄被认为"亲日",有时宋子文却会反对某些黄郛参与或支持的中美接近。这样,国民党内部的政治及文化竞争与外国对华影响纠结在一起;而这些内部斗争又常常影响、制约甚至决定着外交政策的实施。

黄郛的权力上升意味着国民党内一种强化对日关系以利北伐的取向,这也表明蒋介石此时对美国兴趣仍然不大。此前由伍朝枢推动的南北联合外交自然陷于停顿,新形势很快影响到李锦纶在华盛顿的努力,他的处境变得困难而尴尬。三天前才告诉詹森南北联合代表团的组成已基本完成的李氏,现在不得不重新通报詹森:局势起了变化,任何与北京一起安排联合代表团的任命事宜都变得非常困难了。李锦纶此前曾以为蒋介石宣称继续北伐主要不过是谈判中讨价还价的筹码,现在他只能对詹森说,中美之间修订条约的谈判恐怕不能不延期到北伐军占领北京以后了。李本人会留在华盛顿继续他与国务院的接触,同时等待其新上司的进一步指示。①

实际上,李锦纶的使命从一开始就不时出现尴尬的局面。当他在华盛顿与美国人讨论组成一个南北双方的联合代表团之时,他却无法隐瞒南方的国民政府内部并不那么团结这一事实。每一次他都向美国人尽量表示自己确信国民政府内既稳定又团结,但他又不能不同时通报自前次谈话以来国民革命事业内部所出现的不稳定和分裂倾向。最令他尴尬的是,作为国民政府代表的李氏,有时甚至不得不向美国人探询南京方面形势的新变化。很快,在他和国务院官员的谈话中,关于条约修订的谈判的内容越来越少,而更多则是交换双方关于中国局势进

---

① Lee to Johnson, Jan. 25, 1928, SDF 793. 00/196.

展的新讯息。①

蒋介石和黄郛当然了解伍朝枢正与北京方面协作推动某种联合外交，他们也知道由黄郛取代伍朝枢这种人员更易可能导致整个努力的流产，但他们或感觉这方面的损失可以接受，并可通过与日本建立某种工作关系来弥补。另一方面，蒋、黄也并非完全排斥南北联合外交这一模式，尤其当他们正在积极筹备继续北伐却又尚未发动之时。如果南北联合外交可能给他们带来好处，特别是可能对北伐有实际的帮助，新政府也愿意进行尝试。

当时确有这样的机会。先是署理海关总税务司易纨士（Arthur H. F. Edwards）提出了一个南北合作实行关税自主的动议，他表示，如果这样的计划得以实施，南北政府所得的实际税收数额都可以大幅度增加。这一动议对南北双方都有较大的吸引力，黄郛与北方的个人关系以及许多原北方的外交官员改投入南京外交部，也使得实行某种南北联合外交变得更可能。②

很快，李锦纶又恢复了与美国人讨论关于南北联合外交事宜。而施肇基则派出郭秉文代表他到上海与太平洋关系学会的中国成员探讨如何进一步推动南北联合外交。李锦纶告诉美国人，南京倾向于在华盛顿开展中美谈判，而北京则希望谈判在中国进行。李氏个人更赞同北京的意见，因为这会使一般中国人更了解事态的进展；但他也指出，在中国要找到一个南北双方都能接受的谈判地点是很困难的。可能是

---

① Memos of conversation between Johnson and Lee, Nov. 17, Nov. 30, Dec. 13, 1927, SDF 893. 00/9609, /9654, 711. 93/156; memo of conversation between Johnson and Lee, Dec. 15, Nelson Johnson Papers, Library of Congress, Washington, D. C. ; memos of conversations between Johnson and Lee, Dec. 22, 1927 and Jan. 5, 1928, *FRUS*, 1927, II, pp. 367—368, *FRUS*, 1928, II, pp. 401—403.

② MacMurray to Kellogg, Jan. 11, 1928, SDF 793. 00/165; Bucknell, memo of conversation between Sokolsky and MacMurray, Feb. 25, 1928, MacMurray Papers.

考虑了马慕瑞此前的抗议,詹森也认为谈判应在中国进行。[1] 在中国,马慕瑞明确表态,他"原则上"赞同易纳士关于关税的提议。[2]

但易纳士的努力却因卷入了南京方面的内争而最终未获成功。原来易纳士先向外交部长黄郛提出了他的建议,结果这一黄郛推动之事遭到财政部长宋子文的强烈反对。宋子文宣布,任何国民政府辖区内与关税相关的事宜,他只与上海税务司梅乐和(Frederick W. Maze)打交道。宋子文的立场实际扼杀了易纳士的努力,因为只有在 1928 年初国民政府内部尚在重新分配权力和调整对北方政策的短暂时间里,才可能接受某种形式的南北联合外交。一旦国民党人的内部纷争有了结果并确定了继续北伐的决策,南京就不可能再接受任何与北方联合的举措了。易纳士只能承认其计划失败,他并为自己选择接触对象的失误付出了职业生涯的代价:几个月后国民政府执掌全国权力时,宋子文任命梅乐和取代易纳士,成为新的海关总税务司。[3]

在南京,宋黄之争既限制了黄郛在国民政府中的权力,也减少了蒋介石的回旋余地。蒋与黄的接近不仅招致他妻舅的消极抵制,更一度导致宋子文向新桂系提供财政援助,后者是蒋在国民革命阵营内最主要的竞争对手。当然,只要蒋黄合作以安稳日本的取向奏效,如果蒋能成功完成北伐,总体局势还是对蒋黄有利。但由于不能排除北伐途中与日本冲突的可能性,黄郛也需要与英美达成某种谅解,俾一旦出现中日冲突时或可使日本疏离于主要列强。在他的老朋友福开森(John

① Memo of conversation between Johnson and Lee, Jan. 5, 1928, *FRUS*, 1928, II, pp. 401—403.

② MacMurray to Kellogg, Dec. 29, 1927, memo of conversation between Edwards and Perkins, Apr. 12, 1928, *FRUS*, 1928, II, p. 378; Bucknell, memo of conversation between Sokolsky and MacMurray, Feb. 25, 1928, MacMurray Papers.

③ Memo of conversation between Edwards and Perkins, Apr. 12, 1928, *FRUS*, 1928, II, pp. 389—390; J. B. Powell to Bristol, Aug. 4, 1928, Bristol Papers.

C. Ferguson）的帮助下，黄郛认识到，与英美解决"南京事件"既是必要的，也是可能的。[①]

尽管伍朝枢在 1927 年秋就向美国方面表示了国民政府愿意解决南京事件的意向，国务院或觉察到伍氏在军人控制的南京政权中力量有限，没有表现出多少与他进行认真谈判的兴趣。不过，中英之间关于解决南京事件的谈判从 1927 年以来一直在进行。到 1928 年春，中英双方都表现出解决问题的更多诚意和更灵活的姿态，但在谈判最后阶段，英国公使蓝普森和黄郛达成的协议却未得到伦敦的批准。蓝普森个人认为这一协议是合理的，他不希望长期努力的成果灰飞烟灭，乃致函马慕瑞，敦促他在中英协议的基础上推动中美谈判。马慕瑞抓住了机会，很快与黄郛在上海签署了协议。[②]

中美之间就解决南京事件迅速达成协议给人一种印象，似乎国民政府正向美国示好，其实这恐怕是个误会。黄郛和南京政府当然需要解决南京事件的悬案，但也仅此而已。国民党不过把南京事件的解决视为减缓中外紧张关系的战术运作，达到目的后即不再向前发展。蒋介石对美国人虽客气但仍忽视，且决无依靠华盛顿之意。其他国民党

---

①　Memo of conversation between MacMurray and Sokolsky, Feb. 25, 1928, memo by J. C. Ferguson, about April, 1928, Macmurray Papers.

②　关于伍朝枢的意向，参见 Tozer, "Response to Nationalism and Disunity", Ph. D. dissertation, University of Oregon, 1972, pp. 156—160; report of conversation between Bristol and C. C. Wu, Oct. 18, 1927, Mayer to Bristol, Nov. 28, 1927, Bristol Papers。关于马慕瑞和黄郛的谈判，参见沈亦云（黄郛夫人）：《亦云回忆》，台北传记文学出版社 1968 年版，第 354—360 页；J. C. Ferguson, "The Nanjing Incident of March 24, 1927", memos by Bucknell, Mar. 28, Apr. 9, 1928, MacMurray Papers; MacMurray to Kellogg, Feb. 29, Mar 31, 1928, FRUS, 1928, II, pp. 323—326, 334—335; MacMurray's 1935 memo of "Development Affecting American Policy in the Far East", published with the title How the Peace Was Lost, ed. with introduction by Arthur N. Waldron, Stanford, Calif.: Hoover Institution Press, 1992, p. 96; Borg, American Policy and the Chinese Revolution, 1925—1928, pp. 380—385。关于南京事件的解决，参见牛大勇：《对 1927 年南京事件的再探讨》，《江海学刊》1989 年第 6 期。

将军也对美国兴趣不大，南京外交的真正中心仍是日本。比较起来，伍朝枢和太平洋关系学会那些有着外国背景的知识精英至少有一点是共同的，他们都更看重美国的作用。当国民政府后来急需美国支持时，正是这些"亲美"因素结合起来促成了国民党与美国关系的接近。[①] 不过那都是后来的发展，这次伍朝枢采取的政策未必是国民党外交的主流，与蒋介石一派没有什么关系。

余论：人物及相关因素

可以看出，1927—1928 年间中美双方以及中国的南北双方都曾颇有诚意地尝试推动南北合作与美国谈判修约，这一努力未获成功的原因较多，主要因为南京方面的发起者在国民革命事业的内部权力竞争中失败，而以蒋介石为首的国民政府当权者那时对美国的重视不够，故整个举动未能在国民党内获得持续而有力的支持；部分也因为李锦纶代表着技术型官员那种政治倾向不甚明显的职业外交风格，而当时国民党推行的更多是一种"革命型"的政治，整个国民政府的管理也尚未形成一种较常规的职业官吏体制。

这一尝试虽然未获成功，但李锦纶访美仍有收获。它开启了南京政府与美国国务院的官方接触，尽管是在"非正式"的名义之下；除了与国务院官员的频繁会谈，生长于美国的李锦纶得以发挥其语言和文化的长处，在华盛顿开展广泛的外交活动，包括游说国会要员和联络各类有影响的民间机构等。整体上，李锦纶访美与中美双方推动谈判修约的努力多少标志着美国对华关系的关注重心由北向南的转移，而且是在北伐取得全面军事胜利之前。

---

① 参见本书《济南事件与中美关系的转折》。

在美国方面，这一努力表明美国政府对中国局势的因应比既存研究所述要更积极一些，尤其国务卿凯洛格确有履行其 1927 年 1 月声明的意愿。而且，尽管马慕瑞仍不看好国民党人，但正是他本人的提议推动了整个进程，体现出他能压抑自己的个人好恶而推进事业的职业素养。不过，这样的压抑毕竟有些勉强，难以产生积极的动力，有时甚至可能失效。马慕瑞个人的消极态度恐怕也是导致南北联合外交失败的一个因素，下面的一个例子便可说明这一点。

先是马慕瑞在 1927 年秋曾接到指令，应寻求机会同时与中国各方的代表进行关税事宜的谈判。现存记录未见他立刻与中国的任何方面进行了接触，直到 1928 年 2 月，他才首次和北京政府的外交总长王荫泰谈及此事，而王氏随即被罗文干取代。在同年 2 月 26 日与黄郛谈话时，马慕瑞表述了中美谈判的几种可能性：南北政府中任何一个获取全国统一，美国便可以与其谈判；同时美国也可以和一个南北双方的联合代表团谈判。尽管马慕瑞在向国务院的报告中说他表达了美国同时与中国各方谈判的意愿，而黄郛对"他所提出的各种可能均未做出具体回应"。但是在使馆参赞贝库诺（Howard Bucknell）整理的谈话记录中，马慕瑞并未表述美国愿意同时与各方谈判。①

当然不排除编写这次谈话记录的贝库诺因疏忽而漏记了马慕瑞的谈话要点，而马慕瑞本人在发出报告时也未曾注意到这一疏漏（这在当年美国外交文件中是少见的，且马慕瑞本认为贝库诺"非常机敏"，他自己更一向对措辞极为细心讲究）。另一种可能是中国局势的变化以及他本人和国务院的观念歧异使马慕瑞极为沮丧，这样的长期挫折感无意中损害了他的职业精神。马慕瑞的报告说他与王荫泰的交谈内

---

① MacMurray to Kellogg, Apr. 26, 1928, memo of conversation between Huang and MacMurray, Feb. 26, 1928, *FRUS*, 1928, II, pp. 408—410, 410—412; MacMurray to E. L. Neville, July 31, 1928, MacMurray Papers.

容与他和黄郛所谈相同,而北京也像南京一样未对南北联合与美谈判、特别是南北各自与美谈判做出任何反应。到 1928 年 4 月时,马慕瑞得出结论说,既然南北双方都未对美国的提议做出任何具体回应,与其中任何一方开展谈判的时机尚未成熟。[①]

然而这正是前述易纨士提议的推动时期,美国同时与南北各方单独谈判可能是当时最容易被南北接受的选择,毕竟关税收入的大幅增加对双方都是实际可见的收益。尤其那时北方掌权者极欲与美方联络,故有可能王荫泰根本不知道还存在这样一种选择。另一方面,不能排除谈话记录有疏漏的一个旁证是,在前引蓝普森和梁士诒的会见中,蓝普森也曾提出在南北联合委员会成立之前,"可双方同时进行交涉",梁士诒似未做出积极的回应。当时中国外交常受制于内争等多种因素的影响,南北外交部负责人皆频繁更换,而黄郛、王荫泰、梁士诒等都相对较少外交方面的专业训练,若英美方面的表述被外交辞令掩盖而不甚清晰时,他们或未必能像顾维钧等职业外交家那样可以敏锐地抓住机会。

这中间也有一些文化和心态方面的歧异甚至误解。马慕瑞和黄郛之间就曾有些误会,他们在谈判解决南京事件协定的最后一天,仅落实文本的措辞(phraseology)就耗时长达 16 个小时之久,致使黄家原定的招待晚宴拖到半夜三点后才能开席。从职业外交的角度考虑,马慕瑞对其以这样马拉松式的修辞努力所落实的最后文本似乎颇感得意;但黄郛却将此"小刀细工"的方式视为自"庚子拳匪时代"以来"欧美人心头优越感不能去",故不能在外交上"迎合中国在大转变时所需要"。[②]

[①]　MacMurray to Kellogg, Apr. 26, 1928, *FRUS*, 1928, II, pp. 408—410. 关于马慕瑞对贝库诺的看法,参见 MacMurray to Mayer, Mar. 20, 1929, MacMurray Papers。

[②]　Memo of MacMurray–Huang negotiation, Apr. 9, 1928, MacMurray Papers; 沈亦云:《亦云回忆》,第 355 页。

这的确是当时中美关系的一个主要矛盾,前引陈友仁所说美国关于条约修订政策采"渐进"取向,而中国的实际情形从根本上言是"革命"性的。这样的政治现实要求一种"革命性的、亦即根本的解决",而不是一步步调整的"渐进"取向。① 蒋介石同年会见外国记者时也明言,既然是"一场革命",就"不能取渐进方法",只能以废除而非谈判修订的方式解决中外条约问题。② 马慕瑞在大约同时观察到,中国人对不平等条约有两种对立的态度,即"一方主张采取渐进的方式,而另一方主张取革命的方式"。③

其实当年南北外交都有些倾向非常规的"革命方式",恐怕更多是马慕瑞自己倾向于渐进一方,且其特别注重外交的技术层面,当然使黄郛觉得他不能"迎合中国在大转变时所需要"。在政治大转变的时代,行为溢出常轨并不罕见。如前引傅斯年 1928 年 8 月给胡适写信所说,"改朝换代的时候,有些事实只可以改朝换代观之"。若"废约之论",即"非'君子相'"。④ 民族主义倾向明显的傅斯年显然认为,单方面提出废约虽非"君子相",在"改朝换代的时候"也可以接受。⑤

有意思的是,傅斯年此函是与胡适讨论南京政府改组由庚款构成的中华教育文化基金会的董事会一事。基金会的中方董事原先由一

---

① 陈的观点见 *FRUS*, 1926, I, pp. 851—852。

② 蒋会见合众社记者施瓦茨(Bruno Schwartz)的内容见于 Hankow Herald, Nov. 23, 1926,美国驻汉口总领事罗赫德(Frank P. Lockhart)的报告中附有此剪报,见 Lockhart to Kellogg, Dec. 4, 1926, SDF 893. 00/7993; 并参见毛思诚编:《民国十五年以前之蒋介石先生》,香港龙门书店 1965 年影印 1936 年版,第 910 页。

③ MacMurray to Kellogg, Nov. 19, 1926, *FRUS*, 1926, I, p. 999.

④ 本段与下段,傅斯年致胡适,1928 年 8 月 13 日,粘贴在《胡适日记》,1928 年 8 月 7 日,第 5 册,第 249—250 页。

⑤ 孟子早有"彼一时,此一时"的名论,他认为,"五百年必有王者兴",周朝兴起以来"七百有余岁矣。以其数则过矣,以其时考之则可矣"。如果天欲"平治天下",则"当今之世,舍我其谁"。(《孟子·公孙丑下》)傅之所云,或稍得孟子"以其时考之则可"的指谓。

些与外国有着各种联系的精英人物所组成,最初包括顾维钧和几所著名大学的校长。从 1927 年起,蔡元培和胡适也成为董事。此时新当权的国民政府将顾维钧、郭秉文等与北方有关的原董事开革,而代之以南方政府可以接受的人选。胡适认为这样以官力处置此事(并带有明显的政治倾向)不符合基金会章程脱离政治的基本原则,表示反对,自己也要辞职。但傅斯年则认为当时难有更好的方案,对南京政府不如"维其大体,谅其小节",仍以继续任职为宜。他甚至以为,国民政府未将长期控制基金会的美国人孟禄一并去之,"此亦不满人意者"。

孟禄正是本文前面提到的协助南京方面与美国政府接触的美国中间人之一,他在中华基金会中极为活跃,与当时南北双方知识精英皆有广泛接触。因其所掌握的丰富资源,基金会在当时中国学界中颇具影响力,马慕瑞就注意到孟禄"在中国知识界很有影响"。另一方面,作为基金会的美国政府代表,孟禄本应在南北之间保持中立,故美国驻华使馆认为他代表南方进行活动是不合适的。[1] 实际上,孟禄早有亲南方的举措,他在 1927 年初夏曾与南京政府的教育行政委员会商议改组基金会的董事会,而南京方面的主持人便是前面提到的韦悫,时任教育行政委员会委员。[2]

可知中美双方参与、推动上述南北联合外交的人员和机构皆值得关注。另一个起到了极大促进作用的机构是跨国的太平洋关系学

---

[1]　Mayer to Kellogg, Oct. 26, 1927, SDF 893. 00/9664; MacMurray to Kellogg, Aug. 5, 1928, *FRUS*, 1928, II, p. 545. 关于中华文教基金会,参见顾维钧:《顾维钧回忆录》(一),中华书局 1983 年版,第 360—364 页;杨翠华:《中基会对科学的赞助》,台北"中研院"近代史所,1991 年,第 1—73 页。

[2]　胡适当时曾出席一次双方参加的晚宴,宴会主持人即韦悫,席间所论多为改组董事会事。参见胡适致蔡元培,1928 年 8 月 11 日,原信收入《胡适日记》,1928 年 8 月 11 日,第 5 册,第 251—255 页。

会。如前所述,该学会的中美人士都曾积极参与此事。这一学会曾经集合了相当数量有留学背景的中国知识精英,在二十世纪二三十年代的中国思想界和学术界颇有影响力,也不时涉足政治,还可以进一步考察。[①] 威尔伯和孟禄这些美国人对国民政府赴美人员的协助从一个侧面反映出一些中国知识精英的亲南方态度。或可以说,当国民党人正经历着北伐以来最困难的阶段时,不少中国知识精英已经看好南方在中国权力竞争中的前途。

另一方面,将伍朝枢、李锦纶和韦悫结合在一起的却不是共同的意识形态,更多毋宁是外国读书的经历和地方认同;三人都是广东人,也许可以算是国民党中"广东帮"(所谓"帮"也只是相对而言,其实只有松散的关联)的成员。其中伍朝枢是国民党右派而韦悫是左派(实际他从 1925 年起已秘密加入中共),李锦纶则基本是个温和的技术型官僚,政治上或算中派,但与左右派的关系都不错。李、韦二人此前的简单经历如下:

李锦纶(1884—1956)出生在纽约,父亲是广东台山人(据说是华人社团安良堂的主席),母亲是德国人。他在纽约长大,在纽约大学和芝加哥大学完成本科和硕士研究生教育。1906 年,李锦纶回到广东从事教育工作并学习中文,曾任培正中学第一任监督。从 1911 开始服务于广东外交机构,曾任广东各政府(其时广东政府变更频繁)交涉员,也曾担任孙中山的秘书(1917—1918)、粤海关监督等。1922—1927年,他在上海沪江大学担任政治和历史教授兼副校长,故未曾参与国共合作期间的政治活动。1927 年伍朝枢执掌南京政府外交部后,李锦纶

①　参见 John. N. Thomas, *The Institute of Pacific Relations: Asian Scholars and American Politics*, Seattle and London: University of Washington Press, 1974; 张静:《中国知识界与第三届太平洋国交讨论会》,《近代史研究》2004 年第 1 期。

被任命为政务司长、外交部参事。[①]

韦悫(1896—1976)是广东香山人,早年留英,后赴美,毕业于奥伯林学院,获芝加哥大学博士。归国后任教于广州岭南大学,也曾服务于广东外交界,似乎也担任过孙中山的秘书,1925—1927 年任国民政府外交部秘书,兼任国际司司长(一说曾任欧美司司长),后随军北伐,曾担任国民政府调查南京事件的代表,1927 年出任国民政府教育行政委员会委员,这也是他在会见詹森时自报的头衔。1925 年韦悫由广东籍中共领导人苏兆征介绍秘密加入中共,由于他和苏兆征及国民党左派陈友仁的密切关系,在"清党"中成为整肃的对象。实际上,他之所以出现在美国正是为了逃避整肃,而并非由国民政府派往美国。[②]

有意思的是,韦悫在国民党"清党"进行了一两个月后仍能代表政府和孟禄洽谈,且其出逃还曾获得"清党"主要发起者之一的蔡元培本人的帮助(蔡是教育行政委员会委员中的领衔者);而李锦纶也和苏兆征保持着联系,后来当中共策划广州暴动时,正是李锦纶向韦悫转达了苏兆征要他返回广州的信息。李锦纶和韦悫此时的相关经历说明,意

[①]　李锦纶后来长期服务于国民政府外交部,1928—1929 年任驻墨西哥公使,并被任命为海牙公断院(今译国际仲裁法庭)公断员。1929—1932 年间是其外交生涯的高峰,他担任外交部政务次长,并在 1931 年秋代理部务,直至陈友仁接任外长。1932 年 1 月,李锦纶辞职,大约是与当时去职的陈友仁同进退。1933—1934 年任驻波兰和捷克斯洛伐克公使,1934—1943 年任驻葡萄牙公使。1943 年任外交部顾问,驻美国从事战时宣传。此后似定居美国,直至 1956 年在纽约逝世。参见 China Weekly Review, LII (Apr. 26, 1930), p. 336; China Year Book, 1929—30, ed. by H. G. W. Woodhead, Tianjin: The Tientsin Press, p. 957; 张朋园、沈怀玉编:《国民政府职官年表(1925—1949)》,台北"中研院"近史所,1987 年;刘寿林等编:《民国职官年表》,中华书局 1995 年版;郭廷以编著:《中华民国史事日志》,台北"中研院"近史所,1979—1985 年。

[②]　本段与下段,参见京声、溪泉编:《新中国名人录》,江西人民出版社 1987 年版,第 355—356 页;《晋阳学刊》编辑部编:《中国现代社会科学家传略》,第 6 辑,山西人民出版社 1985 年版,第 19—41 页;刘寿林等编:《民国职官年表》; memo of conversations between Johnson and Wei, Sept. 13, 1927, SDF 893. 00/9417。韦悫后来主要从事教育工作,1949 年后曾任上海市副市长、教育部副部长等职务。

识形态和政治派别之分至少在当时未必高于一切，有时地方认同会弥合政治的歧异，有时同事之谊也能超越意识形态的对立。而在涉及对外交往时，内部的政治纷争也可以暂时退让。这或者是共产党员韦愨到美国后又成为国民党右派伍朝枢之代表的一个因素，也提示出当时南北联合外交在实践层面确有实现的可能性。

（原刊《社会科学研究》2005 年第 5 期）

济南事件与中美关系的转折

　　1928 年 5 月北伐军与入侵山东之日本干涉军在济南发生的军事冲突，学术界已有许多研究，[①] 但对此次事件在中国现代史上的深远影响，则注意得还相当不够。事件之后，北伐军总司令蒋介石明确提出将国耻置于三民主义及五权宪法之上（详后）。国民党军政实际决策人蒋氏这个观念提示了济南事件是中国现代史上一个重大转折点。它迫使新当权的国民党至少在两个大的方面对其政策进行调整：在事件之前，国民党基本是重内争轻外事；在外交上则先是一面倒向苏联，继则全力与日本维持一种稳定的工作关系。在此事件后，外患逐渐成为国民党的当务之急；而国民党在外交上更转而寻求与美国建立密切的关系以制衡日本在中国日益增强的侵略行动。

　　本文只侧重于这个大转变的一个部分：即国民党由忽视美国到强调美国对中国的重要性，并尽力争取美国援助这样一种态度和政策取向的转变。在济南事件之前，国民党的对外政策很大程度上为内政所左右。要充分理解这段时间的中外关系，必将其置于革命性的国内政治斗争这个大语境中方为可能。过去的研究比较忽视 1928 年统一前

---

　　① 　关于济南事件，参见全国政协、山东省政协和济南市政协文史资料委员会合编：《济南五三惨案亲历记》，中国文史出版社 1987 年版；Akira Iriye, *After Imperialism: The Search for a New Order in the Far Eest, 1921—1931*, Cambridge, Mass.: Harvard University Press, 1965, pp. 198—203; William F. Morton, *Tanaka Giichi and Japan' s China Policy*, Folkestone, Kent, England: Dawson, 1980, pp. 118—122。另一篇资料极为丰富的新研究是杨天石先生的《济案交涉与蒋介石对日妥协的开端》，《近代史研究》1993 年第 1 期。

北京政府在内争和外交中的作用，本文则将北京政府的政策与作为纳入讨论，以期重建更接近真实的历史全貌。而且，过去一般都将此时张作霖控制下的北京视为亲日。这个认知并不符合历史事实。实际上，北京政权在此时的外交是力图向美国倾斜。

可以说，此时南北中国政权正是在日本威胁加剧的背景下重新认识到"中美特殊关系"的重要性。而这一重新认识也为美国政府所欢迎。中方并受到美方的具体鼓励。或可以说，二十世纪三四十年代逐渐明显的美国对"中美特殊关系"的政策性倾斜和承诺，于1928年时已开始成形。美国的这个政策转折，正是对日本在中国东北的侵略行动的直接反应。

一、国民党的革命外交

国民党在北伐时期基本重在内争，其首要目标是统一全国。在这方面，国民革命与历代的中原逐鹿并无大的差别。但是，北伐是在与历代大不相同的现代背景下进行的。这个不同的最根本之处即在于外国在华势力已成为中国权势结构的直接组成部分。任何对既存权势结构的挑战，包括内部的"改朝换代"，都要冲击到帝国主义列强的利益。国民党的纲领中列入反帝，正是直接针对这个现代语境而言。故其始终坚持要收回在不平等条约中丧失的国权。在很大程度上，"御外"型的民族主义对身处国内权势争斗中的国民党来说既是目标也是手段。惟国民党在此时的战略是先获取全国统一，然后再向列强挑战。

这段时间的国民党外交政策通常被称为"革命外交"，常因其党内极其复杂的派系斗争而令人困惑。盖国民党各派系的外交取向本不一致，而各派在不同环境下的具体事例中转换立场不仅频仍，且有时很突然。在20世纪20年代后半段，国民政府的外交部并非始终掌握在当权派手中,这一因素更增加了要明确界定"国民党外交政策"的困难。但有一点可以肯定:正像近现代中国的外交政策始终与国内的权势斗争纠缠在一起一样,国民党的外交决策经常都不是纯从外交利弊的技术层面考虑出发,而往往是受制于内争方面的因素。

一般的看法,国民党在北伐时的外交战略是对列强采取各个击破的方针。但实际上,除了确实将英帝国主义当作第一个打击的目标外,这个战略的其他部分从未完整清楚地界定出来。就是打击英国利益,也有英俄全球竞争这样一个大背景在。[①] 此后与苏俄的决裂,与日本的冲突,以及向美国的靠拢等重大外交动作,均非事先计划,而多是在内部争斗影响之下的权宜之计。

民初的中国,列强既已成中国权势结构的一个组成部分,中国各政治势力乃多寻求与列强或其中之一建立超过其他政治力量的关系,以确保其在内争中的有利地位。国民党亦不例外。孙中山在 1922 年就强调了"运用外交政策"与"中国革命前途"的密切关系。而政策的重点就是日本和苏联这两个近邻。两国皆成盟友乃最为理想,其次则得其一也可,这样"革命工作才能顺利进行"。[②] 此后不久,就有《孙文越飞宣言》的发表和联俄的行动。

蒋介石基本继承了孙的方针,但在寻求外援方面选择性更明确。对 20 世纪 20 年代的国民党领导人来说,不平等条约是做出外交决策的一个关键考虑因素。在日本威胁变得严峻之前,蒋领导下的国民党从未向任何一个条约国家寻求援助。1925—1926 年间,蒋以联俄为其

---

① 彼时英国在欧洲处处打压其 19 世纪以来的老对手俄国。新俄乃一面支持英国国内反政府斗争,一面在其影响所及的英国殖民地和势力范围内支持甚至鼓动反英斗争。这个题目太大,只能另文讨论。

② 《孙中山 1922 年在广州对国民党同志训话》,转引自孙科:《中苏关系》,中华书局 1949 年版,第 26 页。

外交"全局中心之着眼处".① 与苏俄决裂后,蒋则向彼时另一个与中国没有不平等条约关系的大国德国寻求援助.②

　　国民党人十分清楚列强在华势力的含义,也明白日本是中国最危险的敌手。蒋介石在 1926 年 8 月已明确指出:国民革命在中国内部首要的对手是奉系,外部则"最大的敌人是日本"。故此,"要自己努力对于日本作劲敌看待。积极与之奋斗,以期打倒而后已,中国才能独立。仅仅打倒英国,仍不能算是革命成功。必须将英日两国在华的势力,完全消灭,才可算是真正的自由,真正的平等".③ 国民政府外交部长陈友仁有同感,他以为,反英斗争的真正意义主要并不在于眼前对英斗争的胜利,而在于"将全国动员起来以因应以后远为严重的对日斗争".④但是,由于广州武汉政府期间国民党基本遵循了鲍罗廷分化帝国主义以打击英国的策略,上述这些见解被表面的对日绥靖政策所掩盖。日本是列强中唯一可能而且也有意派出大批地面部队侵华的国家,蒋介石对此的认识与鲍罗廷是一致的。宁汉分裂前后,蒋的绥靖日本的政策与鲍氏亦同。⑤

　　到 1927 年底,宁汉分裂又合流之后,国民党已沉重打击了英国在长江沿岸的利益,同时也因 1927 年 12 月的广州起义与苏联彻底决裂,在其统一全国的进程中,将不得不面对日本。故此时日本已取

---

　　①　参见蒋介石日记,1926 年 12 月 22 日,引自毛思诚编:《民国十五年以前之蒋介石先生》,香港龙门书店 1965 年影印 1936 年版,第 978 页。

　　②　William C. Kirby, *Germany and Republican China*, Stanford, Calif.: Stanford University Press, 1984, pp. 38—53.

　　③　蒋介石:《政治党务报告》,1926 年 8 月 25 日,《蒋校长演讲集》,广州中央政治军事学校,1927 年,第 187—189 页。

　　④　Percy Chen, *China Called Me: My Life Inside the Chinese Revolution*, New York: Little, Brown, 1979, pp. 105—106.

　　⑤　参见蒋永敬:《鲍罗廷与武汉政权》,台北中国学术著作奖助委员会,1963 年。蒋先生未必持本文的观点,但其引用的大量原始资料恰支持这个观点。

代苏联成为蒋的外交考虑之中心。在蒋的盟兄也是留日的黄郛指导下,蒋的代表往来于中日之间,力图与田中内阁达成某种协议。但有一点应指出,蒋从未指望日本方面的切实援助,蒋所希望得到的,正如以前武汉政权所要求的,就是日本在中国的权力争斗中持中立的政策。[①]

至于美国,不论是视为敌人还是朋友,国民党人毋宁是取一种不甚注意的态度。在蒋介石和鲍罗廷的心目中,美国的重要大约只居第二等的位置。[②] 正如当时的美国驻华公使马慕瑞所注意到的:中国人在其对外关系中关注的是日本和英国。[③] 实际上,许多国民党人相信美国在对华政策上是追随英国的。他们以为,美国人虽然满口甘言,其行事则与其他帝国主义列强并无两样。蒋介石认为,从这方面看,美国的可恨更甚于日本。国民党要员王正廷就曾直接告诉马慕瑞,美国人总是让别人去干丑事,自己却要求均沾同样的利益。[④]

当然,在 1927 年秋冬,国民党代表在华盛顿与美国政府有过频繁

① 参见沈亦云:《亦云回忆》,台北传记文学出版社 1968 年版,第 264—282 页;《晨报》,1927 年 5 月 13 日,第 3 版,1927 年 5 月 14、16、17、28 日,6 月 4 日,均第 2 版;Akira Iriye, *After Imperialism*, pp. 129—133, 142—144, 151—158。

② 参见王功安、毛磊主编:《国共两党关系史》,武汉出版社 1988 年版,第 168 页;蒋永敬:《鲍罗廷与武汉政权》,第 106—107 页。

③ MacMurray to Grew, Feb. 12, 1927, John V. A. MacMurray Papers, the Seeley G. Mudd Library, Princeton University.

④ Lewis S. Gannett's interview with Chang Kai-shek, in Gannett, "Looking at America in China", *The Survey*, L (May 1926), pp. 181—182; Lockhart to MacMurray, Jan. 28, 1927, U. S. Department of State, Records of the Department of State Relating to Internal Affairs of China, 1910—1929, National Archives Microfilm Publications, No. 329(hereafter as SDF, including Records of the Department of State Relating to Political Relations Between the United States and China, 1910—1929, National Archives Microfilm Publications, No. 339), 893. 00/8343; MacMurray to Grew, Feb. 12, 1927, MacMurray Papers. See also Michael H. Hunt, *The Making of a Special Relationship: The United States and China to 1914*, New York: Columbia University Press, 1983, p. 304.

的接触。也就是过去较少为人注意的李锦纶使美一事。但此事是在宁汉合流初期,蒋介石下野后,胡汉民派的伍朝枢控制外交部时进行。伍氏对美国的重视显然超过蒋和国民党左派。但伍氏之掌权即在此短暂的非常时期,其所作所为只能代表国民党外交的一股支流,而且,伍氏争取美国友谊这一行动的一个目的即是加强其本人和胡汉民派在彼时为桂系军人控制的南京政府中的地位。但李锦纶使命确实开始了国民党与美国政府在华盛顿的非正式接触。①

李的任务是向美国人介绍国民革命,谋求美国的承认,并安排南京与华盛顿的条约修订谈判。但其中一项实质的内容是李实际上被授权告知美国人,国民政府将对 1927 年的南京事件负起完全责任。② 在中国,伍朝枢本人亦曾向美国官员表明谈判解决南京事件的意愿。美国国务院觉察到伍在军人控制的南京政府中权力有限,故对与伍进行认真谈判兴趣不大。但是,伍氏关于组成一个南北共同代表团与美国修约的建议则得到北京和美国两方面的积极回应。③ 不过,随着蒋介石在 1928 年初的正式复出,伍氏即与胡汉民派一起失势而出走欧洲,南

---

① 李锦纶当时是南京政府外交部参事兼政务司司长,其使命见本书《李锦纶使美与中美双方促进南北合作谈判修约的尝试,1927—1928》。亦见 Sokolsky to MacMurray, Dec. 1, 1927, MacMurray Papers;《晨报》,1927 年 9 月 12 日,第 2 版;Wilbur to Kellogg, Aug. 19, 1927, Kellogg to Wilbur, Sept. 13, 1927, memos of conversations between Johnson and Monroe, Sept. 12, 1927, between Johnson and Wei, Sept. 13, 1927, SDF 893. 00/9401, /9416, /9417. See also Warren W. Tozer, *Response to Nationalism and Disunity: United States Relations with the Chinese Nationalists, 1925—1938*, Ph. D. dissertation, University of Oregon, 1972, pp. 168—170。

② "伍朝枢致凯洛格",1927 年 7 月 29 日;"伍朝枢致施肇基",1927 年 7 月 30 日,"伍朝枢给李锦纶的指示",1927 年 7 月 29 日,原件藏南京第二历史档案馆,全宗 18,卷号 996;《晨报》,1927 年 9 月 12 日,第 2 版。

③ Report of conversation between Bristol and C. C. Wu, Oct. 18, 1927, Mayer to Bristol, Nov. 28, 1927, the Mark L. Bristol Papers, Library of Congress; Warren W. Tozer, *Response to Nationalism and Disunity*, pp. 156—160.

北联合外交自然亦陷于停顿。[①]

　　蒋是在黄郛等"北方国民党"以及除宋庆龄以外的宋氏家族成员等支持下复出的。由于广州武汉时期的国民党左右翼均失势,新的南京政府中很快即出现以外交部长黄郛和财政部长宋子文为代表的派系之争。黄氏本人虽未加入国民党,却一向被人视为"北方国民党"的核心。国民党中那些被美国记者索克思称为有"新思想的中国人",极不欣赏黄氏与"北方"和国民党"老官僚"的联系。这多少是国民党左右翼斗争的继续,虽然"右翼"已由新的成员组成而残存的"左翼"也比以前不知温和了多少。但这同样是留美派和留日派在国民党内的政治斗争。此间的关系极为错综复杂,故虽然宋被认为亲美而黄被认为亲日,有时宋子文却会反对有黄郛参与的中美接近;国民党内部的政治及文化之争继续影响着其外交政策。[②]

二、华盛顿路线还是东京路线

　　济南事件之前的几个月中,蒋介石一派尽了很大的努力想与日本建立一种工作关系。1927年秋,蒋在下野之后访问了日本,他此行的

---

　　① Sokolsky to MacMurray, Dec. 1, 1927, memo of conversation between Sokolsky and MacMurray, Feb. 25, 1928, MacMurray Papers;"蒋介石致谭延闿等",1928年2月13日,《历史档案》1984年第2期,第66页;memo of conversation between Johnson and Lee, Jan. 5, 1928, U. S. Department of State, Papers Relating to the Foreign Relations of the United States (Washington, D. C., 1943, hereafter as *FRUS*), 1928, II, pp. 401—402;"伍朝枢致南京政府",1928年1月4日,藏中国第二历史档案馆档案,全宗18,卷号1004;Lee to Johnson, Jan. 25, 1928, Paxton to Kellogg, Feb. 24, 1928, SDF 793. 00/196, /199。

　　② 参见memo of conversation between Sokolsky and MacMurray, Feb. 25, 1928, MacMurray Papers; MacMurray to Kellogg, Jan. 11, 1928, SDF 711. 93/165。索克思曾任孙中山英文秘书,与宋子文和马慕瑞私交甚笃,被认为是当时最了解国民党内幕的外国人。见Warren Cohen(孔华润),*The Chinese Connection: Roger S. Greene, Thomas W. Lamont, George E. Sokolsky and American—East Asian Relations* (New York: Columbia University Press, 1978),书中对索克思与中国的关系有精彩的论述。

一个目的是要确定与宋美龄的婚姻。这一点他获得了成功。但根据同行的张群回忆，蒋认为此行最重要的任务是与日本首相田中的会谈。11月5日，蒋与田中会谈了两个小时，超过了日本方面预先安排的时间。田中许诺在国民革命阵营中只支持蒋，蒋则表示了他对日本在华利益的理解。田中明确表明日本不会干预中国的内争，并建议蒋集中力量巩固其在南方的权力，而让北洋军阀在北方自相残杀。从技术上看，这个建议是明智的，但似乎隐含着田中在界定他所谓日本不拟介入的中国"内争"。蒋则指出，他们部队只有在面对敌人时才能保持团结，因此他必须继续北伐。蒋的观点直接而有说服力，但双方的长时间会谈未能产生一个确定的结论。日本是否会在蒋继续北伐时保持中立这个最重要的问题，并未得到澄清。双方也都避免提及敏感的满洲问题。继续谈判的门并未关闭，因为田中表达了再与蒋见面的愿望。但蒋感到田中"毫无诚意"，由于认为此行的结果"可于此决其失败"，蒋在几天后即返回了上海。①

尽管如此，蒋介石在准备1928年继续北伐时保持了对日本进行工作，这是任命黄郛为外交部长的主要原因。黄取代伍朝枢意味着蒋决定放弃伍的南北联合外交取向。同时，这也表明了蒋此时对美国兴趣仍然不大。不过，在正式的军事行动开始之前，在国民党军人致力于划分和巩固各自势力范围之时，黄郛亦努力去缓冲中外之间的紧张，以为继续北伐创造一个更有利的环境。黄一上任即大大降低了攻击帝国主义的调子。尽管黄仍然坚持所有的中外条约都是不平等的，因而必须谈判修订，但他也宣布南京将承认1925年广州国民政府成立前订立的所有中外条约。这是国民党首次承认中外条约的有效性。②

---

①　参见张群：《我与日本七十年》，台北中日关系研究会，1980年，第20—33页；Akira Iriye, *After Imperialism*, pp. 157—158; William F. Morton, *Tanaka Giichi and Japan's China Policy*, pp. 97—98.

②　参见"蒋致谭延闿等"，1928年2月13日，《历史档案》1984年第2期，第66页；沈亦云：《亦云回忆》，第349—350页；Cunningham to Kellogg, Feb. 28, 1928, *FRUS*, 1928, II, p. 406。

南京新外长实际上也愿意与英美达成某种协定,这样万一中日之间发生冲突时或可孤立日本。在老朋友福开森的帮助下,黄郛意识到与英美解决南京事件既是必须的,也是可能的。实际上,南京与英国之间就解决南京事件的谈判自 1927 年起已在进行。到 1928 年春,双方皆表现出更大的灵活性,许多关键问题得以解决,但黄与英国公使蓝普森达成的协议最后却为伦敦所拒绝。蓝普森不忍见其努力化为流水,乃将他以为是合理的协议及中英谈判的详情尽告美国公使,并敦请马慕瑞据此与南京谈判。马慕瑞抓住了这个机会,很快与黄郛在上海达成了解决南京事件的协议。①

中美之间的迅速达成协议给人一种印象,即南京正向美国示好。其实这种印象是失真的。黄郛确实需要解决南京事件的悬案,但其目的似亦到此为止。这一点最明显的表征就是大约同时马慕瑞向国民政府靠拢的举措并未得到南京方面的积极回应。

马慕瑞在 1927 年春曾访问长江流域,结果发现他的长江之行整体上未曾得到国民政府方面特别的重视。马慕瑞曾提议他本人访问南京并出席重开当地美国领事馆的仪式,也未得到南京方面热情回应。他拟议中对南京的访问在最后关头因为某些技术性安排不成功而流产(蒋介石在马慕瑞预计到达前数天离开南京赴前线,据说蒋不在则无法安排美领馆重开所需的军事仪仗队)。其实南京方面自身的权势争夺是导致这次中美接近失败的重要原因,黄郛在南京政府里的人望并不

① 　J. C. Ferguson, "The Nanjing Incident of March 24, 1927", memos by Bucknell, Mar. 28, and Apr. 9, 1928, MacMurray Papers; 沈亦云:《亦云回忆》,第 354—360 页; MacMurray to Kellogg, Feb. 29, Mar. 31, 1928, *FRUS*, 1928, II, pp. 323—326, 334—335; MacMurray's 1935 memo of "Development Affecting American Policy in the Far East", published with the title *How the Peace Was Lost*, ed. with introduction by Arthur N. Waldron, Stanford, Calif.: Hoover Institution Press, 1992, p. 96; Dorothy Borg, *American Policy and the Chinese Revolution, 1925—1928*, New York: Macmillan, 1947, pp. 380—385.

特别好，蒋的离开进一步削弱了在南京的权威。[1] 美国公使访问南京的提议本来给国民党提供了一个加强与美国关系的良机。假如蒋介石真愿意与美国建立密切关系，他本可以在南京多留数日。南京也可将马慕瑞的访问宣传为美国的支持，甚至某种非正式的承认。但这一切南京都主动放弃了。

与此同时，南京也有意放过了其他与美国接近的机会。美国亚洲舰队司令布里斯托（Mark L. Bristol）海军上将彼时正逗留于沪宁地区，蒋介石在 1927 年 11 月与他谈话时曾提起美国援助甚至派遣顾问的议题，不过那更像是一种礼仪性的善意表示。这种示好的举动实际不很成功，布里斯托告诉马慕瑞，蒋无论在个性还是在智慧方面都没给他留下什么特别的印象。1928 年 1 月，蒋的参谋长何应钦拜会了布里斯托，但布里斯托试图回访何应钦时却吃了闭门羹。[2] 所有这些都说明国民党不过把南京事件的解决视为减缓中外紧张的战术运作，达到目的后即不再发展。蒋介石此时对美国人仍不过是客气而忽视，决无依靠华盛顿之意。南京外交的真正中心仍是日本。

在北方，掌权的奉系与日本的关系颇类似国民党与苏联的关系。日本的援助对张作霖的兴起及巩固其在东北的权势作用甚大。与此同时，日本自身在中国东北的势力亦日益扩大。在双方对控制东北的竞争中，奉、日均尽量利用对方而又力图不被对方所利用。[3] 但是日本已

① Memo of MacMurray's southern trip, Apr. 9, 1928, MacMurray Papers, particularly 12—15; MacMurray to Kellogg, Apr. 9, 1928, SDF 893. 00/9859; 沈亦云：《亦云回忆》，第354—355 页。

② Bristol to MacMurray, Dec. 15, 1927, Bristol to Wilbur, Jan. 21, 1928, Bristol Papers. See also Bernard D. Cole, *Gunboats and Marines: The United States Navy in China, 1925—1928*, Newark: University of Delaware Press, 1983, p. 145.

③ Gavan McMormack, *Chang Tso-lin in Northeast China, 1911—1928: China, Japan, and the Manchurian Idea*, Folkestone, Kent, England: Dawson, 1977, passim.

成东北权力结构之一部分这一事实不可避免地引起了奉、日间日益增多的冲突。张作霖亦有其最后不可逾越的准则。作为东北掌权者，张氏总是虑及自己的名声，尽量不做可能被东北人民诟骂之事。关于日本，张的基本准则是避免做任何可能与日本的"二十一条"相关之事，盖如此则将被东三省人民视为卖国贼。实际上，直到张被日本人暗杀时，日本仍在试图落实十几年前已在条约上获得的许多利益。①

当奉系入据北京至少在名义上负起全国责任时，奉、日冲突就扩大到包括中国民族主义与日本帝国主义之间的紧张了。日本人的方针是仍将张视为东北地方首领。他们尽量回避全国层次的谈判，却集中注意力于日本在东北的权益问题，以期在国民党取得全国政权前解决"二十一条"以来整个东北的遗留问题。日本的这种取向即使在个人层面也是极不给张作霖面子的，因而也增强了张对日本的不满。

然而，张作霖对北京的控制也增强了他与其他主要列强的接触机会。既然日本愈来愈多地成为一个威胁而不是支持者，在京的奉系首领们乃追随袁世凯当年的策略，将日本的各种要求公之于众。与此同时，奉系亦感到有必要向其他列强靠拢。奉军总参议杨宇霆曾试图接近俄国人并确实一度缓和了奉、俄矛盾，但俄国人在"北满"的势力构成对奉系权力的直接威胁，这一点从根本上限制了这一取向的效果。奉天因而逐渐转向了美国与英国。②

早在1926年秋，当奉系与国民党进行秘密谈判之时，奉系即建议双方"设法自行疏远"各自的"外交背景"，即奉疏远日而南方疏远俄，

---

① 参见罗靖寰：《我所知道的张作霖的对日外交》，《文史资料选辑》（天津），第2辑（1979），第21—32页。

② 参见《晨报》1927年12月2日、1928年4月13日，均第2版；罗靖寰：《我所知道的张作霖的对日外交》，《文史资料选辑》（天津），第2辑（1979），第27、31页；张国忱：《张作霖父子当权时对苏关系和中东路内幕》，《文史资料选辑》（天津），第2辑（1979），第4—11页。

"免使由内战而牵动国际大战"。① 这已清楚地透露了奉方要疏远日本的意图。当 1927 年张作霖在北京建立军政府时，他邀请被日本人视为"反日派"领袖的顾维钧出任总理或任何其他职位。顾谢绝了邀请，但同意留在北京并实际参与了张政权与英美方面的联络。顾氏影响下的北京外交，在修订不平等条约方面实际比南方还激进，且在最惠国条款上持决不通融的态度，其最主要的考虑即是不让日本人据此"均沾"更多的权益。张作霖延揽顾的举动既是向日本人表示一种姿态，也提示了他欲与美英建立更密切联系的意图。②

北京并且很快发现，美国根据《辛丑条约》在京津所驻军队可以作为对日本权势的一种制约。1927 年 9 月，美国人正在认真考虑撤回其驻天津部队。杨宇霆乃正式告诉美国人，北京希望其驻军留津不撤。更有意义的是，杨宇霆曾正式向美国方面提出中美军事合作。1928 年 2 月，杨指令海军部副部长沈鸿烈与美国使馆海军武官接触，沈鸿烈直率地指出，中国人已对美国的甘言厌倦，而需要美国方面以具体行动来证明其友谊。北京希望美国：首先，废除一切不平等条约并与南北双方修订新约；其次，在远东显示足以与中国实际上结盟的实力；最后，协助中国发展海军，包括训练中国海军，出售军舰给中国，并为中国造舰等。③

杨宇霆可能是误把日本武官的权势和影响投射到美国武官之上了。这样大的计划远非区区美国海军武官所能处理，他只能将讨论限

①　"谭延闿、张静江致蒋介石"，1926 年 9 月 10 日，原件藏台湾"蒋介石大溪档案"，转引自李国祁：《北伐的政略》，《北伐统一六十周年学术讨论集》，北伐统一六十周年学术讨论集编委会（台北），1988 年，第 219 页。

②　参见顾维钧：《顾维钧回忆录》，第 1 册，中华书局 1983 年版，第 281、299—302、323—326 页；Akira Iriye, *After Imperialism*, pp. 114—117; Meyrich Hewlett, *Forty Years in China*, London: Macmillan, 1943, p. 202; MacMurray to Neville, July 31, 1928, MacMurray Papers。

③　Mayer to MacMurray, Sept. 8, 1927, MacMurray Papers; H. Powell to Bristol, Feb. 15, 1928, Bristol Papers.

制在技术层面，指出由于有列强对华武器禁运的协定，美国是不能向中国出售军舰的。北京方面觉得美国立场难以理解，因为实际上别的列强都在卖武器给中国。美国海军武官很快发现北洋海军首脑远不如杨宇霆那样急于达成这个计划，但奉天方面的意图却是清楚无疑的。[1]

张作霖在 20 世纪 20 年代后期这些频繁向美国示好的行动引起了日本方面的注意，一些年轻日本军人甚至视张为美英的傀儡。[2] 的确，也是在 1928 年 2 月，差不多正是南方任命留学日本的黄郛出掌外交时，张作霖在杨宇霆推荐下任命了顾维钧的朋友、留学牛津的罗文干为外交部长。[3] 南北双方的两项任命不仅透露了奉系与日本日益加剧的冲突，同时也凸显了南北双方外交取向的歧异：南方试图走东京路线而北方打算走华盛顿路线。这一点对理解后来日本人对张作霖的暗杀是至为重要的。

三、济南事件

南京方面一旦与美国及一些其他列强解决了南京事件悬案，便立即返回到侧重国内的权力争夺。继续北伐乃成为国民政府的当务之急。蒋介石成功地获得了冯玉祥、阎锡山对北伐的支持。但是冯、阎均为北洋军人，南北之分的畛域之见使得蒋并不愿意让这两位北方将领实际夺取华北的控制权。他必须尽可能快地将南方军队开到华北，以便抢在其北方盟友之前夺取京津地区。蒋的实际权力和他作为全国领袖的政治未来在极大程度上取决于他能否亲自率领战胜的"党军"入

---

[1]　H. Powell to Bristol, Feb. 15, 1928, Bristol to Powell, Mar. 21, 1928, Bristol Papers; Bernard D. Cole, *Gunboats and Marines*, p. 159.

[2]　"佐佐木到一笔供"，中央档案馆等编：《日本帝国主义侵华档案资料选编·九一八事变》，中华书局 1988 年版，第 27 页。

[3]　参见《晨报》，1928 年 2 月 28 日，第 2 版。

据北京。对南方来说,最理想的计划是蒋的部队沿津浦路北上,而另一支南军李宗仁的部队沿京汉线北上。但是由于李对蒋的猜疑,且李本人亦正努力巩固本派在两湖的控制,他对继续北伐的支持是相当有限的。这就进一步增强了蒋亲率自己的部队直入北京的必要性。[1]

蒋要快速北上,必沿津浦线用兵。这就将北伐军引向山东,特别是津浦线大站济南。这里不仅日本利益集中,日本的军事力量亦强大。这就增加了中日正面冲突的可能性,特别是因为蒋仍未与日本方面就济南地区是否在中国"内争"的范围之中达成肯定的谅解。田中的对华政策是以"积极"为标榜的,而其"积极"的程度则要由北伐军的路过济南来检测了。[2]

早在 1927 年北伐军进逼山东时,北洋军望风先退,彼时甫上任的田中即曾出兵干涉。蒋介石颇疑此次日本仍会出兵,故在军事行动开始之前加紧对日进行解释工作。1928 年 3 月 8 日,蒋在上海接见了日本记者。蒋首先表示国民政府甚愿与日本解决南京事件的悬案,接着即强调真正的中日亲善只有在中国统一之后才能达成,而继续北伐正是统一中国的必经之途。[3] 同时,黄郛也代表蒋表明南京希望日本在北伐军入山东时不要出兵干预。黄甚至说,假如日本真的出兵,也希望日军不要阻挠北伐军的军事行动。[4]

---

① 参见李宗仁:《李宗仁回忆录》,政协广西文史资料委员会,1980 年,第 565—569 页; Donald A. Jordan, *The Northern Expedition: China's National Revolution of 1926—1928*, Honolulu, Hawaii, 1976, pp. 153—154。关于南北地缘文化认同与北伐的关系,参见本书《地方意识与全国统一:南北新旧与北伐成功的再诠释》。蒋的实际军事部署是在他的军队未到达直隶前,冯、阎的军队应暂不前进。参见罗家伦编:《革命文献》,第 18 卷,台北国民党党史会,1957 年,第 3173—3174 页。

② 参见《革命文献》,第 18 卷,第 3176—3177、3197 页,第 19 卷,第 3500—3501 页;张群:《我与日本七十年》,第 24—25、37—38 页。

③ 参见《晨报》,1928 年 3 月 10 日,第 2 版,《革命文献》,第 18 卷,第 3191—3194 页。

④ 参见《黄郛论外交政策》,《晨报》,1928 年 3 月 11 日,第 2 版; Mayer to Kellogg, Mar. 9, 1928, *FRUS*, 1928, II, pp. 407—408。

由此可见，即使田中内阁因国内压力而不得不出兵，只要是维持在象征性的程度，蒋也是可以接受的。从币原外交到田中外交，日本对蒋介石一派的支持都是以"反赤"为标帜的。现在国民党早已"清共"，且反帝群众运动也已被严格控制，实际是已被禁止，南京看不出日本何以会与其过不去。再加上 1926 年 3 月冯玉祥曾封锁大沽海口并炮击包括日舰在内的外国军舰，造成所谓大沽事件（《辛丑条约》规定中国不得影响京津交通出口）。日本与其他列强一样，对冯玉祥极为猜疑。东京既然不信任冯，则其宁愿蒋入主北京，从逻辑上是顺理成章的。[1] 因此，蒋显然估计日本对他继续北伐会采取比较温和克制的因应手段。

更重要的是，蒋介石和黄郛尚有其他理由预期其与日本之间至少可达成一种工作关系。日本军事情报人员、当时以日本使馆代理武官身份活动的佐佐木到一中佐，曾亲口向蒋介石转达了田中的口信，谓："日本政府不阻止革命军的行动，你对北京的行动可以安心。"有此信息，蒋想必认为田中当时所谓不拟介入的中国"内争"，一定是包括了中国关内的全部。[2]

即使在日军正式出兵后，蒋亦获悉佐佐木的上司日军参谋本部的松井石根将军将身往济南晤蒋以防止中日冲突。并且，日本驻上海领事矢田亦曾向黄郛保证，到济南的日军"决不祖奉"。盖日本外部与军部有严肃约定，日政府既已对国际发表出兵仅为护侨的声明，则此事与"对欧美信用有关"，日必遵守。黄郛亦知日本文官未必就能控制住军方，故认为矢田之言"未可深信"。但文官的态度终提示事尚可为。黄

---

[1] 日本驻华使馆武官曾面告美国驻华使馆海军武官说，日本人不希望冯在北京掌权。见 H. Powell to Bristol, Feb. 15, 1928, J. B. Powell to Bristol, Feb. 3, 1928, Bristol Papers。

[2] 参见"佐佐木到一笔供"，第 20—21 页，沈亦云：《亦云回忆》，第 361—362 页；《密勒氏评论报》的美国记者鲍维尔（John B. Powell）亦觉察到蒋、黄通过松井与日本有着某种谅解。见 Powell to Bristol, June 6, 1928, Bristol Papers。

郯等预计到中日之间在济南可能有麻烦,但尚相信可与东京协商解决之,故派张群径往东京以防止冲突。同时,为了缓和日本的疑虑,南京接受松井的建议,任命张群为青岛市长。[①]

北伐军进兵山东时,蒋介石将佐佐木带在总部随行。由于有上述的许多准备,且毫无理由不相信佐佐木所传达的田中口信,蒋在北伐军占领济南的当天就亲自进驻济南。而且蒋所在的总部与北伐军大部队恰恰是被日军驻地分割开的。当四十军军长贺耀祖警告蒋说局势尚十分危险时,蒋告以佐佐木会负责协调双方以防止冲突,可不必顾虑。故此,最后中日军事冲突终于爆发,现场日军着着紧逼,都大大出乎了蒋介石的预料。[②]

济南事件的详情已不必在此重复。战斗爆发于 5 月 3 日,持续数天。日方死亡的军人达 230 名,平民 16 人。中国方面死亡高达3000 人以上,双方负伤者更多。[③] 直至今日,双方均指是对方先开火。具体的第一枪虽然可能真是出于偶然,但正如美国驻日本海军武官所言:"入侵日军既驻扎于中国军队前进必经之途的一个人口密集的内陆城市,而中国军人对日军亦未必友善,这种情形使冲突实际上难以避免。"[④] 不过,有一点可以肯定:日军是有备而来,有战之意;而中国军队是既无战意亦无准备(事发时许多北伐军将领正在澡堂洗澡)。

5 月 18 日,日本政府借机向中国南北双方提交了一份文字相同的

---

① 参见沈亦云:《亦云回忆》,第 360—362 页;张群:《我与日本七十年》,第 37—39 页。

② 参见贺贵严(耀祖):《一九二八年日军侵占济南的回忆》,《济南五三惨案亲历记》,第 4—6 页;"佐佐木到一笔供",第 19—21 页;Donald A. Jordan, *Northern Expedition*, p. 159。

③ Nobuya Bamba, *Japanese Diplomacy in a Dilemma: New Light on Japan's China Policy, 1924—1929*, Vancouver: University of British Columbia Press, 1972, p. 300.

④ American Naval Attache to Japan, Report on the China Situation, about June 1928, Bristol Papers.

最后通牒，在其中强调了日本在"满蒙"的特殊利益。这揭示出日本出兵的根本目的正是要威慑北伐军不得向东北进兵。但是日本军人的意图不尽于此，他们更想要"振兴日本军人精神，镇慑中国人，并让外国人［按指欧美人］牢记日本军队的决心"。[1] 最后一个目的尤其发人深省。若与矢田领事的话相对照，其提示性就特别清楚了。日本军人与文人欲提供给西人的日本形象显然是不一样的。日本文人所考虑的是遵循其外交声明以维护"对欧美的信用"，日本军人的目的则是向欧美人证明其"决心"以确保日本在中国的权益。这个重大的分歧将继续影响日本的内政及其对华对美政策。

与日本军人相反，蒋介石在事发之后仍极为克制。盖所有蒋的计划均建筑在中日冲突可以避免或至少限制在极小范围的前提之下，故蒋亦力图就地解决此一冲突。事情既然不能解决，蒋就不得不放弃他奉行已久而且在国民党中也颇有争议的与日本保持工作关系的取向。由于感到被日本人出卖了，蒋乃召见佐佐木并向他宣布，国民革命军将来与日本军不能提携。[2] 既然日本人已不可信任，北伐途次可能再次发生中日冲突，这隐伏着蒋的又一次个人屈辱的可能性。在全面权衡利弊之后，蒋做出了重大的战略改变。他命令所有的黄埔军撤出济南地区并且退到徐州以南，而让其他的北伐军绕道进军北京。这标志着蒋放弃了亲自领兵打入北京的计划，也意味着蒋决定暂时延缓其个人对北方的控制，而集中全力于巩固他在南方的统治。这个决定对以后中国历史发展的影响极大。[3]

对日本人来说，济南事件的结果与东京的目的可说是全部事与愿

---

[1] Akira Iriye, *After Imperialism*, pp. 202—212, 引文在第 202 页，系从英文转译。

[2] "佐佐木到一笔供"，第 21—22 页；Akira Iriye, *After Imperialism*, pp. 198—204.

[3] 参见贺贵严：《日军侵占济南》，第 9—10 页；Arnold, bi-weekly report, June 18, 1928, Bristol Papers。

违：它造成的日本人伤亡超过了整个北伐期间各次中外事件中所有列强所遭到的伤亡；它迫使北洋军不战而退，因为与一支正在与外敌作战的中国军队交战为中国民族主义所不允许，在政治上也是不明智的；因此，它实际上间接促进了国民党对全国的统一，这是许多日本军人所不愿见到的；它也使国民党放弃了以日本为外交中心的取向，同时引起北伐期间唯一一个留日的国民政府外交部长辞职；最后，它更促成蒋介石延缓了其控制北方的计划，因而也就让东京极不信任的冯玉祥在华北部分取代蒋而获得了极有权势的地位。

其他列强也觉察到济南事件可能会促进中国的统一。北洋军人的民族主义情感并不逊于国民党人。许多军阀对外患临头时仍与国人自相残杀感到不安。每次有中外事件发生时，总有一些北洋军人呼吁停止内斗以联合御外。这一次北洋军人对日本尤感愤慨，因为日本不但侵入中国，而且在他们看来还有点袒护南方。虽然大多数北洋将领并无意利用济南事件以进攻南方，但是当日本人警告北方不得乘机攻南时，北军的感受是极不愉快的。①

济案一发生，罗文干领导下的外务部就决定提出抗议，但张作霖大本营的意见却有些分歧。一般而言，奉系将领都倾向于南北息争；但非奉系的将领，特别是直鲁联军方面，则对与南方妥协有保留。盖其地盘正在奉宁之间，颇虑会成为奉宁妥协的牺牲品。当时任交通部代部长的奉系常荫槐迅速成为息争的主要鼓动者。常在5月5日即密电正在石家庄前线的张学良、杨宇霆说："国内政争致外人乘隙，辱我孰甚。拟请两公电大元帅主持通电，速息内争，一致对外。谅南北将领同具此心，自可明大信于天下。"常氏并明言，北方息争后，若南方仍欲进攻，

①　参见《晨报》，1928年3月5、7日，4月8日，均第2版，1928年5月9、21日，均第3版；The China Weekly Review, Feb. 5, 1927, p. 249；陶菊隐：《北洋军阀统治时期史话》，第3卷，生活·读书·新知三联书店1983重印三卷本，第1605页。

则"无论军事胜负，公理具在，我虽出关，亦有荣焉"。张、杨次日复电，赞同常意，惟表明因统兵在外，不便谏言，请常直接向张作霖进言。张、杨并就息争电的具体内容提出修改，主张只须"表同情于国人"，而不必得罪日本；"万勿昌言对外，致激日方之反噬"。常于 7 日再电张、杨，说大元帅亦主张息内争一致对外，但内部亦有一二人阻止，故尚未决。请张、杨速来京"会同极谏。务期达到目的，免为后世唾骂"。张、杨乃于次日返京。① 常荫槐的电报为密电，并非用于宣传，故可信为出自真心。其所关注的，乃是作为中国军人的大信和荣辱，以及在后世的名声，颇能代表奉系军人此时的心态。

5 月 6 日，上海总商会通电全国，指出既然南北双方同时抗议日军暴行，则对内虽尚有分歧，对外已"表示一致"。现国难已临，只有"停息内争，集合全力，以御外侮"。北平总商会当即通电响应。张作霖亦很快决定息争以对付日本，他选择了 5 月 9 日，即因袁世凯接受"二十一条"而成为中国的国耻日那一天通电息兵。张并令前线北军一律后撤，使南京得以专心对日。②

实际上，正如矢田告诉黄郛的，奉、日关系早已"极不圆满"。③ 张作霖已在准备撤退回东北以保存实力，而且这实力的保存主要是用来对付与日本可能的摊牌。在日本于 5 月 18 日的最后通牒强调其维护"满蒙"治安的责任后六天，张作霖在 5 月 24 日接见了日本记者团，这是张入关以来第一次也是唯一一次接见记者。张向日本记者表示了他的"莫大之觉悟与决心"。在提到日本公使芳泽最近向他提交了最后

---

① "常荫槐致张学良、杨宇霆"，1928 年 5 月 5 日，"张、杨致常"，1928 年 5 月 6 日，"常致张、杨"，1928 年 5 月 7 日，藏中国第二历史档案馆档案，全宗 3004，卷号 189。

② 参见《晨报》，1928 年 5 月 5、8、10、12—15 日，均第 2 版。关于国耻日及中国对"二十一条"的反应，参见本书《救国抑或救民："二十一条"时期的反日运动与"辛亥""五四"期间的社会思潮》。

③ 沈亦云：《亦云回忆》，第 361 页。

通牒之后，张直言："余此时有负全责任维持东三省治安之决心，此层余敢为诸君再三断言之。"这是张对日本通牒的唯一公开答复。①

积多年与日本打交道经验的张作霖，看来已知道这一次他恐怕不得不在就范和死亡之间选择。在逗留于北京的最后一段时间，他经常向中外人士谈到他可能难以保命。5月28日，张会见了美国亚洲舰队司令布里斯托。张向布里斯托透露：日本人逼他迅速离京的真正原因，是想要在他走之后而北伐军入京前这段过渡时期将段祺瑞扶出，以落实段早年在西原借款时已答允给日本的一些权益。当布里斯托问张将如何对付日本人时，张说他尚未作最后决断，但他向布里斯托保证：他是个大丈夫而不是个娘儿们。就是不得不死，他也不会怕死。大约一个星期后，张即被日本人暗杀于皇姑屯。②

与此同时，南北之间的妥协却因统一究竟是以谈判解决还是取军事投降的方式这一根本问题而搁浅。南方坚持北方应先接受国民党领导下的全国统一，然后再考虑对付日本等其他外交问题。北方则争辩说，为了全力对付日本，南北应谈判出一个和平解决内争的长久安排。换言之，即使南方从军事上征服北方，亦不能解决国内的危机，遑论对外。故此北方提议应保持北方的五色旗，这才能体现真正的联合统一，而不是北方投降南方。惟北方既已失争斗的力量与基础，自不得不在国旗等一系列问题上让步。冯玉祥、阎锡山的军队很快和平接管了北京。但是，新当权的国民党确实面临着北方所说的必有一个从精神到

① 参见《晨报》，1928年5月25日，第3版。实际上，在这一点上蒋介石与张作霖观点一致。蒋让张和平撤军到关外的目的之一即是"保东省元气，巩固东北之国防"，故"必使其全部集结于东省，以为一致对外之张本"。见"蒋介石致吴忠信"，1928年5月22日，转引自李国祁：《北伐的政略》，《北伐统一六十周年学术讨论集》，第234页。

② Memo of conversation between Bristol and Zhang Zuolin, May 28, 1928, Bristol Papers；参见周大文：《张作霖皇姑屯被炸事件亲历记》，《文史资料选辑》（全国），第5辑，第128—134页；罗靖寰：《我所知道的张作霖的对日外交》，《文史资料选辑》（天津），第2辑（1979），第21—32页。

物质的真统一方足以御外侮这个重大难题。[①]

四、转折

　　济南事件影响最深远的后果,是开启了一个新的时代,从此中国民族主义御外的一面就压倒了其民族国家建设(Nation-building)的一面。济南事件后,对外事务在影响中国内政发展进程方面作用更大,而外交也就成为新当权的国民党的当务之急。蒋介石指出:当前最重要的工作是外交。[②] 蒋的真正含意,在他于济南事件后不久给蔡元培的一封电报中表露得十分明白。蒋在电报中强调了教育是救亡最重要的手段,并主张速编国民党的教科书以强迫发行之。然后,他更明确提出:"教科书之精神,其一即为国耻。……其次乃为三民主义与五权宪法,再次则为本党之历史与国民革命之意义。"[③] 这样,蒋就比大多数国人至少早几年意识到,外患的深重可能会压倒民族国家重建的工作。国耻既然不得不放在首要的位置,孙中山的三民主义和五权宪法后来之所以大部分未被实施,原因甚多,但这恐怕也是一个重要因素。

　　国民党的外交重心也转移了。济南事件粉碎了对日工作的全部希望。国民党人也首次学起袁世凯的策略,将中日事件尽量曝光。对日

---

　　① "张学良致张静江",1928年7月3日,"杨宇霆致张静江",1928年7月上中旬,"常荫槐致张静江",1928年7月11日,藏中国第二历史档案馆档案,全宗3004,卷号189;"张静江、谭延闿致冯玉祥",1928年5月22日,"冯致张、谭",1928年5月28日,同上档,全宗3004,卷号188;李国祁:《北伐的政略》,《北伐统一六十周年学术讨论集》,第234—235页;《晨报》,1928年5月22、25、6月4日,均第2版;1928年5月20、21、6月3日,均第3版。

　　② 参见蒋介石:《在国民党中央党部演讲》(1928年12月10日),《革命文献》,第21卷(1959年),第4127页。

　　③ "蒋介石致蔡元培",1928年5月22日,大溪档案,转引自李国祁:《北伐的政略》,《北伐统一六十周年学术讨论集》,第233页。参见蒋介石:《誓雪五三国耻》(1928年5月3日),《革命文献》,第19卷,第3626—3639页。

本工作既已无望,蒋乃指示南京政府将"事实宣告全世界"。国民党上海党部立即成立了一个专事针对日本的国际宣传部门。南京并直接诉诸国联。①

更重要的是,济南事件无疑已成为中美关系的一个转折点。如前所述,在济案之前,美国在国民党人的思考中,不论是作为敌人还是作为朋友,都只居二等位置。但是国民党过去的行径已大大限制了其选择外国伙伴的余地。南京已与苏联正式决裂。如蒋所说:"绝俄之后,必有与国。"②而国民党与英国的旧怨尚在,英国恐难帮忙。今再与日本闹翻,这就使美国成为唯一一个国民党尚可进行工作的远东大国。正是在这样的背景下,国民党开始认清美国在远东国际关系中的重要作用。结果,不论是南京还是此时尚半独立的东北当局,都开始向美国寻求道义和财政支持,同时两者也都力图将美国拉入中日纠纷之中。

当然,这个政策调整对国民党来说并非易事。首先,美国作为一个帝国主义条约国,在中国政治中仍是一个敏感问题。其次,国民党各派政治力量也都在试图打美国牌。最后,中美关系既然与中美双方对日的关系纠缠在一起,就变得比以前复杂得多了。

济案的发生使南京就不得不重新考虑其对美的态度。5月10日,南京批准伍朝枢立即由欧赴美寻求帮助的计划。接着,国民政府也直接致电美国总统柯立芝,要求美国出面调停。美国突然变得如此重要,以致南北双方的许多团体或直接要求美国调停,或建议南北政府要求美国调停。③日本情报人员注意到,蒋介石本人也在逐渐向美国靠拢。

---

① "蒋介石致谭延闿、黄郛",1928年5月8日,收入沈亦云:《亦云回忆》,第381—382页;《晨报》,1928年5月13—17、20日,均第3版,1928年5月15日,第2版。

② "蒋介石致李济深",1928年5月9日,黄郛档,哥伦比亚大学手稿图书馆,转引自杨天石:《济案交涉与蒋介石对日妥协的开端》,《近代史研究》1993年第1期,第80页。

③ 参见"谭延闿致张静江",1928年5月14日,《历史档案》1984年第2期,第70页;《晨报》,1928年5月12日,第3版,1928年5月13、17日,第2版。

实际上，蒋也希望给人这样的印象。蒋有意指示南京外交人员去制造假如中日开战，南京即能获得美国援助这样一种国际认知。[①] 这种热情的姿态与两三个月前南京对美国的冷漠适成鲜明对照。

同样，南京外交政策的转移也由外交部长的更迭所体现。国民党人既已转向美国，黄郛即失去价值，很快就为耶鲁大学毕业的王正廷所取代。蒋在请黄辞职的电报中说："近日外交紧急，请兄暂行辞职，并望从速。否则，各国外交亦受影响。"黄彼时正与日本交涉，则"各国"者，即日本之外的列强也。可知蒋此时考虑的，正是黄已不适于所谓"各国外交"了。[②]

国民党人想将中日冲突国际化和争取美国支持的努力一开始并不十分成功。由于日本的反对，国联不太可能正式介入中日争端。且因美国不是国联成员，国民党人为争取美国的介入，很快更决定减缓其在国联的努力。这虽然未必奏效，却也表明一时间重视美国的倾向。但美国国务院不久即正式表明无意调停中日冲突。英国也私下表示只能中立，不拟介入。[③] 不过，在日本 5 月 18 日的最后通牒发出后，西方列强的态度一下转为同情中国。盖日本在中国东北要求的等于实际独占的"特殊利益"，与美国及其他列强的利益相矛盾。故至少在这一点上，中美利益现在开始变得一致了。[④]

---

① 参见"佐佐木到一笔供"，第 21—22 页；《晨报》，1928 年 5 月 21 日，第 3 版。

② 参见"蒋介石致黄郛"，1928 年 5 月 20 日，"蒋介石致陈立夫"，1928 年 5 月 24 日，"张静江致李石曾"，1928 年 5 月 25 日，《历史档案》1984 年第 2 期，第 71 页；《晨报》，1928 年 5 月 24、27、30 日，均第 2 版；"蒋介石致黄郛"，1928 年 5 月 20 日，黄郛档，转引自杨天石：《济案交涉与蒋介石对日妥协的开端》，《近代史研究》1993 年第 1 期，第 88 页。

③ Mayer to MacMurray, Sept. 8 and 26, 1927, MacMurray Papers；"胡汉民致南京政府"，1928 年 5 月 12 日，"李石曾致南京政府"，1928 年 5 月 13 日，收入沈亦云：《亦云回忆》，第 383—384 页；参见杨天石：《济案交涉与蒋介石对日妥协的开端》，《近代史研究》1993 年第 1 期，第 81—82 页。

④ 参见《晨报》，1928 年 5 月 11 日，第 3 版；MacMurray's 1935 memo, as in Arthur N. Waldron, ed., *How the Peace Was Lost*, pp. 108—109; Akira Iriye, *After Imperialism*, pp. 218—222。

说到底，发生在山东的济南事件后面所隐伏的关键问题正是日本在中国东北的"特殊利益"。"一战"后的列强四国银行团曾将日本在"满洲"的利益限制在特定的一些铁路上，但 1922 年的华盛顿会议则回避了此问题。如今的局势使美国人感到不能再忽视这个问题了。事实上，美国人在一年之前就曾被拉入中日在"满洲"的纠葛之中。彼时日本人向摩根财团要求一笔三千万美元的贷款以发展"南满铁路"。日本人确实需要资本用于在"满洲"的经济开发，但是布里斯托将军则认为这项贷款不过是日本外交谋略的一部分；日本人的目的是不仅要削弱美国与中国的外交联系，同时更欲将美国拉入"满洲"，"则一旦有事时美国即处于一种被告的地位"。这笔贷款很快成为中美之间以及美国人自己之间一项甚有争议的问题。实际上，正是日本对山东的军事入侵最后终止了这次贷款的讨论。[1]

在美国，中国形式上统一在国民党之下的直接后果，是美国国务院对其中国政策进行了明显的调整。国务院曾长期奉行一项在中国的内争中保持中立的不介入政策。但国民党在中国取胜造成的变化和发展使美国人觉得有必要改变这一政策，以帮助国民党人建立一个稳定的政府。国务院的新方针是帮助提高国民政府的国际地位，希望这样的鼓励会"加强其处理极其困难的国内事务的能力"，如此则南京政府就有可能演进为一个"稳定的文官政府"。这样，美国的立场就从在中国内部权力斗争中保持中立而转变为支持现政权。[2]

---

[1]　Warren I. Cohen, *The Chinese Connection*, pp. 148—160; Akira Iriye, *After Imperialism*, pp. 184—190; Ron Chernow, *The House of Morgan: An American Banking Dynasty and the Rise of Modern Finance*, New York: Atlantic Monthly Press, 1990, pp. 338—341. 引文在 Bristol to C. R. Crane, Feb. 23, 1928, Bristol Papers。

[2]　Memo of conversation between Johnson and Sawada, July 14, 1928, Nelson T. Johnson Papers, Library of Congress, cited in Akira Iriye, *After Imperialism*, p. 229; Kellogg to Coolidge, July 11, 1928, Kellogg to MacMurray, July 11, 1928, *FRUS*, 1928, II, pp. 456, 454.

在某种程度上，国务院处理中国的情形有些类似其对墨西哥的政策。美国驻墨公使莫诺（Dwight Morrow）曾说过，美国在墨西哥的最高利益就是在那儿有一个"可以统治的政府"。[1] 这种立场实际上也与美国对华外交思想发展的内在理路相吻合。早在 1853 年，当时的驻华代表马沙利（Humphrey Marshall）就指出：美国在华的最高利益，是"维持那里的秩序，在这衰朽的躯干上，逐渐嫁接出健全的原则，给［中国］政府以生命和健康，而不是坐视中国变成为无政府状态蔓延的场所，致终成为欧洲野心的牺牲品"。[2] 国务卿凯洛格正是基于这种加强中国以稳定远东国际秩序的传统信念，深信一个强大而稳定的中央政府既能防止中国的动乱无序，也能对东亚地区的和平做出贡献。美国史学家入江昭（Akira Iriye）正确地总结了凯洛格支持中国新政权的真正目的：国务卿既寻求改善中美关系，亦希望增进远东的和平事业。[3]

具体而言，美国支持国民党政权的动机，是想要阻拦和遏制日本在中国东北日益增强的侵略行动。日本人自身对于怎样处理中国东北与关内的关系也是观点颇不一致的，特别是军方和职业外交官之间歧异更大。一开始，或可说田中试图在两者之间找出一条中间路线。但是在南京于 1928 年 7 月 20 日《中日马关条约》期满时即将其废除以后，日本政府显然选择了军方的强硬路线。在东京，包括一些军人在内的日本人很清楚，如果不先说服列强，特别是美国，要在中国采取强硬行动是不明智的。但是要想让列强接受日本对"满洲"的需要及日本在"满洲"利益确属至关重要，却并非朝夕可就之事。更重要的是，在"满洲"现场的日本人并不赞同东京方面的审慎观念，而且一直准备采取

---

[1]　Lionel Curtis, *The Capital Question of China*, London: Macmillan, 1932, p. 255.

[2]　转引自〔美〕泰勒·丹涅特：《美国人在东亚——十九世纪美国对中国、日本和朝鲜政策的批判的研究》，姚曾廙译，商务印书馆 1959 年版，第 189 页。

[3]　Akira Iriye, *After Imperialism*, pp. 228—229.

独自行动。满洲局势确实危急。①

　　美国人一直密切注视着日本人在满洲的行动。1928 年 7 月末，日本驻美使馆代办走访了美国国务院，试图弄清其对满洲局势的认知和态度。负责远东事务的助理国务卿詹森告诉他，国务院最近收到的唯一信息是美国驻奉天领事发来的电报，说满洲情势非常紧张。国务院彼时当然收到了很多关于满洲的信息。但詹森凸显此件，正是要强调美国对日本在满洲的军事运作甚为关注。②

　　与此同时，美国国务院也加紧其强化国民党政府的工作。尽管马慕瑞认为他才应该决定什么时候与中国人开展谈判这类技术问题，凯洛格却逼着马慕瑞立即与国民政府签订一项新的关税条约。正在马慕瑞一筹莫展，急得几乎发疯时，适值宋子文到了北京。马慕瑞赶紧抓住机会，几天内就完成谈判，于 7 月 25 日与宋子文签订了中美关税新约。该条约恢复了中国的关税自主权，以换取南京对最惠国条款的接受。对这一条款北方政府十年来寸步不让，曾是中外修约谈判的一个主要障碍。同时，条约的签订意味着美国已正式承认中国新政府。③

　　在美国，条约的签订颇受欢迎。国务院远东司司长项白克确信，美国国内那些"感情冲动分子"中许多人过去对政府的对华政策不信任，现在这种信任已经重建；这些人中另有许多人过去对政府政策的信任已在动摇，现在则其信任已经巩固。换言之，美国舆论对国务院的压力已大大减轻。项白克也认为美国通过与国民政府签约，从道义上和实

---

　　① *New York Times*, Aug. 1, 1928, p. 4; Akira Iriye, *After Imperialism*, pp. 231—236.

　　② Memo of conversation between Johnson and Sawada, July 31, 1928, *FRUS*, 1928, II, p. 484; MacMurray to Kellogg, July 3, 1928 (transferring Mayer's July 2 report of Manchurian situation), Mayer to Kellogg, July 7, 1928, SDF 893. 00/10127, /10168.

　　③ 马幕瑞自己承认说："我们必须找个人来签约，这个提议几乎把我逼疯了" MacMurray to Hornbeck, Aug. 18, 1928, MacMurray Papers; 条约中文本见黄月波等编：《中外条约汇编》，商务印书馆 1935 年版，第 141 页。

际上都获得了好处。实际的好处即是落实了最惠国条款。道义的好处则是中国领导人已确知美国是"第一个毫不含糊并且无条件地承认中国关税自主原则的国家"。并且，条约带来的正式承认，"在这样的帮助对其极有价值的时候"，给了南京政府一个"道义的提升"。①

这正是国务院所想要做而中国人极欲获得的，因为日本此时正在满洲步步加压。项白克后来承认，国务院之所以逼迫马慕瑞立即与中国人签约，是"受到我们对满洲局势的反应之影响"。也就是说，美国加强国民党政权的目的，至少部分是针对着日本在满洲的行动。这标志着美国第一次主动卷入中日在满洲的冲突。让项白克感到欣慰的是，没有多少新闻评论家识破这一点。但是，尽管中国人未必知道美国的真实意图，却从自己的利益出发将中美新约解释成"对日本的沉重一击"。福开森也认为中美条约是对日本企图将满洲分裂出中国之行动的"明确制止"。《东方杂志》的一篇文章认为，美国对中国的道义支持就是对日本的"精神打击"。该文说，中美条约的内容固然尚非完善，但其对中国人的精神支持则非言语所能形容。②

不过，美国这种不与列强商议就抢先单独行动的方式遭到了列强的强烈批评。马慕瑞早就估计列强会对此不满。项白克后来承认这已成事实。不过，项白克也注意到许多外国报纸的不满乃是因为美国抢了先手。它们其实并不反对与中国签约，只是宁愿自己的国家占先。马慕瑞很快发现蓝普森就在计划与中国人签订关税新约，而且试图率先动手。马慕瑞注意到，蓝普森对他抢了先手甚为吃惊。曾在宁案解

① J. Thomas to J. B. Powell, Feb. 4, 1929, James A. Thomas Papers, William R. Perkins Library, Duke University; Johnson to MacMurray, Aug. 4, 1928, Hornbeck to Macmurray, Sept. 10, 1928, MacMurray Papers.

② Hornbeck to MacMurray, Sept. 10, 1928, MacMurray to Kellogg, July 31, 1928, Ferguson to MacMurray, July 30, 1928, MacMurray Papers; 卢化锦：《中美关税新约》，《东方杂志》第25卷第18号（1928年9月25日），第28页。

决之上有恩于马慕瑞的蓝普森,显然视马慕瑞此举为背叛友人。他因
而得出结论说:"尽管日本人在某些方面不甚可靠,美国在中国却更加
不可靠。美国政策更加令人捉摸不定,杂乱无章。"[①]

美国国务院其实也明白,一旦美国先采取独立行动,任何其他列
强,包括日本,都可以据此来为其以后的独立行动辩护。但美国官员
也认识到,日本在山东和"满洲"已经采取了独立行动。既然日本的独
立行动已破坏了华盛顿条约体系的合作框架,也损害了美国以合作来
约束日本的既定政策,唯一能约束日本而又不直接向其挑战的方式就
是设法加强中国的地位。而且,布里斯托将军和项白克都相信,一旦
美国率先对华友好,包括日本在内的其他列强都不得不沿此方向跟着
美国走。[②]

余　　论

国民党人先是把美国列入帝国主义国家之列,因而也就视其为革
命的对象,在其制定政策时亦曾在很大程度上忽视了美国。到济南事
件后,可以说他们又重新发现了"中美特殊关系"这一充满误解和迷
思但亦长期流传的观念仍有吸引力。[③] 南京的转向接近美国,与其曾
由接近苏联转向接近德国大不一样。它标志着一个带根本性的政策变

---

① Hornbeck to MacMurray, Sept. 10, 1928, MacMurray to Hornbeck, Nov. 15, 1928, MacMurray Papers; Lampson to Henderson, Mar. 16, 1929, FO371/13890, cited in Feorge A. Lensen, *The Damned Inheritance: The Soviet Union and the Manchurian Crisis, 1924—1935*, Tallahassee, Florida: The Diplomatic Press, 1974, pp. 93—94.

② Memo of conversation between Johnson, Hornbeck, and Wu, May 28, 1928, Johnson Papers; Bristol to H. Powell, June 7, 1928, Bristol to Thomas, Jan. 14, 1928, Bristol Papers; Hornbeck to MacMurray, Sept. 10, 1928, MacMurray Papers. See also, Akira Iriye, *After Imperialism*, pp. 237—238.

③ Michael H. Hunt, *The Making of a Special Relationship*, pp. 299—300, 304—305.

化。苏联和德国都不是条约国家,而美国却是。故这是蒋介石领导下的国民党政府第一次有意识地寻求一个条约国家的道义和政治支持。美国决定强化国民政府,也表明了一个政策的大转变。它意味着美国接受了中国革命的结果,同时将其久已挂在口上的修订不平等条约的许诺开始部分付诸实施。双方都是基于遏制或抵制日本在华扩张的同样思维。无论如何,美国的新政策有意无意之间确实支持了中国方面对中美特殊关系的重新发现。

当然,中美之间的接近在性质上仍是尝试性的、暂时的和出自战术考虑的。在以后的十余年中两国关系尚有许多波折及倒退。意识形态的考虑、国内政治的需要及内政与外交日益紧密的纠葛,都促使南京坚持其"革命外交"。而关税主权回收更激起了国民党对于废除一切帝国主义条约体系的特权、特别是列强更不愿让步的治外法权的进一步期望。而正像流亡在欧洲的胡汉民派也曾希望利用对美外交的成绩来夺回其在国内已逝的权力一样,蒋政权对全国实际控制的有限及中国国内各政治势力对蒋的不断挑战,也都促使他去努力取得新的外交胜利。国民党内部对外交控制权的争夺,更造成其驻美国外交人员的钩心斗角,严重削弱了他们的工作效率。最后,尽管南京极欲获取美国的经济和技术援助以用于中国的重建,它又不能或不愿实施很多必要的政治改革,也未能解决中国积欠美国商界财界的大宗款项问题。所有这一切都阻碍着中美关系的发展。[①] 结果,仍然是日本的步步侵略,从1931 年的"九一八事变"到 1937 年的"卢沟桥事变",迫使国民党政权做出进一步的认真努力去重建中美特殊关系。

---

① Memos of conversation between Kellogg, Johnson, and Sze, Aug. 14, 1928, between Wu and Johnson, Sept. 1, 1928, *FRUS*, 1928, II, pp. 195, 196—197;《盛京时报》,1928 年 12 月 20 日,第 2 版;"李石曾致张静江",1928 年 4 月 27、29 日,5 月 1、6、7、9 日,《历史档案》1984 年第 2 期,第 66—69 页;"胡汉民、孙科、伍朝枢致南京政府",1928 年 5 月 12 日,收入沈亦云:《亦云回忆》,第 384 页。

从美国方面看,外交政策的制定者也常对改进中美关系的基础置疑。美国人希望的"稳定的文官政府"始终未在中国出现。任何对于"新中国"的愿望都为蒋政权的脆弱和中国内乱的频仍、中国驻美人员的内斗、持续的财政经济问题以及反帝排外的口号要求和不断的中外事件等诸多因素所毁灭。与此同时,美国外交界有一伙以资深外交官卡叟(William Castle)和格鲁(Joseph Grew)为首的"亲日"派,他们在民间获得了像摩根财团这样的大金融集团的支持,故影响甚大。这些人一般主张在远东多与日本而不是中国合作。[①] 另外,美国也还必须把中美关系纳入其与其他列强的关系框架之中,否则就得面对到底是联合其他列强来支持中国政府还是单独行动的难局。

当然,日本仍是中美关系中另一个重要因素。实际上日本的行为在很大程度上决定了以后二十年间东亚国际关系的进程。正像入江昭指出的,日本是可以回到华盛顿条约体系中来的,也可以做出努力以恢复其他主要列强对日本的信任。田中内阁实际上也进行了与昔日盟友英国合作解决中国问题的尝试。但是,从1931年的"九一八事变"开始,日本实已决定按照其自身的方式来处理中国问题。这种做法使日本进一步疏离于华盛顿条约体系的合作取向,日渐孤立;同时也就迫使美国及英国等列强进一步接近中国,以保护其在东亚的利益。[②]

由此看来,济南事件的意义就在于,经过一度中断后,它重新使中美合作成为中美两国各自的一种外交选择,并重燃了对一种特殊关系的期望。对于蒋介石及其国民党来说,济南事件造成了一种视野的大转变。中国自身不强大,又面临日本不断增强的侵略和威胁,这种危局

---

① Warren I. Cohen, *The Chinese Connection*, pp. 174—242; Dorothy Borg, *The United States and the Far Eastern Crisis of 1933—1938*, Cambridge, Mass.: Harvard University Press, 1964.

② Akira Iriye, *After Imperialism*, pp. 242—243; Hosoya Chihiro, "Britain and the United States in Japan's View of the Internationl System, 1919—37", in Ian Nish, ed., *Anglo—Japanese Alienation 1919—1952*, New York: Cambridge University Press, 1982, p. 14.

增添了一种紧迫感,使国民党人终于去努力拉入美国以增强中国在中日对抗中的抵抗力,最后甚至进而寻求与过去反帝运动的对立面结盟。从济南事件开始,美国政策制定者发现不时打一下中国牌常常是有用的,但却并不情愿像南京及其在美国的活动者们希望的那样充分拥抱中国。但是,当日本人在二十世纪三四十年代将美国人逼向边缘甚至逼出边缘时,旧有的特殊关系的典范又再次成为中美双方的选择。从济南到珍珠港,正是日本促成了中美特殊关系的发展。

（原刊《历史研究》1996 年第 2 期）